特約主編　李惠儀

主編　蔡宗齊

本輯主編　汪春泓

執行編輯　鄭政恒

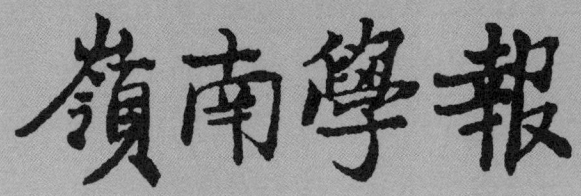

Lingnan Journal of Chinese Studies

嶺南學報

（本輯全部論文均經過匿名評審）

復刊　第十四輯

上海古籍出版社

圖書在版編目(CIP)數據

嶺南學報. 復刊第十四輯 / 蔡宗齊主編;汪春泓本輯主編;李惠儀特約主編. —上海:上海古籍出版社,2021.11
ISBN 978-7-5732-0166-9

Ⅰ.①嶺… Ⅱ.①蔡… ②汪… ③李… Ⅲ.①社會科學—期刊—彙編—中國 Ⅳ.①C55

中國版本圖書館 CIP 數據核字(2021)第 244657 號

嶺南學報　復刊第十四輯

李惠儀　特約主編
蔡宗齊　主編
汪春泓　本輯主編

上海古籍出版社出版發行

(上海市閔行區號景路 159 弄 1-5 號 A 座 5F　郵政編碼 201101)
(1) 網址: www.guji.com.cn
(2) E-mail: guji1@guji.com.cn
(3) 易文網網址: www.ewen.co

啓東市人民印刷有限公司印刷

開本 710×1000　1/16　印張 21.75　插頁 2　字數 345,000
2021 年 11 月第 1 版　2021 年 11 月第 1 次印刷
ISBN 978-7-5732-0166-9
Ⅰ·3598　定價: 98.00 元

如有質量問題,請與承印公司聯繫

《嶺南學報》編輯委員會
（以漢語拼音排序）

主　　編：蔡宗齊　　嶺南大學中文系
副主編：汪春泓　　嶺南大學中文系
編　　委：陳平原　　北京大學中文系
　　　　　陳尚君　　復旦大學中文系
　　　　　陳引馳　　復旦大學中文系
　　　　　郭英德　　北京師範大學文學院
　　　　　胡曉明　　華東師範大學中文系
　　　　　胡曉真　　臺灣"中研院"中國文哲研究所
　　　　　蔣秋華　　臺灣"中研院"中國文哲研究所
　　　　　蔣　寅　　華南師範大學文學院
　　　　　李惠儀　　美國哈佛大學東亞語言及文明系
　　　　　李雄溪　　嶺南大學中文系
　　　　　劉玉才　　北京大學中文系
　　　　　王德威　　美國哈佛大學東亞語言及文明系
　　　　　王　鍔　　南京師範大學文學院文獻與信息學系
　　　　　徐　剛　　嶺南大學中文系
　　　　　徐興無　　南京大學文學院
　　　　　許子濱　　嶺南大學中文系
　　　　　虞萬里　　上海交通大學人文學院
　　　　　張　健　　香港中文大學中文系
　　　　　鄭吉雄　　香港教育學院人文學院

目　錄

中國文學的"興寄"傳統 ……………………………… 馬里揚（ 1 ）
社而賦事與賦法的早期生成 …………………………… 曹勝高（ 33 ）
先秦賦研究論著敘録 …………………………………… 踪　凡（ 55 ）
崑山與安期：謝靈運《登江中孤嶼》詩新解
　　——兼及謝靈運與早期上清傳記《馬君傳》之關係 …… 李　静（ 81 ）
北魏墓誌文獻所見入北琅琊王氏
　　——兼論宣武、孝明帝時期對待入北南人態度的轉變 …… 金　溪（101）
論《群書治要》去取《史記》之敘事原則 ……………… 潘銘基（149）
唐代比興觀辨析
　　——以詩格爲中心 ……………………………… 張萬民（173）
葉清臣行年攷（上） …………………………………… 陳才智（195）
論潘之淙《書法離鈎》的書法美學中心思想 ……… 詹杭倫　黄淑鈴（223）
隱士逸民與出處進退
　　——清儒論"隱" ………………………………… 鄭吉雄（239）
《詞韻選雋》與乾隆時代詞韻編纂思想 ……………… 倪博洋（279）
抒情自我·玄思自我·詩性自我
　　——以"淡思"爲主導的抒情模式在晉宋詩歌的
　　　　發生與展開 ………………………………… 曹　舟（299）

《嶺南學報》徵稿啟事 ………………………………………… （335）
撰稿格式 ……………………………………………………… （337）

Table of Contents

The Xing Ji tradition in Chinese Literature ············ Ma Liyang(1)

She er fu shi (assigning duties during communal worship) and
  the Formation of fu fa (rhapsodical technique)
  in Ancient China ······································ Cao Shenggao(33)

A Critical Survey on the Research on Pre-Qin Rhapsody
  ·· Zong Fan(55)

Mount Kun and Mr. An Qi: A New Interpretation of the Poem
  "On Climbing the Solitary Island in the River" by Xie
  Lingyun and the Relationship to his Knowledge of the
  Hagiology of Master Ma in the early period of Highest
  Clarity School scriptures ···························· Li Jing(81)

The Langya Wang Clan Members' Life Recorded on the
  Epitaphs in the Northern Wei Dynasty: With a Discussion on
  the Change of Attitude toward the Immigrants from the
  Southern Dynasties during the Rules of Emperor Xuanwu and
  Emperor Xiaoming ···································· Jin Xi(101)

On the Narrative Principles of *Qunshu zhiyao*'s Selection of *Shiji*
  ·· Poon Ming Kay(149)

On the Development of the Concept of *Bi xing* in the Tang Dynasty:
  With *Shige* as the Focus ·················· Zhang Wanmin(173)

Biographical Chronology of Ye Qingchen (Part 1) ······ Chen Caizhi(195)

On the Thesis of Pan Zhicong's *Shufa ligou*
  (Calligraphy Aesthetics) ············ Zhan Hanglun, Huang Shuling(223)

Recluses and Considerations of Involvement and Withdrawal:
  Some Qing Literati's Disquisitions on *Yin* (Withdrawal)
  ·· Cheng Kat Hung(239)

Ciyun Xuanjuan and the compilation thought of CI rhyme
  in Qianlong Era ······························ Boyang Ni(279)

Lyrical self · Metaphysics-probing self · Poetic self — A study
  on the development of lyricism in Jin and Song dynasties
  based on "transcendent thinking" of metaphysics ········ Cao Zhou(299)

中國文學的"興寄"傳統

馬里揚

【摘　要】"興寄"作爲中國古典詩學重要理論概念廣爲接受,但勘察中國文學的"實際",它本是以比類與托喻爲表徵的自由疏放的抒情方式。伴隨"楚騷"躋身"詩三百篇"同等的地位,"興寄"被吸納入"詩教比興"的系統而呈現出"隱曲"的特徵。宋代以來對"直筆"式"詩史"之批評更爲強調褒貶的寄寓,又推助"興寄"走向詩歌意義層面的"深微"。"深婉隱曲"的"興寄"衍生出兩種批評方案:"知人論世—詩史互證"與"微言大義—興感超越"。前者取決於文本內在結構的細微把握,如陸注蘇詩、錢注杜詩等;後者更加凸顯文本自身的獨立意義,如常州派的"詞史"批評等。儘管"興寄"走到過字義比附帶來的"僵化"、歷史闡釋的強勢介入所出現的"羈絆"以及由"興感"的"氾濫"導致的喧賓奪主,但在中國文學長河中始終具備有變動不居、生氣淋漓的"文學傳統"之表徵,實際成爲中國文學本體的核心"存在"。

【關鍵詞】興寄　抒情方式　比類　托喻　詩教　詩史

引　言

"興寄"作爲中國古典詩學的概念,對它一般的理解是創作中通過男女情愛與花草禽鳥來喻指人事,尤其是政治上的立場與態度,即"美人香草"式的"托喻";同時也借助"典實"即前代的人事而暗示作者當下的境遇、思想以及關涉到的國家政事。"興寄"的更爲顯著甚且可以説是獨具一格的特徵是"深婉隱曲";而我們一般更感興趣的也是造成這個特徵的原因,如文學的修辭技法、文獻的"不足徵"餘留下來的闡釋空間以及作者的創作動機,等等;然而,即便是創作者有意爲之的"婉約"與"隱曲",其最終的藝術效果在作者一方也是無法完全掌控的。如此,似乎我們要正視一個"實際的存在",即"興寄"在中國文學當中凸顯出來,應更是得力於它的批評意義,即由讀者的意志所生發而"實際"地掘發出的一種"文學精神"。

這種由文本之内走向文本之外、由作者走向讀者、由創作走向批評、由具體現象走向普遍"存在"甚至是抽象"精神"的"興寄",在今天的中國文化與文學中尚在延續;但由於傳統概念對人先入爲主的影響往往牢不可破,因此很少有誰去撇開"概念",睁了眼看中國文學的"實際";而我們這裏也只能從這個概念最近的一次效應作爲引子,即:清代常州派以"比興寄託"説詞,貌似毫無新意,但一個意外的批評結果出現了——中國文學中結構最爲精緻的文體之"要眇深微"的體格,伴隨著"興寄"的批評終獲明晰,這是此前没有過的,此後無論是接受西學的新派,還是延續傳統的舊派,也都被籠罩在其中。在一個多世紀的淘洗之後,已經擁有"經典"身份的古典詩歌作品之文學批評,具備有"興寄""境界"以及西學理論等不同的類型。時至今日,標舉藝術境界與採用西方話語所展開的"文學批評",面臨來自由"漢學"作爲居間的歷史與文化研究的挑戰與解構;或也因此,給了我們重新審視"興寄"作爲中國文學"實際的存在"之契機。

現代學術系統地討論與"興寄"相關的一系列的概念,應該是從上個世紀三十年代開始的;也是這個時候起,"興寄""比興"以及"比興寄託"這些"概念"被視爲一種文學史的現象與批評史的對象,或者一個學術史的話題。針對它們所展開的方式,有兩條路徑:一是通過爬梳剔抉式的搜集材料與一字不放鬆地謹嚴考辨,在批評概念的"用例"中來解釋其"本義"與"變義","尋出它們的史跡"①;這一進路的研究是從修辭研究擴大入了"批評史"的研究,史料的收集排比成爲首要的任務,其次是觀念的梳理,亦即進入到了觀念史甚至是思想史當中。二是置諸常州詞學的歷史語境中總結與討論其内涵與具體的批評實踐;這一進路起先是在常州派批評實踐的案例中分析其概念的内涵,而近年來冠以"常州詞派"的研究專著更多是去

---

① 朱自清《詩言志辨·序》,《朱自清古典文學論文集》,上海:上海古籍出版社2009年版,第189頁。

挖掘歷史背景的資料，則進入了學術史的領域。這兩條路徑總的說來，都是在朱自清所謂的"中國間架"①之內討論古典文學的傳統概念，與之相對的，是運用"西方模式"即借助西學話語展開探討。我們認爲，這雖是不能否認與拒絕的重要途徑，但由於借鑒西學的前提是"比興"在西方理論話語也可以找到對應或類似的概念與表述，因此所受到的限制甚至是解釋的矛盾會不可避免地突顯出來。

因此，沿循"中國間架"這條路徑並沒有問題，只是此前學者的研究還不夠完整。當年的朱自清曾主張排除兩點"干擾"：（1）"跟文學批評無關"的文化解釋；（2）解釋的對象是批評概念而不是"詩"。從文化來作解釋，是對"比興"思維與心理的探源，它集中地出現在上個世紀的三四十年代與八九十年代。雖然這項研究往往以新奇觀點著稱，但由於文學文本在這項研究中不過充當一種論說的"材料"，因此對文學本體自身而言距離其實會更遠，這也是朱自清當年就有所警惕之處，雖然在朱先生本人的文學批評中並未能免除地就此多所假借。至於說解釋的是批評概念不是"詩"，不僅是在朱自清的實踐中貫徹地較爲充分，而且也爲後來研究這個問題的學者所承繼，但問題也就出現在此，可以說是所謂的"中國間架"的未備之處。試想，如果解釋批評概念僅就批評的材料去考辨，是不可避免地會出現以水濟水的結果，也必然會促使後來的學者轉求"西方模式"來做出貌似有關而實質相遠的解釋。因此，解釋的對象最終是"詩"即文學作品本身，纔是傳統批評概念考辨之目的所在。這一問題，近年來已經受到學者的關注，甚至提出"詩歌史從根本上說，也就是詩學史"②的明確也是有力度的判斷。本文即希望承續展開討論，藉以補充"中國間架"的未能圓備。同時，本文更希望獲得一種"實際"的展示，即"興寄"被選擇成爲解讀文學經典的重要批評方法，甚至是處在傳統文學批評的最爲核心之位置，不止是一個與經學、史學相互纏繞的歷史的概念，而是具備有不斷更新的文學自身的活力。顯然，這是應通過"詩"而不只是批評的材料見出的。換言之，"興寄"在中國古典詩歌當中本是一種獨特的"存在"，而且也是生生不已的一種"文學傳統"。

---

① 朱喬森編《朱自清全集》第九卷《日記編》（上），南京：江蘇教育出版社1998年版，第213頁。
② 錢志熙《詩學一詞的傳統涵義、成因及其在歷史上的使用情況》，載於《中國詩歌研究》第1輯（2002），第279頁。又，參見袁行霈《寄託——以美人香草爲中心》，《唐詩風神及其他》，合肥：黃山書社2017年版，第150頁。

一、隱曲的潛流

"興寄"歸根結底是屬於"抒情"方式之一種,即"詩人感物,連類不窮",將自我由對外物觀察所獲得的"興"通過比類、托喻的方式,以文字爲載體表達出來。首先需要辨析的是"抒情",這兩個字的組合出現,文獻中是在《楚辭·惜誦》篇,但類似的涵義,《詩經》的"國風"以及"小雅"裏面已經明確。表達"抒泄"(王逸《楚辭章句》)的意思,《詩經》有它專用的"寫"字:"我心寫兮"(《小雅·裳裳者華》);"駕言出遊,以寫我憂。"(《邶風·泉水》、《衛風·竹竿》)等;至於這個"情"字,是專指含蘊隱藏的情感,即《楚辭》中所謂的"惜誦",而"國風"中也已經出現了"蘊結"(《檜風·素冠》)。即以這種情感本身而言,確乎如朱熹所云:"始者愛惜其言,忍而不發,以致極其憂憝之心。至於不得已,而後發憤懣以抒其情。"①但它的表達方式,則是直接的"抒"與"寫"。近年有學者根據"抒"在古籍中寫作"杼",因而認爲這樣的情感一開始便是被"編織"的②,則是缺乏古籍常識而出現的臆說與曲解。"發憤以杼情","杼"或作"抒""舒"以及"紓"等的不同,既是指的"抒泄",自應作"抒";姜亮夫曾準確地指出:"抒本字,舒、紓皆借字,杼則誤字。古今無用作抒者。隋唐人寫經,手旁不上挑如才字,故誤木也。"③據此,無論從用例還是從字源上看,"抒情"的意義是毫無疑問的自由與疏放式的。

"國風"中以自然物起興,這是原始詩歌的印記,即以"詩"言"志",通過外在的事物來傳達"心中之意"。《説文·心部》:"志,意也。"又:"意,志也。从心音,察言而知意也。"而"意"是個會意字。至於説"志"又可以解釋爲"記""識",段玉裁所云甚是明白:"古文有'志'無'識'","識,記也"④。亦即"志"當"記"講,其實假借爲"記"字來用。由於近代學者利用傳統的"訓詁"作爲一種文學批評的進路,因此如聞一多先生即曾利用"志"

---

① 朱熹《楚辭集注》,上海:上海古籍出版社;合肥:安徽教育出版社2001年版,第88頁。按,這比古今其他學者的解釋都要通暢些,但"憝"還是應該從王逸注解釋爲"病",而不僅是"憂"。
② 參看王德威《"有情"的歷史:抒情傳統與中國文學的現代性》,載於《中國文哲研究集刊》第33期(2008),第122頁。
③ 姜亮夫《重訂屈原賦校注》,天津:天津古籍出版社1987年版,第396頁。
④ 段玉裁《説文解字注》,上海:上海古籍出版社影印經韻樓藏版1998年版,第502頁。

字的假借義,説:"詩的本質是記事的"、"詩即史"①。這個觀點因爲推論的起點即成問題,所以是不能成立的②,應該仍舊遵循《説文》的本字的意義,"詩"="意"="志",是一個事物的兩面③。從"詩"與"志"字義上也可以發現,對早期的詩歌而言,外在的事物已經使得"心中之意"得到了一種圓滿地呈象,人類並沒有將自然界與自身完全對立起來。《詩經》中借助自然物的起"興",如果借用維謝洛夫斯基的"心理對比法"來解釋,就會發現這在世界上其它民族的早期詩歌中都是常見的④。人類對自然的模仿,既是一種天性,也是一種愉悦,通過這樣的方式,"心中之意"得到了傳達,成爲了最原初的"詩"。此際,情感的傳達所借助的外在事物,並不構成對情感的轄制作用;而"文字"也還沒有成爲"古典"狀態,或者根本就只是在口頭上。如果站在這個角度説,則我們甚至可以對"詩言志"這個古老且嚴肅的詩學觀念最爲本初的"吟唱"做出如下的詮釋:"詩"即"tune","志"即"tone";"詩"與"志"、"tune"與"tone",是一種事物的不同階段而已。那麽,即便會有文字作爲詩歌的載體,也不會成爲情感傳達的負累。總之,無論是從"抒情"還是從"詩"以及"興"來看,詩歌的特徵是自由與疏放的,比類與托喻的出現,是不會改變這樣的特性的。

　　抽象化的情感如"憂""悲""歎""哀""怨""憎""懷"等,在《詩經》中的"國風"以及"小雅"中出現,説明人距離自然要遠了一步,至此——大體上就是朱自清先生所指出的周代——走向了成熟的"詩"⑤。此後,這種自由疏放地"吟詠性情"的生活環境不復存在。當我們的先民從自然界走出,成就了與自然相區別的人類文明,那種自由吟唱也隨之成爲了記憶與想像。如維謝洛夫斯基所指出,這種所謂的"心理對比法"的進一步發展,即進入儀式,並説:這是包括詩歌在内的諸種藝術的搖籃⑥。也正因此,後來

---

① 聞一多《歌與詩》,孫黨伯、袁謇正主編《聞一多全集·文學史編》,武漢:湖北人民出版社 2004年版,第 8—12 頁。
② 參見錢鍾書《談藝録》(補訂本),北京:中華書局 1999 年版,第 36 頁。
③ 參見陳世驤《尋繹中國文學批評的起源》,載於張暉編《中國文學的抒情傳統——陳世驤古典文學論集》,北京:生活·讀書·新知三聯書店 2015 年版,第 19—20 頁。又,陳世驤《中國"詩"字之原始觀念試論》,同上書,第 97 頁。
④ 維謝洛夫斯基(А. Н. Веселовский)著,劉寧譯《心理對比法及其在詩歌文體中的反映形式》,載於《歷史詩學》,天津:百花洲文藝出版社 2008 年版,第 245 頁。
⑤ 朱自清《詩言志辨》,《朱自清古典文學論文集》,第 202 頁。
⑥ 維謝洛夫斯基《歷史詩學三章》第一章注釋 143,載於《歷史詩學》,第 305、514 頁。

學者討論"興"更多地將會從儀式角度入手,也就不難理解了①;但實際上追溯至此,尚不算探本,儀式性質的"興"已經不是最原初的詩歌狀態。人事即人與人之間的關係一旦成爲詩歌的主題,自我的抒情必須適應有著一定的準則與秩序即"禮義"的人類社會,"詩言志"的内涵當中會出現"止乎禮義"以及"一國之事系一人之本"(《詩大序》)的"史"之意義與作用。只是它還是一種相當單調的"集體心理"②,但它接下來會出現分流,即如果强調"禮"與"史"的作用與意義,則進入"詩教",如"詩三百篇"已經失去了它本來的詩歌面目,被擡升到國家意識形態的"經典"的位置。

  以個人、個體而非以國事、禮義爲本的"自我"抒情——强調作爲個體的"人",而非處在社會結構中的一種地位、一種身份的"某人";其自我抒發悲喜憂樂,也就不同於"君臣""父子""夫婦""朋友"中打上忠義、思慕等印記的悲喜憂樂。以"美人香草"的比類托喻形式展開抒情的《離騷》,如果從文字的意義層面上看確實是抒發了"眷戀宗國"的情緒,但其"實際"散發而出的則是波瀾萬狀的自我抒情,也就是作爲"文學"的本質力量的呈現。這只要從漢代的學者對它的改造與批評就可以見出這類保持有原初"抒情"特徵的"興寄"的"存在"狀態。東漢的王逸就很想如先儒們改造"詩三百篇"一樣將"楚騷"也變成一種"詩教"的附庸,即納入到以譏刺爲主的"變風"系統中,結果他卻没有能够成功。"詩三百篇"已經是成熟的詩,但顯然它們還不是個體意義上的詩,而是群體的詩,所謂"詩言志",也是傳達的群體的意志;但"楚騷"則是更加成熟的個體意義上的詩。群體的詩,或許可以任人打扮,但個體的詩則很難做到這一點。那種儀式性的"枷鎖"起到的作用非常微弱,是徒有其表的,而個體的突破這種"枷鎖"的力量則異常凸顯。西漢的班固對《離騷》的批評,其實正是這種個體抒情方式不能被束縛的證明。因此,所謂"興寄"的抒情,無論是在更爲原始的詩歌時代,還是在它進入到"楚騷"當中,都不是後來理解的隱曲幽微的表達方式。

  造成"興寄"具備有"隱曲"特徵的,是緣於"楚騷"的"美人香草"在傳統詩學當中地位的變化。魯迅對《離騷》在後世的接受有一個堪稱不刊的

---

① 參見朱自清《詩言志辨》,《朱自清古典文學論文集》,第268頁。又,周策縱《"興"(鵻)和榮舞——陳與喻》,《古巫醫與"六詩"考》,上海:上海古籍出版社2009年版,第132—143頁。
② 維謝洛夫斯基《歷史詩學》,第358、365頁。

論斷,即:"一則達觀於文章,一乃局蹐於詩教。"①六朝出現的"詠懷"以及承續"阮籍式"寫作的初盛唐時代的"感遇",今天一般都會推原自"楚騷";其實,從創作者自身出發,他們主觀願望中所秉承的,無非是"比見今之失,不敢斥言,取比類以言之"、"興見今之美,嫌於媚諛,取善事以喻勸之"(《周禮·大師》鄭箋)的"詩教"觀念而已。雖然六朝詩人鮮有自道,但站在當時批評者的角度,也没有誰認爲他們從"楚騷"而來。如阮籍,鍾嶸《詩品》說:"其源出於小雅。"《文選》李善注引顔延年、沈約等注云:"雖志在譏刺,而文多隱避。"《小雅》怨誹而不亂,故"志在譏刺"是依本《小雅》而來。今天形成阮籍來源於"楚騷"的印象,承襲的是明代以來的學者的看法②;但就當時來看,凡言稱源自《楚辭》或與《楚辭》有關者,強調的是自我的怨望,也就是流入"亂",而非"不亂";叛臣如李陵,婦女如班婕妤等,不復止乎禮義(班婕妤被批評爲有"匹婦之致",與其顯貴身份大不類),纔會歸入這一類的。與之相對照的,是很少站在這樣的角度來評詩人,如鍾嶸論曹植:"情兼雅怨。"論左思《詠史》:"文典以怨,得諷諭之致。"皆從《小雅》立論,而非兼顧《離騷》。那麽,對《楚辭》的接受,這一時期更多地是在相對爲"末事"的文辭方面;就創作本質上講,詩人們希望繼承的並不是"露才揚己"的"屈原式"創作,而是要借重"詩教"的"比興"方式,因此真正意義上的"自我抒情"反被壓制,這是導致阮籍的《詠懷》詩深隱風格的主要因素。另一方面,詩歌主題的選擇也走向較爲狹隘的領域,即始於東漢末至南朝梁陳時代蔚爲大觀的"情詩":體制上是五言,詩歌主題爲男女相思或夫婦離別,詩歌文本所選擇的空間是以"閨房"爲中心。這些作品集中地被收輯在《玉臺新詠》當中,由於已經離開"詩教"體系,因此成了自我抒情的園地,可以視爲"詩緣情而綺靡"這一詩學理論的創作實踐③。但選擇"情詩"爲領地的自我抒情式的"興寄"創作,終究不過是被"詩教"所"放逐",因此它與"詩教"壓制下的深隱抒情一道,處在了"潛流"的狀態。

原初"抒情"狀態的"興寄"所不得不接受的這種"潛流"的境遇,一直延續到了唐代末年的豔情題材的創作直至宋詞之中,也因此形成了中國文學中特有的文學脈絡。可以說,正因是"潛流",也就使得這條脈絡自始便

---

① 魯迅《漢文學史綱要》第四篇,《魯迅全集》第九卷,北京:人民文學出版社2005年版,第384頁。
② 參見曹旭《詩品集注》,上海:上海古籍出版社2011年版,第155頁。
③ 參見馬里揚《中國古典詩歌中居處環境與藝術境界之關係研究》,載於《中國詩學》第十六輯,北京:北京人民文學出版社2012年版,第50—67頁。

不甚清楚,以至於自宋代就有學士大夫如陸游會對"花間"詞的出現表示驚歎①,甚至現代的學者如葉嘉瑩先生還認爲它們是突破了"詩教"中的"詩言志"的傳統②。究其緣由,不過是"楚騷"的"香草美人"在傳統詩學中的地位發生了變化:從原本的抒情方式與文辭表達延伸進入了"詩教"的批評範疇,即朱自清所說的"纏夾在此,重要也在此"③。這裏的一個重要的轉捩點是在宋代。我們可以看對李賀詩歌的批評。他同時代的杜牧說他:"蓋騷之苗裔,理雖不及,辭或過之。"又說:"稍加以理,奴僕命騷可也。"但到了宋代,劉辰翁卻說:"謂其理不及騷,未也;亦未必知騷也。""不知賀所長正在理外。"④這就是極爲"纏夾"的例子,我們今天的人由於已經是落在宋人之後,反而會覺得杜牧的話無從理解;由於李賀詩歌的特殊性,對劉辰翁的話也不能沒有疑惑。這種時代的隔閡所造成的理解上的困難,在中國詩學概念的使用中是常常碰到的,即歷史概念的錯位。我們先看杜牧的原意,他的上文是說:"騷有感怨刺懟,言及君臣理亂,時有以激發人意。乃賀所爲,得無有是?"杜牧說的"感怨刺懟",指的是屈原式的自我抒情,"言及君臣理亂"即國家政事,也沒有什麼可以"隱曲"的,不在什麼"小雅""變風"(儘管"小雅""變風"的詩歌本身也是自我抒情,但它們已經被改造修飾成了"經典")的"比興"系統之中。

"美人香草"式的"興寄"是否進入了"詩教"的"比興",是唐代人區別於宋代以來直至我們今天的一個值得做出區別的觀念。這裏需要有所辨析的,是作爲最明確也是最早使用"興寄"這個概念的陳子昂的用意究竟何在的問題。誠如錢志熙先生指出的,"興寄完全是一個獨立的美學範疇",但他又說,"遺憾的是,我們現在無法找尋陳子昂興寄一詞的直接淵源"⑤。儘管如此,我們並不難見到現代學者在批評史一類的著作中對"興寄"的解釋,而且這些解釋又無例外地是與"比興",尤其是來源於詩教系統中的"比興"有著密切的關聯。我們認爲,這是被概念給牢籠住了,是概念先行而非

---

① 陸游《跋花間集》,載於錢仲聯、馬亞中主編《陸游全集校注》,杭州:浙江教育出版社 2011 年版,第 10 冊第 259 頁。
② 葉嘉瑩《論詞學中之困惑與花間詞之女性敘寫及其影響》,《迦陵論詞叢稿》,石家莊:河北教育出版社 2000 年版,第 180 頁。
③ 朱自清《詩言志辨》,《朱自清古典文學論文集》,第 236 頁。
④ 王琦《李長吉歌詩彙解》,《三家評注李長吉歌詩》本,上海:上海古籍出版社 1998 年版,第 13 頁。
⑤ 錢志熙《唐人比興觀及其詩學實踐》,載於《文學遺產》2015 年第 6 期,第 63 頁。

深入中國文學的"實際"。關於陳子昂"興寄"的直接淵源,我們這裏嘗試提出一個線索來。我們看鍾嶸《詩品》評價張華説是"興托多奇",這個"興托"應是陳子昂所謂的"興寄",換言之,理解陳子昂"興寄"的關鍵在鍾嶸的"興托"上。不過,《詩品》的研究者一般也都將"興托"徑直地等同於"比興寄託"①,這同樣不免是歷史概念的錯位,既然不能正本清源,也就無從成爲"淵源"所在了。儘管"興托多奇"在此的一個重要異文是"興托不奇",但無論是取"不奇"還是取"多奇",很多學者都是從詩歌的寓意上著眼,也都没有離開已經進入"詩教"的"比興寄託",因此是不能合乎鍾嶸的原意。實際上,鍾嶸這裏所謂的"興托",主要應是就文辭層面上講。鍾嶸既然説張華其體華豔,巧用文字,兒女情多,自然是"興托不奇",即停留在字面的雕琢而實際上阻礙了情感的抒發②。這在張華的"情詩"創作中,可以説有著生動鮮明的體現,只是鍾嶸尚不曾覺察到這正是"抒情"被排斥與放逐的結果。那麽,陳子昂所謂的"齊梁間詩,彩麗競繁,而興寄都絶"(《與東方左史虯修竹篇序》),也是這樣一個意思,無非是指的文辭追求繁縟不講興托的問題,不是指的"詩教"的"比興"——可以説,這是兩個領域的不同概念。而"興托"或者"興寄"作爲概念的出現最初是指向文辭,也就是"興辭"而非走入"比興",還可以從"楚騷"在唐代初年的地位得到證明。陳子昂又説:"漢魏風骨,晉宋莫傳。"又説:"不圖正始之音,復覩於兹。"李白與之桴鼓相應地説:"正聲何微茫,哀怨起騷人。揚馬激頽波,開流蕩無垠。"(《古風》其一)陳子昂所謂的"正始之音"即李白詩中的"正聲";"楚騷"在他們眼中,只會是"頽波",因此也就不能與"建安作者"爲代表的"漢魏風骨"相媲美,也纔會有杜甫轉述的這樣一種論調——"縱使盧王操翰墨,劣於漢魏近風騷"。當時人説"四傑"不足取法,是因爲他們没有"詩教"系統中的"比興",故而較之"漢魏"爲"劣"而近於"風騷"(指怨刺)③;這些,都和後代將"詩騷並舉"很有些不同。

因此,杜牧對李賀詩歌的"理"的缺乏的批評,實質是説李賀承襲了"楚

---

① 曹旭《詩品集注》,第279頁。又,陳延傑《詩品注》,北京:人民文學出版社1961年版,第34頁。
② 按,與筆者在此所論的"興托不奇",觀點可能有些接近的,是張懷瑾的《鍾嶸詩品評注》(天津:天津古籍出版社1997年版);該書第252頁指出:"興托,南朝文風,煉句所宗。"儘管在整個句子的理解上,筆者仍與張先生存在差異。
③ 參見葛曉音《從詩騷辨體看"風雅"和"風騷"的示範意義》,《先秦漢魏六朝詩歌體式研究》,北京:北京大學出版社2012年版,第150—151、158頁;又,袁行霈《李白〈古風〉(其一)再探討》,《盛唐詩壇研究》,北京:北京大學出版社2011年版,第289頁。

騷"的自我抒情的方式,甚至在文辭上還要超過;但問題出在李賀只是自我而已,沒有將"興寄"的方式去關聯國家政事,是沒有涉及"理"的。但到了宋代,劉辰翁則認爲杜牧的評價,既不知李賀,更不知屈騷;並說李賀之擅場,是在"理"外。這個話,很讓後來人疑惑,故宋濂批評他不知所云。但其實劉辰翁之所以會出此言,不是簡單地與古人爭勝心態所導致的;這裏面的背景是,在宋人眼中,"楚騷"的"興寄"方式已經沒有了獨立的地位,它被納入到了"詩教比興"當中;屈原也不再是那位直接抒發自我的"感怨刺懟"的詩人,他的"興寄"方式將被認爲是隱曲幽微、不能直達的;而李賀同樣也不再只是用比類和托喻方式的自我吟唱,凡是詩中出現的秋草幽花,都會認爲是詩人在隱曲地表達自己對一個王朝沒落的深沉的關切①。

由此可見,將描寫男女情事、花草禽鳥認作是對君臣關係的喻指,並將它的源頭推向"楚騷",並非是歷史的原初面貌。雖然"楚騷"採用的是"興寄"的抒情方式,但它是自我抒情,情感深摯但不隱曲。而"隱曲"是"詩教比興"的內在要求,是有著社會現實之負累的必然反映,是取消了作爲"個體"的"人"而轉換爲一種社會身份的"某人"的抒情。由於這種抒情往往要借助比類、托喻的方式,在文辭上又多從"楚騷"假借;因此,伴隨著"楚騷"地位的改變——從杜甫對屈原的正面評價開始至明清時期完全獲得與"正聲"的同等地位②,"興寄"也走向"詩教"的"比興"。這種態勢在影響到作者主觀創作動機的同時,更爲強大的顯現是它的批評與闡釋的效力,並以"追究"之勢去籠罩本是被"詩教"所"放逐"的六朝至晚唐"情詩"之文學批評;如對曹植的《七哀》、李商隱的《錦瑟》等的批評,就是其中的顯例。而從批評角度來看,這些詩歌的內蘊在出現"纏夾""重要"的特徵時,也不能逃脫由文辭的字義比附所帶來的闡釋的"僵化"。

二、深微的走向

"美人香草"的比類托喻之外,"歷史典實"會成爲"興寄"的另一重要

---

① 參見錢鍾書《談藝錄》補訂本,第45頁。
② 參見葛曉音《從詩騷辨體看"風雅"和"風騷"的示範意義》,《先秦漢魏六朝詩歌體式研究》,第155—161頁。

構成,這是與杜甫的"詩史"創作及其綜合文本語言結構、作者創作動機以及讀者的"反客爲主"式的批評密不可分的。魏源在《詩比興箋》中説:"所貴詩史,詎取鋪陳? 謂能以美刺代褒貶、以誦詩佐論世。苟能意在筆先,何異興含象外? 知同導乎情,則源流合矣。"①這就提醒我們注意,美刺、誦詩即"比興"已經在"詩史"的創作當中出現,"詩史"並非只會像"春秋"一樣承擔著"褒貶""論世"的功能②。但這同樣會有一個過程,即一開始"詩史"並未主動去接納"比興",畢竟"詩史"在抒情的方式上是可以與比類托喻區別開來的。"詩史"創作的一個突出特徵,就是如"史筆"一般是"盡而不汙"③式的;它的原本内涵備於孟棨《本事詩》所謂的"推見至隱,殆無遺事"④。《史記·司馬相如列傳》載"《春秋》推見至隱";裴駰《集解》引韋昭曰:"推見事至於隱諱",爲其涵義的所在;則這八個字尤其是"推見至隱"的所指,是可以歸入《春秋》"筆法"之列的⑤。

　　問題在於,宋代以來的批評者多數是傾向於"筆法"中的"微婉""顯晦",而非"盡而不汙"。甚至於更有興趣去揣度杜甫本人的主觀意志,如《諸將》組詩的爭議焦點,就關乎詩人對"諸將"的態度是責備、譏刺還是僅僅限於惋惜、感歎⑥。其實,在杜甫的"詩史"創作中展現出來的,既不是"先見"也不是"後見"的那種明白判斷——雖然通過他的詩,或許可見出他在政治上甚至是軍事上都有不同流俗的見解⑦——而是"直筆"的色彩更爲強烈。如杜甫寫作《諸將》的用意就是非常直接的——必須指出,這與今天

---

① 魏源《魏源全集》,長沙:嶽麓書社 2011 年版,第 12 册第 302 頁。按,該書舊署名"陳沆",現據學者研究已判爲魏源所著無疑;參見夏劍欽《詩比興箋作者歸屬問題補正》,載於《中華文史論叢》第一期(2006),第 319—331 頁。
② 張暉認爲"詩史"中包涵"比興"之義,就是從魏源纔開始提出的(《中國"詩史"傳統》,北京:生活·讀書·新知三聯書店 2012 年版,第 239—240 頁);顯然,這只是從批評術語的内涵上説,若從實際創作上講,則必然要早得多。
③ 楊伯峻《春秋左傳注》:"杜注:'謂直言其事,盡其事實,無所汙曲。'焦循《補疏》解'汙'爲'紆'。"(北京:中華書局 2009 年版,第 2 册第 870 頁。)
④ 按,關於《本事詩》的作者,陳尚君據新出墓誌指出,"孟棨"應作"孟啟"(《本事詩作者孟啟家世生平考》,載於《新國學》第六卷,成都:巴蜀書社 2006 年版,第 1—17 頁)。
⑤ 參見張暉《中國"詩史"傳統》,第 13—14 頁。
⑥ 錢謙益《錢注杜詩》卷一五,上海:上海古籍出版社 1979 年版,第 515 頁。又,仇兆鰲《杜詩詳注》卷一六,北京:中華書局 1979 年版,第 1366 頁。另,參見蕭滌非主編《杜甫全集校注》卷十三,北京:人民文學出版社 2013 年版,第 7 册第 3770—3772 頁。
⑦ 參見陳寅恪《金明館叢稿二編》所收《書杜少陵哀王孫詩後》一文。按,陳先生以此詩爲例,盛讚"少陵推理之明,料事之確"(北京:生活·讀書·新知三聯書店 2001 年版,第 64 頁)。

我們大多數人接受比興說的影響所獲得的對杜詩的"觀感"是不同的。在對唐朝與回紇之間交往歷史的回顧後,杜甫以自身的經驗與思考爲判斷依據,向身在廟堂的君臣發出了嚴肅的警告。然而,詩歌篇幅的限制與他想要表述内容之間的懸殊比例,決定了這份警告並不會直接通暢地傳達出來。畢竟這只是七言八句詩,而不是一篇向朝廷進呈的"萬言書";儘管舊時學者曾説杜甫就是以章表奏議爲詩的,但文體的差別將無可置疑地導致意義傳遞的方式。換言之,杜甫顯然是希望以詩歌的形式表達一篇千百言奏章可以容納的内容,因此他無可選擇地要對内容極盡濃縮,以便較爲完整地傳達他個人的意見。那麽,一首律詩之中就要承載有一個王朝的外交史、個人的升沉史以及總結性質的議論。毫無疑問,這不是五十六字就可以完成的任務。但律詩在形式上的對仗與語言修辭上的用典,可以幫助詩人解決這樣的問題。齊整的對仗形式將會擴充律詩的空間——每兩句一聯的平行推進,實質上容納了更多文字之外的内容,而典故的運用在敘述國事的同時也可以連帶出自身的經歷、經驗與抒發目前的感慨甚至議論。典故愈加的密集,這樣的空間就會變的越大,容納進來的内容也會越多[①]。

  如果説我們不能確指這首《諸將》究竟是表達杜甫惋惜之情,還是責備之意,那麽原因並不在杜甫的創作動機,而是首要的應在這首詩歌的結構上。如其第二首的"豈謂盡煩回紇馬,翻然遠救朔方兵",便是一個好例。在它之前的兩句"韓公本意築三城,擬絶天驕拔漢旌",尚且是一個具體的事件,但"盡煩回紇馬"就進入到了對一種事體性質的概括與評論。詩歌的結構不會允許作者提供更多的例證,但這些例證不是不存在,而是在文字之外;這裏的議論針對的是國家時事,且是杜甫所耳聞目睹的,因此"豈謂"之中就會有作者的議論,即"豈謂有兹理"之意。這個"煩"字是會生出兩種解釋:一個可以理解爲"頻繁",是指頻繁地假借回紇的力量而幫助唐朝的軍隊即朔方軍平定内寇外辱,是客觀的關於史事的敘述;另一個可以理解爲"煩請",含有歉然之意,是不得不如此之舉。而"翻然"同樣會出現兩歧,即客觀的敘述與情感的摻入,後者即翻然悔悟,謂當年唐朝與回紇爲對峙之敵國,如今則成了互助的友邦。類似這樣的難題,在古典詩歌的讀解中

[①] 參見高友工著,黃寶華譯《律詩的美學》第九節"盛唐末年杜甫的恢弘境界",《美典:中國文學研究論集》,北京:生活‧讀書‧新知三聯書店 2008 年版,第 252—260 頁。

是經常性遇到的;解決這樣的矛盾,就不能拘束在文本結構之上,或者以模棱兩可的態度對待它——除非兩歧式的讀解是殊途同歸,或可以呈現出一個更爲完整的詩人態度;但這裏顯然不屬於上述任何一種結果,而是針鋒相對,牽涉到杜甫的政治立場問題,即古人所謂的大節。那麽,在這個問題上,杜甫的態度不會遊移,也不會含糊,即他不會認同回紇人所謂的幫助,這在《北征》詩當中有著明確的表態①。但這個創作動機,不是我們可以通過文本結構的分析所見出的,反而是結構的複雜讓我們一時無可適從;需要去聯繫作者的性情、學問與處境,透過他的人格與思想來進入詩歌。

更爲關鍵的是,在詩體結構與作者之外,讀者的性情、學問與處境亦即他的人格與精神也會參與詩歌的意旨的傳達。距離唐人較近的宋人對"直筆"的理解,就已經出現了偏頗;楊萬里《誠齋詩話》論李商隱《龍池》"薛王沉醉壽王醒"以爲是直言其事,這不過是十足的宋人見地,以其敢於語涉宮闈隱諱而已;洪邁《容齋續筆》卷二"唐詩無避諱"條説:"唐人歌詩,其於先世及當時事,直辭詠寄,略無避隱。至宮禁嬖昵,非外間所應知者,皆反覆極言,而上之人亦不以爲罪。"②他舉出白居易《長恨歌》、元稹《連昌宮詞》之後,説:"杜子美尤多。"又舉出張祜以及李商隱,總結説:"今之詩人不敢爾也。"洪邁引證杜詩甚多,就中即有《諸將》第二首中的"豈謂盡煩回紇馬,翻然遠救朔方兵"一聯。以唐人詩内部比較,杜詩仍有特殊性。無論是元白抑或張祜、李商隱,如洪邁所説,"大抵詠開元、天寶間事",已經與李商隱之詠"南朝"相似,是"古事"③。而老杜所寫則是即時反應,不過二三年間的近事,如洪邁舉出的"鄴城反覆不足怪,關中小兒壞紀綱,張后不樂上爲忙"(《憶昔》其二),以及他"不能悉書"的如"李鼎死岐陽,實以驕貴盈。來瑱賜自盡,氣豪直阻兵"(《太子張舍人遺織成褥段》)等,在老杜之後的唐代詩人已經很難如此毫不避諱地下筆,更無論每每不免"以文字得罪"的宋人。那

---

① 參見楊倫《杜詩鏡銓》卷四,上海:上海古籍出版社 1998 年版,第 162 頁。
② 洪邁著,孔凡禮點校《容齋隨筆》,北京:中華書局 2006 年版,第 239—240 頁。又,參見陳寅恪《元白詩箋證稿》,北京:生活·讀書·新知三聯書店 2001 年版,第 12 頁。龐俊《養晴室遺集》卷九,成都:巴蜀書社 2013 年版,第 450 頁。按,關於宋人詩不敢涉及宮闈,陸游也有過類似的看法,參見《渭南文集》卷三一《跋西昆酬唱集》,第 10 册第 300 頁。
③ 魯迅在《中國小説的歷史的變遷》第四講中説:"大概唐時講話自由些,雖寫時事,不至於得禍;而宋時則諱忌漸多,所以文人便設法迴避,去講古事。"(《魯迅全集》第九卷,第 329 頁。)這個判斷,可以洪邁、陸游的話爲證。

麼,宋代及其之後的學者依照"春秋筆法"所理解的"詩史"是帶有傾向性,即對"筆法"中的"微""婉""隱"以及"一字寓褒貶"之"寓"等頗加強調①,是秉持著"詩教比興"的方式所展開的詩歌批評,與《春秋》"推見至隱"的"直筆"已遠。"詩教"中"比興"的經學闡釋效應——"興之托喻,婉而成章,稱名也小,取類也大"(《文心雕龍·比興》),正在成爲"詩史"創作、批評與闡釋的主要内涵。

杜甫之後的詩歌史並未朝著它可能出現的前景去發展,即以"推見至隱式"的"直筆"來抒發與政治及社會密切關聯的個人情感,而是進入到了"詩教比興"之中,從而與"興寄"的深婉隱曲的表達方式合流——無論是六朝至晚唐的閨情詩歌(比類托喻),還是老杜的詩史(典故時事),至宋代都被容納入其中。宋代先是《西昆酬唱集》涉及宮闈之事而被禁止,首開詩人因詩歌創作而被責之例,後來便出現了"詩案",南渡之後歌詞的内容也會成爲妄議"國是"的罪證②;如此,宋詩與宋詞的創作,只會沿著更加深隱的道路前行,即走向"興寄深微",它的特徵是詩歌成爲詩人自我道德修養的文字自然流露,至於具體指向則在有無之間。宋詩所形成的與唐人興象玲瓏式的渾融是截然可以區分的兩種美學形態,根結性的原因即在於此,而這較爲集中的體現在黄庭堅的詩歌創作與主張之中,如最早揭出杜詩"忠義"的,或者就是黄庭堅本人。只是他評價老杜詩,卻是"無意而意已至"(《大雅堂記》),這顯然不是一個簡單地技法純熟老道的問題,而是"忠義"當如何表達的問題,即"百年忠義寄江花"(《次韻伯氏寄贈蓋郎中喜學老杜詩》)。當時人評價山谷詩也説是"用意高遠"(任淵)、"精微要眇"(許尹),與黄庭堅對自身詩歌創作的要求是相當地一致③。類似的創作與批評,也出現在江西派其他詩人和南渡以後的詩人創作與批評中。如陳師道,謝克家在《後山居士集敍》中開宗明義即云:"言之錯綜而奧美者爲文,文之鍛煉而幼眇者爲詩。儒者

---

① 參見張暉《中國"詩史"傳統》引諸家説,第56—62頁。
② 關於《西昆酬唱集》之被斥責,參見陸游《跋西昆酬唱集》以及王仲犖《西昆酬唱集注》(上海:上海書店出版社2001年版,"前言",第2頁);北宋的兩樁詩案,參見沈松勤《北宋文人與黨爭》,北京:人民出版社1998年版,第125—154頁。南渡因歌詞得罪,見李心傳《建炎以來繫年要録》卷一五八載胡銓賦詞事,上海:上海古籍出版社1992年版,影印《文淵閣四庫全書》本,第216頁。
③ 參見錢志熙《論黄庭堅的興寄觀及黄詩的興寄精神》,載於《文學遺産》1993年第5期。又,錢志熙《黄庭堅詩學體系研究》,北京:北京大學出版社2015年版,第87—95頁。

以學輔德,以德輔言。"①即以"奧美""幼眇"(即要眇)爲標準來評詩。至於陸游評東坡詩説:"意深語緩,尤未易窺測。"②更是值得重視的一種轉向——當年黃庭堅一味地稱讚蘇軾"超逸絕塵",是意在爲蘇軾擺脱現實政治處境的困擾③,作爲後來人的陸游則不必計較這個,可以直截了當地講出東坡詩的深不可測。

這種對與自身時代存在距離的詩人展開"興寄式"的批評,是同樣有著詩人身份的士大夫選擇以批評者的姿態,換了一種方式來舒緩被壓制的自我情感。這在後世最稱典範的批評實踐無疑是"錢注杜詩",如對《諸將》的箋釋,錢謙益曾借他人之口説這是"鑿開鴻蒙,手洗日月"(《草堂詩箋元本序》)之舉。既然《諸將》表達方式是"推見至隱"的,不僅是史實方面,就連詩人態度也是毫不含糊的;縱然由於詩歌結構的問題會讓這樣的詩篇呈現出理解上的含糊模棱而歸責於作者本人的諷諫比興,但也無需出現錢謙益所自詡的"鑿開""手洗",這實在是逾出常規的錢氏自我抒情式的語句。解釋這個問題的答案只有一個,即此際對於這首古典的詩歌,讀者的意志成了主角。錢謙益從事件的最終結果出發,即認爲無論如何之屈辱,回紇人的幫助使得唐王朝不致覆滅,這是大局;而回紇人的野蠻行徑,不過是不能預料的小事而已;因此他一改原先認爲的杜甫對諸將責備的態度,主張:"'豈謂盡煩'云云,乃俯仰感歎之詞,非以是爲謀國不臧而有所彈刺也";"少陵於此,惜之可也,訟之可也,又何庸執三寸之管,把其短長乎?"④在"回紇"注釋中,並將"豈謂盡煩回紇馬"引作"豈意盡煩回紇馬"(檢核康熙原刊本已然),則將本來的"不謂有此例"更改爲"不意有此事",將本來是基於一種事體性質的嚴正判斷改換成了一個具體事件的意外發生。由此,老杜的立場觀點全然不見,更換爲身降夷族而心戀故國的錢謙益自我人格與處境的映射⑤。此種情緒,在錢謙益則是無論如何都當極爲委曲隱約,更借助古典的注釋即批評文本略爲發抒。倘借助錢注以讀杜詩,則杜詩直筆嚴正之議論轉換爲幽微深曲之情致;而"詩史"也從"推見至隱"的自我抒情徹底蜕變爲"微

---

① 陳師道《後山居士文集》卷首,上海古籍出版社1984年版,影印宋刻本,第1頁。
② 《渭南文集》卷一五《施司諫注東坡詩序》,《陸游全集校注》,第9册第376頁。
③ 參見錢志熙《黃庭堅詩學體系研究》,第69—78頁。
④ 《錢注杜詩》卷一五,第515頁。
⑤ 參見陳寅恪《柳如是別傳》第五章"復明運動",北京:生活·讀書·新知三聯書店2001年版,第1005—1032頁。

婉諷諫"的"興寄",成就而爲一種史論性質的批評話語①。

三、批評的融合

"興寄批評"中讀者的意志成了主角是由兩個方面構成的：一是"興感"的產生不只是作者的專屬,其"超越"的姿態將實際成爲文學作品得以永恒的關鍵要素;二是批評的著力之處會走向對作品文本之外的歷史語境的還原考證。這兩個方面是有聯繫的,但在具體的研究對象中也會有偏重：前者一般會是"無米之炊",即沒有更多的歷史背景可供考察,甚至包括作者本人都是模糊的,因此會立足"文辭"而進入字義比附以至於最終呈現出"僵化"的困境,就是拘縛在了字義比附的"微言大義"之上;後一種則是詩學中的一個頗具生命力的闡釋傳統,即導源於"知人論世"而形成的"詩史互證",但同時由於這個過程中歷史的主動且是強勢的介入,因此最終會導致出現離開文學批評之結果②。然而,無論上述哪一種都將會招致"深文周納""牽強比附""誅心之論"等"標籤式"的否定以至於唾棄的意見;類似這樣的意見的出現,也是使得"興寄"在現代學術中遭遇尷尬的重要一因,較爲顯著的例子就是胡適在《詞選》中對常州派詞家端木埰以及在《紅樓夢考證》中對王夢阮、蔡元培等人的譏評③。只是"標籤"終究不能掩過"實質"。所謂紅學中的"索隱派",在文學批評上看並非一無是處,蔡元培自云的"情節之考證"④,較之胡適收集版本、著者、時代之材料的研究,其實是更爲接近文本自身;而胡適所選注的宋詞,也是不必諱言地抹去了這種文體精緻的一面而有著明顯的偏頗。

---

① 陳寅恪曾將錢氏注杜稱之爲"借詩以存史",其具備的也就更多是歷史的價值;如陳寅恪先生對錢謙益本人的《投筆集》創作所下評價："此集牧齋諸詩中頗多軍國之關鍵,爲其所身預者,與少陵之詩僅爲得諸遠道傳聞及追憶故國平居者有異。故就此點而論,《投筆》一集實爲明清之詩史,較杜陵尤勝一籌,乃三百年之絕大著作也。"(《柳如是別傳》,第1193頁。)實則已經是逾出"文學"的範圍而徒有"詩體"之表。
② 韓經太指出"詩史"闡釋的意向是"有助於確立當下的史家姿態"(《傳統"詩史"說的闡釋意向》,載於《中國社會科學》1999年第3期,第183頁)。
③ 參見胡適選注,郝世峰、安易整理《詞選》,石家莊：河北人民出版社1999年版,第309頁。
④ 參見蔡元培《石頭記索隱第六版自序》,胡適《跋紅樓夢考證》附錄,載於歐陽哲生編《胡適文集》,北京：北京大學出版社2015年版,第3冊509頁。

這裏擬先行就"知人論世—詩史互證"在文學批評上的意義進行辨析,畢竟它在今天的文史學人當中還發揮著效力。但對文學批評而言,問題的關鍵在於"歷史背景"不是截然地獨立於詩歌文本之外的,而是從詩歌文本內在所關聯到的外在史事。因此,這樣的批評所產生的文本實際上是詩歌的"附生文本",即它會與作品"母體"相融合。所謂《錢注杜詩》開闢出"詩史互證"之研究路徑,正是存有類似的不容當面錯過的"文學批評"之因子,而吸納此種因子而展開實踐的一個好例,是陳寅恪先生從文本結構入手對柳如是歌詞的"挖掘式"的考釋。但現代學者推許錢謙益與陳寅恪,目的並不在"詩"即文學上,而是在"以詩證史":一方面會擴大了"詩"的範圍,如以"小説證史",強調的是"小説"也是一種有著深隱寄託的"史料"①;另一方面是會援引"思想史"的理論來闡發,如以西方話語中的"歷史想像"來作解釋,著重點已不在陳寅恪所研究的對象即詩詞文本之上②。雖然這兩種路徑貌似與"興寄"的傳統都有些關聯,但實質上已經逾出了文學本體而進入到了更爲寬泛的文化心理的層面。似應正視的是,如果説陳寅恪先生的《元白詩箋證稿》是"以詩證史"的典範之作,那麽他的《柳如是別傳》則是"以史證詩",是文學研究之作。然而,學術界始終是在強調"詩史互證"的兩面性的前提下,更爲偏重於其中的"史"而非"詩"的意義③。從文學批評上看,儘管"詩史互證"會將批評引向詩歌之外的歷史,但在批評的過程中,是否會產生文學批評的效力以及這個效力可以臻及的程度,則取決於操持"興寄式"的批評者對詩歌文本自身結構的關注度與掌控能力;也只有走到了詩歌文本的深層結構中,產生出的纔會是詩學的效力,而非經學的附庸與史學的延伸。

　　這裏可以舉證的最早的一個例子,是錢謙益在給朱鶴齡注杜詩所寫的序中提及的陸游對注蘇東坡詩的批評意見(《吳江朱氏杜詩輯注序》);後來,錢謙益在自己詩注的序中再次提及④,足見這應該是一個典範例子。陸游以蘇

---

① 參見卞孝萱《唐人小説與政治》,廈門:鷺江出版社 2003 年版,"導言",第 4 頁。
② 參見余英時《試述陳寅恪的史學三變》,載於沈志佳編《余英時文集》,桂林:廣西師範大學出版社 2006 年版,第 5 卷第 166 頁。
③ 按,陳建華《從"以詩證史"到"以史證詩"——讀陳寅恪〈柳如是別傳〉劄記》(載於《復旦學報》2005 年第 6 期)於"文"之一面有所強調;但由於他強調的是陳氏自身的寫作文體,即仍舊是更加關注"研究者"而非"研究對象"自身的意義,因此也就與本文的持論存在有差別。
④ 錢謙益著,錢曾箋注,錢仲聯標校《牧齋有學集》卷十五,上海:上海古籍出版社 1996 年版,第 700—701 頁。

詩"五畝漸成終老計,九重新掃舊巢痕"爲例,先引述范成大(至能)的觀點,後下己意説:

> 至能曰:"東坡竄黄州,自度不復收用,故曰'新掃舊巢痕'。"……某曰:"……昔祖宗以三館養士,儲將相材,及官制行,罷三館。而東坡蓋嘗直史館,然自謫爲散官,削去史館之職久矣。至是,史館亦廢,故云'新掃舊巢痕'。其用字之嚴如此。而'鳳巢西隔九重門',則又李義山詩也。"①

范成大從此句中讀出的是止於詩人一己之遭遇的感慨,且這樣的感慨在上句"五畝漸成終老計"已然可以見出。故而,此句所指便不局限在個人,而是指向國事即"三館"的廢置,且這樁事又與東坡個人經歷密切相關,是以"一國之事繫一己之本",雖從個人的興歎出發,但指向已經不再局限於個人了。但這個以個人聯繫時事的讀解原則,具體施行起來卻並非易事,即詩中所敘個人行事倘已經可以解釋詩旨所在,何以需要牽連"國事"?而"國事"的具體所指,又如何來判定是此事而非彼事?

如清人注蘇詩中,邵長蘅就不能同意陸游所解,認爲不過是作爲"後人"的陸游所不能避免的"穿鑿之病"。邵氏的看法,又遭到了查慎行的反駁。後來王文誥評論説:"解杜與解蘇不同,杜無考,故易;蘇事事有考,故難。"進而批評邵氏所"刪補"的《施注蘇詩》是以《錢注杜詩》作爲"藍本",僅以史事來證詩②。三位清代學者的意見,説的正關涉上述兩個疑問:查氏對邵氏的反駁是關於穿鑿附會與否的事,即如何判定"時事"所指?而王文誥説的則是另一事,即個人與時事結合的讀詩方案在不同詩人身上有著差異性的呈現。這並非是沒有見地的。所謂的"有考""無考",不是説是否可以考出詩歌所關涉的"時事",而是這"時事"是否與詩人自身的行跡有密切關聯。杜詩中的"事"雖可考,但與杜本人切身相關者,是如"雲移雉尾開

---

① 《渭南文集》卷一五《施司諫注東坡詩序》,《陸游全集校注》,第 376 頁。
② 參見馮應榴撰,黄任軻、朱懷春校點《蘇詩集合注》卷二二,上海:上海古籍出版社 2010 年版,第 1110 頁。王文誥輯注,孔凡禮點校《蘇軾詩集》卷二二,北京:中華書局 2008 年版,第 1154 頁。又,邵長蘅《注蘇例言》第二則即云:"施注佳處,或引事以徵詩,或因詩以存人,或援此以證彼,務闡詩旨,非取汎瀾,間亦可補正史之闕遺。"(《施注蘇詩》,清康熙三十八年宋犖刊本,第一頁下。)可爲王文誥批評之佐證。

宫扇,日繞龍鱗識聖顏"(《秋興》其五)之類;至若"直北關山金鼓振,征西車馬羽書遲""花萼夾城通御氣,芙蓉小苑入邊愁"者,則不過耳聞與目睹而已。然蘇詩中凡牽連時事,則不可錯過詩人有著利害關係的親身參與。這種區別緣於詩人身份地位的變化,從創作者角度說,牽連個人的國事,自是感慨頗深;自身雖不必有親身遭遇,但以古人所秉持的"君臣父子"之義來衡之,也是不會置身事外的。至於查氏對邵氏的反駁所引出的是否"穿鑿"的問題,是"詩史互證"中常見的,也是無從回避的難題。拿"九重新掃舊巢痕"來說,何以便知這裏的"舊巢"是指的館閣廢置一事,而非泛指京城的某一處官所或者僅僅就是針對京城而言?邵氏之有所質疑,或也在這一點上。這是個關鍵的質疑,關係到文本的內在結構,即古人所謂的"用典恰切"。如果詩中不是直敘其事(今事),而是用"托喻"或"典實",則所借用者一定需要和所指的"今事"能夠"婉轉相關"。

在解釋完這句所指的"今事"之後,陸游沒有忘記加上一句:"而'鳳巢西隔九重門',則又李義山詩也。"這不是一個指明語辭出處也就是運用辭藻的修辭問題①。李商隱《贈劉司户蕡》中這一句所指的"本事",是劉蕡應"制科"直言宦官專政反而被黜落事;而蘇軾正是由歐陽修舉薦應制舉,入第三等,除大理評事、鳳翔簽判;任滿,判登聞鼓院。宋英宗"欲以唐故事召入翰林,宰相限以近例,欲召試秘閣",蘇軾"試二論,得直史館"。唐人如白居易應試制舉中第,次年即被"召入翰林爲學士"(《舊唐書·白居易傳》),而英宗所循唐人"故事"蓋即此,即用蘇軾爲"知制誥";宰相韓琦則援引"本朝"制舉中第"試館職"例,最終授以直史館,作爲人才的儲備②。蘇詩中的"舊巢"既用李商隱詩中的"鳳巢"之典,則李詩所指劉蕡之在"鳳巢",乃應制科之事;那麼,蘇詩自稱的"舊巢",也是指因制舉而入館閣事③。陸游對蘇

---

① 按,今天的研究者又指出這裏的"舊巢痕",反用李商隱"安巢復舊痕"(《越燕》)之語意(張志烈、馬德富、周裕鍇主編《蘇軾全集校注》,石家莊:河北教育出版社2010年版,第4册第2414頁),不過是修辭上的借鑒。

② 元人方回於此有更詳細明晰的解釋;參見方回撰,李慶甲集評《瀛奎律髓彙評》卷一○,上海:上海古籍出版社2005年版,第373頁。

③ 參見劉學鍇、余恕誠《李商隱詩歌集解》,北京:中華書局2007年版,第770頁。又,蘇轍《欒城後集》卷二二《亡兄子瞻墓誌銘》,曾棗莊、馬德富校點《欒城集》,上海:上海古籍出版社2009年版,第1411—1412頁。李燾《續資治通鑑長編》卷二○七"治平三年二月乙酉朔",北京:中華書局點校本2004年版,第8册第5039頁。又,聶崇岐《宋代制舉考略》,《宋史叢考》上册,北京:中華書局2013年版,第197頁。傅璇琮《從白居易研究中的一個誤點談起》,載於《唐代文史論叢及其他》,鄭州:大象出版社2004年版,第66頁。

詩的讀解,是"古典""今事"婉轉相關。據此可以理解蘇詩所謂"五畝漸成歸老計,九重新掃舊巢痕"者,蓋謂:今日流落至此,年歲老大,恐不久即歸休於田畝;又逢廟堂之上的官制改革,儲備人材的館職之選正式廢置,則當年應制舉入館閣,爲國家異日效力之想,至此完全破滅矣。

相對於"九重新掃舊巢痕"是借用前人成句的"托喻"而寄寓深意,陸游與范成大著重討論了另一個蘇詩的例子,即"遥知叔孫子,已致魯諸生"則是涉及文本"典實"的多重指向問題。范成大對此句的解釋是:"建中(靖國)初,復召元祐諸人,故曰'已致魯諸生'。"這是就"典實"正面來解讀。而陸游說:"建中初,韓(忠彥)、曾(布)二相得政,盡收用元祐人,其不召者,亦補大藩,惟東坡兄弟猶領宮祠,此句蓋寓所謂不能致者二人。意深語緩,尤未易窺測。"則進入到了"典實"的背面。《史記·叔孫通傳》載:"(叔孫通)説上曰:'……臣願徵魯諸生,與臣弟子共起朝儀。'……於是叔孫通使徵魯諸生三十餘人。魯有兩生不肯行。"是陸游認爲蘇詩用此典的意旨所在,不是表層意義上的以徵用"魯諸生"來比元祐諸人的被朝廷收用,而是深一層次地以"魯兩生"來比自己與蘇轍二人的未曾入朝。但"魯兩生"並不在詩中,因此是"歇後"之法。這種貌似迂曲的讀解,仍舊是本自個人行事與國家時事結合的重要原則。"九重新掃舊巢痕"是以個人行事來聯繫時事,而這裏詩歌表層意義呈現出的是"時事",暗含著的卻是個人行事。

這種深入文本結構細微處的批評方式,是與宋人自身詩歌創作的態勢有關。包括蘇軾與陸游在内的宋代詩人,在創作上整體趨向是走向了和平與内斂,幾乎很少有人再用杜甫式的"詩史"展開"推見無隱"的創作。但宋人的作品往往是有著奇特不失渾厚,飄逸又兼備高古的特性,值得給予相當之重視。況且,宋詩的"興寄"較之前代更趨"深微",也就是在若有若無之間——這種"深微",不同於"詩教比興"說下的"微言",即著意隱藏,是外在擠壓的結果;而是自然流露,已經不關外在境遇如何。陸游在《曾裘父詩集序》中說:

> 古之説詩,曰"言志"。夫得志而形於言,如皋陶、周公、召公、吉甫,固所謂志也。若遭變遇讒,流離困悴,自道其不得志,是亦志也。然感激悲傷,憂時閔己,托情寓物,使人讀之至於太息流涕,固難矣。至於安時處順,超然事外,不矜不挫,不諔不懟,發爲文辭,沖澹簡遠,

读之者遗声利,冥得丧,如见东郭顺子,犹然意消,岂不又难哉?①

这里所谓的"不得志",是诗人们受到现实的挤压而最终走进了"微婉讽谏"即"兴寄式"的创作;与此不同的是,陆游指出宋代人另有一种选择:面对社会的不公,不采取无论是直面正视的还是虚与委蛇的对抗,而是"超然事外""不诬不懟"。可以达到这样地步的原因,即陆游在《吕居仁集序》中所说的"仕愈蹭,学愈进";由此导致宋人的诗歌创作会趋向:"汪洋闳肆,兼备众体"——这是"学"的结果,不关情性;"间出新意,愈奇愈浑厚"——这种新奇是兼顾有内在的气格,不是如前代诗人追求的文辞创新;"震耀耳目而不失高古"——这种讲求,如果再进一步,即"诗到无人爱处工"②。宋人诗的最终进入完全的私人化创作,是有意远离现实的结果,是自我保护性质的创作,是与愈加严酷的专制统治相符合的一种文艺形式,和讲求自我的抒情而实际上触及公共的社会与政治环境有着质的不同。也正因此,纵然是创作者本人,非能确信他具体的指向所在,自然也就愈见其"深微"而施用之批评方式亦当更加深入精细了。

如朱自清先生所说:"兴寄"脱离它的经学附庸的身份而进入诗学批评领域来发挥独立的效用,"开端的是宋人"③。这里,还可以补充说"成熟"也是宋人。如对杜诗的编年考证式的注解,即是钱氏注杜的先声;而陆游对苏诗的讨论,更是一个具体而微的典范例子,具备有可操作性:首先是诗歌文本的语意层面有"托喻"与"典实"两种呈现;再进一层,即透过"托喻"所比拟的物象与"典实"的来源,可以勘察出所指为个人的行事或国家的政事;更进一层,则倘是一己之事,也会是对"时事"的反应;而"一国之事"又往往系于"一己之本";其最后的一层,则不局限在现实政治与社会,而是诗歌风格与精神的深刻感悟。不过,一旦史料有限,字义比附必然会加入,由此所产生出的"附生文本"与诗歌文本相"融合"之力就会是微弱的;倚重字义比附要显示出"粘著"来,有似唐宋科举时代的"帖括",是将"美人香草"带入了"僵化"的地步;受限于史料的不足,并以作者之人格思想为首要考虑的前提,那么,就会以诗歌本身作材料而沦入循环论证的尴

---

① 《渭南文集》卷一五,《陆游全集校注》,第392页。
② 《剑南诗稿校注》卷五八,《陆游全集校注》,第327页。
③ 朱自清《诗言志辨》,《朱自清古典文学论文集》,第278页。

尬處境。如此,這樣的"附生文本"更多地將會是對詩歌文本的"羈絆"而非"融合",亦即阻礙文學生命力的延續與散發;那麼,作爲無論什麼時代、何種身份與文化背景的讀者,都不必持以"吾有如此作解之權力"而顯示出一味的任性與肆意來。

四、興感的超越

從文學批評的角度來看"知人論世—詩史互證"的最後一層,會是起點的所在,是屬於"興感"層面的闡釋與批評。李商隱寫豔情的詩句"星沉海底當窗見,雨落河源隔座看",氣息磅礴且沉著;又如他的名句"一春夢雨常飄瓦,盡日靈風不滿旗",也是如此①;並不受其內容、主題與作者動機的左右。這種"興感"層面的讀解,實際上是無從作解的;而它最爲顯著的效力,是超出了其它的三個可以操作之層面的自身難題。只是"興感"在文學批評中始終是缺乏操作性的,甚至它的歸宿也是遁入"楚騷"被"詩教"改造之後的字義比附;且這種"僵化"的態勢甚至還會窒息"興感"的散發,即將批評者的"別有會心"變成了攻訐者的"別有用心"。即便是退一步講,即"興感"的批評不流入現實的影射,也有著被劃歸入傳統中國詩學重感悟、欠分析的批評話語之範圍內的尷尬處境。

然而,在史料缺乏、"無米作炊"之際,由"興感"來展示出具備有一定效力的批評實踐,在今天會成爲一個難題,在古代詩學中卻是有極爲成功的實踐範例。今天,古典傳統的失落引來的是持續不斷的從"中國間架"的概念到"西方模式"的概念的討論;而在古代詩學當中不同時代的作者與讀者對它的使用,是在認同概念背後傳統的前提下,深入到具體作品文本之中,衍生出新的理念;更通過自身的創作使得這個新理念得到實踐,反過來又對批評效應起到鞏固作用。就此言之,清代常州詞派的"比興寄託"的批評與創作實踐,就值得格外的關注;雖然在與它同時還產生了針對漢魏六朝唐詩的諸如《詩比興箋》一類的著作,但批評的效力顯然要遠遠遜色。

常州派"比興寄託"說的一個核心理論就是"詞史"。如果僅僅從概念

---

① 施補華《峴傭說詩》,丁福保輯《清詩話》,上海:上海古籍出版社 2015 年版,第 1028 頁。又,劉學鍇、余恕誠《李商隱詩歌集解》,第 1489 頁。

的來源看,"詞史"確實是比照著"詩史"而出現的,是以"詩教比興"爲主幹,強調宋詞的相思怨別之中也會有反映國家政事的功能,甚至要以反映時事來替換掉相思怨別。這對傳統文體在近代中國的承續是有功績的。如譚獻以"別有懷抱"論詞,重視的就是晚清變局中的反映時事之作①;又如龍榆生以"意格"兩個字作爲理解清詞"中興"的關鍵②;直至當代學者如嚴迪昌先生甚至推許"詞史"説倡導者周濟是對傳統"比興"説的"突破"③。他們的這些看法,不僅是延續了一種傳統的文體,而且還賦以它新的歷史使命。只是從文學批評的角度來看,誰又能够否認批評者對文學本體的關注度其實要遠遠地落在對現實關注之下;反過來說,文本對他們的刺激與感發也遠不如現實來得真切。儘管這也是更爲廣寬即基於文化心理的一種文字寄託,但我們更爲關注的還是文學批評的效力是否還能有更一步地發揮?

在對"詞史"的理解上,不能受制於綜合了"美人香草—微言大義"與"知人論世—詩史互證"的批評模式。正如周濟所提示者,"詞亦有史,庶乎自樹一幟"④;即宋詞從字面上看不但提供不了更多的歷史的支撐,而且在文辭也還是舊有的字面,但宋詞卻是能够有新鮮的氣息亦即文學感發力量的出現。如何就此展開批評實踐,是一個不可回避的難題。而就常州派的學者如周濟等人來說,也是沒有能够完成這樣的文學批評之任務的。周濟最具創獲的是他的章法即文本結構的批評,集中在周柳詞(同時可以移用至吳夢窗詞),舉凡片段、組織、層次、敘寫、虛實、情景、意境這些問題皆囊括在内,他所提出的"勾勒""鉤轉""空際出力""一氣轉注"等,已經沉澱爲詞學批評的專門術語。這些拘限在辭章技法的分析,是周濟所謂的"非寄託不入""專寄託不出"的批評實踐,是爲了解決詞體外在面目與内在精神的巨大反差而有一定操作性的可貴探索。但周濟從文本結構出發,希望融合了作者與讀者兩面,就"興寄深微"展開的批評仍舊未能擺脱"詞史"這樣一種傳統概念的拘縛。因此,必須暫時放置一下諸如"寄託""詞史"這類概念的困擾,取其精神而略其字面,在"無米之炊"的條件下,發揮出"興感"的批評效

---

① 譚獻《篋中詞》卷二、卷四,北京:人民文學出版社 2015 年版,第 105、204 頁。又,譚獻曾自云是身在"千年未有之世局"中,見錢基博編纂《復堂友朋手劄菁華》,北京:人民文學出版社影印本 2016 年版,第 1002 頁。
② 龍榆生《近三百年名家詞選》,張暉主編《龍榆生全集》,上海古籍出版社 2015 年版,第 454 頁。
③ 嚴迪昌《清詞史》,南京:江蘇古籍出版社 2001 年版,第 490—491 頁。
④ 周濟《介存齋論詞雜著》,尹志騰點校《清人選評詞集三種》本,濟南:齊魯書社 1988 年版,第 192 頁。

力來。

這在晚清學人有著趨向近似的嘗試,如況周頤的"拙重大"説、陳廷焯的"沉鬱"説,甚至王國維的"境界"説,其實都可以視爲同一取向而不同路徑地超越作者、讀者甚至文本内在結構的對文學更爲内在之精神層面的探尋。如況周頤的詞學批評,後人一般是以"拙重大"來概括之,但正如況氏所自云是"在氣格,不在字句"①;也就是現代學者總是希望從作者的性情、際遇或者是文本的内容結構來解釋"拙重大"之所在,與古人意旨並不吻合。顯然,況氏的這個標準是對文本更爲内在的精神層面之把握,對它的批評也並不在歌詞文本之中,而在"興感"的層面。況周頤有所謂的"詞外求詞",即"拙重"之來源與所在。但一般又認爲況氏既然説詞之體格的"凝重","非可躐而至"(《宋詞三百首序》),又説"或中年以後,讀書多,學力日進,所作漸近凝重"②;應該是對"作者"的要求。但其實面對宋詞"作者",並不能全部符合對道德與事功以及學識的要求(南宋有著清客身份的詞人更是不能就範),因此"作者"實際上是虛置的,是藉以説明超出文本之力量的一個載體。況氏還説:"那有天然好語,留待我輩驅遣?""取前人名句意境絶佳者,將此意境締構於吾想望中。"③似乎又強調文本的構成問題,實則也是别有主張的。況氏説自己"性情爲詞所陶冶,與無情世事,日背道而馳"④,並别出心裁地解釋"哀感頑豔"的"頑"字説:"拙不可及,融重與大於拙之中,鬱勃久之;有不得已者出乎其中而不自知,乃至不可解,其殆庶幾乎?猶有一言蔽之,若赤子之笑啼然,看似至易,而實至難者也。"⑤這是與周濟所謂"赤子隨母笑啼"取用相同的譬喻,但指向有别;周濟所説的是創作完成之後的狀態,那麽"作者"與"讀者"都會被顧及到,也因此表述的效果是相當的含混。而況周頤則力在凸顯文本自身的獨立意義,即選擇這樣的句子而非那樣的語詞放入詩歌構成之中,於"作者"而言是"不得已"與"不自知"的舉動,不但不是有意地向"前人名句意境"之中"做賊",反而是文本自然生發亦即如赤子笑啼般本有的一種"創造"。

將文本自身的獨立意義突顯出來,是由"興感"産生出的"超越"之勢的

---

① 況周頤《蕙風詞話》卷一,唐圭璋編《詞話叢編》本,北京:中華書局 2005 年版,第 4406 頁。
② 《蕙風詞話》卷一,《詞話叢編》本,第 4409 頁。
③ 《蕙風詞話》卷一,《詞話叢編》本,第 4410 頁。
④ 《蕙風詞話》卷一,《詞話叢編》本,第 4410 頁。
⑤ 《蕙風詞話》卷五,《詞話叢編》本,第 4527 頁。

批評。況周頤的詞學雖然是對清代的"神韻派"和"浙西派"的反撥,但在文學的批評意義上卻不局限於"門户"的限制。"重拙"在"體格",強調"真是詞骨,情真景真,所作必佳"①;這裏的情、景之真,是情、景之"內在"的"真",並非景物、情感的真實描摹。這是文本的"內在",首先是要超越"作者",即"詞固不可以概人"②;這在當日非況周頤一家之言,陳廷焯也有類似的觀點,他說:"詩詞原可觀人品,而亦不盡然。"③最典型的是對馮正中《鵲踏枝》詞的解讀,陳廷焯提出了迥別於張惠言、周濟立足人品的評價④。孰是孰非,可以暫置,但陳廷焯與況周頤的批評已經動搖了作家對作品的絕對佔有,是無疑問的。其次是要超越字面,如對於《花間》詞,況氏認爲其外在濃豔,而內中靜穆,"兼厚重大"。由於不曾受文辭表象的阻礙,從而能夠欣賞"俚俗"之作,如說周清真"天便教人,霎時廝見何妨"是"愈樸愈厚,愈厚愈雅,至真之情,由性靈肺腑中流出,不妨說盡而愈無盡"⑤。甚至是如歐陽炯"蘭麝細香聞喘息"式的"豔極"之作,也引據王鵬運說是"奚翅'豔'而已? 直是'大'且'重'"⑥。這自是不免矯枉過正,但他已經走進了以文學爲本體的批評領域,則是值得重視的。

　　對於"興寄"的"深微"之處,況氏也是在"讀者不能知,作者亦不蘄其知"的前提下引用王鵬運的話,以"可解不可解"的狀態存留住詞獨具的"煙水迷離之致",則是將"興寄深微"的兩端即作者與讀者,都不看作最終之目的,而將目的地放在了超出文本修辭結構層面的"藝術境界",其文學批評的意義在王國維"境界"說產生影響之後更能見出。換言之,"興寄批評"所不可避免出現的字義比附的"粘著"、歷史介入的"羈絆",都沒有給況周頤這一代學者造成困擾。無論批評者本人是否具備有這樣的自覺,其批評實踐所產生的效果則可以概括爲:"超越"一切憑藉,"直接"文本內核。

　　正因如此,如況周頤這樣的舊式詞學家會更爲深入地理會到夢窗詞的

---

① 《蕙風詞話》卷一,《詞話叢編》本,第4408頁。
② 《蕙風詞話》卷一,《詞話叢編》本,第4420頁。
③ 陳廷焯著,杜維沫點校《白雨齋詞話》卷五,北京:人民文學出版社1998年版,第132頁。又,潘德輿《養一齋詩話》卷一也有類似提法:"人與詩有宜分別觀者。人品小小謬戾,詩固不妨節取。"(郭紹虞選編,富壽蓀校點《清詩話續編》,上海:上海古籍出版社2016年版,第1903頁。)但顯然在闡釋的力度上要遜於同時的詞學家。
④ 周濟《宋四家詞選》,《清人選評詞集三種》本,第225頁。
⑤ 《蕙風詞話》卷二,《詞話叢編》本,第4428頁。
⑥ 《蕙風詞話》卷二,《詞話叢編》本,第4424頁。

精微之處,而王國維則於李後主詞的評價上發前人之所未發——貌似他們是截然有別的文學批評,其實卻是性質相通的。而晚清具備有遺老身份的詞學家也基本不再假借"詩史互證"與"微言大義"這樣的方法;如鄭文焯在《夢窗詞》中的《齊天樂》(三千年事殘鴉外)詞後的行間空白處批注:"萬古精靈,空蕩幽默,懷古之作,至此乃神。"①這是結論,没有更多的論述;或者以爲是古人讀書的常見作法,不過寫一時"觸動"。然而,這個"觸動"的得來,決非"一時",它是校勘過程中産生的"興感"所具備的"超越"式的批評。還是《夢窗詞》,曾經四次校勘此書的朱祖謀,留下了"擩染大筆何淋漓"七個字,針對的卻是一篇不甚爲人所關注的詠"連理海棠"《宴清都》②。這恐怕令人會有匪夷所思之感的,但如果考慮到夢窗詞這般密麗澀滯的作品(即字面)以及吴文英這類落拓不偶的文人(即作者)被推許爲詞學的典範,是超越了文本與作者而取其"興感"之故,也就不難理悟了。

這種重視"興感"層面的"興寄批評"反折入了舊式士大夫文人的創作,如朱彊村本人即以最大限度的苦功與苦心希望留住這最後一線的"文學傳統",顯示出傳統的文體的强勁生命力。不過,況周頤等學者雖然超越了文本結構辭藻與作者及其時代,但並没有超越"自身"的"轄制",即這種批評態勢的出現是緣自批評者對其自身内在有著異乎尋常之關注,借用況氏的話,就是"盡其在我"③;類似的情形,也發生在王國維身上,即他轉向文學是爲了解決人生的困惑;即"超越"之中會融入更多的批評之外的"身世之感"④。這將導致"興感"出現"氾濫",即與文化心理層面的深隱寄託合流,而進入到對世俗道德與現實政治的利害關係之中,反過來則弱化了"興感"在文學批評中的效力。

結　　論

在今天的古代文學研究中,"興寄"作爲一種詩歌批評的方式没有完全

---

① 鄭文焯《鄭文焯手批夢窗詞》,臺灣"中研院"文哲所1996年影印原杭州大學藏本,第174頁。
② 龍榆生輯《彊村老人評詞》,《詞話叢編》本,第4379頁。
③ 彭玉平指出"拙重大"的"大"即"盡其在我"(《晚清民國詞學的明流與暗流》,載於《文學遺産》2017年第6期,第150頁)。
④ 《蕙風詞話》卷五,《詞話叢編》本,第4526頁。又,王水照指出以"拙重大"評詞是受到了詞家的"末世情懷""遺老情緒"的"制約"(《況周頤與王國維:不同審美範式》,載於《文學遺産》2008年第2期,第14—15頁)。

失去位置;而它作爲一種更爲寬泛的歷史書寫與文化心理的分析模式,在重視物質與歷史的批評所盛行的當下,則是更具魅力的,如近年來在現代文學中的對舊體詩寫作的關注以及清代思想史的研究領域的深層次的心理討論,就屢屢見其或隱或現的身影①。但"興寄"在理論上尤其是文學批評的領域所遭受到的質疑,也還是一個不曾被抹去的聲音。最爲關鍵的一點,就是"究竟有無寄託成爲古典詩歌研究的一大困惑"②——這個"困惑"是令文學研究者面對"興寄"往往有不敢向邇之感的。

我們認爲,強調"興寄"作爲一種"文學傳統",並非僅僅緣於它有著上文論述的創作上的"潛流"態勢而出現"隱曲"特徵、在語言結構與讀者控制下走向"深微"以及融會"批評"進入詩歌文本的趨向、還有借助"興感"實現對作者讀者甚至文本的超越,等等,諸如此類的歷時性的"實際的存在";而是在於"興寄"自身即具備有作爲"文學傳統"的力量。一方面,正是借助"興寄"的批評,讓我們接觸到千餘年來的文學文本所始終不曾消散的內在精神;另一方面,"興寄"本身儘管不可免避免地走到過字義比附帶來的"僵化"、歷史介入帶來的"羈絆"以及"興感"出現的"氾濫"等問題,但始終不曾停止的促使創作與批評之間的互相推助,使得"興寄"本身即具備有變動不居、生氣淋漓的特徵。換言之,在今天而言"興寄",不止是一種批評傳統的承續,更是一種創造性的批評實踐。

作爲中國文學傳統的"興寄",從它"深婉隱曲"的藝術特徵以及"美人香草"的表現形式上來看,或者也正是如魯迅先生所指出的那樣一種毀譽參半的我們中國的"偉大永久"的"藝術"③。然而,今天如果還在閱讀古人的詩歌,這便是我們的"實際的存在",則也是無從拒絕我們的"傳統";況且,它雖然是"永久"的,但還不是個一成不變的、爲某個階層所獨佔的"傳統"。那麼,從學說的新舊這樣的標準來評價文學批評,是概念式的先入爲主的自我的裹足。儘管從文學研究的範型上看,"興寄"很可以是被劃入圍繞詩歌的歷史事件與文化環境所展開的所謂的"文學外圍"的研究領域;但

---

① 參看王汎森《權力的毛細管作用——清代文獻中"自我壓抑"的現象》,載於《權力的毛細管作用:清代的思想、學術與心態》,北京:北京大學出版社 2015 年版,第 345—442 頁。又,陳平原《豈止詩句記飄蓬:抗戰中西南聯大教授的舊體詩創作》,載於《北京大學學報》2014 年 6 期,第 5—19 頁。
② 袁行霈《寄託——以美人香草爲中心》,《唐詩風神及其他》,第 164 頁。
③ 參見魯迅《墳·論照相之類》,《魯迅全集》第一卷,第 200 頁。

這種劃分要在中國文學面前失去效力了,因爲我們必須正視的"實際"是:作爲中國的"文學傳統"走到今天,"興寄"已經不會接受强加給它的"微言大義"與"以詩證史"這樣的額外任務,反而會促使我們走向對世俗社會的"超越",成爲掘發文學精神的一把利器。因此可以説,"興寄批評"實際上成爲了更爲符合中國文學特質的文學本體研究中的核心"存在"。

（作者單位：上海師範大學中文系）

The Xing Ji tradition in Chinese Literature
Ma Liyang

Xing ji (inspirational irony and images of substitution) is an important and widely accepted theoretical concept of Chinese classical poetics. Previous research on classical Chinese writings shows that *xing ji* had been a free and unrestrained lyricism characterized by analogy and metaphor. As *Chuci* (Songs of Chu) achieved the same status as *Shijing* (Classics of Poetry), *xing ji* was absorbed into the system of *shi jiao* (instruction through poetry) and *bi xing* (analogical and affective image), and it consequently adopted the feature of obscurity. *Xing ji* was further driven toward profundity and subtlety at the semantic level by the straightforward evaluative criticism of the history of poetry since the Song dynasty. The profound, subtle, and obscure *xing ji* induced two patterns of criticism: (1) "biographical studies and historical criticism of poetry" which depends on the meticulous apprehension of the inner structure of the text, such as Lu You's annotations of Su Shi's poetry and Qian Jianyi's of Du Fu's; (2) "subtle words that inspire profundity and affective images that inspire transcendence" which emphasizes the meaning of the text itself, such as the Changzhou school's criticism of the history of *ci*-poetry. Having overcome the rigidity attached to the word meaning, the fetter from the forceful intervention of historical interpretation, and the overwhelming flow of *xing gan* (affective feelings), *xing ji* remains a vigorous literary tradition and has become a core existence in the ever-changing history of Chinese literature.

Keywords: *xing ji*, lyricism, analogy, metaphor, instruction through poetry, history of poetry

徵引書目

1. 王水照：《況周頤與王國維：不同審美範式》，《文學遺産》2008年第2期。
2. 王仲犖：《西崑酬唱集注》，上海：上海書店出版社，2001年版。
3. 王汎森：《權力的毛細管作用：清代的思想、學術與心態》，北京：北京大學出版社，2015年版。
4. 王琦：《李長吉歌詩彙解》，《三家評注李長吉歌詩》本，上海：上海古籍出版社，1998年版。
5. 王德威：《"有情"的歷史：抒情傳統與中國文學的現代性》，《中國文哲研究集刊》第三十三期，2008年。
6. 卞孝萱：《唐人小説與政治》，廈門：鷺江出版社，2003年版。
7. 方回撰，李慶甲集評：《瀛奎律髓彙評》，上海：上海古籍出版社，2005年版。
8. 仇兆鼇：《杜詩詳注》，北京：中華書局，1979年版。
9. 朱自清：《朱自清古典文學論文集》，上海：上海古籍出版社，2009年版。
10. 朱自清著，朱喬森編：《朱自清全集》，南京：江蘇教育出版社，1998年版。
11. 朱熹：《楚辭集注》，上海：上海古籍出版社；合肥：安徽教育出版社，2001年版。
12. 李心傳：《建炎以來繫年要錄》，影印《文淵閣四庫全書》本，上海：上海古籍出版社，1992年版。
13. 李燾：《續資治通鑑長編》，北京：中華書局點校本，2004年版。
14. 沈松勤：《北宋文人與黨爭》，北京：人民出版社，1998年版。
15. 余英時著，沈志佳編：《余英時文集》，桂林：廣西師範大學出版社，2006年版。
16. 周策縱：《古巫醫與"六詩"考》，上海：上海古籍出版社，2009年版。
17. 周濟：《介存齋論詞雜著》，尹志騰點校《清人選評詞集三種》本，濟南：齊魯書社，1988年版。
18. 周濟：《宋四家詞選》，《清人選評詞集三種》本，尹志騰點校《清人選評詞集三種》本，濟南：齊魯書社，1988年版。
19. 況周頤：《蕙風詞話》，唐圭璋編《詞話叢編》本，北京：中華書局，2005年版。
20. 邵長蘅：《施注蘇詩》，康熙三十八年宋犖刊本。
21. 姜亮夫：《重訂屈原賦校注》，天津：天津古籍出版社，1987年版。
22. 洪邁著，孔凡禮點校：《容齋隨筆》，北京：中華書局，2006年版。
23. 胡適選注，郝世峰、安易整理：《詞選》，石家莊：河北人民出版社，1999年版。
24. 胡適著，歐陽哲生編：《胡適文集》，北京：北京大學出版社，2015年版。
25. 施補華：《峴傭説詩》，丁福保輯《清詩話》本，上海：上海古籍出版社，2015年版。
26. 袁行霈：《唐詩風神及其他》，合肥：黄山書社，2017年版。
27. 袁行霈、丁放：《盛唐詩壇研究》，北京：北京大學出版社，2011年版。
28. 馬里揚：《中國古典詩歌中居處環境與藝術境界之關係研究》，《中國詩學》第16輯，北京：人民文學出版社，2012年版。
29. 高友工：《美典：中國文學研究論集》，北京：生活·讀書·新知三聯書店，2008年版。

30. 陸游著,錢仲聯、馬亞中主編:《陸游全集校注》,杭州:浙江教育出版社,2011 年版。
31. 夏劍欽:《詩比興箋作者歸屬問題補正》,《中華文史論叢》2006 年第 1 期。
32. 葉嘉瑩:《迦陵論詞叢稿》,石家莊:河北教育出版社,2000 年版。
33. 曹旭:《詩品集注》,上海:上海古籍出版社,2011 年版。
34. 許慎撰,段玉裁注:《說文解字注》,上海:上海古籍出版社影印經韻樓藏版,1998 年版。
35. 陳平原:《豈止詩句記飄蓬:抗戰中西南聯大教授的舊體詩創作》,《北京大學學報》2014 年 6 期。
36. 陳世驤著,張暉編:《中國文學的抒情傳統——陳世驤古典文學論集》,北京:生活·讀書·新知三聯書店,2015 年版。
37. 陳尚君:《本事詩作者孟啟家世生平考》,《新國學》第六卷,成都:巴蜀書社,2006 年版。
38. 陳廷焯著,杜維沫點校:《白雨齋詞話》,北京:人民文學出版社,1998 年版。
39. 陳延傑:《詩品注》,北京:人民文學出版社,1961 年版。
40. 陳建華:《從"以詩證史"到"以史證詩"——讀陳寅恪〈柳如是別傳〉劄記》,《復旦學報》2005 年第 6 期。
41. 陳寅恪:《金明館叢稿二編》,北京:生活·讀書·新知三聯書店,2001 年版。
42. 陳寅恪:《元白詩箋證稿》,北京:生活·讀書·新知三聯書店,2001 年版。
43. 陳寅恪:《柳如是別傳》,北京:生活·讀書·新知三聯書店,2001 年版。
44. 陳師道:《後山居士文集》,上海:上海古籍出版社,1984 年影印宋刻本。
45. 張志烈、馬德富、周裕鍇主編:《蘇軾全集校注》,石家莊:河北教育出版社,2010 年版。
46. 張暉:《中國"詩史"傳統》,北京:生活·讀書·新知三聯書店,2012 年版。
47. 張懷瑾:《鍾嶸詩品評注》,天津:天津古籍出版社,1997 年版。
48. 葛曉音:《先秦漢魏六朝詩歌體式研究》,北京:北京大學出版社,2012 年版。
49. 彭玉平:《晚清民國詞學的明流與暗流》,《文學遺產》2017 年第 6 期。
50. 楊伯峻:《春秋左傳注》,北京:中華書局,2009 年版。
51. 楊倫:《杜詩鏡銓》,上海:上海古籍出版社,1998 年版。
52. 聞一多著,孫黨伯、袁謇正主編:《聞一多全集》,武漢:湖北人民出版社,2004 年版。
53. 維謝洛夫斯基(А. Н. Веселовский)著,劉寧譯:《歷史詩學》,天津:百花洲文藝出版社,2008 年版。
54. 魯迅:《魯迅全集》,北京:人民文學出版社,2005 年版。
55. 潘德輿:《養一齋詩話》,郭紹虞選編,富壽蓀校點《清詩話續編》本,上海:上海古籍出版社,2016 年版。
56. 鄭文焯:《鄭文焯手批夢窗詞》,臺灣"中研院"文哲所影印原杭州大學藏本,1996 年版。
57. 劉學鍇、余恕誠:《李商隱詩歌集解》,北京:中華書局,2007 年版。
58. 蕭滌非主編:《杜甫全集校注》,北京:人民文學出版社,2013 年版。
59. 錢志熙:《論黃庭堅的興寄觀及黃詩的興寄精神》,《文學遺產》1993 年第 5 期。

60. 錢志熙:《詩學一詞的傳統涵義、成因及其在歷史上的使用情況》,《中國詩歌研究》第 1 輯,2002 年。
61. 錢志熙:《唐人比興觀及其詩學實踐》,《文學遺産》2015 年第 6 期。
62. 錢志熙:《黄庭堅詩學體系研究》,北京:北京大學出版社,2015 年版。
63. 錢基博編纂:《復堂友朋手劄菁華》,北京:人民文學出版社影印本,2016 年版。
64. 錢鍾書:《談藝録》(補訂本),北京:中華書局,1999 年版。
65. 錢謙益:《錢注杜詩》,上海:上海古籍出版社,1979 年版。
66. 錢謙益著,錢曾箋注,錢仲聯標校:《牧齋有學集》,上海:上海古籍出版社,1996 年版。
67. 韓經太:《傳統"詩史"説的闡釋意向》,《中國社會科學》1999 年第 3 期。
68. 魏源:《詩比興箋》,《魏源全集》本,長沙:嶽麓書社,2011 年版。
69. 龍榆生:《近三百年名家詞選》,張暉主編《龍榆生全集》本,上海:上海古籍出版社,2015 年版。
70. 龍榆生輯:《彊村老人評詞》,《詞話叢編》本。
71. 傅璇琮:《唐代文史論叢及其他》,鄭州:大象出版社,2004 年版。
72. 聶崇岐:《宋史叢考》,北京:中華書局,2013 年版。
73. 蘇軾著,王文誥輯注,孔凡禮點校:《蘇軾詩集》,北京:中華書局,2008 年版。
74. 蘇軾著,馮應榴注,黄任軻、朱懷春校點:《蘇軾詩集合注》,上海:上海古籍出版社,2010 年版。
75. 蘇轍著,曾棗莊、馬德富校點:《欒城集》,上海:上海古籍出版社,2009 年版。
76. 嚴迪昌:《清詞史》,南京:江蘇古籍出版社,2001 年版。
77. 譚獻編:《篋中詞》,北京:人民文學出版社,2015 年版。
78. 龐俊著,白敦仁輯:《養晴室遺集》,成都:巴蜀書社,2013 年版。

社而賦事與賦法的早期生成

曹勝高

【摘　要】魯文伯之母敬姜所言的"社而賦事",點明了在社祀時賦事功能的方式,可以作爲觀察賦事制度運行的入口。周代賦政系統中,賦職事、政事的實踐不斷功能化、抒情化,促成了賦法的完善。《夏書》所言的"賦納以言"傳統,強化了賦言的藝術性。賦政、賦事機制對賦法、賦詩的促成,是研究賦法起源與形成不可忽略的歷史語境。

【關鍵詞】社而賦事　賦政系統　賦納以言　賦法　賦詩

賦的生成機制,已有諸多論文涉及①。其對於釐清"賦"之本義及其後世的演化大有裨益,惜未能涉及古之賦事制度。《國語·魯語下》載魯文公之母言"社而賦事"②,言及在社祀中有賦事之法,爲春祈秋報時的獻祀之辭,其或以賦,或以歌陳述職事,即何休所言的"勞者歌其事"③,當爲賦事機制的自發形態。通過"賦納以言"而形成的賦政、賦事機制,則爲賦法形成

---

① 參見馬銀琴《從賦稅之"賦"到登高能"賦":追尋賦體發生的制度性本原》,載於《清華大學學報(哲學社會科學版)》2016年第2期;蔣曉光、許結《賓祭之禮與賦體文本的構建及演變》,載於《中國社會科學》2014年第5期;錢志熙《賦體起源考:關於"升高能賦"、"瞍賦"的具體所指》,載於《北京大學學報(哲學社會科學版)》2006年第3期;王鍾陵《賦體的起源及其內在矛盾》,載於《學術交流》2007年第11期;鞏本棟《漢賦起源新論》,載於《學術研究》2010年第10期,等等。
② 徐元誥撰,王樹民、沈長雲點校《國語集解》卷五《魯語下》,北京:中華書局2002年版,第198頁。
③ 公羊壽傳,何休解詁,徐彥疏《春秋公羊傳注疏》卷一六《宣公十五年》,十三經注疏本,北京:北京大學出版社2000年版,第418頁。

的自覺形態。我們可以結合周秦文獻記述，考察社而賦事、賦納以言的諸多細節，進而對賦法的早期生成機制進行更爲具體的考察，庶有助於理解賦的早期生成。

一、"社而賦事"與賦事機制的形成

《國語・魯語下》載魯文伯之母敬姜言"社而賦事"：

> 公父文伯退朝，朝其母，其母方績。文伯曰："以歜之家而主猶績，懼干季孫之怒也，其以歜爲不能事主乎？"其母歎曰："……王后親織玄紞，公侯之夫人加之以紘、綖，卿之内子爲大帶，命婦成祭服，列士之妻加之以朝服，自庶士以下皆衣其夫。社而賦事，蒸而獻功，男女效績，愆則有辟，古之制也。"①

文伯問官員之家爲何還要紡紗織布？其母敬姜言王后、命婦皆紡紗織布以供夫君作爲祭服，爲自古以來的傳統，並列舉"社而賦事，蒸而獻功，男女效績，愆則有辟"爲古制。其中的"社而賦事"，韋昭注："社，春分祭社也，事農桑之屬也。"②言賦事爲春分祭社時分派農桑之事。《逸周書・文酌解》言周治國之法有五大："一、大知率謀，二、大武劍勇，三、大工賦事，四、大商行賄，五、大農假貸。"③其中的"大工賦事"，便是言大建造時要分配任務，使其各執其事，此即《逸周書・命訓解》所言的"震之以政，動之以事"④。朱右曾釋"賦事"爲："賦眾以事而考其成。"⑤即分配任務並考察其完成情況。《爾雅・釋言》言："班，賦也。""賦，量也。"⑥"社而賦事"是言春分祭社時分配男耕女織之事，待年底祭祀時考量其勞作情況，是爲"蒸而獻功"。

---

① 徐元誥撰，王樹民、沈長雲點校《國語集解》卷五《魯語下》，第 193—198 頁。
② 徐元誥撰，王樹民、沈長雲點校《國語集解》卷五《魯語下》，第 198 頁。
③ 黃懷信、張懋鎔、田旭東撰《逸周書彙校集注》卷一《文酌解》，上海：上海古籍出版社 1995 年版，第 64 頁。
④ 黃懷信、張懋鎔、田旭東撰《逸周書彙校集注》卷一《命訓解》，第 36 頁。
⑤ 朱右曾《逸周書集訓校釋》，北京：商務印書館 1940 年版，第 9 頁。
⑥ 郭璞注，邢昺疏《爾雅注疏》卷三《釋言》，十三經注疏本，北京：北京大學出版社 2000 年版，第 102、80 頁。

韋昭注"蒸":"冬祭曰蒸,因祭祀以納五穀之要,休農夫也。"①年底舉行祭祀,用收成作爲祭品,衡量"男女效績"的程度,以此作爲衡量其所從事職事的得失。

賦的本義爲田賦,《尚書·禹貢》言天下之貢,列九州物産貢品,以納於天子。任土作貢,是爲班賦:"以土均之灋辨五物九等,制天下之地征,以作民職,以令地貢,以斂財賦,以均齊天下之政。"②品處庶類,則爲量賦:"以九賦斂財賄:一曰邦中之賦,二曰四郊之賦,三曰邦甸之賦,四曰家削之賦,五曰邦縣之賦,六曰邦都之賦,七曰關市之賦,八曰山澤之賦,九曰幣餘之賦。"③班賦需言明物産貢品,量賦則要核對物産貢品。故賦義本身便蘊含着頒行與考量之義。《周禮·天官冢宰·内宰》具體記載婦女在仲春賦事、歲終獻功的内容:

> 中春,詔后帥外内命婦始蠶于北郊,以爲祭服。歲終,則會内人之稍食,稽其功事,佐后而受獻功者,比其小大與其麤良而賞罰之。會内宫之財用。④

仲春時,内宰頒王之詔令,命王后以下的命婦開始在北郊蠶桑。仲春北郊始蠶,頒命開始蠶桑,是爲賦事;至歲末,内宰協助王后"計女御絲枲二者之功事,以知多少"⑤,統計、比較各自一年之績,王后、内御及命婦要獻上一年所織布帛,是爲獻功。

《呂氏春秋·季春紀》《呂氏春秋·孟夏紀》亦載春夏時節的婦女的蠶桑之事,是通過賦令的方式動員,以考其績效的方式驗收:

> 是月也,命野虞無伐桑柘,鳴鳩拂其羽,戴任降于桑,具栚曲籧筐,后妃齊戒,親東鄉躬桑。禁婦女無觀,省婦使,勸蠶事,蠶事既登,分繭

---

① 徐元誥撰,王樹民、沈長雲點校《國語集解》卷四《魯語上》,第145頁。
② 鄭玄注,賈公彦疏《周禮注疏》卷一〇《地官司徒·大司徒》,十三經注疏本,北京:北京大學出版社2000年版,第295頁。
③ 鄭玄注,賈公彦疏《周禮注疏》卷二《天官冢宰·大宰》,第41頁。
④ 鄭玄注,賈公彦疏《周禮注疏》卷七《天官冢宰·内宰》,第218—219頁。
⑤ 鄭玄注,賈公彦疏《周禮注疏》卷七《天官冢宰·内宰》,第218頁。

稱絲效功，以共郊廟之服，無有敢墮。①

是月也，聚蓄百藥，糜草死，麥秋至。斷薄刑，決小皐，出輕繫。蠶事既畢，后妃獻繭，乃收繭稅，以桑爲均，貴賤少長如一，以給郊廟之祭服。②

季春桑葉新生，后妃親自採桑，並派出使官勸蠶，是爲蠶事；孟夏蠶事結束，后妃及世婦獻繭繅絲，織爲布帛，以作祭服。《豳風·七月》所言的"女執懿筐，遵彼微行，爰求柔桑"③，是爲季春桑蠶之事；"載玄載黃，我朱孔陽，爲公子裳"④，則爲作服的描寫。

因此，敬姜所言的"社而賦事，蒸而獻功"，是說王、王后以至庶人，每年都要參加春祈秋報之事，是爲古制。其之所以強調"社而賦事"，在於社祀爲天子、諸侯及卿大夫以下百姓所普遍參與的祭祀活動，其中仲春祈社、仲秋報社、冬季大割於社並蜡祭勞農，爲全民參與的集體共祀活動，正是授時勸農、頒行政令的好時機。

自大禹平復水土立社爲祀，社祀便成爲百姓祈穀、祈雨、祈福的神地之禮⑤。周人居豳時的《七月》，便是以賦事之法，言男女一年四季的勞作，前三章由秋及春，言及女子授衣、蠶桑、製衣之事，以賦婦功；中三章由春及秋，言及男子耕作、稼穡、收穫之事，以賦勞作。最後兩章，言冬季祭祀獻嘗之事。《周禮》載以仲春、仲秋籥《豳詩》以迎暑、逆寒，冬季籥《豳雅》以祈年；冬臘籥《豳頌》以息農，四時籥豳以和時令，以序農時，故被周人用爲祀社的樂歌，從中可以看出在春社、秋方及歲末賦農、桑之事⑥。

《小雅》中的《甫田》《楚茨》《大田》便是春社賦事、冬蒸獻功之歌。《甫田》言：

俾彼甫田，歲取十千。我取其陳，食我農人，自古有年。今適南

---

① 許維遹撰《呂氏春秋集釋》卷三《季春紀》，北京：中華書局 2009 年版，第 62—63 頁。
② 許維遹撰《呂氏春秋集釋》卷四《孟夏紀》，第 87 頁。
③ 毛亨傳，鄭玄箋，孔穎達疏《毛詩正義》卷八《豳風·七月》，十三經注疏本，北京：北京大學出版社 2000 年版，第 578 頁。
④ 毛亨傳，鄭玄箋，孔穎達疏《毛詩正義》卷八《豳風·七月》，第 582 頁。
⑤ 曹勝高《降丘宅土、敷下土方與九丘觀念的形成》，載於《山西師大學報（社會科學版）》2019 年第 5 期，第 76—83 頁。
⑥ 曹勝高《社祀用樂與〈豳風·七月〉的形成機制》，載於《勵耘學刊》2018 年第 1 期，第 1—20 頁。

畝,或耘或耔,黍稷薿薿。攸介攸止,烝我髦士。以我齊明,與我犧羊,以社以方。我田既臧,農夫之慶。琴瑟擊鼓,以御田祖,以祈甘雨,以介我稷黍,以穀我士女。①

言貴族至於農夫一起到南畝,舉行春耕儀式,最爲熱烈的是舉行春社之禮,以牲羊獻祀於土地之主,並載歌載舞,祈求方社之神保佑風調雨順,並以"乃求千斯倉,乃求萬斯箱。黍稷稻粱,農夫之慶。報以介福,萬壽無疆"②作爲對方社的祈禱之辭,可以視爲春分時百姓祈社之作,爲春社賦事之辭。而《楚茨》則言"烝嘗之祀":

我蓺黍稷。我黍與與,我稷翼翼。我倉既盈,我庾維億。以爲酒食,以享以祀。以妥以侑,以介景福。濟濟蹌蹌,絜爾牛羊,以往烝嘗。或剝或亨,或肆或將。祝祭于祊,祀事孔明。先祖是皇,神保是饗。孝孫有慶,報以介福,萬壽無疆!③

春社所祈求的"乃求千斯倉,乃求萬斯箱"變成了現實,則以酒、食獻祀於土地之主。由於周先祖弃爲后稷,秋報的祭祀既有祀社之禮,又有享祖之義,其所採用的烝祭方式,便是在孟冬舉行的祭祀先祖之禮。其中,"禮儀既備,鍾鼓既戒。孝孫徂位,工祝致告"④的環節,便是男女各有所獻,以敬祀先祖,以報告一年的事功與效績。

由此來看,文伯之母所言的"社而賦事",實際道出了上古樂歌生成的重要機制,即《詩經》中的諸多詩篇爲"社而賦事"的產物。在這過程中所形成的樂歌,內容以春社秋方的生產爲主,形式採用賦事之法進行。惜此說歷來沒有引起經學家的重視。宋代葛勝仲倒是在一篇《策問》中進行了解釋:

伏讀庚辰赦令有曰:將蕆事於皇祇,先致享於穹昊。薦紳學士聆聽呼舞,以謂北郊盛典,將赫赫載天下耳目,而元始因循之陋,且復正

---

① 毛亨傳,鄭玄箋,孔穎達疏《毛詩正義》卷一四《小雅·甫田》,第 973—980 頁。
② 毛亨傳,鄭玄箋,孔穎達疏《毛詩正義》卷一四《小雅·甫田》,第 988 頁。
③ 毛亨傳,鄭玄箋,孔穎達疏《毛詩正義》卷一三《小雅·楚茨》,第 947—950 頁。
④ 毛亨傳,鄭玄箋,孔穎達疏《毛詩正義》卷一三《小雅·楚茨》,第 960 頁。

於是日矣。真天下之壯觀,王者之絕業。考觀《載芟》《良耜》《噫嘻》《豐年》之作,發揚詠歎,用於祈穀之時,而賦事遣辭莫不各依象類。則天地別祭,見於《詩》者如此。……惟是冕服之制,儀衛之節,慶賜之度,薦灌之儀,有不泥古,不沿今,參酌損益,趨時之便,而陪輔禮官之未議者乎? 諸生試墨筆論之。①

這次策問,言及郊社祈穀之制,列舉《載芟》《良耜》《噫嘻》《豐年》等篇,言爲賦事之作。其中的"北郊盛典""賦事遣辭",與文伯之母所言的"社而賦事",《周禮》所載的命蟄、考功之事相呼應,並將《詩經》的諸多詩篇視爲賦事之樂歌。尤其是將之作爲策問題目,要求考生就此討論,表明當時官方認同《詩經》中的相關詩作與賦事方式有關。

按照毛傳的理解,《載芟》的用意爲"春籍田而祈社稷也"②,《良耜》爲"秋報社稷也"③,用於社稷之祀。《噫嘻》爲"春夏祈穀于上帝也",正義曰:"謂周公、成王之時,春郊夏雩,以禱求膏雨而成其穀實,爲此祭於上帝。詩人述其事而作此歌焉。經陳播種耕田之事,是重穀爲之祈禱,戒民使勤農業,故作者因其禱祭而述其農事。"④實則郊社之時爲農事祈雨,亦爲社祀。《豐年》爲"秋冬報也",正義曰:"謂周公、成王之時,致太平而大豐熟,秋冬嘗、烝,報祭宗廟。詩人述其事而爲此歌焉。"⑤言之爲"烝而獻功"之作。孔穎達認爲上述四首樂歌皆周公、成王在社祀、祈穀、報社之時而作,是在社祀時採用歌誦的方式敷布其事的樂歌。

敬姜所言的"烝而獻功",是孟冬舉行的大飲烝之禮,天子行祈年之禮,百姓則祀於社。《呂氏春秋·孟冬紀》言:"大飲烝,天子乃祈來年于天宗。大割,祠于公社及門閭,饗先祖五祀,勞農夫以休息也。"⑥孟冬爲冬季之始,行冬藏之令,天下皆閉戶、收藏。冬季要考績功勞、收取賦稅,講武練兵。地行收藏之道,則要舉行息農的蜡禮。秦漢以十月爲歲首,孟冬既是一年之初,則有祈年之禮。《小雅·大田》便是賦冬蜡息農之事:

---

① 《永樂大典》卷之一○四五八《葛勝仲〈丹陽集〉》,北京:中華書局1986年版,第4350頁。
② 毛亨傳,鄭玄箋,孔穎達疏《毛詩正義》卷一九《周頌·載芟》,第1591頁。
③ 毛亨傳,鄭玄箋,孔穎達疏《毛詩正義》卷一九《周頌·良耜》,第1600頁。
④ 毛亨傳,鄭玄箋,孔穎達疏《毛詩正義》卷一九《周頌·噫嘻》,第1548頁。
⑤ 毛亨傳,鄭玄箋,孔穎達疏《毛詩正義》卷一九《周頌·豐年》,第1556頁。
⑥ 許維遹撰《呂氏春秋集釋》卷一○《孟冬紀》,第218頁。

既方既皁,既堅既好,不稂不莠。去其螟螣,及其蟊賊,無害我田穉。田祖有神,秉畀炎火。……曾孫來止,以其婦子,饁彼南畝,田畯至喜。來方禋祀,以其騂黑,與其黍稷。以享以祀,以介景福。①

前兩章言蜡祭,大蜡是在孟冬舉行"大割於社"之後,採用火田的方式去除田間雜草,採用迎獸的方式去除田間害蟲,以祈禱來年毋荒蕪、少蟲害而能五穀豐登。後兩章言祈年,第三章爲祈禱來年能風調雨順,農業豐收,末章言天子祈年於天宗的方式,率領王后及其子孫,至於南畝祈年。其所採用的禋祀,爲郊天之法:"以禋祀祀昊天上帝。"②騂黑爲祭品,毛傳:"騂,牛也。黑,羊、豕也。"鄭箋:"陽祀用騂牲,陰祀用黝牲。"③祭品有騂牛、黑羊、黑豕。《禮記·祭法》:"燔柴於泰壇,祭天也。瘞埋於泰折,祭地也。用騂犢。"④故《大田》乃言天子孟冬大蜡、祈年合祀天地的祭歌。

周制,天子祀天地,諸侯以下祀社,社主爲諸侯邦國的最高神,也是百姓所祀的大神。在春分、秋分、祈年、冬蜡中舉行的社祀活動,正是一年春耕、秋收、冬祭之前的盛大祭祀活動。天下百姓聚集祀社,在此過程中頒行政令,授時勸農,成爲社祀的重要內容,在此過程祭祀的樂歌,對春播、秋收進行描述,便是魯文伯之母所言的"社而賦事,蒸而獻功"。其中既包括社祀時對男子的賦事勸農,也包括社祀時賦女子的勸蠶桑、備祭祀之事,《詩經》中所載春祈、秋報以及蜡祭之歌,當爲"社而賦事,蒸而獻功"時形成並流傳的樂歌。

二、賦政體系對賦事的功能拓展

"社而賦事"所產生的歷史語境,源出農業社會所形成的賦政機制。與農業相關的,便是官府在特定的時節頒行政令,授時勸農。所謂的授時,便是根據物候確定生產生活的內容,引導百姓形成順暢的生產生活秩序。所

---

① 毛亨傳,鄭玄箋,孔穎達疏《毛詩正義》卷一四《小雅·大田》,第 993—998 頁。
② 鄭玄注,賈公彥疏《周禮注疏》卷一八《春官宗伯·大宗伯》,第 530 頁。
③ 毛亨傳,鄭玄箋,孔穎達疏《毛詩正義》卷一四《小雅·大田》,第 998 頁。
④ 鄭玄注,孔穎達疏《禮記正義》卷四六《祭法》,十三經注疏本,北京:北京大學出版社 2000 年版,第 1509 頁。

謂的勸農,則是勉勵百姓按時勞作,對農桑力田者進行獎勵,形成良好的社會風尚。月令爲古代中國的授時系統,根據物候的變化確定每年節、氣、月、候,最大程度地協調農業勞作、行政管理、日常生活的秩序。章太炎先生説:"《明堂》《月令》,授時之典,民無得奸焉,而崔寔亦爲《四民月令》。"①即言月令系統承擔着授時和勸農兩個功能:對百姓而言,是爲賦事,即頒布農事,令百姓按時農桑;對行政而言,是爲賦政,即按時頒行政令,以維持國家的運轉。

《逸周書·周書序》記這種賦事勸農的架構:"周公正三統之義,作《周月》,辨二十四氣之應以明天時,作《時訓》。周公制十二月賦政之法,作《月令》。"②王官系統制定律曆,以確定出時序,將一年的農政系統分配在固定的時節,依時行令。《管子·幼官》言:"十二始節,賦事。"③《幼官圖》又言:"十二始前節,弟賦事。"④每節之初頒布命令,督促有司及百姓各執其事。《逸周書·時訓解》《吕氏春秋·十二紀》《禮記·月令》《淮南子·時則訓》以及《四民月令》中所言的某月某時做某事、行某政、用某令,便是賦事行政的産物。

這樣來看,"社而賦事"實際是在仲春、仲秋、歲末年初祀社時要賦布職事,引導百姓按時生産生活。其中的"事",就王后及命婦而言,是爲蠶桑之事;就農夫百姓而言,則爲春耕秋收之事;就國家而言,則爲官吏按時節執行的政事。周王朝以社祀行祀地之禮,諸侯以社祀爲最高祭祀,每年年初、春、秋、歲終的常祀,全民參與,祈穀、授時、勸農、祭社,其中形成的勸農之歌如《七月》、春社之歌如《甫田》、秋報之歌如《楚茨》、冬蠟之歌如《大田》,就農夫而言爲賦職事,就農政系統而言則爲賦農政之事。

社而賦事機制所形成的社祀之歌,還包括諸多形成於行政職能的樂歌。如男女陰訟於社時的告社、軍事行動之前的宜社和戰後的報社及望祀山川、四方等行政職事,亦有相應的樂歌組成。如《行露》《谷風》《氓》《中谷有蓷》《北門》等爲陰訟於社之歌⑤,《麟之趾》《騶虞》《清人》《無衣》《駟

---

① 章太炎《國故論衡·原經》,上海:上海古籍出版社 2006 年版,第 46 頁。
② 黄懷信、張懋鎔、田旭東撰《逸周書彙校集注》卷一〇《周書序》,第 1211—1212 頁。
③ 黎翔鳳撰《管子校注》卷三《幼官》,北京:中華書局 2004 年版,第 154 頁。
④ 黎翔鳳撰《管子校注》卷三《幼官圖》,第 182 頁。
⑤ 曹勝高《陰訟於社與〈詩經〉婚怨之歌的生成機制》,載於《華中師範大學學報(人文社會科學版)》2019 年第 1 期,第 89—96 頁。

驖》《叔于田》《大叔于田》等爲軍社之辭①;《終南》《般》《時邁》《旱麓》等爲望祀山川之歌②,或用於社祀活動,或做於土地祭祀之中,爲特定行政系統在相應的政務、軍事和祭祀中祈求土地之主、山川百神護佑的樂歌,其機制與"社而賦事"相同,也是祀社過程中敷陳各種職事的樂歌。

  由此來看,社而賦事的春祈秋報,是周代賦政機制在農事系統的體現,訴訟中的告社、軍事時的宜社、朝聘前後的祭社以及望祀山川中的樂歌,則直接擔負了賦政的功能。在西周的語境中,"賦"有"賦政"之義。《大雅·烝民》:"古訓是式,威儀是力。天子是若,明命使賦。"毛傳:"賦,布也。"又言:"出納王命,王之喉舌。賦政于外,四方爰發。"鄭箋:"出王命者,王口所自言,承而施之也。納王命者,時之所宜,復於王也。其行之也,皆奉順其意,如王口喉舌親所言也。以布政於畿外,天下諸侯於是莫不發應。"孔穎達疏:"王有所言,出而宣之。下有所爲,納而白之。作王之咽喉口舌,布其政教於畿外之國。政教明美,所爲合度,四方諸侯被其政令,於是皆發舉而應之。美其出言而善,人皆應和也。"③言周王及其王官系統,可以將先王教誨散布到四方諸侯的封地,其內在的必然要求,便是能夠清晰地形成政令,以通行四方,是爲賦政。在賦政過程中所形成的樂歌,言國事、職事、農事,落實到具體工作中,便是賦事。故仲山甫作賦,便是"顯明王之政教,使羣臣施布之"④,其所言之賦,是爲"賦政",即敷布、頒行令。《尚書·洛誥》:"乃惟孺子,頒朕不暇,聽朕教汝于棐民彝。"⑤曾運乾注:"頒,……賦事也。《大行人》所謂'殷同以施天下之政'也。……言爾既受諸侯朝享,足以賦事邦國。"⑥賦事邦國,頒行政令,所形成的賦政系統,爲之提供了賦事的制度化保障,也是《詩經》諸多詩篇賦事的機制保障。

  何休言《詩經》中"勞者歌其事",便是歌其政事、職事、農事,由此形成

---

① 曹勝高《軍社之祀與〈詩經〉軍征之詩的生成語境》,載於《四川大學學報(哲學社會科學版)》2018年第2期,第131—139頁。
② 曹勝高《山川之祀與〈詩經〉相關樂歌的作成》,載於《四川大學學報(哲學社會科學版)》2020年第5期,第82—91頁。
③ 毛亨傳,鄭玄箋,孔穎達疏《毛詩正義》卷一八《大雅·烝民》,第1434—1435頁。
④ 毛亨傳,鄭玄箋,孔穎達疏《毛詩正義》卷一八《大雅·烝民》,第1434頁。
⑤ 孔安國傳,孔穎達疏《尚書正義》卷一五《洛誥》,十三經注疏本,北京:北京大學出版社2000年版,第484頁。
⑥ 曾運乾注,黃曙輝校點《尚書》卷五《洛誥》,上海:上海古籍出版社2015年版,第181頁。

了早期的詩緣事傳統①,賦政成爲其中諸多篇章的制度來源。《尚書·武成》言:"建官惟賢,位事惟能。"②明確言各種職官皆有相應的職事,《周禮》設官分職,依官賦事,各司其職,形成天下管理體系。如《周禮·天官冢宰·小宰》言治理天下有七事:"以灋掌祭祀、朝覲、會同、賓客之戒具,軍旅、田役、喪荒亦如之。七事者,令百官府共其財用,治其施舍,聽其治訟。"③明確邦治的原則是"大事則從其長,小事則專達"④。所謂的"大事",是分司所形成的常規性職責,按照屬官的職責向上級匯報;小事則爲非常規職責,則設專門機構進行協調。其中言六聯合邦治之法:"一曰祭祀之聯事,二曰賓客之聯事,三曰喪荒之聯事,四曰軍旅之聯事,五曰田役之聯事,六曰斂弛之聯事。凡小事皆有聯。"⑤即通過聯事通職,相互協同,處理邦國中的祭祀、朝聘、喪葬、災荒、軍事、勞役、賦斂、賑濟之事。這些職事,成爲《詩經》諸多樂歌的內容來源。

朝廷及諸侯邦國中的政事,所舉行的禮儀及其樂歌,便是採用賦事的方式保留下來。《采薇》所言的"王事靡盬,不遑啟處。憂心孔疚,我行不來!"⑥《出車》言:"召彼僕夫,謂之載矣。'王事多難,維其棘矣'。……王事多難,不遑啟居。豈不懷歸?畏此簡書。"⑦《杕杜》言:"王事靡盬,繼嗣我日。……王事靡盬,我心傷悲。……王事靡盬,憂我父母。"⑧皆賦以"王事靡盬",言無休止的戰事使得包括公卿、大夫、士在內的士卒難以作息。毛傳言:"《采薇》,遣戍役也。文王之時,西有昆夷之患,北有獫狁之難。以天子之命,命將率遣戍役,以守衛中國。故歌《采薇》以遣之,《出車》以勞還,《杕杜》以勤歸也。"⑨鄭箋、孔疏言之爲文王時作,班固言之爲穆王、懿王時作,季本《詩說解頤》、牟應震《詩問》等言之爲宣王時作,其爲軍隊出征、慰勞將帥、慰問士卒的樂歌,用於周王室禮儀活動之中,乃公卿大夫賦其職事之作,正是賦政過程中所形成的樂歌,或用於政事,或言其政事。

---

① 曹勝高《論漢晉間"詩緣事"説的形成與消解》,載於《文史哲》2008年第1期,第95—101頁。
② 孔安國傳,孔穎達疏《尚書正義》卷一一《武成》,第349頁。
③ 鄭玄注,賈公彥疏《周禮注疏》卷三《天官冢宰·小宰》,第72頁。
④ 鄭玄注,賈公彥疏《周禮注疏》卷三《天官冢宰·小宰》,第64頁。
⑤ 鄭玄注,賈公彥疏《周禮注疏》卷三《天官冢宰·小宰》,第67頁。
⑥ 毛亨傳,鄭玄箋,孔穎達疏《毛詩正義》卷九《小雅·采薇》,第691頁。
⑦ 毛亨傳,鄭玄箋,孔穎達疏《毛詩正義》卷九《小雅·出車》,第698—702頁。
⑧ 毛亨傳,鄭玄箋,孔穎達疏《毛詩正義》卷九《小雅·杕杜》,第704頁。
⑨ 毛亨傳,鄭玄箋,孔穎達疏《毛詩正義》卷九《小雅·采薇》,第687頁。

這類賦事之辭,雖用於周王朝的禮儀之中,但並非以周天子的口吻説出,而是以公卿、大夫、士的口吻言之,在於周的公卿、大夫、士皆有獻詩於天子的職責。邵公曾言:"故天子聽政,使公卿至於列士獻詩,瞽獻曲,史獻書,師箴,瞍賦,矇誦,百工諫,庶人傳語,近臣盡規,親戚補察,瞽史教誨,耆艾修之,而後王斟酌焉,是以事行而不悖。"①公卿、大夫、士可以直接獻詩於天子,百工則可以通過其職務賦事以聞於上,獻詩譜曲、箴賦誦諫皆以所在職務的角度言及政事,其可用於禮樂者,則用爲歌詩。這樣來看《四牡》《出車》《杕杜》中"王事靡盬"的感歎,並非皆爲戍卒的抱怨之辭,恰恰是周王體恤將帥們的慰勞之話,猶言國家處於多事之秋,讓大家無法休息,無法照顧家人。《四牡》中的"王事靡盬"之言,亦爲體恤官員之辭。毛傳:"勞使臣之來也。有功而見知,則説矣。"鄭箋:"文王爲西伯之時,三分天下有其二,以服事殷。使臣以王事往來於其職,於其來也,陳其功苦以歌樂之。"②其與《皇皇者華》遣使臣並列,爲周王室派遣使臣出差、迎接使臣歸還之辭,用於勉勵、感謝使臣。在這樣語境下所言的"王事",正是採用賦事傳統而形成的賦政樂歌,施用於特定的禮儀之中,以體現相應政務的禮義與樂義。

范文子也説:"吾聞古之言王者,政德既成,又聽於民。於是乎使工誦諫於朝,在列者獻詩,使勿兜,風聽臚言於市,辨袄祥於謠,考百事於朝,問謗譽於路,有邪而正之,盡戒之術也。"③這類諷誦之歌、獻納之詩、風聽之言、流播之謠皆被視爲觀政的依據,就在於天子不出於王室,而知公卿、大夫、士、庶人所賦之事,由此觀風知政,調整行政措施。因此,《大雅》《小雅》所載郊天、社祀、享祖、燕享、勞師、祈報等歌,常有辛勞、抱怨之辭,其或出於賦事者之口,抒寫個人情緒;然王室用爲禮儀之辭,正體現其體察公卿大夫之艱辛痛苦,以彌合彼此之間的隔閡,更增幾分感同身受的體貼,實現以樂合同上下。

從自上而下的行政秩序來看,王朝通過授時勸農、頒行政令實現國家治理;從自下而上的回饋機制來看,百姓通過歌事、賦事的方式反映行政得失,調整行政措施,彼此通過樂歌形成了雙向互動的賦政機制,形成了西周獨特的樂政系統。《詩經》所收集的樂歌,無論是公卿、大夫、士的獻詩,還

---

① 徐元誥撰,王樹民、沈長雲點校《國語集解》卷一《周語上》,第11—12頁。
② 毛亨傳,鄭玄箋,孔穎達疏《毛詩正義》卷九《小雅‧四牡》,第654頁。
③ 徐元誥撰,王樹民、沈長雲點校《國語集解》卷一二《晉語六》,第387—388頁。

是出於百姓之口的采詩,皆通過賦事對周王室進行輿論或者禮樂的干預。如果説"賦政"是自上而下的授時勸農、禮樂教化,那麽"賦事"則體現爲自下而上的諷誦於朝、委婉勸諫,正因爲如此,《國風》《小雅》《大雅》中方才能保留諸多"變風變雅"之作以賦政事。如《北山》言役使不均:"或燕燕居息,或盡瘁事國。或息偃在牀,或不已于行。或不知叫號,或慘慘劬勞。或棲遲偃仰,或王事鞅掌。或湛樂飲酒,或慘慘畏咎。或出入風議,或靡事不爲。"①政事相似而大夫從事有別,賦事之中有憂憤的情感體驗。《北門》言:"王事適我,政事一埤益我。……王事敦我,政事一埤遺我。"②《潛夫論·交際》:"夫處卑下之位,懷《北門》之殷憂,内見謫於妻子,外蒙譏於士夫。"③詩言士階層因繁忙公務無暇顧家而生出的感慨,作者所賦之事,既爲政事,亦爲情事。

何休言"歌事"爲詩篇生成機制時,強調了情感體驗的重要性:

> 五穀畢入,民皆居宅,里正趨緝績,男女同巷,相從夜績,至於夜中,故女功一月得四十五日作,從十月盡正月止。男女有所怨恨,相從而歌,飢者歌其食,勞者歌其事。男年六十,女年五十無子者,官衣食之,使之民間求詩,鄉移於邑,邑移於國,國以聞於天子,故王者不出牖户,盡知天下所苦,不下堂而知四方。④

其言冬季農事已畢,百姓聚居於里中三月,紡紗效績之外,常歌其事,收集整理而成詩。其中的"男女有所怨恨",便是言鄉間男女歌食、歌事,並非簡單客觀的賦事,而是帶有濃郁主觀色彩的情緒體驗,也就是説其所歌之事,主要是表達對某件事的情感體驗而不必是事情本身。這恰恰是詩"情動於中而形於言"⑤、樂"感於物而動,故形於聲"⑥的作用機制,詩與樂相和而歌其事,便不再以事的敘述爲内在要求,而是以事所形成的情感體驗爲基調,形成了以歌以樂賦事的傳統。

---

① 毛亨傳,鄭玄箋,孔穎達疏《毛詩正義》卷一三《小雅·北山》,第932—933頁。
② 毛亨傳,鄭玄箋,孔穎達疏《毛詩正義》卷二《邶風·北門》,第201—202頁。
③ 王符著,汪繼培箋,彭鐸校正《潛夫論箋校正》卷八《交際》,北京:中華書局1985年版,第336頁。
④ 公羊壽傳,何休解詁,徐彦疏《春秋公羊傳注疏》卷一六《宣公十五年》,第418頁。
⑤ 毛亨傳,鄭玄箋,孔穎達疏《毛詩正義》卷一,第7頁。
⑥ 鄭玄注,孔穎達疏《禮記正義》卷三七《樂記》,第1251頁。

有意思的是，《尚書·洪範》列"五事"，涵蓋人的情感、表情、行爲、習慣、儀容等心性修爲："一曰貌，二曰言，三曰視，四曰聽，五曰思。貌曰恭，言曰從，視曰明，聽曰聰，思曰睿。恭作肅，從作乂，明作哲，聰作謀，睿作聖。"①這樣來觀察《詩經》中的賦事，是在職事、政事的基礎上，重點關注於由此而形成的情感體驗，使得賦作爲一種藝術手法，從班賦、量賦中生發出來，並在賦政功能中得以拓展，以賦事的方式獨立出來，成爲更具主情性的文學書寫機制，形成敷陳其事的賦法，並在中國文學中蔚然大觀。

三、"賦納以言"對賦法的錘煉

文伯之母所言的"賦事"，採用"以言賦事"方式。《左傳·僖公二十七年》載趙衰言於晉文公時，曾引《夏書》："賦納以言，明試以功，車服以庸。"②以之察人觀行，可見賦言作爲觀察人的言辭、情志的手段，在春秋之前已經施用。杜預注：

> 賦納以言，觀其志也；明試以功，考其事也；車服以庸，報其勞也。③

其認爲"賦納以言"，便是以言觀志。正義曰："《夏書》言用臣之法。賦，取也。取人納用以其言，察其言觀其志也。分明試用以其功，考其功觀其能也。而賜之車服，以報其庸。庸亦功也。知其有功乃賜之。古人之法如此，君其試用之。"④將"賦納"解釋爲"取人納用觀其言"。從賦"敷布其義"的角度觀察，《夏書》所言，是言者用言辭敷布其義，聽者明其宗旨，以言相交，則知彼此之志。

言，本爲告祭之言辭。殷商告祭之辭常書於甲骨，如"丙辰卜，貞告秋于礿。四月"（《懷特》22），"庚子卜，㱿，翌辛丑有告麥"，"翌辛丑亡其告麥"（《合集》9620+9625；《蔡綴》201）等，這類告秋、告麥以及告禾、告粱、告

---

① 孔安國傳，孔穎達疏《尚書正義》卷一二《洪範》，第359頁。
② 左丘明傳，杜預注，孔穎達正義《春秋左傳正義》卷一六《僖公二十七年》，十三經注疏本，北京：北京大學出版社2000年版，第502頁。
③ 左丘明傳，杜預注，孔穎達正義《春秋左傳正義》卷一六《僖公二十七年》，第502頁。
④ 左丘明傳，杜預注，孔穎達正義《春秋左傳正義》卷一六《僖公二十七年》，第502頁。

年、告歲等卜辭,告祭的對象,或爲先祖,與享禮相仿①;《尚書·文侯之命》載平王賜晉文侯時,"用賚爾秬鬯一卣",言以秬鬯告祭先祖②。《詩經·大雅·江漢》載宣王曾賜命召虎:"釐爾圭瓚,秬鬯一卣,告于文人。"正義亦言王命召虎云:"今賜汝以圭柄之玉瓚,又副以秬米之酒芬香條暢者一卣尊,汝當受之,以告祭於汝先祖有文德之人。王命辭如此。"③周王賞賜臣下的秬鬯,皆用爲臣下告祭先祖的祭品,其中的"告",便是賦言爲辭而形成文本的機制。

告的對象,或爲先祖,或爲神靈。《尚書·舜典》所載的"望于山川,徧于羣神",依正義爲舜告祭四方:"禋祭於六宗等尊卑之神,望祭於名山大川、五岳四瀆,而又徧祭於山川、丘陵、墳衍、古之聖賢之羣神,以告己之受禪也。告祭既畢,乃斂公侯伯子男五等之瑞玉。"④《周頌》中的《昊天有成命》《我將》《時邁》被鄭玄視爲告祭之辭。其中《時邁》,毛傳言之爲:"巡守告祭柴望也。"鄭箋:"天子巡行邦國,至于方岳之下而封禪也。"孔穎達據此認爲此詩乃"巡守告祭柴望之樂歌也"⑤,視此詩爲告祭之辭。在這樣的視野中,《般》作爲"巡守而祀四岳河海"之歌,也是"登其高山而祭之,謂每至其方,告祭其方之岳"⑥而爲之。這些告祭之辭,意在宣揚王受命於天,並宣喻王命,是爲賦言而告。

這樣來看,賦納以言,便是通過"聽下言納於上,受上言宣於下"⑦,擔負起上達下通的使命,其有着特定的形式,作爲觀察評判的依據。《益稷》載舜之言:

> 予欲聞六律、五聲、八音,在治忽,以出納五言……工以納言,時而颺之,格則承之庸之,否則威之。⑧

言按照六律、五聲、八音爲規則來"出納五言","出納五言"者採用"時而颺

---

① 宋鎮豪《商代社會生活與禮俗》,北京:中國社會科學出版社 2010 年版,第 391—394 頁。
② 孔安國傳,孔穎達疏《尚書正義》卷二〇《文侯之命》,第 658—659 頁。
③ 毛亨傳,鄭玄箋,孔穎達疏《毛詩正義》卷一八《大雅·江漢》,第 1464—1465 頁。
④ 孔安國傳,孔穎達疏《尚書正義》卷三《舜典》,第 65 頁。
⑤ 毛亨傳,鄭玄箋,孔穎達疏《毛詩正義》卷一九《周頌·時邁》,第 1530 頁。
⑥ 毛亨傳,鄭玄箋,孔穎達疏《毛詩正義》卷一九《周頌·般》,第 1617—1618 頁。
⑦ 孔安國傳,孔穎達疏《尚書正義》卷三《舜典》,第 97 頁。
⑧ 孔安國傳,孔穎達疏《尚書正義》卷五《益稷》,第 139—140 頁。

之"的方式,即按照節奏(時)和樂律(風)來納言。《左傳·襄公十四年》載師曠言:"史爲書,瞽爲詩,工誦箴諫,大夫規誨,士傳言,庶人謗,商旅于市,百工獻藝。"①僞孔傳據此認爲"工"爲樂官,"工以納言"實際是樂官"掌誦詩以納諫"②。孔穎達進一步解釋説:"《禮》通謂樂官爲工,知'工'是樂官,則《周禮》大師、瞽矇之類也。樂官掌頌詩言以納諫,以詩之義理或微,人君聽之,若有不悟,當正其義而揚道之。"③這樣來看"出納五言",實則爲樂官採用賦法進行勸諫。

關於"出納五言",僞孔傳解爲:"仁義禮智信五德之言。"④認爲"出納五言"是施於民以成化之辭。蔡沈則認爲:

> 六律,陽律也。不言六吕者,陽統陰也。有律而後有聲,有聲而後八音得以依據,故六律、五聲、八音,言之敘如此也。在,察也。忽,治之反也。聲音之道與政通,故審音以知樂,審樂以知政,而治之得失可知也。五言者,時歌之協於五聲者也。自上達下謂之出,自下達上謂之納。汝聽者,言汝當審樂而察政治之得失者也。⑤

此説爲朱熹、吕祖謙、閻若璩認同⑥。也就是説,《尚書》中的"出納五言",實際是要求所出之言合於音律,播於四方。言爲詩,聲合律,是爲歌,以之出納王命。出爲敷布王命,以達於四方;納言,則爲以四方之言告於王。這樣來看,"賦納以言"有特定的規範,要盡可能合乎音律的内在要求。

蔡沈的説法,不完全是後世的推測,從早期文獻所保留的賦言系統來看,賦便是採用不歌而頌的方式作成。《左傳·隱公元年》載鄭莊公與其母姜氏有隙之後而欲復合,便是採用賦的方式各言其志:

> 公入而賦:"大隧之中,其樂也融融!"姜出而賦:"大隧之外,其樂

---

① 左丘明傳,杜預注,孔穎達正義《春秋左傳正義》卷三二《襄公十四年》,第1064—1065頁。
② 孔安國傳,孔穎達疏《尚書正義》卷五《益稷》,第140頁。
③ 孔安國傳,孔穎達疏《尚書正義》卷五《益稷》,第146頁。
④ 孔安國傳,孔穎達疏《尚書正義》卷五《益稷》,第139頁。
⑤ 蔡沈《書經集傳》,北京:中國書店1994年版,第29頁。
⑥ 閻若璩撰,黄懷信、吕翊欣校點《尚書古文疏證》附《朱子古文書疑》,上海:上海古籍出版社2013年版,第681頁。

也洩洩!"①

二人並没有採用直白的語言坦誠言説,而是以賦法委婉表達心志,含蓄而又情深地表露母子之情,最終不計前嫌而和好。《左傳·僖公五年》又載士蔿之賦:"狐裘尨茸,一國三公,吾誰適從?"②鄭莊公、姜氏、士蔿所賦之言,既非直言,亦非歌謡,是以吟誦之辭達其情,當爲賦言的早期形態。《吕氏春秋·季冬紀·介立》又載:

> 晉文公反國,介子推不肯受賞,自爲賦詩曰:"有龍于飛,周徧天下。五蛇從之,爲之丞輔。龍反其鄉,得其處所。四蛇從之,得其露雨。一蛇羞之,橋死於中野。"懸書公門而伏於山下。文公聞之曰:"譆! 此必介子推也。"③

重耳流亡狄、衛、齊、曹、宋、鄭、楚、秦之地時,趙衰、狐偃、賈佗、先軫、魏武子五人陪伴其右。重耳歸國繼位,介子推功高而不願受職,遂賦詩明志,晉文公從其所賦中知其志向。在這過程中,介之推採用了賦言的方式敷布其意,其辭亦爲詩。晉文公納言而知其情志,雙方通過賦納以言,而各喻其義。《左傳》所載以賦言入《詩》者,有隱公三年莊姜美而無子,衛人賦《碩人》;閔公二年許穆夫人賦《載馳》;高克奔陳,鄭人賦《清人》;文公六年秦國人賦《黄鳥》等。這些最初都是"賦"出來的言,形式近詩而非樂歌,其在民間流傳既廣,在納言機制中,由樂官採集整理而列入邦風。

毛傳具體描述了"賦納以言"的做法,其中提到"升高能賦",便是言士大夫祭祀活動中能夠賦言:

> 建國必卜之,故建邦能命龜,田能施命,作器能銘,使能造命,升高能賦,師旅能誓,山川能説,喪紀能誄,祭祀能語,君子能此九者,可謂有德音,可以爲大夫。④

---

① 左丘明傳,杜預注,孔穎達正義《春秋左傳正義》卷二《隱公元年》,第64頁。
② 左丘明傳,杜預注,孔穎達正義《春秋左傳正義》卷一二《僖公五年》,第390頁。
③ 許維遹撰《吕氏春秋集釋》卷一二《季冬紀·介立》,第264頁。
④ 毛亨傳,鄭玄箋,孔穎達疏《毛詩正義》卷三《鄘風·定之方中》,第236頁。

其中所列的多項才能，皆爲言語表達能力，如命龜有辭，施命以令，作銘以書，造命以辭等。升高能賦，乃以詩賦其形狀，鋪陳其事勢；師旅能誓，乃誓令戒之；山川能説，乃言説山川形勢而陳述其狀；喪紀能誄，乃以文辭作誄；祭祀能語者，乃能祝告鬼神而爲言語①。由此來看，言辭表達不僅是大夫必須掌握的基本行政技能，也是兩周國家治理必要的行政手段。李隆基注《孝經》時提出"卿大夫位以材進，受禄養親"之說，邢昺疏時引毛傳之言作爲例證②。毛傳所言的"君子能此九者"，便是掌握九種語言表達技巧，在合適的場合恰當使用，方纔能被任用爲大夫。

《漢書·藝文志》："傳曰：'不歌而誦謂之賦，登高能賦可以爲大夫。'言感物造耑，材知深美，可與圖事，故可以爲列大夫也。古者諸侯卿大夫交接鄰國，以微言相感，當揖讓之時，必稱《詩》以諭其志，蓋以別賢不肖而觀盛衰焉。"③章太炎先生解釋"登高能賦，可以爲大夫"："登高孰謂？謂壇堂之上，揖讓之時。賦者孰謂？謂微言相感，歌詩必類。是故'九能'有賦無詩，明其互見。"④即在祭祀、朝禮等活動中能夠賦詩言志。這樣來驗證《夏書》中"賦納以言""明試以功""車服以庸"，正是言選拔人才，要聽其言觀其志，用其能觀其行，因車服觀其功，完成對人才的全面考察。

《韓詩外傳》載孔子與弟子子路、子貢、顔淵游於景山之上的賦詩言志：

> 孔子曰："君子登高必賦。小子願者，何言其願。丘將啟汝。"子路曰："由願奮長戟，盪三軍，乳虎在後，仇敵在前，蠢躍蛟奮，進救兩國之患。"孔子曰："勇士哉！"子貢曰："兩國搆難，壯士列陣，塵埃漲天，賜不持一尺之兵，一斗之糧，解兩國之難。用賜者存，不用賜者亡。"孔子曰："辯士哉！"顔回不願。孔子曰："回何不願？"顔淵曰："二子已願，故不敢願。"孔子曰："不同，意各有事焉。回其願，丘將啟汝。"顔淵曰："願得小國而相之。主以道制，臣以德化，君臣同心，外内相應。列國諸侯，莫不從義嚮風。壯者趨而進，老者扶而至。教行乎百姓，德施乎四蠻，莫不釋兵，輻輳乎四門。天下咸獲永寧，蝗飛蠕動，各樂其性。

---

① 吴承學《"九能"綜釋》，載於《文學遺產》2016 年第 3 期，第 116—131 頁。
② 李隆基注，邢昺疏《孝經注疏》卷四《孝治章》，十三經注疏本，北京：北京大學出版社 2000 年版，第 30—31 頁。
③ 班固撰，顔師古注《漢書》卷三〇《藝文志》，北京：中華書局 1962 年版，第 1755—1756 頁。
④ 章太炎《國故論衡·辨詩》，第 71 頁。

進賢使能,各任其事。於是君綏於上,臣和於下,垂拱無爲,動作中道,從容得禮。言仁義者賞,言戰鬬者死。則由何進而救?賜何難之解?"孔子曰:"聖士哉! 大人出,小子匿。聖者起,賢者伏。回與執政,則由賜焉施其能哉!"①

其性質類似於《論語·公冶長》的"各言爾志",韓詩學者則以"登高必賦"言之,體現了漢儒對登高而賦的理解。如果説子路、子貢所言爲賦言的話,顔淵所賦則爲近於詩文,已經超越《荀子·賦篇》的簡約,更有誇飾之風,體現出賦法特有的鋪張揚厲,可以視爲漢初學者對登高必賦的理解,其中所賦之言,則爲賦事言志的創作實踐。

由此來看,出於禮樂要求的升高而賦,既要能夠在祭祀時將王之德行報告天帝,又要能夠在擔任諸侯、大夫時將王之政令敷布天下,對言有着嚴格的形式要求。而出於采風知政要求的納言,則要求樂官、史官、列士等能夠采詩,以風聽四方之言。這些上達下行的所賦之言,經過商周的文本整合和創作實踐,形成了諸多"賦事""賦政""賦言"的格套,促成了大量的賦事、賦政之作。如授時勸農而延展出來的農事之歌,由祭祀而形成的賦事之歌,由賦政而形成的敘述策略,由言職事而形成的抒情方式,以及合乎聲律要求的重章疊句形式等,使得賦不僅作爲敘事機制得以完善,還作爲藝術手法得以錘煉,並隨着秦漢賦政、賦事要求的拓展,形成了更具兼容性的賦法,成爲詩歌、辭賦文本建構的基礎技巧。

(作者單位:陝西師範大學中國語言文學系)

---

① 韓嬰撰,許維遹校釋《韓詩外傳集釋》,北京:中華書局1980年版,第268—269頁。

She er fu shi (assigning duties during communal worship) and the Formation of fu fa (rhapsodical technique) in Ancient China

Cao Shenggao

She er fu shi, said by Jingjiang, the mother of Wenbo of Lu, points out the functions and fashions of assigning duties during communal worship, which can serve as the entry point for observing the working of the system of duty assignment. The increasing functionalization and lyricization of the assigning of official duties and government affairs in the administrative system of the Zhou Dynasty had contributed to improving the *fu fa* (rhapsodical technique). The *fu na yi yan* (heeding verbal advice) tradition recorded in *Xia shu* (Book of Xia) emphasizes the artistic quality of *fu yan* (the use of words in rhapsody). Therefore, how the assigning of official duties and government affairs had contributed to the emergence of *fu fa* and *fu shi* (rhapsody) is an unignorable historical context for the studies of the formation of *fu fa*.

Keywords: *she er fu shi* (assigning duties during communal worship), *fu zheng xitong* (the system of assigning official duties and government affairs), *fu na yi yan* (heeding verbal advice), *fu fa* (rhapsodical technique), *fu shi* (rhapsody)

徵引書目

1. 孔安國傳,孔穎達疏:《尚書正義》,十三經注疏本,北京:北京大學出版社,2000年版。
2. 毛亨傳,鄭玄箋,孔穎達疏:《毛詩正義》,十三經注疏本,北京:北京大學出版社,2000年版。
3. 王符著,汪繼培箋,彭鐸校正:《潛夫論箋校正》,北京:中華書局,1985年版。
4. 王鍾陵:《賦體的起源及其內在矛盾》,《學術交流》2007年第11期。
5. 左丘明傳,杜預注,孔穎達正義:《春秋左傳正義》,十三經注疏本,北京:北京大學出版社,2000年版。
6. 朱右曾:《逸周書集訓校釋》,北京:商務印書館,1940年版。
7. 公羊壽傳,何休解詁,徐彥疏:《春秋公羊傳注疏》,十三經注疏本,北京:北京大學出版社,2000年版。
8. 吳承學:《"九能"綜釋》,《文學遺產》2016年第3期,第116—131頁。
9. 宋鎮豪:《商代社會生活與禮俗》,北京:中國社會科學出版社,2010年版。
10. 李隆基注,邢昺疏:《孝經注疏》,十三經注疏本,北京:北京大學出版社,2000年版。
11. 徐元誥撰,王樹民、沈長雲點校:《國語集解》,北京:中華書局,2002年版。
12. 班固撰,顏師古注:《漢書》,北京:中華書局,1962年版。
13. 馬銀琴:《從賦稅之"賦"到登高能"賦":追尋賦體發生的制度性本原》,《清華大學學報(哲學社會科學版)》2016年第2期。
14. 曹勝高:《山川之祀與〈詩經〉相關樂歌的作成》,《四川大學學報(哲學社會科學版)》2020年第5期,第82—91頁。
15. 曹勝高:《社祀用樂與〈豳風·七月〉的形成機制》,《勵耘學刊》2018年第1期,第1—20頁。
16. 曹勝高:《降丘宅土、敷下土方與九丘觀念的形成》,《山西師範大學學報(社會科學版)》2019年第5期,第76—83頁。
17. 曹勝高:《陰訟於社與〈詩經〉婚怨之歌的生成機制》,《華中師範大學學報(人文社會科學版)》2019年第1期,第89—96頁。
18. 曹勝高:《論漢晉間"詩緣事"說的形成與消解》,《文史哲》2008年第1期,第95—101頁。
19. 曹勝高:《軍社之祀與〈詩經〉軍征之詩的生成語境》,《四川大學學報(哲學社會科學版)》2018年第2期,第131—139頁。
20. 章太炎:《國故論衡》,上海:上海古籍出版社,2006年版。
21. 許維遹撰:《呂氏春秋集釋》,北京:中華書局,2009年版。
22. 郭璞注,邢昺疏《爾雅注疏》,十三經注疏本,北京:北京大學出版社,2000年版。
23. 曾運乾注,黃曙輝校點:《尚書》,上海:上海古籍出版社,2015年版。
24. 黃懷信、張懋鎔、田旭東撰:《逸周書彙校集注》,上海:上海古籍出版社,1995年版。
25. 解縉等撰:《永樂大典》,北京:中華書局,1986年版。
26. 蔡沈:《書經集傳》,北京:中國書店,1994年版。

27. 蔣曉光、許結:《賓祭之禮與賦體文本的構建及演變》,《中國社會科學》2014 年第 5 期。
28. 鄭玄注,孔穎達疏:《禮記正義》,十三經注疏本,北京:北京大學出版社,2000 年版。
29. 鄭玄注,賈公彥疏:《周禮注疏》,十三經注疏本,北京:北京大學出版社,2000 年版。
30. 鞏本棟:《漢賦起源新論》,《學術研究》2010 年第 10 期。
31. 黎翔鳳撰:《管子校注》,北京:中華書局,2004 年版。
32. 錢志熙:《賦體起源考:關於"升高能賦"、"瞍賦"的具體所指》,《北京大學學報(哲學社會科學版)》2006 年第 3 期。
33. 閻若璩撰,黃懷信、呂翊欣校點:《尚書古文疏證》,上海:上海古籍出版社,2013 年版。
34. 韓嬰撰,許維遹校釋:《韓詩外傳集釋》,北京:中華書局,1980 年版。

先秦賦研究論著敍錄*

蹤 凡

【摘 要】新時期(1978—)的先秦賦研究取得了輝煌成績。在文獻整理方面,吳廣平輯校的《宋玉集》(2001)、高志明《宋玉四家注集釋與彙評》(2014)、劉剛《宋玉研究資料類編》(2015)最見功力;在作品真僞和藝術成就方面,主要有朱碧蓮《宋玉辭賦譯解》(1987)、高秋鳳《宋玉作品真僞考》(1999)、吳廣平《宋玉研究》(2004)、劉剛《宋玉辭賦考》(2011)等多種;在辭賦普及方面,又有袁梅《宋玉辭賦今讀》(1986)、金榮權《宋玉辭賦箋評》(1991)、曹文心《宋玉辭賦》(2006)等。此外,葉舒憲《高唐神女與維納斯》(1997)、魯瑞菁《聖婚與聖宴》(2013)、江柳《宋玉辭賦的美學解讀》(2014)、姚守亮《宋玉辭賦語法修辭研究》(2015)分別從原型批評、神話學、美學和語言學角度深化了對宋玉辭賦的研究。值得一提的是,學術界組織的宋玉國際學術研討會已召開四次,每次都能收到學術論文近百篇,並且結集出版,有力地促進了宋玉賦研究的深化與拓展。但是在熱鬧局面的背後,亦有諸多值得檢討的問題:學術界對荀子賦的研究尚嫌薄弱,表現出重宋玉而輕荀子的傾向;對於先秦賦的俗文學性質,也期待能夠有新的突破;低水準重複的著作甚多,激情有餘而創新不足。

【關鍵詞】先秦賦 荀子 宋玉 研究 不足

---

* 國家社科基金重大項目"歷代賦論整理研究"(19ZDA249)、北京市社科基金重大項目"歷代賦學文獻續編與研究"(17ZDA21)階段性成果。

賦體文學源於先秦,肇始於戰國。關於賦源問題,學術界爭論頗多,言人人殊,但對於開創這種文體的賦家,古今學者卻有著驚人的一致。《文心雕龍·詮賦篇》稱:"於是荀況《禮》《智》,宋玉《風》《釣》,爰錫(賜)名號,與詩畫境,六義附庸,蔚成大國。"①認爲戰國時期楚國的荀況、宋玉是最早給"賦"確定名號的作家,他們將賦體文學與詩歌分離開來,是賦的開創者和奠基者。對此,後人皆無異議。荀況(前313—前238)不僅是著名的思想家,還是最早寫賦的作家,其《成相篇》《賦篇》皆被《漢書·藝文志》視爲賦體。明人李鴻編纂《賦苑》,首列荀卿五賦(即《禮》《智》《雲》《蠶》《箴》,合稱《賦篇》);清人陳元龍《歷代賦彙》、鴻寶齋主人《賦海大觀》等大型賦體總集,也是將五賦作爲最早的賦作而收入。但由於荀況五賦篇幅短小,內容單薄,形式上近於隱語(猜謎),藝術成就不高,故後人大都將創作有《高唐賦》《神女賦》《風賦》《釣賦》的宋玉(約前298—約前222)尊爲賦體之祖。宋玉是著名的楚辭作家,所作《九辯》被譽爲千古"悲秋之祖";同時也是一位影響深遠的賦家,既有《大言賦》《小言賦》《登徒子好色賦》之類的詼諧調笑的俗賦,更有《高唐賦》《神女賦》之類以問答形式組織成篇、擅長鋪陳秀美山川、人物情態的散體大賦,即所謂"遂客主以首引,極聲貌以窮文"(《文心雕龍·詮賦篇》),奠定了賦體文學的基本格局和創作範式。而漢代大賦,正是沿著宋玉賦的路徑向前發展,而成長爲"一代之文學"。學術界對先秦賦的研究,即以荀況、宋玉爲核心,尤其重視對宋玉賦的考辨和研究。需要說明的是,本文持騷(辭)、賦二體論,大凡《楚辭》中的作品,如《離騷》《天問》《九歌》《九辯》《招魂》《大招》等,自劉勰《文心雕龍》、蕭統《文選》以來大都以"騷"體(楚辭體)目之,而與"賦"體並列。凡專論"騷"體者,本文皆不闌入。下面擬對新時期(1978—)產生的先秦賦(實際上是戰國賦)研究論著逐一進行介紹,以供學術界參考。以出版時間先後爲次。

　　1.《先秦辭賦原論》,姜書閣著,14萬字,齊魯書社1983年版。

　　姜書閣(1907—2000),字文淵,滿姓姜佳氏,正黃旗人,生於遼寧鳳城。1930年畢業於清華大學。歷任《北京晨報》主筆、民國稅務署長、國稅署長、財政部政務次長等。1949年後,任西南軍政委員會財政部參事、青海師範學院教授、湘潭大學教授等。著有《詩學廣論》《中國文學史綱要》《先秦辭

---

① 劉勰撰,范文瀾注《文心雕龍注》,北京:人民文學出版社1958年版,第134頁。

賦原論》《漢賦通義》《駢文史論》《文心雕龍繹旨》《陳亮龍川詞箋注》《桐城文派評述》《百一集》等。

《先秦辭賦原論》收入作者的 8 篇學術論文，分别是：《先秦楚歌敍録》《屈原與江湘》《人民詩人屈原的愛國主義思想》《屈賦楚語義疏》《宋玉及其辭賦考辨》《宋玉〈高唐〉〈神女〉爲漢賦之祖說》《〈荀子・成相〉通説》《〈荀子・賦篇〉平議》，既相互獨立，又有一定的連貫性和系統性。其中《宋玉及其辭賦考辨》對宋玉的生平和作品進行考證，認爲宋玉約生於前 320 年前後，卒於前 263 年前後，約六十歲。作者經過考證，認爲宋玉今存遺文，賦體有《風賦》《高唐賦》《神女賦》3 篇，騷體僅有《九辯》1 篇，共 4 篇而已，這比游國恩等主編之《中國文學史》、中國社科院《中國文學史》略有進步。《宋玉〈高唐〉〈神女〉爲漢賦之祖說》一文考察騷、賦的區别和流變，認爲"宋玉是詞人之賦體的創始人，而《高唐》《神女》則爲漢人賦體之祖"（第 155 頁），所論頗有道理。《〈荀子・成相〉通説》與《〈荀子・賦篇〉平議》是兩篇專門研究荀况賦性質、意義、分篇、淵源、特點與影響的論文，認爲《成相篇》《賦篇》在荀著中文學性最强，卻常爲文學史著作所忽視。學術界認爲："該書對楚辭文獻之整理考訂，頗爲精到；所論所述，亦足成一家之言。"[①]不過，書中的某些觀點具有一定的歷史局限性，例如對宋玉賦真僞問題的探討，並不能令人信服。但作爲最早專門研究先秦辭賦的學術專著，其歷史意義是不容忽視的。

2.《屈荀辭賦論稿》，李金錫著，12 萬字，春風文藝出版社 1986 年版。

李金錫（1922—2018），天津塘沽人。早年肄業於輔仁大學國文系，1945 年畢業於西北大學中文系。解放後曾在教育部任職 11 年，1961 年起任鞍山師專（今鞍山師範學院）中文系教授。著有《屈荀辭賦論稿》等，發表論文多篇。

本書是作者研究屈原、荀况辭賦的論文集，共計收録論文 12 篇。其中《命賦之厥初，騷賦之續作——讀荀卿〈賦篇〉》探討了《詩經》、楚辭和荀卿作品的先後關係，提出屈作、荀作都是《詩經》現實主義的繼承和發展，前者以抒情爲主，後者以議論爲主，應同列爲辭賦之祖，觀點十分獨到。《荀學之綱，彈詞之祖——讀荀卿〈成相篇〉》認爲《成相篇》"在當時說來，還是以

[①] 傅璇琮、許逸民、王學泰等主編《中國詩學大辭典》，杭州：浙江教育出版社 1999 年版，第 1265 頁。

擊鼓爲節的一種唱詞"，荀作以通俗的民間文學的形式，表達極深刻的政治思想，"這在先秦諸子的著作中是極罕見的"，並呼籲"應該肯定它在我國文學發展史上的重要作用"（第 146—149 頁）。論證雖還粗略，但其觀點卻頗爲精到。

3.《宋玉辭賦今讀》，袁梅譯注，12 萬字，齊魯書社 1986 年版。

袁梅（1924—2017），山東沂水人。1953 年畢業於山東師範學院中文系。曾任中學教師多年，1982 年起任濟南師專（後更名爲濟南大學）中文系教授。發表學術論文數十篇，著有《周代抒情詩譯注》《詩經譯注》《屈原賦譯注》《宋玉辭賦今讀》《毛詩質疑（點校）》等。

《漢書・藝文志》著録宋玉賦 16 篇，現存題爲宋玉的作品凡 14 篇。作者認爲，只有《九辯》確爲宋玉所撰，其餘諸篇多系後人僞託，故處理方式有所不同。1. 確爲宋玉的作品，即《九辯》一篇，分題解、原文、注釋、今譯（以詩譯辭）四部分，用力最多；2. "雖無定論，但千載流傳，影響深廣"的作品，即《風賦》《高唐賦》《神女賦》《登徒子好色賦》四篇，每篇分題解、原文、注釋、今譯（以文譯賦）四部分，亦較爲重視；3. 其餘作品，即《對楚王問》《笛賦》《大言賦》《小言賦》《諷賦》《釣賦》《舞賦》《高唐對》等，則作爲"附録"處理，僅録原文，並附校勘記。不同的處理方式，表明作者對宋玉作品真僞問題的基本判斷，雖難免受時代影響，但將題爲宋玉的作品悉數收録，態度亦較爲謹慎。注釋部分吸收先哲時賢之説，力求準確明白，亦偶有個人之見。譯文以"信"爲基準，並努力追求"達""雅"的目標。本書對宋玉作品的普及有一定作用。

4.《宋玉辭賦譯解》，朱碧蓮著，10 萬字，中國社會科學出版社 1987 年版。

朱碧蓮（1932—2013），女，浙江青田人。1955 年畢業於復旦大學中文系，現任華東師範大學中文系教授。著有《楚辭講讀》《楚辭論稿》《宋玉辭賦譯解》《中國古代文學事典》《楚辭論學叢稿》《秦漢文學五十論》《世説新語譯注》等。

《宋玉辭賦譯解》是"一本研究和重新評價宋玉及其作品的著作"（本書内容簡介）。《前言》認爲宋玉在建國後"受到了不公正的待遇"，"作品也受到了冷遇"，遂發憤寫作此書。《論宋玉及其〈九辯〉》《宋玉辭賦真僞辨》二文，對於宋玉的思想、人品、文學成就、作品真僞等進行了新人耳目的研究，認爲可以判定爲宋玉的作品至少有 6 篇。下爲"宋玉辭賦譯解"，將宋玉作品分爲兩組：第一組爲《九辯》《風賦》《高唐賦》《神女賦》《登徒子好色賦》《對楚王問》6篇，確爲宋玉所作；第二組爲真假難辨者，包括《笛賦》《大言賦》《小言賦》《諷賦》《釣賦》《舞賦》，凡6篇，作爲附錄處理。對於每篇辭賦，皆分爲原詩、注釋、譯文、賞析四部分，引導閱讀，全面細緻。本書在考論宋玉作品真僞方面取得了一些突破，並且對署名爲宋玉的作品進行全面注釋與賞析，是一部學術性與普及性兼具的著作。

5.《楚國大詩人宋玉》，張端彬撰，10.9萬字，海峽文藝出版社1990年版。

張端彬（1948—），福建省長樂市人，賣花專業戶，熱愛文學。福建省作家協會會員，中國宋玉研究會理事。著有《楚國大詩人宋玉》《吳航老街》《染血的罌粟園》（敘事長詩）、《十天書記》（中篇小說）等。

本書分爲三章。第一章《宋玉的生平》，下分四節，分別對宋玉窮愁潦倒的一生、屈原與宋玉的關係、宋玉的個人性格、愛國精神等進行介紹；第二章《楚辭——巫史文化的產物》不分節，揭示楚辭文體產生的文化基因；第三章爲《宋玉的作品》，下分四節，在對《九辯》《招魂》進行專題研究之後，又對宋玉的賦作《高唐賦》《神女賦》《風賦》《登徒子好色賦》《對楚王問》等進行介紹，認爲這些作品皆爲宋玉所撰，並分析了宋玉作品對後世文學的影響。作者認爲郭沫若先生所謂"宋玉是一個沒有骨氣的文人"的說法是不能成立的，指出宋玉不僅具有"一副傲骨"，而且是"不朽的愛國詩人"，頗有新意。

6.《宋玉辭賦箋評》，金榮權著，15萬字，中州古籍出版社1991年版。

金榮權（1964—），河南商城人。1989年畢業於安徽師範大學中文系，獲文學碩士學位。現任信陽師範學院文學院教授，碩士生導師。發表學術論文數十篇，出版學術著作《宋玉辭賦箋評》《屈宋論考》《中國神話的流變與文化精神》《中國古代神話稽考》等。

本書認爲，現存於《楚辭章句》《文選》《古文苑》《全上古三代秦漢三國六朝文》中的14篇署名宋玉作品，其中9篇實爲宋玉所作，即《九辯》《招魂》《風賦》《高唐賦》《神女賦》《登徒子好色賦》《對楚王問》《諷賦》《釣賦》；其餘5篇爲僞作，即《笛賦》《大言賦》《小言賦》《舞賦》《高唐對》。全書分上下兩編，上編爲"鑒賞"，對作者認定的9篇作品進行題解、注釋、翻譯和賞析；下編是"研究"，包括《宋玉傳略》《宋玉作品考辨》《宋玉辭賦托物抒情的表現手法》《宋玉賦的形成與特徵》《後人對宋玉的評價及宋玉形象的歷史變遷》《宋玉其人評品》六篇,對宋玉及其作品進行較爲全面而系統的研究,試圖還宋玉以本來面目。書末附有《詞、曲、小説及民間傳説中的宋玉形象》《關於宋玉的研究資料》和《宋玉研究論文索引》,方便查檢與使用。《辭賦大辭典》認爲,該書"收集資料比較全面,研究視野比較開闊,並將注釋、今譯、資料、研究幾方面結合在一起,有助於全面地認識宋玉及其作品"①。在考論宋玉辭賦的真僞方面,該書亦對前人有所發展。

7.《高唐神女與維納斯——中西文學中的愛與美主題》,葉舒憲著,35萬字,中國社會科學出版社1997年版。

葉舒憲(1954—),生於北京。先後畢業於陝西師範大學、北京師範大學、四川大學,獲文學學士、碩士、博士學位。曾任職於陝西師範大學、海南大學、中國社會科學院。現爲上海交通大學人文社科資深教授,兼任中國神話學會會長、中國文學人類學研究會會長。已出版《文學與人類學》《中國神話哲學》等專著、譯著24部,發表學術論文300餘篇。

本書是一部以宋玉賦中高唐神女和西方女神維納斯爲研究個案,採用文化人類學、比較神話學方法,對中西文學中愛與美的原型進行開創性研究的著作。分爲上下兩編,上編《美神由來——愛與美主題的原型發生史》設立六個專題,分別對原母、地母、愛神、愛神及其配偶(上、下)、美神等進行考述,旁徵博引,中西貫通;下編《美神幻形——愛與美主題的文化置換》,則設立神女、雲雨、晝寢、幻夢、補償、色與美、孝與鞋凡七個專題,採用比較文學、心理學、神話學等研究方法,探討中西文學中的愛、美、性、欲、幻想等永恒主題。吴廣平先生認爲:"此書作者運用語源學、神話學、原型批評、精神分析學説、民俗學、文化學進行跨文化研究,詳細考察了存在於中西文化中愛與美主題的原型形象高唐神女和維納斯,由此論述和探討了愛與美主題的原型發生和文化置換。……這是運用比較文學、比較神話學來研究宋玉辭賦的第一部學術專著。"②本書將中國上古神話與《金瓶梅》《聊齋志異》和西方文學加以綜合研究,視野宏闊,縱横古今,溝通中外,採用了多學科、多角度的研究方法,因而頗有新意與創見。這是作者在使用西方原型批評和文化人類學方法研究《詩經》《老子》之後,又一部研究中國文學

---

① 霍松林、徐宗文主編《辭賦大辭典》,南京:江蘇古籍出版社1996年版,第426頁。
② 吴廣平《五十九部宋玉研究著作解題》,載於李鷟主編《宋玉及其辭賦研究——第二屆宋玉國際學術研討會論文集》,北京:學苑出版社2016年版,第33頁。

經典的嘗試，其中亦存有牽強附會之處，有些觀點尚不能得到學術界認可，但其開拓與創新精神是值得珍視的。該書於 2005 年由陝西師範大學出版社出版增訂版。

8.《宋玉作品真僞考》，高秋鳳著，40 萬字，臺北文津出版社 1999 年版。

高秋鳳（1951—），女，臺灣臺南人。畢業於臺灣師範大學國文系、國文研究所，先後獲文學碩士、博士學位，並留校任教。現爲臺灣師範大學教授，出版專著《楚辭三"九"暨後世以"九"名篇擬作之研究》《天問研究》《宋玉作品真僞考》等，發表論文《文心辨騷析論》《臺灣〈楚辭〉研究六十年（1946—2005）》等。

本書是一部專門考辨宋玉作品真僞的著作。除了緒論、結論外，全書共分爲四章，分別是：《楚辭章句》所收宋玉作品真僞考，《昭明文選》所收宋玉賦真僞考，《古文苑》所收宋玉六賦真僞考，論御殘篇、《招隱士》與《微詠賦》作者考。作者從文體、押韻、稱謂、仿托、流傳等方面加以考證，認爲歷史上署名爲宋玉的作品，除了《招魂》《舞賦》《招隱士》《詠賦》4 篇不是宋玉所作外，其餘《九辯》《風賦》《高唐賦》《神女賦》《登徒子好色賦》《對楚王問》《笛賦》《大言賦》《小言賦》《諷賦》《釣賦》以及銀雀山漢墓出土之論御殘篇，這 12 篇都是宋玉的作品。該書出版時，大陸學者頗受疑古思潮影響，一般只認可《九辯》爲宋玉所作，如袁梅《宋玉辭賦今讀》認爲確爲宋玉所作的作品 1 篇（《九辯》）；"雖無定論，但千載流傳"的作品 4 篇；朱碧蓮《宋玉辭賦譯解》認爲可以判定爲宋玉的作品有 6 篇；金榮權《宋玉辭賦箋評》增加至 9 篇；而高氏此書又增加至 12 篇，推波助瀾，有力地肯定了宋玉的文學成就和文學史地位。該書資料翔實，考證細密，是一部難得的學術著作。吴廣平先生認爲："此書充分吸收了湯漳平、譚家健、李學勤、鄭良樹等學者的考證成果，並補充了大量證據，可以説是考辨宋玉作品真僞的集大成之作。"①

9.《宋玉集》，吴廣平編撰，42 萬字，嶽麓書社 2001 年版。

吴廣平（1962—），湖南省汨羅市人。現任湖南科技大學人文學院教授，碩士生導師，兼任湖南省作家協會會員，中國屈原學會、中國辭賦學會常務理事，湖南省屈原學會副會長，宋玉研究學會名譽會長等。主要從事

---

① 吴廣平《五十九部宋玉研究著作解題》，載於李驁主編《宋玉及其辭賦研究——第二届宋玉國際學術研討會論文集》，第 39 頁。

神話、楚辭、漢賦、文學人類學和湘潭當代文學的研究，發表學術論文近百篇，出版《宋玉研究》《宋玉集》《楚辭全解》《屈原賦通釋》等著作。

　　本書是一部資料性、學術性與普及性兼具的著作。在《前言》部分，作者對宋玉的生平經歷、作品真僞、藝術成就、文學影響等進行了全面系統而頗有創見的敘述。例如對宋玉作品的真僞，作者認爲有13篇確實爲宋玉所作：《九辯》《招魂》《風賦》《高唐賦》《神女賦》《登徒子好色賦》《對楚王問》《笛賦》《大言賦》《小言賦》《諷賦》《釣賦》《御賦》。此外，署名爲宋玉的《舞賦》系傅毅《舞賦》的摘錄，《微詠賦》系宋王微《詠賦》之訛，《高唐對》《郢中對》兩篇，分別是《高唐賦》《對楚王問》的異文，頗具卓見。本書主體部分，是對宋玉作品所進行的校注、評析和翻譯，13篇真作在先，4篇僞作在後。每篇作品皆先作解題，對作品的出處、思想與藝術價值進行簡要說明；接下來是正文和注釋，長篇作品則分段注釋，注重對生僻字的注音、解釋和對典故的說明。最後是翻譯，儘量採用直譯，語言通俗曉暢。全書之末，還附錄有聞一多、游國恩、胡念貽、李學勤等12位專家學者的經典論文14篇，以及《宋玉及其作品的評論資料》，可資研究者參考。湯漳平先生認爲："作者以其嚴謹、細緻、認真的態度，在當代宋玉研究中，提供了一個可信度極高的版本，我們甚至可以說它是具'里程碑'意義的成果。"[①]該書於2004年出版了增訂本。

　　10.《宋玉研究》，吳廣平著，29.3萬字，嶽麓書社2004年版。

　　吳廣平（1962—），湖南科技大學人文學院教授。參見《宋玉集》敘錄。

　　《宋玉研究》共16章，分爲上中下三編。上編"生平與著述"主要運用文獻考據的研究方法，論次宋玉的姓名字號、生卒年代、故里遺跡、行止交游、著述真僞問題等；中編"繼承與融會"著重論析宋玉與儒家、道家、縱橫家及神巫文化的關係，以及對屈原的文學承傳；下編"成就與地位"論述宋玉在賦史上的地位和對賦體文學的貢獻，宋玉作品中的主題、人物形象，宋玉賦與地域文化、宋玉賦與大言小言等問題。書末有附錄《宋玉研究論著索引》。

　　作爲第一部系統深入研究宋玉的學術專著，本書在很多方面取得了突破，提出了一系列獨到的觀點。例如第五章考證宋玉作品的真僞，作者鉤稽大量的文史資料，結合出土文獻加以論析，認爲《楚辭》所收的《九辯》

---

① 湯漳平《出土文獻對宋玉研究的影響》，載於《中州學刊》2012年第2期。

《招魂》,《文選》所收的《風賦》《高唐賦》《神女賦》《登徒子好色賦》《對楚王問》,《古文苑》所收的《笛賦》《大言賦》《小言賦》《諷賦》《釣賦》,《文選補遺》所收的《微詠賦》,加上銀雀山漢墓出土的《御賦》,皆爲宋玉所作,共計14篇,(比之前的《宋玉集》多出《微詠賦》1篇。)雖不能成爲定論,但有力地駁斥了疑古學派的觀點,具有撥亂反正的意義。又如第十章論屈宋關係,作者認爲宋玉作爲屈原文學的後繼者,完成了辭賦文學四個方面的轉型,即由楚辭向楚賦的轉移,由緣情向體物的嬗變,由直諫向曲諫的發展和由崇高向世俗的回落,觀點精湛,頗具文學史家的眼光①。作者在考證過程中充分利用以往考據成果,綜合運用訓詁學、校勘學等方法解決具體問題,因而頗有可信度與說服力。該書出版後頗受關注,先後有鄧欣躍、李德輝、張晚林、周建忠等發表論文,予以肯定和推介。

11.《宋玉辭賦》,曹文心著,19.6萬字,安徽大學出版社2006年版。

曹文心(1940—),安徽巢湖人。1961年畢業於合肥師範學院中文系,現任淮北師範大學教授。主要從事先秦漢魏六朝文學研究,發表《中國戲劇史雜談・十題》《漢音・魏響——論曹丕與建安文學》等論文數篇。

本書對署名爲宋玉的辭賦作品進行了考證、注釋和分析。全書分爲上下兩編。在上編"宋玉辭賦考論"部分中,作者分別考證了宋玉的生平事蹟和傳世作品的真僞,進而論述宋玉辭賦的思想和藝術特徵。關於宋玉生平,本書認爲,宋玉是鄢都(今湖北江陵)人,並以宋玉的作品《九辯》爲支撐點,推斷他的生卒年,認爲宋玉約生於公元前320年,卒於公元前255年。此外,宋玉在作品中多次提到的師長極可能是一位善於言辭論辯的謀士、縱橫家。在宋玉辭賦的真僞問題上,作者將宏觀考察與具體考辨相結合,認爲除《笛賦》等個別作品外,《楚辭章句》《文選》和《古文苑》中刊載的宋玉辭賦作品均爲宋玉所作。這一看法與劉剛、吳廣平等基本一致。書中"論"的部分通過對屈宋辭賦的比較研究,論述屈宋作品的思想藝術成就、各自的貢獻和特色。下編"宋玉辭賦譯注"部分,作者遵循原文、譯文、注釋、評析的順序對宋玉的11篇作品逐一進行分析,吸收前人注釋並有個人見解,努力體現宋玉辭賦原有的風格、神采和情韻。附錄部分選取了宋玉

---

① 在此之前,羅漫先生曾經從推出"悲秋"情結、奠定"雲雨"意象、描繪神女與麗人、展示長江上游的自然景觀、第一位娛樂文學大師等方面論述宋玉文學的價值和獨創性。(詳參趙明主編《先秦大文學史》,吉林大學出版社1993年版,第522—535頁)。可與此書互參。

辭賦中真僞難明及僞託之作共9篇，依照前文體例進行注解翻譯，便於學者閱讀參考。作爲一本比較完備的宋玉辭賦讀本，可供古代文學研究者和文史愛好者閱讀、參考。

12.《宋玉及其辭賦研究——2010年襄樊宋玉國際學術研討會論文集》，程本興、高志明、秦軍榮主編，63萬字，學苑出版社2010年版。

程本興（1942—），湖北襄樊人。1965年7月畢業於華中師院中文系。長期從事教育工作，系湖北省特級教師。現爲湖北省宜城市宋玉研究會會長，襄樊市荆楚文化研究會副會長、襄樊市炎黄文化研究會副會長、全國語文研究聯合會理事等。高志明（1972—）、秦軍榮（1973—），湖北文理學院副教授。本書是2010年宋玉國際學術研討會（襄樊學院主辦，2010.10）之論文集，全書劃分爲宋玉的生平與思想研究、宋玉作品研究、宋玉的文學成就與地位研究、宋玉辭賦與地域文化研究、宋玉辭賦的傳播與接受研究等欄目，共計收錄論文53篇，論點彙編12則，展現了宋玉研究的熱鬧局面和豐碩成果。其中李學勤《〈唐勒〉〈小言賦〉和〈易傳〉》、譚家健《〈唐勒〉賦殘篇考釋及其他》、稻田耕一郎《〈宋玉集〉佚存鉤沉》、毛慶《搖落深知宋玉悲——六十年文學史宋玉評介簡議》、吳廣平《宋玉故里考辨》等論文尤其受到關注，有一定的學術影響。

13.《宋玉辭賦考》，劉剛著，26萬字，遼海出版社2011年版。

劉剛（1951—），黑龍江哈爾濱市人。1977年考入瀋陽師範學院中文系，畢業後分配到鞍山市直機關幹部進修學院任教，1988年調入鞍山師範學院工作。曾任鞍山師範學院中文系主任、首席教授，東北師範大學、瀋陽師範大學碩士研究生導師。現爲湖北文理學院宋玉研究中心主任，兼任中國屈原學會常務理事、副秘書長等。發表論文近百篇，出版《宋玉辭賦考》《宋玉研究資料類編》等著作。

全書分爲四個部分，其中最重要的是第一部分——宋玉作品真僞考論。作者綜合歷史、地理、語言、文字、典章制度等多方面知識，對宋玉作品的真僞問題進行深入考證，取得了突破性成果，認爲除了《九辯》外，《高唐賦》《神女賦》《諷賦》《登徒子好色賦》《對楚王問》亦爲宋玉作品，其中《對楚王問》最具可靠性；《微詠賦》有可能系宋玉所作，而《高唐對》《郢中對》《報友人書》3篇則屬於假託。學術界稱譽"他的這些考證成果無疑是近年來宋玉研究的重大收穫，將近年來宋玉作品真僞問題研究向前推進了一大步"（趙敏俐《序言》）。

書中其餘幾個部分分別是關於宋玉作品主旨的考論、宋玉生平思想的考論、宋玉作品的地理考及其他。作者在這幾部分旁徵博引，層層論證，表現出宏闊的學術視野、嚴謹認真的治學態度和銳意探索的學術精神。例如對於宋玉《高唐》《神女賦》的主旨，前人或以爲諷諫楚王思幸神女之淫欲（宋章樵），或以爲隱喻君臣遇合之難（宋洪邁），或以爲"只是用超人的規模來寫佚蕩的情思"，並無深意（姜亮夫），或以爲借神話傳說來寫男女愛情（褚斌傑）。著者不囿成見，在前人研究成果的基礎上，對楚國祭祀高唐神女之禮俗進行了分析，認爲楚襄王欲幸高唐神女，實際上是一種祭祀儀式，旨在祈禱王位有繼、種族繁衍；宋玉不同意這種敬天命而輕人事的思想，於是作賦諷諫，勸導楚襄王"思萬方，憂國害，開賢聖，輔不逮"（《高唐賦》），即推行"民本"政治，矯正時弊，舉賢任能，進而振興楚國。這一觀點非常新穎，頗有啟發意義。又如，宋玉《笛賦》提到的衡山，宋人章樵注以爲系"南嶽，屬荊州"。著者考察《隋書·地理志》，發現古代有四個衡山：南陽郡雉衡山（今河南省南陽市北）、廬江郡衡山（今安徽省合肥市西南）、吳郡衡山（今江蘇省蘇州市西南）、衡山郡衡山（今湖南省衡陽市北）。然後徵引《尚書》《左傳》《周禮》《戰國策》《史記》《漢書》等十餘種文獻，經過全面梳理，認定《笛賦》中的衡山實爲天柱山（一名霍山），在今安徽省合肥市西南，古稱南嶽，進而糾正了舊注的錯誤。總之，《宋玉辭賦考》彙集了劉剛先生十餘年研究宋玉的學術成果，大大推進了宋玉作品真僞問題的研究進程，對作品主旨的論析非常精到，對衡山、巫山、廬江的考證也頗見功力，是一部研究宋玉辭賦的力作。

　　14.《徜徉宋玉城》，吳廣平、史新林主編，50萬字，湖南人民出版社2011年版。

　　吳廣平（1962—），湖南科技大學人文學院教授。參見《宋玉集》敘錄。史新林（1946—），湖南臨澧人，曾任臨澧縣圖書館館長，副研究員。主編有《史氏家乘三修》《徜徉宋玉城》等。

　　本書是一部對宋玉文化進行全面總結與介紹的著作，共分爲七個部分：一、宋玉賦今譯，收錄《九辯》《招魂》《風賦》《高唐賦》《神女賦》《登徒子好色賦》《笛賦》《大言賦》《小言賦》《諷賦》《釣賦》《微詠賦》《御賦》《對楚王問》等凡14篇作品的譯文。二、先賢評宋玉，選錄歷代學者評論宋玉的文字39則。三、名家詠宋玉，輯錄歷代文人歌詠宋玉的詩歌54首。四、宋玉新探索，選錄金榮權、彭隆治、楊緒穆、江從鎬、吳廣平、程本興、覃柏林、侯文學、劉剛、艾初玲、蘇慧霜、陳隆財等當代學者研究宋玉的論文 12 篇。五、宋玉與臨澧，收錄王永彪、史新林、張榮錦、尹遠、姚長善等考證宋玉爲臨澧人、宋玉作品與臨澧之關係的論文 16 篇。六、宋玉城懷古，收錄當代作家、詩人有關宋玉的文學創作 39 篇。七、宋玉城開發，收錄 4 篇探討臨澧縣宋玉城開發建設的研究報告。本書視野開闊，古今通覽，具有鮮明的地域色彩和文化開發意味。尤其是第五、六、七部分，大都是臨澧縣本地文人撰寫的文字，反映了臨澧人民對宋玉的熱愛。

15.《宋玉研究薈萃》，張榮錦著，6.9 萬字，華夏文藝出版社 2012 年版。

張榮錦（1932—），湖南臨澧人。曾任臨澧縣委辦公室副主任、縣檔案局局長、縣徵史修志委員會副主任、縣史志辦主任等，副研究員。著有《宋玉研究薈萃》，主編《懷念林伯渠同志》《臨澧人民革命史料選》等。

本書是作者研究宋玉論文之彙編，共收錄論文 10 篇，包括《宋玉初探》《宋玉生平考析》《宋玉作品真僞辨及作品的藝術成就》等。最具代表性的就是《從方志、家譜在史學中的地位來看宋玉遺跡群體的可信性》一文，反映了作者充分利用家譜、地方志等稀見文獻進行學術考證的努力，其結論也具有啟發性和現實意義。

16.《聖婚與聖宴——〈高唐賦〉的民俗文化底蘊研究》，魯瑞菁著，30.6 萬字。臺灣花木蘭文化出版社 2013 年版。

魯瑞菁（1961—），1995 年畢業於臺灣大學中文研究所，獲博士學位，現任臺中靜宜大學中文系教授。主要研究《楚辭》、楚文化、漢代畫像石、墓葬壁畫等。著有《聖婚與聖宴——〈高唐賦〉的民俗文化底蘊研究》《楚辭騷心論——諷諫抒情與神話儀式》等，發表學術論文數十篇。

本書是曾永義主編的《古典文學研究輯刊》之一種，在第八編第 22 冊，是著者在其博士論文《〈高唐賦〉的民俗文化底蘊研究》（1995）的基礎上加以修訂而成的。著者對上古時代的聖婚與聖宴儀式進行詳細考述，試圖從上古神話、宗教、文化、習俗的角度來挖掘宋玉《高唐賦》中所蘊含的民俗文化因素。全書共分五章。第一章《緒論》介紹本書研究方法，並對前人研究《高唐賦》的方法和成果進行綜述；第二章《原型與儀式》，研究夢遊高唐和香草巫術的原型，指出登高望遠和臨水遠眺是一種追蹤神女的儀式；第三章《聖婚儀典》認爲雲、雨、風、氣皆具有生殖崇拜的意味，並對掌管生殖的大神（高唐、高媒）和神聖處女（瑤姬、巫兒）進行考述；第四章《聖宴儀典》描述原始狩獵巫術儀式、寒食改火風俗、圖騰宴與人頭祭風俗；第五章是

《永恆回歸的神話底藴》;第六章是《結論》。本書充分利用古代文獻資料、新近出土的考古資料、西方人類學家的田野調查報告,並且使用文獻學、神話學、考古學、民俗學以及西方文化人類學的研究方法,試圖對《高唐賦》的民俗文化内涵進行挖掘和探究,具有新意。本書的底稿完成於 1995 年,與葉舒憲《高唐神女與維納斯——中西文學中的愛與美主題》(中國社會科學出版社 1997 年版)的撰寫時間接近,反映了海峽兩岸學者借鑒西方原型批評和文化人類學研究方法闡釋中國文學經典的嘗試,其開拓精神是值得肯定的。

17.《先秦辭賦大家宋玉》,張端彬撰,11.6 萬字,香港文學報社出版公司 2014 年版。

張端彬(1948—),參見《楚國大詩人宋玉》敍録。

本書共分爲四部分:招魂今繹、九辯今繹、論文彙編、大招今繹。其中第三部分較爲重要,收録作者研究宋玉的學術論文 12 篇,包括《宋玉作品中的美女形象來龍去脈》《談〈高唐賦〉和〈神女賦〉的序》《談〈高唐賦〉》《談〈神女賦〉》《談屈宋並稱》《要有一杆公平秤——評〈中華活頁文選〉合訂本(1)關於〈登徒子好色賦〉的説明》等。作者能夠立足宋玉辭賦文本,對其中很多問題都提出了一些看法,比之前出版的《楚國大詩人宋玉》更爲深入、細緻。

18.《宋玉考釋》,江從鎬著,20 萬字,嶽麓書社 2014 年版。

江從鎬(1938—),湖南臨澧人。曾任湖南省臨澧一中校長,中學特級教師。1998 年退休,參與創辦常德芷蘭實驗學校。執著於宋玉研究,著有《宋玉考釋》一書。

本書共分爲三大板塊:一、"宋玉生平點滴",探討宋玉的籍貫、墓葬地、流放等問題,經過考辨,得出宋玉不是湖北宜城人,而是湖南臨澧人,宋玉不是親聆屈原教誨的弟子,宋玉没有被流放的結論。二、"宋玉作品淺見",作者從文本出發,藉以覘知宋玉的政治抱負及其文學史意義,認爲宋玉爲楚國而奮鬥了一生,屈原、宋玉同是中國文學之祖,宋玉文化是國之瑰寶。三、"宋玉辭賦譯析",對 13 篇宋玉辭賦進行注釋、翻譯。本書反映了作者對鄉邦文化和宋玉辭賦的熱愛,可供宋玉研究者參考。

19.《宋玉辭賦的美學解讀》,江柳著,11 萬字,長江出版社 2014 年版。

江柳,本名孫昌前(1928—),湖北咸寧人。曾任《長江日報》編輯、《中學語文》雜誌主編、湖北大學中文系、新聞系副教授。主要從事詩歌、新聞、美學理論、中學語文教學研究。著有《詩歌美學理論與實踐》《宋玉辭賦的美學解讀》等。

本書是一部從美學角度闡釋宋玉辭賦的著作。正文分爲兩編。"正編"部分包括：一、悲憤狂放的自由襟懷；二、神遊六合的瑰麗幻想；三、讚揚鄭衛的民間歌舞；四、荆楚壯麗山水的讚歌；五、巫史遺風的神人之戀；六、生命之美的永恒讚歌；七、藏理於象的《風賦》美論；八、餘論。僅從標題，就可以感受到作者優美的文筆和熾熱的激情。"副編"部分收録《〈文選·舞賦〉系宋玉所作》《巫術文化傳統和屈宋辭賦》等 4 篇專題論文，反映了作者對某些學術問題的深入探究。作者從生命美學的角度解讀宋玉辭賦，並以巫術宗教、文藝學、審美心理學、文化人類學、古典哲學的觀點與方法加以剖析和研究，認爲宋玉是一個爲楚國和中華民族文化作出重要貢獻的文學家，頗具卓見。吳廣平對此書評價甚高，指出："這是一位年逾八旬的離休老教授抱病用心血撰寫的著作，全書有開闊的視野，有澎湃的激情，有純粹的思辨，有獨到的見解。"①

20.《宋玉四家注集釋與彙評》，高志明、劉剛編，36 萬字，中國文史出版社 2014 年版。

高志明（1972—），湖北仙桃人，2010 年畢業於福建師範大學，獲文學博士學位。現任湖北文理學院文學院教授。主要從事語言學研究，著有《史記的文學語言研究》《通感研究》《宋玉四家注集釋與彙評》等。

本書對當代宋玉研究專家袁梅、朱碧蓮、金榮權、吳廣平的注釋成果進行彙集，試圖展示宋玉研究的當代進展，推動宋玉研究的繁榮進步。本書共計注釋宋玉作品 16 篇，如下：《九辯》《招魂》《風賦》《高唐賦》《神女賦》《登徒子好色賦》《笛賦》《大言賦》《小言賦》《諷賦》《釣賦》《舞賦》《微詠賦》《對楚王問》《高唐對》《鄢中對》。歷史上署名爲宋玉的作品，大抵在列。其體例是：以吳廣平《楚辭全解》爲工作底本，先集釋，再彙評。集釋部分專取四家注，如《高唐賦》"惟高唐之大體兮"集釋："惟——（吳）句首語氣詞，無實義。（金）惟：發語詞，無實義。（袁）惟，發語詞，無實義。大體——（吳）大體：高大的形狀。（金）大體：高大壯觀的外形、外貌。體，指高唐的體現。（袁）大體：偉大的形體。體，形體，形象，相貌。（朱）大體：大概。"雖有重複之語，亦盡録之，以客觀展示各家異同。彙評部分則選

---

① 李鶩主編《宋玉及其辭賦研究》，第 36 頁。

擇古今評論，列於賦後。如《高唐賦》彙評，羅列古今評論45條，始劉勰《文心雕龍·比興》，迄劉剛《宋玉辭賦考·巫山考》，凡一萬餘字，内容十分豐富。從中不難看出編著者涉獵之廣和搜羅之勤。本書資料翔實，足資研究者參考，可惜没有編著者的按斷，雖然其中藴含著一些學術思考，但畢竟不夠顯豁。

21.《宋玉辭賦注譯析》，姚守亮、程本興編注，27萬字，湖北科學技術出版社2014年版。

姚守亮（1963—），湖北宜城人。1986年畢業於湖北大學中文系，現爲湖北省宜城市文科教研員，中學語文高級教師，兼任湖北省屈原研究會理事，湖北文理學院宋玉研究中心客座研究員。發表文章20餘篇，著有《宋玉辭賦注譯析》（合作）、《宋玉辭賦語法修辭研究》《千古美文譽襄陽》等。程本興（1942—），詳參《宋玉及其辭賦研究》敘録。

本書是"襄陽文庫·名人文集"叢書之一種。作者收録確認爲宋玉的辭賦15篇：《大言賦》《小言賦》《高唐賦》《神女賦》《舞賦》《風賦》《釣賦》《對楚王問》《諷賦》《御賦》《登徒子好色賦》《微詠賦》《笛賦》《招魂》《九辯》，每篇作品皆有題解、原文、注釋、譯文、簡析、賞析凡六個部分。其中"簡析"是對作品脈絡層次的梳理和提示，"賞析"則是對全篇作品的鑒賞與評析，二者有别。書後附有《對友人問》《對或人問》《高唐對》《鄢中對》四篇被確認爲宋玉賦異文的文字，每一篇包括題解、原文、注釋、譯文四項。本書吸收吴廣平《楚辭全解》的學術觀點，新見不多，但對於宋玉辭賦的普及和傳播有一定意義。

22.《宋玉辭賦語法修辭研究》，姚守亮著，25萬字，湖北人民出版社2015年版。

姚守亮（1963—），湖北省宜城市文科教研員，參見《宋玉辭賦注譯析》敘録。

宋玉辭賦具有豐富的文化内涵、高超的藝術成就和深遠的文學影響。與以往的宋玉研究不同，本書另闢蹊徑，從語法、修辭角度對宋玉辭賦進行系統研究。全書共分上下兩編，另有緒論四小節與附録三篇。緒論部分主要論述了宋玉的生平、作品，宋玉研究的現狀，以及宋玉辭賦語法研究的現狀與内容。本書的上編爲語法研究部分，其中第一章對宋玉辭賦中的詞類與句類進行梳理，重點分析實詞的活用和幾種特殊句式；第二章研究宋玉辭賦的疊音詞，包括分類、格式語義特點、詞性歸屬與語法功能、訓釋等幾個方面;第三章研究宋玉辭賦中的聯綿詞;第四章分析幾個較爲特殊的虛詞及其相關句法;第五章研究宋玉辭賦中的複句,包括等立複句和主從複句兩大類型。下編是修辭部分,其中第一章探討其修辭思想的萌芽,略述其辭賦的修辭藝術;二、三、四章分析介紹宋玉辭賦的辭格運用情況,總共20餘種;第五章討論其辭賦的選詞與煉句;第六章是對宋玉辭賦的審美思考。"附錄"分析了三個方面的內容,分別是宋玉作品入選語文教材的可行性、毛澤東筆下的宋玉典故、宋玉平民意識和思想淵源,這些都是對宋玉辭賦語法研究的補充。本書是目前國內第一部對宋玉辭賦語法、修辭進行專題研究的論著,反映了著者填補學術空白的意識。同時,著者在書中將宋玉辭賦研究與語文教學活動相結合,對中學語文教師及廣大古典文學愛好者均具有一定參考價值。

23.《楚騷賦——屈宋辭賦的抒情精神與生命美學》,蘇慧霜著,24萬字,臺北文津出版社2015年版。

蘇慧霜(1966—),女,臺灣東海大學博士,現任臺灣彰化師範大學國文系主任、臺灣文學研究所所長。著有《二南與屈賦》《騷體的發展與演變——從漢到唐的觀察》《楚騷賦——屈宋辭賦的抒情精神與生命美學》《宋代騷雅詞論》等。

本書分爲上下兩編,上編爲"屈原詩學",下編爲"宋玉詩心"。下編除了前言、後記外,主要有兩大方面的內容:壹、抒情與諷諫的情志疊影。本部分主要研究宋玉辭賦所蘊含的精神與情感,分爲三章,首先以《對楚王問》《風賦》《登徒子好色賦》爲據探討宋玉辭賦委婉諷諫的精神與寫作技巧,然後以《高唐賦》《神女賦》爲例考察宋玉辭賦對美麗的書寫以及對個人情志的抒發,最後又挖掘《招魂》中所內蘊的人文精神。貳、虛夢高唐的激情餘音。本部分主要研究宋玉辭賦對後世的影響,亦分爲三章,首先探討宋玉"主文以譎諫"的諷諫藝術對後世文人在文學情懷和寫作手法上的啓迪,然後梳理宋玉辭賦對詩詞賦中紀夢意象的啓發和影響,再下又研究宋玉《風賦》對後世詠風賦的啓發與影響。作者從本體論與影響論兩大方面入手進行研究,高度肯定了宋玉辭賦的思想藝術價值與文學史地位,點面結合,引證豐富,文筆亦甚優美,具有較高的學術價值。書後還附有《見說蘭臺宋玉——宋玉生平與著述》,可供讀者參考。

24.《論賦之緣起》,陳韻竹,臺北文津出版社2015年版。

陳韻竹,女,臺灣高雄市人。1986年畢業於臺灣政治大學中國文學研究所，獲文學碩士學位。1992年於美國密西根大學公共衛生學院獲科學碩士學位，2005年於臺灣中山大學獲文學博士學位。現任教於臺南市長榮大學。著有《歐陽修蘇軾辭賦之比較研究》《論賦之緣起》，發表論文數十篇。

這是一部專門研究賦體文學之命名、起源、功用及其早期形態的著作，其核心問題是賦"以何因緣而生？以何因緣而名之曰賦"。全書共計11章。第一章《緒論》交代研究動機、構思和方法；第二章《"賦"字詞義特徵釐析》從文字學的角度探討"賦"的本義及其詞義演變；第三章《春秋賦詩之賦——"賦"不作"朗誦""歌詠"或"創作"解》從辭彙搭配原則、語言辭彙系統、語言約定俗成原則來探討"賦詩"之"賦"，認爲《左傳》中的"賦"局限於"徵斂獻納"之意，所謂"賦詩"乃是徵斂詩、獻納詩的行爲；第四章《"賦政"之賦——"賦"不作"布"解》將"賦""授""布"的詞義特徵、句法行爲進行比較，認爲"賦政"不等於布政、授政或授人以政；第五章《〈國語〉"師箴瞍賦"之賦——"賦"不作"朗誦"或"吟唱"解》由文法結構、修辭運用兩方面解析"師箴瞍賦"之"賦"，認爲"賦"是一種諷刺勸正的行爲；第六章《六詩之賦——"賦"不作"鋪"解》經過細緻考辨，認爲《周禮》六詩之"賦"仍是徵斂獻納之意；第七章《荀子〈佹詩〉爲什麼是"賦"——由〈詩〉而"賦"之遞嬗》通過對《佹詩》句式與賦詩制度的考察，認爲《佹詩》與《賦篇》都是"獻納之文章"，皆可稱爲"賦"；第八章《詩人之賦麗以則——誰是揚雄所謂"詩人"？什麼是"詩人之賦"？》統計《史記》《漢書》與揚雄作品對"詩人"一詞的使用，認爲"詩人"指的是《詩經》作者，"詩人之賦"就是指《詩經》；第九章《〈漢書·藝文志·詩賦略〉"賦"之義涵》對《漢志》中賦與歌詩的區別進行分析，認爲"諷諫勸正"的賦具有統攝諸體的力量；第十章《賦體詩源——采詩、獻詩、賦詩與賦》認爲采詩、獻詩、賦詩都是"諷諫勸正"的活動，而"賦"則源於這些活動所產生的文本。第十一章是《結論》，總結全書。要之，作者認爲先秦兩漢"賦"仍然執守於"徵斂獻納"之意義，往往附帶有"典制性"的指向，而典制性的"徵斂獻納"行爲正是賦體文學命名之依據。這一觀點顛覆了自漢代以來流行兩千年的"不歌而誦謂之賦""賦者，鋪也"的傳統說法，具有鮮明的個性色彩。作者曾經攻讀生物統計學碩士學位，經受過嚴格的科學訓練，她將科學思維引入賦學研究，因而書中有對先秦古籍用詞的窮盡式統計，有大量的圖表、數據和相關分析，這爲她的學術觀點提供了較爲紮實的統計學基礎，有理有據，自創新說。正如簡宗梧先生序中所言："舉凡文史問題，除了簡單事件，纔有所謂唯一的真相外，大多是

'橫看成嶺側成峰'。因此凡是言而有據的解讀,不妨相容並蓄;舉凡文史研究,除了冀望打開另一扇窗之外,更重要的是:根據新元素或新視角建構新的論述。"恰好指出了該書的價值所在。

25.《宋玉研究資料類編》,劉剛等編,40萬字,商務印書館2015年版。

劉剛(1951—),湖北文理學院宋玉研究中心教授。生平詳見《宋玉辭賦考》敘錄。

本書彙集自漢至清有關宋玉研究的資料,並分類編纂,包括宋玉生平事蹟、遺跡傳說、作家批評、作品批評、作品集與作品輯錄、作品考辨、詞語釋讀、擬宋玉作品、關涉宋玉的文學創作等九個部分。每一部分之下,又分爲若干小類。例如"生平事蹟"部分,分爲史書類、方志類、雜記類、故訓類、類書類,分別輯錄資料;而"作品批評"部分,則劃分爲綜評、《九辯》《招魂》《風賦》《高唐賦》《神女賦》《登徒子好色賦》《對楚王問》《笛賦》《大、小言賦》《諷賦》《釣賦》凡12類,眉目清晰,有條不紊。書後附有《史記·楚世家》和人名索引。本書從經史子集各類文獻中全面收集宋玉研究資料而類編之,客觀上反映了中國古代各個歷史時期對宋玉及其作品的批評、接受與傳播情況,資料豐富,內容翔實,分類妥當,檢索十分方便,是宋玉研究中不可或缺的資料性工具書。

26.《宋玉與臨澧》,吳廣平主編,43萬字,湖南人民出版社2016年版。

吳廣平(1962—),湖南科技大學人文學院教授。參見《宋玉集》敘錄。

本書爲吳廣平教授主編的"走進宋玉城"叢書系列之一。該叢書包括《宋玉與臨澧》《宋玉頌》《賦聖宋玉》《中外學者論宋玉》四部著作,內容厚重,氣勢恢宏,是第一套專門研究、歌詠宋玉的大型叢書,涉及文學、史學、文獻學、考古學、民俗學、地理學、語言學等多個學科。

宋玉是著名辭賦家,賦體文學的開創者,於楚考烈王至楚王負芻時期在臨澧生活。《宋玉與臨澧》一書是"走進宋玉城"叢書的基石。本書共六卷,分別是:宋玉生平與臨澧的關係研究、臨澧宋玉歷史遺跡研究、宋玉作品與臨澧的關係研究、臨澧宋玉傳說故事研究、宋玉題材的臨澧文學作品研究、臨澧宋玉遺跡的保護與開發研究,另外附錄宋玉辭賦導讀十四篇。全書結構宏大而又邏輯嚴密,從不同角度論證了宋玉與臨澧的關係,不僅對宋玉研究有一定的推動作用,也豐富了地方文化研究的內容。如:臨澧宋玉墓墓碑的"玉"字歷史上曾作"王"字,許多人認爲"王"乃"玉"字之訛,因墓碑久經風雨侵蝕導致"玉"字右下一點脫落而訛。湖北大學石鍠教授

《宋王碑即宋玉碑——宋玉碑及〈黄花魚兒歌〉辨讀》一文,從文字源流的角度切入,論證古文字系統中"王"與"玉"實系一字,"宋王碑"實即"宋玉碑",根本不存在文字訛誤的問題,所言頗有道理。又如,史新林《臨澧宋玉墓文獻學、考古學與地理學研究》考察《湖南通志》《安福縣志》記載的古墓、古跡、藝文、圖解,臨澧發掘的大型楚墓、楚城,宋玉墓獨特的地理環境等,認爲宋玉墓與宋玉本人都具有無可辯駁的真實性;尹德立《從"古安福外八景"看宋玉的臨澧履痕》一文又以地名、景額爲據,考證宋玉在臨澧的行蹤,角度新穎,論證有力。

《宋玉與臨澧》一書通過挖掘大量文獻的、考古的、田野的材料,證明宋玉與臨澧的密切關係,論述宋玉的文學創作與文化精神在臨澧的傳承與影響,是宋玉研究的重要成果,"不僅有利於學者們更進一步地思考和探索宋玉與臨澧的關係,而且也將推動整個宋玉研究向縱深開拓"(方銘《總序》)。

27.《中外學者論宋玉》,吳廣平主編,46萬字,湖南人民出版社2016年版。

吳廣平(1962—),湖南科技大學人文學院教授。生平詳見《宋玉集》敘錄。

本書爲"走進宋玉城"叢書壓軸之作。該叢書由臨澧縣人大常委會編撰,吳廣平教授主編,旨在深入挖掘臨澧歷史文化精髓、大力弘揚宋玉文化。《中外學者論宋玉》一書選錄了法國、日本、韓國、馬來西亞、中國大陸與臺灣地區的學者研究宋玉的論文凡37篇,較爲集中地展示了世界範圍內的宋玉研究最新成果。其中,有的作品是海外學者的最新力作,有的作品首次被譯成中文,因此具有一定的學術前沿性和代表性。例如,日本學者谷口洋教授《淺論宋玉賦的敘事模式》一文,將西方敘事學理論用於賦學研究,研究方法不乏新意。大陸學者吳廣平《宋玉著述真偽續辨》,臺灣學者魯瑞菁《聖婚與聖宴:〈高唐賦〉的文化儀式解析》,法國學者郁白《悲秋:中國古典詩學研究》等論文,專題深入,結論新穎,很有借鑒意義。本書作爲《走進宋玉城》叢書之一,具備結構宏大、視野開闊、目標明確、觀點新穎的特點,彙聚了海內外宋玉研究的代表性成果,既推動人們深入瞭解宋玉、研究宋玉和學習宋玉,也架起臨澧宋玉研究連通世界的橋樑。

28.《宋玉及其辭賦研究——第二屆宋玉國際學術研討會論文集》,李鶩主編,學苑出版社2016年版。

李鶩,2012年畢業於首都師範大學,獲文學博士學位。現任湖北文理學院文傳學院副教授,主要從事先秦文學研究。

本書是第二屆宋玉國際學術研討會(湖北襄陽,2014.11)之論文集。共分爲四編:第一編"文獻研究"部分收錄趙逵夫《宋玉〈九辯〉校理》、吳廣平《五十九部宋玉研究論著解題》、黃震雲《高唐神女傳説和宋玉作品辨僞》等論文13篇;第二編"文學研究"部分收錄趙輝《宋玉賦與倡優話語體系及賦的創始》、金榮權《關於〈高唐〉〈神女〉賦的兩個問題》、詹杭倫《論宋玉〈風賦〉及後人的擬作》等論文20篇;第三編"文化研究"部分收錄李炳海《高唐神女傳説的炎帝部落文化屬性》、羅漫《〈莊子〉的思想資源與宋玉的文化接力》等論文13篇;第四編"其他研究"部分收錄劉剛《宋玉遺跡傳説田野調查報告》、姚守亮《淺析宋玉辭賦修辭手法的妙用》等論文20篇。全書共計收錄論文66篇,較爲全面地反映了當前宋玉研究的興盛。作者以高校教師、社科院研究人員爲主,但也有一些熱愛宋玉文化的中學教師和圖書館、文化館、電影公司的工作人員,來源十分廣泛。

29.《宋玉新論:第三屆國際宋玉學術研討會論文集》,金榮權、姚聖良主編,40萬字,河南人民出版社2017年版。

金榮權(1964—),河南商城人。參見《宋玉辭賦箋評》敍錄。

本書是第三屆國際宋玉學術研討會(河南信陽,2016.9)之論文集,分爲四大部分:一,宋玉綜論,收錄劉剛《宋玉與楚文化》等論文9篇;二,宋玉生平與著作研究,收錄吳廣平《宋玉賦性夢與豔情的文化闡釋》等論文20篇;三,宋玉影響論,收錄(日)谷口洋《試論西漢文人的宋玉情結》等論文7篇;四,宋玉研究史與學人研究,收錄湯漳平《宋玉論》等論文7篇。很顯然,第二部分是研究的重點,幾乎占全書之半,既有對宋玉生平履歷、創作時地、創作分期的考察,也有對《招魂》《登徒子好色賦》《釣賦》《微詠賦》《大言賦》《小言賦》等具體篇章的考辨分析,還有對作品審美特徵、數字意象的探究,内容豐富,從各自角度深化了對宋玉其人其賦的研究。

30.《宋玉與宜城》,程本興主編,60萬字,中國文史出版社2017年版。

程本興(1942—),湖北襄樊人。參見《宋玉及其辭賦研究》敍錄。

本書是一部專題研究論文集,共分4章31節:一、宋玉故里在宜城,宋玉本是宜城人;二、宋玉儒雅是賦聖,自古屈宋常並稱;三、宋玉曾經被醜化,宜城率先爲正名;四、宋玉名位已恢復,宜城實踐要事記。何新文先生認爲:"(本書)内容全面、資料豐富、結構宏偉,凸顯了'宋玉與宜城'的主題;具有廣遠宏闊的大時空觀念和'宋玉文化'的學術視野;表現了濃郁的家國情懷和熱情傳揚宜城先賢的'宜城情結'。"①這是恰如其分的評價。

31.《宋玉作品研讀》,江從鎬著,24萬字,四川民族出版社2019年版。

該書共分九個部分,分別爲宋玉籍貫(湖南臨澧人)、宋玉生平(爲復興楚國而奮鬥的一生)、宋玉具有特色的治國理政思想等。其觀點與《宋玉考釋》(嶽麓書社2014年版)大致相同,不贅。

除了以上31種著作(或論文集)外,尚有一些輯錄歷代歌詠的史料集,現當代歌詠宋玉的文學作品,演繹宋玉的電影文學劇本,或者以學術界研究成果爲依據撰寫的宋玉傳記,例如金光定、楊兆明《景宋詩抄》(史料匯輯,湖北人民出版社2005年版)、王瑞國《宋玉傳》(人物評傳,湖北科學技術出版社2012年版)、陳子成《宋玉》(長篇小説,2004年鉛印本)、楊雲庭等《賦聖宋玉》(電影、電視劇本,湖南人民出版社2016年版)、吳廣平主編《宋玉頌》(詩文集,同上)、何志漢《賦聖宋玉》(長篇小説,長江文藝出版社2018年版)等。由於這些成果以文學創作爲主,不屬於學術研究,故不再贅述。限於篇幅,單篇的學術論文,論及先秦賦的文史著作②,以及一些未經正式出版的學術著作和講義③等暫不列入。詳情可參吳廣平《五十九部宋玉研究著作解題》。總之,新時期(1978—)的先秦賦研究取得了輝煌成績。在文獻整理方面,吳廣平輯校的《宋玉集》、劉剛《宋玉研究資料類編》最見功力;在宋玉賦的真偽和藝術成就方面,主要有朱碧蓮《宋玉辭賦譯解》、高秋鳳《宋玉作品真偽考》、吳廣平《宋玉研究》、劉剛《宋玉辭賦考》等多種;在宋玉辭賦的普及方面,又有袁梅《宋玉辭賦今讀》、金榮權《宋玉辭賦箋評》、曹文心《宋玉辭賦》等。此外,葉舒憲《高唐神女與維納斯》、魯瑞菁《聖婚與聖宴》、江柳《宋玉辭賦的美學解讀》、姚守亮《宋玉辭賦語法修辭研究》分別從原型批評、比較神話學、美學和語言學角度對宋玉辭賦進行闡釋和研究,視野宏闊,角度新穎,皆有創見。值得一提的是,學術界組織的宋玉國際學術研討會已經召開四次(襄樊2010.10、襄陽2014.11、信陽2016.9、襄陽2019.6),每次都能收到學術論文近百篇,並且結集出版,這些

---

① 何新文、周昌梅《"宋玉居猶在、宜城酒正清"——程本興先生主編〈宋玉與宜城〉讀後》,載於《湖北文理學院學報》2019年第7期。
② 例如趙明主編《先秦大文學史·宋玉其人及其作品》(長春:吉林大學出版社1993年版),方銘《戰國文學史·宋玉及戰國賦體文學》(武漢:武漢出版社1996年版),褚斌杰、譚家健主編《先秦文學史·宋玉和其他楚辭作家》(北京:人民文學出版社1998年版)等。
③ 例如程地宇、任桂園《巫山神女論·巫山文化論》(鉛印本,重慶三峽學院三峽文化研究所2000年版)等。

學術活動也有力地促進了宋玉賦的研究。吳廣平主編的"走進宋玉城"叢書一套四册,内容豐富,裝幀精美,也頗有震撼力。尤其值得肯定的是,湖南臨澧、湖北宜城的中學教師,圖書館、文化館、電影公司的工作人員,乃至個體商販等,亦積極投入了宋玉及其辭賦的研究,表現出對故鄉歷史文化的熱愛。但是在熱鬧局面的背後,也有一些問題值得檢討和反思:一、學術界對荀子賦的研究尚嫌薄弱,表現出重宋玉而輕荀子的傾向。研究荀賦者目前只有李金錫《屈荀辭賦論稿》一部(春風文藝出版社 1986 年版),並且該書以屈原作品爲主,兼論荀子賦。這固然是由於宋玉賦的文學成就和影響遠遠超過荀子賦,但對於賦體文學開創者的冷落也是不正常的。而畢庶春《荀子〈賦篇〉芻論》(《文學遺産》1999 年第 3 期)、郗文倩《從遊戲到頌贊——"漢賦源於隱語"説之文體考察》(《中國文學研究》2005 年第 3 期)、馬世年《荀子〈賦篇〉體制新探——兼及其賦學史意義》(《文學遺産》2009 年第 3 期)等若干論文,暫且可以彌補這方面的缺憾。二、對於先秦賦的俗文學性質,也期待能夠有新的突破。無論是荀況《賦篇》、宋玉《大言賦》《小言賦》《登徒子好色賦》還是地下出土的《御賦》,都具有鮮明的俗文學特徵,反映了賦體文學誕生時期的狀貌,有助於我們探討賦體的淵源、性質以及後來的流變,值得進一步研究。三、低水準重複的論著甚多,互相借鑒,草率成書,甚至自我抄襲的情況也屢見不鮮。這也許與地方政府的文化建設、短期任務和旅遊開發的意圖有關,但是研究者應該堅持個人的學術準則,在符合學術規範的情況下推出具有學術含金量的著作,儘量不要重複既有的觀點和學術成果。

(作者單位:首都師範大學文學院)

A Critical Survey on the Research on Pre-Qin Rhapsody

Zong Fan

Since 1978, the research on Pre-Qin rhapsody has seen great achievements. *Song Yu ji* (Collected Works of Song Yu; 2001) annotated by Wu Guangping, *Song Yu sijia zhu jishi yu huiping* (Four Commentators' Collected Annotations and Commentaries on Song Yu's Rhapsody; 2014) compiled by Gao Zhiming, and *Song Yu yanjiu ziliao leibian* (Collected Research Materials on Song Yu; 2015) edited by Liu Gang are among the best publications in the area of archival research. Outstanding among the research on the authenticity and achievements of Song Yu's works are Zhu Bilian's *Song Yu ci fu yijie* (Interpretations of Song Yu's Rhapsody; 1987), Gao Qiufeng's *Song Yu zuopin zhen wei kao* (An Inquiry into the Authenticity of Song Yu's Works; 1999), Wu Guangping's *Song Yu yanjiu* (Studies on Song Yu; 2004), and Liu Gang's Song Yu ci fu kao (An Inquiry into Song Yu's Rhapsody; 2011). Yuan Mei's *Song Yu ci fu jin du* (Contemporary Readings of Song Yu's Rhapsody; 1986), Jin Rongquan's *Song Yu ci fu jianping* (Annotations on Song Yu's Rhapsody; 1991), and Cao Wenxin's *Song Yu ci fu* (Song Yu's Rhapsody), etc., contributed to the popularization of rhapsody. Morevoer, Ye Shuxian's *Gaotang Shennü yu Weinasi* (The Goddess in the *Rhapsody of the Gaotang Shrine* and Venus; 1997), Lu Ruijing's Shenghun yu shengyan (Sacred Weddings and Sacred Feasts; 2013), Jiang Liu's *Song Yu ci fu de meixue jiedu* (Aesthetic Readings of Song Yu's Rhapsody; 2014), and Yao Shouliang's *Song Yu ci fu yufa xiuci yanjiu* (Research on the Rhetoric and Grammar in Song Yu's Rhapsody; 2015) have enriched the research on Song Yu's rhapsody from such multifarious perspectives as archetypal criticism, mythology, linguistics, etc. What is worth mentioning are the four international academic conferences on Song Yu; each conference received nearly a hundred papers which were published as proceedings that have deepened and expanded the research on Song

Yu's rhapsody. However, there are still many issues worthy of further investigation. While emphasizing Song Yu, previous scholarly works show a certain degree of weakness in the study of Xunzi's rhapsody. The inquiry into Pre-Qin rhapsody's quality as folk literature is in want of breakthrough. Repetitive studies of low quality have also shown the passion of research without sufficient innovation.

Keywords: Pre-Qin rhapsody, Xunzi, Song Yu, Research, Insufficiency

徵引書目

1. 方銘：《戰國文學史》，武漢：武漢出版社，1996年版。
2. 朱碧蓮：《宋玉辭賦譯解》，北京：中國社會科學出版社，1987年版。
3. 江柳：《宋玉辭賦的美學解讀》，武漢：長江出版社，2014年版。
4. 江從鎬：《宋玉考釋》，長沙：嶽麓書社，2014年版。
5. 江從鎬：《宋玉作品研讀》，成都：四川民族出版社，2019年版。
6. 何新文、周昌梅：《"宋玉居猶在、宜城酒正清"——程本興先生主編〈宋玉與宜城〉讀後》，《湖北文理學院學報》2019年第7期。
7. 吳廣平：《宋玉研究》，長沙：嶽麓書社，2004年版。
8. 吳廣平、史新林主編：《徜徉宋玉城》，長沙：湖南人民出版社，2011年版。
9. 吳廣平主編：《中外學者論宋玉》，長沙：湖南人民出版社，2016年版。
10. 吳廣平主編：《宋玉與臨澧》，長沙：湖南人民出版社，2016年版。
11. 吳廣平編：《宋玉集》，長沙：嶽麓書社，2001年版。
12. 李金錫：《屈荀辭賦論稿》，瀋陽：春風文藝出版社，1986年版。
13. 李鷔主編：《宋玉及其辭賦研究——第二屆宋玉國際學術研討會論文集》，北京：學苑出版社，2016年版。
14. 金榮權、姚聖良主編：《宋玉新論：第三屆國際宋玉學術研討會論文集》，鄭州：河南人民出版社，2017年版。
15. 金榮權：《宋玉辭賦箋評》，鄭州：中州古籍出版社，1991年版。
16. 姚守亮、程本興：《宋玉辭賦注譯析》，武漢：湖北科學技術出版社，2014年版。
17. 姚守亮：《宋玉辭賦語法修辭研究》，武漢：湖北人民出版社，2015年版。
18. 姜書閣：《先秦辭賦原論》，濟南：齊魯書社，1983年版。
19. 袁梅：《宋玉辭賦今讀》，濟南：齊魯書社，1986年版。
20. 高志明、劉剛編：《宋玉四家注集釋與彙評》，北京：中國文史出版社，2014年版。
21. 高秋鳳：《宋玉作品真偽考》，臺北：文津出版社，1999年版。
22. 張榮錦：《宋玉研究薈萃》，香港：華夏文藝出版社，2012年版。
23. 張端彬：《先秦辭賦大家宋玉》，香港：香港文學報社出版公司，2014年版。
24. 張端彬：《楚國大詩人宋玉》，福州：海峽文藝出版社，1990年版。
25. 曹文心：《宋玉辭賦》，合肥：安徽大學出版社，2006年版。
26. 陳韻竹：《論賦之緣起》，臺北：文津出版社，2015年版。
27. 傅璇琮、許逸民、王學泰等主編：《中國詩學大辭典》，杭州：浙江教育出版社，1999年版。
28. 湯漳平：《出土文獻對宋玉研究的影響》，《中州學刊》2012年第2期。
29. 程本興、高志明、秦軍榮主編：《宋玉及其辭賦研究——2010年襄樊宋玉國際學術研討會論文集》，北京：學苑出版社，2010年版。
30. 程本興主編：《宋玉與宜城》，北京：中國文史出版社，2017年版。
31. 程地宇、任桂園：《巫山神女論·巫山文化論》，重慶：重慶三峽學院三峽文化研究所，2000年編印。

32. 葉舒憲:《高唐神女與維納斯——中西文學中的愛與美主題》,北京:中國社會科學出版社,1997年版。
33. 褚斌傑、譚家健主編:《先秦文學史》,北京:人民文學出版社,1998年版。
34. 趙明主編:《先秦大文學史》,長春:吉林大學出版社,1993年版。
35. 劉剛等:《宋玉研究資料類編》,北京:商務印書館,2015年版。
36. 劉剛:《宋玉辭賦考》,瀋陽:遼海出版社,2011年版。
37. 劉勰撰,范文瀾注:《文心雕龍注》,北京:人民文學出版社,1958年版。
38. 魯瑞菁:《聖婚與聖宴——〈高唐賦〉的民俗文化底蘊研究》,臺北:花木蘭文化出版社,2013年版。
39. 霍松林、徐宗文主編:《辭賦大辭典》,南京:江蘇古籍出版社,1996年版。
40. 蘇慧霜:《楚騷賦——屈宋辭賦的抒情精神與生命美學》,臺北:文津出版社,2015年版。

崑山與安期：謝靈運《登江中孤嶼》詩新解
——兼及謝靈運與早期上清傳記《馬君傳》之關係

李 靜

【摘 要】 在謝靈運的《登江中孤嶼》一詩中，最後的四句常被詬病爲不和諧的"玄言的尾巴"。由此提出的問題是，本詩的敘事寫景和説理抒情之間有什麽邏輯關係？另外，"崑山"和"安期"，從表面上看分別代表不同的神話（神仙）系統，那麽，"想像崑山姿"二句與"始信安期術"二句之間又有什麽樣的聯繫？

要解決上述問題，關鍵在於對"崑山"和"安期"的理解。這裏的崑山，指向的不是西王母，而是《馬君傳》中的太真夫人，安期也不是《史記》和《列仙傳》中的安期，而是《馬君傳》中的安期先生。謝靈運《山居賦》中有"安期先生是馬明生之師"的表述，這一情節當來自《馬君傳》。故本文試圖從該傳的知識背景出發，對此詩作一全新的解讀，並對謝靈運和《馬君傳》之間的關係作一考證。

【關鍵詞】 崑山 安期 《馬君傳》 謝靈運 上清經

一、問題的提出

謝靈運《登江中孤嶼》詩云："江南倦歷覽，江北曠周旋。懷新[①]道轉

---

① 據顧紹柏本詩注釋4，"新"，胡刻本《文選》作"雜"，六臣注本亦作"雜"。其餘各本作"新"。顧紹柏據胡刻本《文選》收此詩，而用括號注出"新"字，表示二者均可從。但若從詩意看，以"新"爲上。（顧紹柏校注《謝靈運集校注》，臺北：里仁書局2004年版，第124頁）

迴,尋異景不延。亂流趨正絶,孤嶼媚中川。雲日相輝映,空水共澄鮮。表靈物莫賞,藴真誰爲傳?想像崑山姿,緬邈區中緣。始信安期術,得盡養生年。"①

顧紹柏考該詩作於謝靈運出守永嘉時期的景平元年(423)。在對詩意的解讀上,顧紹柏在注釋中提到:"大意是説,江北江南都遊歷過了,但是不滿足,想再去江北尋找新的風景;正乘船橫渡時,突然發現了仙境般的孤嶼山,喜出望外,於是盡情遨遊。一飽眼福。詩人由此而聯想到神仙般的長生之術,又很自然地産生了決絶塵俗、養生盡年的念頭。"②葉笑雪《謝靈運詩選》對此詩的解讀也有異曲同工之處:"那江北的佳山勝水,就像睽離已久的老友,在親熱地向自己招手……結尾兩句,説詩人……也想閒散於山林之間,求神仙家的養生盡年的道術。此時詩人在孤嶼山頭,眼前平鋪一篇秀媚的山川,胸中卻縹緲著遊仙奇趣,便有飄然遺世之情!"③

這樣的表述,表面看似乎合情合理,細思就會發現問題。第一,詩人的出發點僅是爲了尋找"新的風景"(或"佳山勝水")嗎?如果是,那麽到"雲日相輝映,空水共澄鮮",這首詩就算完成了。因爲已經符合了尋景—得景—寫景的邏輯④。但是本詩顯然不是。因爲在這兩句著名的寫景之句的後面還有六句,"表靈物莫賞,藴真誰爲傳?想像崑山姿,緬邈區中緣。始信安期術,得盡養生年",佔據了近一半的篇幅。而很明顯詩的主旨恰在這最後的六句,同時這幾句也是全詩最難理解的部分。

第二,爲什麽詩人在"發現了仙境般的孤嶼山"後,就會"聯想到神仙般的長生之術",進而又"産生了決絶塵俗、養生盡年的念頭"呢?雖然顧紹柏特地用了"自然"一詞,可是顯然這並不是一個"自然"的聯想。過往的詩學,都盛讚"雲日相輝映,空水共澄鮮"兩句,認爲寫景新妙。而全詩最後的四句則屬於常被學者詬病爲不和諧的"玄言的尾巴"之類⑤。然而之所以有

---

① 顧紹柏校注《謝靈運集校注》,第123頁。
② 顧紹柏校注《謝靈運集校注》,第123—124頁。
③ 葉笑雪《謝靈運詩選》,上海:古典文學出版社1957年版,第55頁。
④ 有關謝靈運出行遊歷目的之類似討論,請參拙文《石室、靈域與謝靈運的道教觀念:謝靈運〈石室山〉新解》,《古典文獻研究》第二十二輯上,南京:鳳凰出版社2020年版,第13—15頁。
⑤ 例如袁行霈主編《中國文學史》第二卷第三編第五章《謝靈運、鮑照與詩風的轉變》:"謝詩……更注重山水景物的描摹刻畫,這些山水景物又往往是獨立於詩人性情之外的,因此他的詩歌也就很難達到陶詩那種情景交融、渾然一體的境界。同時在結構上,謝靈運的山水詩也(轉下頁)

這樣的想法,也是因爲没有發現前半的敘事寫景和後半的説理抒情之間的邏輯關係。

第三,最後一個問題是關於本詩的最後四句的。在"想像崑山姿,緬邈區中緣"與"始信安期術,得盡養生年"之間有什麽樣的聯繫? 從"始"字判斷,顯然前後是有一層因果聯繫的:是因爲"想像崑山姿"而覺"緬邈",這纔相信"安期術",能令我"盡養生年"。故"崑山"和"安期"所代表的内容,顯然既有區别又有聯繫。但,用目前所習慣的常識性解釋來看,"崑山"和"安期",所分别代表了的是不同的神話(神仙)系統。

"崑山"一般首先會令人聯想到西王母。顧紹柏在本詩的注釋中即提到:"崑山,即崑崙山,傳説爲仙人西王母所居。見舊題漢劉向《列仙傳》卷一。"至於"安期",顧紹柏則注云:"安期,即安期生,神話傳説中的仙人,居海中蓬萊山。秦始皇、漢武帝都曾派人到海上尋安期生,問長壽之術。見《史記·封禪書》、舊題漢劉向《列仙傳》卷一。"①

這裏對"崑山"和"安期生"的認識,其實來自"權威解釋"《文選》李善注。關於"崑山",李善注曰:"《列仙傳》曰:西王母,神人名,王母在崑崙山。"關於"安期",則注曰:"《列仙傳》曰:安期生,瑯邪阜鄉人,自言千歲。"②

之所以稱"權威解釋",是因爲在這一問題上,比較有影響的注本均採用《文選》的李善注。除上述影響最大的顧紹柏注本外,又如黄節《謝康樂詩注》亦採用上述《文選》李善注的解釋③。另外,在 J. D. Frodsham 的 *The Murmuring Stream: the Life and Works of the Chinese Nature Poet Hsieh Ling-yün (385-433), Duke of K'ang-Lo* 一書中,對"安期"的注釋,也指向康德謨

(接上頁)多是先敘出遊,次寫見聞,最後談玄或發感喟,如同一篇篇旅行日記,而又常常拖著一條玄言的尾巴。"(臺北:五南圖書出版社 2017 年版,上册第 343 頁)這種觀點絶非孤案。林文月在《中國山水詩的特質》一文中亦云:"山水詩興起以前,原是遊仙、玄言的時代。……文學史上的任何一種現象,其興起和没落都不可能是突然的。雖然'爲學窮於柱下,博物止乎七篇'、'理過其辭,淡乎寡味'的玄言詩已經被詩人反覆吟詠,早已失去新鮮趣味,但是山水詩接續遊仙、玄言詩而起,卻也未能一時盡去玄理。這種情形從謝靈運等山水詩人的作品中便可以得到證明。"(林文月《山水與古典》,臺北:三民書局 1996 年版,第 58—59 頁)這裏顯然也是把"玄理"當成是多餘的、應該"盡去"的成分。具體到本詩,她則將"表靈"以下四句判爲"興情"之句,最後兩句判爲"悟理"之句。然所悟之理爲何,則未加説明。(前揭書,第 52—53 頁)

① 顧紹柏校注《謝靈運集校注》,第 125—126 頁,分别見注 12、注 14。
② 《文選》卷二六,上海:上海古籍出版社 1986 年版,第 3 册第 1243 頁。
③ 黄節撰《謝康樂詩注》,北京:中華書局 2008 年版,第 79 頁。

（Kaltenmark M.）翻譯的《列仙傳》①。而且,這一種認識也代表了大多數人的看法②,也就是一種貌似正確,似乎是不言而喻的"事實",然而也是一種其實經不起追問和認真考察的"事實"。

很簡單,倘若把"想像崑山姿,緬邈區中緣。始信安期術,得盡養生年"這四句連在一起思索,便同樣發生了難以貫通的問題(正如前面所提到的寫景部分與説理部分不能貫通一樣):前面的崑山(促使聯想到西王母的事物)與後面的安期生,一個屬於西方崑崙神話系統,一個屬於東方海上神話系統,又是如何發生聯繫的呢? 所謂的"發生聯繫",也就是説爲什麽詩人能有這樣的聯想?

爲了對上述三方面的問題給出合理的解釋,本文擬從第三個問題入手,試著對崑山和安期在詩人心中唤起的聯想作出新的闡釋,然後進而對整首詩的内在邏輯進行總的分析,進而回答前兩個問題。

二、安期與馬明生:從葛洪《馬鳴生傳》到《馬陰二君列傳》

首先從"安期"開始。謝靈運心中的安期生是什麽樣的? 他有關安期生的知識來自哪裏? 筆者認爲謝靈運對安期生的認識,其實不止於《史記》與《列仙傳》對安期生的描述。

謝靈運在其帶有自傳性質的《山居賦》中亦曾提到"安期":"冀浮丘之誘接,望安期之招迎。甘松桂之苦味,夷皮褐以頹形。羨蟬蜕之匪日,撫雲霓其若驚。"後有謝氏自注云:"浮丘公是王子喬師,安期先生是馬明生師。二事出《列仙傳》。"③

據顧紹柏考證,此《山居賦》當作於靈運第一次隱居故鄉始寧的元嘉元

---

① J. D. Frodsham. *The Murmuring Stream: the Life and Works of the Chinese Nature Poet Hsieh Ling-yün (385–433)*, *Duke of K'ang-Lo*. Kuala Lumpur: University of Malaya Press.1967. p.135, n13.
② 就筆者所見,如胡大雷《謝靈運·鮑照詩選》(北京:中華書局 2005 年版)、曹明綱《陶淵明·謝靈運·鮑照詩文選評》(上海:上海古籍出版社 2002 年版)、王建生《陶謝詩選評注》(臺北:秀威資訊 2008 年版)、陰海國《山水詩奇葩——謝靈運謝朓詩選注》(鄭州:中州古籍出版社 1989年版)等選本對此詩的注釋解析,大抵不出此範圍,而以黄節、顧紹柏注本的解釋爲最詳。故爲免枝蔓,本文只對黄節、顧紹柏選本所作注解進行分析評議。
③ 顧紹柏校注《謝靈運集校注》,分別見第 459—460 頁、第 460 頁。

年(424)下半年至元嘉二年(425)上半年這段時間①。在時間上緊隨創作《登江中孤嶼》詩(423)之後。顯然謝靈運自己的注釋("浮丘公是王子喬師,安期先生是馬明生師")最直接地反映了他心中的安期生的情况。然而,雖然浮丘公和王子喬確出自《列仙傳》,(浮丘公是王子喬師,該說法見於《列仙傳》。《文選》中郭璞《游仙詩》之三,對於其中詩句"左挹浮丘袖,右拍洪崖肩",李善注引《列仙傳》:"浮丘公接王子喬以上嵩高山。"②)安期生也見於《列仙傳》,但馬明生卻並未列於《列仙傳》中,而是到葛洪《神仙傳》(作"馬鳴生"③)纔出現的。

在葛洪《神仙傳》中有《馬鳴生傳》:

> 馬鳴生者,臨淄人也。本姓和,字君賢。少爲縣吏,捕賊,爲賊所傷,當時暫死,忽遇神人,以藥救之,便活。鳴生無以報之,遂棄職隨神。初但欲治金瘡方耳,後知有長生之道,乃久隨之,爲負笈。西之女几山,北到元邱,南至廬江,周遊天下,勤苦歷年。及受《太陽(按:"陽"當爲"清"字之誤)神丹經》三卷,歸入山,合藥服之。不樂昇天,但服半劑,爲地仙。恒居人間。不過三年,輒易其處。④

在葛洪《神仙傳》當中,馬鳴(明)生其實是地仙的代表之一。而地仙的概念,也是在葛洪之時纔發生影響。葛洪《神仙傳》中的馬鳴(明)生傳記,敘述了其"遇神人,以藥救之",爲報答而"棄職隨神","久隨之"並"受《太清神丹經》"的經歷。然而從其敘述可以看出,其中並不見有"安期生爲馬明生之師"的記載,而且該傳中根本沒有安期生這樣一個人物的出現。所以謝靈運的"安期生乃馬明生之師"的認識,當另有來源。

---

① 顧紹柏校注《謝靈運集校注》,第466頁注1。
② 《文選》卷二一,第3册第1020頁。
③ 馬明生,有時亦作馬鳴生。晉葛洪《神仙傳》作馬鳴生。爲統一起見,除了引用葛洪《神仙傳》外,其他一般稱"馬明生"。
④ 見《漢魏叢書》本《神仙傳》卷二(《精校大字漢魏叢書》,清宣統三年[1911]上海大通書局石印本,第11册第六頁上),亦見《太平廣記》卷七《馬鳴生傳》引《神仙傳》(北京:中華書局1961年版,第1册第49頁)。《太平廣記》本與《漢魏叢書》本大致相同。按馬鳴生傳見於《漢魏叢書》本、《四庫全書》本《神仙傳》以及《太平廣記》卷七《馬鳴生》引《神仙傳》。宋代之前所引《神仙傳》尚可信,故本文採用《太平廣記》卷七《馬鳴生》引《神仙傳》以及《漢魏叢書》本《神仙傳》。有關《神仙傳》版本的研究,參裴凝(Benjamin Penny),"The Text and Authorship of *Shenxian Zhuan*", *Journal of Oriental Studies*(Hong Kong),34.2(1996),pp.165–209。

其實令安期生和馬明生發生聯繫的是另外一部傳記——《馬陰二君内傳》(下文簡稱《馬君傳》)。該傳曾爲東晉時期的上清派楊羲(330—386)、許謐(許長史,305—376)或許翽(許掾,許玉斧,許謐第三子,342—370)三君所寫錄,陶弘景在自己的著作中常簡稱之爲《馬君傳》。此傳已佚,據曾達輝考證,該傳原本包括了馬明生、陰長生二人之傳記以及《太清金液神丹經》兩部分①,其内容可通過現存刪節自《馬君傳》的《太真夫人傳》(保存在《墉城集仙錄》卷四及《太平廣記》卷五七)②、《馬明生真人傳》(保存在《雲笈七籤》卷一〇六)③以及早期道經《太清金液神丹經》(《道藏》)得知。

學界最早注意到西王母女兒中的太真夫人的,爲李豐楙先生,在他的《西王母五女神話的形成及其演變》一文④中,提及兩則材料作爲依據,似認爲在葛洪時已有對太真夫人的認識。第一是《太平廣記》卷五七《太真夫人傳》云出《神仙傳》,然此説法當誤,實際上當採自《墉城集仙錄》⑤。第二是《三洞群仙錄》卷一八引《抱朴子》,"也説'太真王夫人乃西王母小女'"⑥。下爲《三洞群仙錄》卷一八"太真一絃"條原文:

> 《抱朴子》:太真乃西王母之女也,與東嶽夫人往來於岱山⑦,重嵓深隱,人所不到。去地千餘丈,中有玉几金寶之物。每彈一絃之琴,則百鳥翔集,鼓舞而至。⑧

---

① 有關此傳的考證參曾達輝《〈太清金液神丹經〉和〈馬君傳〉》,《清華學報》新三十六卷第一期(2006),第1—29頁。本文有關《馬君傳》的版本的情況,多參考和依據曾文,詳見其第二節"馬明生故事之踵事增華"和第三節《馬君傳》之構成。
② 《太真夫人傳》,見《墉城集仙錄》卷四,羅爭鳴輯校《杜光庭記傳十種輯校》,北京:中華書局2013年版,下冊第618—626頁;及《太平廣記》卷五七,第2冊第350—354頁。《太平廣記》卷五七雖云出自《神仙傳》,當誤,其實採自《墉城集仙錄》。
③ 《馬明生真人傳》,見[宋]張君房撰,李永晟點校《雲笈七籤》卷一〇六,北京:中華書局2003年版,第5冊第2301—2307頁。
④ 李豐楙先生的《西王母五女神話的形成及其演變》,原載《東方宗教研究》第一期(1987),第67—88頁。筆者所據引者乃氏著《仙境與遊歷:神仙世界的想像》一書所收,北京:中華書局2010年版,第82—105頁。
⑤ 有關此點,已有多位研究者指出,曾達輝《〈太清金液神丹經〉和〈馬君傳〉》,第6頁,注25;羅爭鳴輯校《杜光庭記傳十種輯校·墉城集仙錄》卷四,下冊第625頁。亦或,《太平廣記》卷五七所云之"神仙傳"實爲"墉城神仙傳"之縮略。
⑥ 李豐楙《西王母五女神話的形成及其演變》,收入氏著《仙境與遊歷:神仙世界的想像》,第88頁。
⑦ 《太平廣記》卷五七未提及東嶽夫人,而只提到"夫人還入東嶽岱宗山"。(第350頁)
⑧ (宋)陳葆光《三洞群仙錄》卷一八,《道藏》第32冊,北京:文物出版社1988年版,第351頁中。

檢現存《抱朴子》中未有本條,而見《廣記》卷五七《太真夫人傳》中。上文已述,《太平廣記》云出《神仙傳》,實當出《墉城集仙錄》。《三洞群仙錄》這裏云出《抱朴子》,乃因《太平廣記》題出《神仙傳》,故又誤作《抱朴子》耳。《三洞群仙錄》云出《抱朴子》者共十九條,其中多達十二條(包括本條),均見於《神仙傳》,可爲佐證。

故葛洪對馬明生的認識,可靠者唯有《神仙傳》中《馬鳴生傳》,其中未提及太真,亦不見有"安期生爲馬明生之師"的記載。因此,雖然葛洪《神仙傳》中的《馬鳴生傳》與《馬君傳》均爲馬明生傳記,但是,卻又有很大不同。據曾達輝的研究,從葛洪《馬鳴生傳》到《馬君傳》,馬明生的傳記其實經歷了巨大的變化:"葛洪以後,《神仙傳》中馬、陰師徒二人之故事經重新編寫,獨立單行,形成卷帙廣袤之《馬陰二君內傳》……《馬陰二君內傳》之情節與文字俱沿襲《神仙傳》,另添附諸多鋪張誇飾之細節與長篇對答。"①

從內容上看,《馬君傳》與葛洪《馬鳴生傳》最大的區別即在於葛洪《神仙傳》中《馬鳴生傳》和《陰長生傳》,各自是獨立的;而經歷改寫增飾的《馬陰二君內傳》,卻是包括了馬明生和陰長生二人的合傳。不僅如此,這一師徒二人的合傳,還包括了"太清金液丹經"的內容,大致相當於今見《道藏》本《太清金液神丹經》卷上的部分。

從情節上看,單就馬明生傳記的部分來説,葛洪本中敘述馬明生遇"神人",以藥救之,但傳中並未提及"神人"之姓字。葛洪《馬鳴生傳》云馬鳴生爲齊國臨淄人,本姓和,字君賢。因逐捕爲賊所傷,得"神人"②以藥救之。於是隨師負笈,遊歷諸方。後受《太清神丹經》三卷,合藥成,而只服半劑,爲地仙。周遊五百餘年後,服大丹昇天而去。③ 而《馬君傳》(透過《馬明生真人傳》和《太真夫人傳》來看)則明確點出救他的是太真夫人,并詳述馬明生追隨太真夫人的經歷。而太真夫人又介紹安期生爲馬明生之師,由安期生傳授給他《金液丹經》。

因此,《馬君傳》與葛洪《馬鳴生傳》在情節上最大的不同之一,即是安期生的出現。有關安期生的情節是經改寫增飾的《馬君傳》所添加的重要部分。

---

① 曾達輝《〈太清金液神丹經〉和〈馬君傳〉》,第 6—7 頁。
② "神人"二字,《四庫》本《神仙傳》作"道士",當爲後人改動。參《神仙傳校釋》卷五"馬鳴生"條,北京:中華書局 2010 年版,第 167 頁。
③ 這一段對馬鳴生經歷的敘述,據《漢魏叢書》本《神仙傳》及《太平廣記》卷七《馬鳴生》引《神仙傳》。

即此大致判定,謝靈運在《山居賦》中談到的"安期爲馬明生之師"的認識,當來自於《馬君傳》。

三、《登江中孤嶼》一詩的重解

若從謝靈運見過《馬君傳》這一起點出發,認爲他具有《馬君傳》其中的知識,則對他寫作《登江中孤嶼》一詩時心中所發生的聯想,勢必有新的認識。

在對此詩進行重新審視之前,還是先從《馬君傳》中涉及安期生的一些具體情節開始。

(一) 崑山與安期之關聯

在《馬君傳》中安期生出場之前,有一段太真夫人和馬明生的對話。馬明生因獲太真之救助,性命得延,遂追隨太真到岱宗山,爲之服役。五年後,太真夫人將要返回天庭("我久在人間,今奉天皇命,又按太上召,不復得停"),臨行前對馬明生有一番交代。"因以姓氏本末告之曰:'……欲教汝長生之方,延年之術。而我所受,服以太和自然龍胎之醴,適可授三天真人,不可以教始學,固非汝所得聞。縱或聞之,亦不能用以持身也。有安期先生,曉(原文爲"燒",據《雲笈七籤》本校改)金液丹法,其方秘要,立可得用,是元君、太乙之道,白日昇天者矣。明日安期當來,吾將以汝付囑焉。汝相隨稍久,其術必傳。'明日安期先生果至。"①而在一番飲宴和二人對談之後,果然太真就把馬明生托給了安期生,"夫人乘龍而去,後明生隨師(指安期)周遊青城廬潛,凡二十年,乃受金液之方,鍊而昇天"②。

以上情節恰能解釋本文開頭提出的關於《登江中孤嶼》一詩最後四句的問題:即"崑山"和"安期"是如何發生聯繫的問題。詩中的"崑山"所指其實不是西王母,而是西王母之女太真夫人。安期和太真二人之間的聯繫則是《馬君傳》中"太真夫人和安期生均爲馬明生之師"的情節。

太真夫人,其實是王母的小女兒,也曾生活在墉城,故也屬於崑山系

---

① 《太平廣記》卷五七,均見第 351 頁。
② 《太平廣記》卷五七,第 354 頁。

統。《太真夫人傳》："太真夫人,王母之小女也。年可十六七,名婉,字羅敷,遂事玄都太真王,有子,爲三天太上府都官司直。"①

另外,《馬明生真人傳》保留了《太真夫人贈馬明生詩》二首,其二曰:

> 昔生崑陵宫,共講天年延。金液雖可遐,未若太和僊。仰登冥靈臺,虛想詠靈人。忽遇扶桑王,九老仙都真。駕驂紫虬輦,靈顏一何鮮!啟我尋長塗,邀我自然津。告以鴻飛術,授以《玉胎篇》,瓊膏凝玄霜,素女爲我陳。俯把琳鳳腴,仰上飄三天。雲綱立爾步,五嶽可暫還。玄都安足遠?蓬萊山腳間。傳受相親愛,結友爲天人。替即游刑對,禍必無愚賢。秘則享無傾,洩則軀身顛。②

該詩首句即說明了太真夫人與崑山的關係。崑陵,即崑山也;崑陵宫即崑山上的宫殿。以上足以證明太真夫人和崑山的關係。

謝靈運《登江中孤嶼》詩末云:"……表靈物莫賞,蘊真誰爲傳?想像崑山姿,緬邈區中緣。始信安期術,得盡養生年。"

既然太真夫人爲王母之小女,故所謂"想像崑山姿"中的崑山,其實暗指的是太真夫人。而所謂"緬邈區中緣",則指的是難以獲傳太真夫人之法術。"緬邈區中緣",其實是"緬邈緣區中",無異於説,崑山(代指太真夫人的成仙法術,前文提到該術"適可授三天真人,不可以教始學")太縹緲遙遠,因爲我身在"區中",不夠級別和資格。"區中"當是與仙境相對的一個概念,指世俗空間。謝靈運《王子晉讚》有云:"王子愛清淨,區中實囂諠。"③雖然這樣,然因安期生仙階比太真要低,故安期之術,則有可能獲傳(如果遇到的話),如果據以修煉,則可以"得盡養生年"④。

之前提到的《太真夫人傳》中,不僅是安期出場前,太真對馬明生説,"欲教汝長生之方,延年之術,而我所受,服以太和自然龍胎之醴,適可授三天真人,不可以教始學,固非汝所得聞。……有安期先生,曉金液丹法,其方秘要,立可得用",清楚表明了兩人在仙階上的區別;而且在安期生出場後,太真與安期對話中也顯示出兩人的階位之別,如太真對安期曰:"君何

---

① 《太平廣記》卷五七,第 350 頁。
② (宋)張君房撰,李永晟點校《雲笈七籤》卷一〇六,第 5 册第 2304—2305 頁。
③ 顧紹柏校注《謝靈運集校注》,第 487 頁。
④ "養生年"出自《莊子》。

爲杳杳久爲地仙乎？孰若先覺以高飛，超風塵而自潔，避甲申於玄塗，並真靈而齊列乎？"安期的反應則是"長跪曰：'今日受教，輒奉修焉。'"①以上信息都明確地顯示了太真夫人的仙階要高於地仙安期生。這些表述也反映了《馬君傳》對葛洪地仙思想的超越。

綜上所述，若謝靈運能見到《馬君傳》，知道安期生和太真夫人的故事情節，詩中"表靈物莫賞，蘊真誰爲傳？想像崑山姿，緬邈區中緣。始信安期術，得盡養生年"這樣的表述，反映出的是建立在上述情節上的一連串的聯想。

(二)《登江中孤嶼》一詩的重解

過去批評家嘗詬病謝靈運山水詩總是有玄言的尾巴。可是，一首詩必有其自身的邏輯，尤其是謝靈運的詩，其實往往具有嚴謹的結構②，只是需要讀者找出其中的關係，並作出符合作者原意的解釋。

現在可以重新回到開頭的問題：詩人的出發點僅是爲了尋找新異的風景嗎？在尋找到了新異的景致（孤嶼山）後，其對景致的描寫和後半的説理之間有什麽邏輯關係？爲什麽詩人在"發現了仙境般的孤嶼山"後，就會"聯想到神仙般的長生之術"，進而又"産生了决絶塵俗、養生盡年的念頭"呢？

在前半的叙述寫景（"江南倦歷覽，江北曠周旋。懷新道轉迥，尋異景不延。亂流趨正絶，孤嶼媚中川。雲日相輝映，空水共澄鮮"）和後半的抒寫情理（想像崑山姿，緬邈區中緣。始信安期術，得盡養生年）之間，是兩句樞紐性的句子："表靈物莫賞，蘊真誰爲傳。"故對本詩全體的理解，其實關鍵是對"靈"和"真"的認識。

詩從詩人江南江北地歷覽開端，並點出歷覽山水的目的是尋"異"。"異"，一方面可以理解爲不同凡響的山水景緻（然而事實又不止於這一方面，見下文説明），而且果然詩人就尋到了一處殊勝的山水：亂流中的孤嶼。之後便描繪了他所欣賞到的美感，那是一片澄淨的渾同一起的絶美風景（雲日相輝映，空水共澄鮮）。而在此特別殊勝的山水景緻之前，他所想到的是景物的内在之本質，即"靈"和"真"。

---

① 《太平廣記》卷五七，第 354 頁。
② 有關謝詩的嚴謹結構，田菱（Wendy Swartz）在談《周易》在謝詩中的作用的時候曾有所涉及。參田菱撰，李馥名譯《風景閲讀與書寫——謝靈運的〈易經〉運用》，收入劉苑如主編《體現自然：意象與文化實踐》，臺北："中研院"中國文哲研究所 2012 年版，第 147—174 頁。

"表靈物莫賞,蘊真誰爲傳","表靈"者爲何？承前省略,爲上句所寫雲日空水之境界也。這一少人的景緻,"表現"出了"靈"的本質,然"物"(包括了人和物)之中,卻無有誰能賞識這一點。詩人不由得感嘆,此山(孤嶼山)既然顯露了"靈",當蘊藏有"真",然又有誰能爲之傳播宣揚？言下之意,我爲能賞能傳者也。

"靈"對於謝靈運來說,是一個重要的概念,如他另一首《石室山》詩曰:"靈域久韜隱,如與心賞交。"①也出現這一概念。那麼,何者謂靈？《大戴禮記·曾子天圓》中有云:"陽之精氣曰神,陰之精氣曰靈。"②《毛詩正義·大雅·靈臺》一篇,毛傳對"經始靈臺,經之營之"中"靈"的解釋是:"神之精明者稱靈。"③因此,"靈"與"神"在古人看來是一類事物,故常常"神""靈"合稱。

謝靈運樂府《緩歌行》,其中也提到"靈"字:"飛客結靈友,凌空萃丹丘。習習和風起,采采彤雲浮。娥皇發湘浦,宵明出河洲。宛宛連蟜蟜,裔裔振龍旐。"④詩中的"靈友",顯然即後面所提到的娥皇、宵明之類,乃是雖死而精魂不散者,這就是所謂的"靈人",也就是所謂的"真人"。本詩云"蘊真"之"真",其實與"靈"的含義也相差無幾。

應該說,從"含靈蘊真"的孤嶼山而聯想到有神仙的崑山,背後主要是一種"山水有靈"的理論和觀念,而這一理念,在謝靈運生活的晉宋,當是被普遍接受的一種觀念。在當時的畫論,如宗炳《畫山水序》、王微《敘畫》當中都有體現⑤。

即此"表靈""蘊真"之孤嶼山(當爲意外的收穫),詩人便聯想到了崑山,因爲俱爲"靈真""靈異"之地。而既然想到了崑山,就不由得想起了崑山的神真人物,如太真夫人,可是馬上就自覺形穢,我爲何人也,樓居於此囂誼之區中,又怎麼能受傳太真的仙術？太緬邈了。這就是下面的"緬邈區中緣"。由孤島所見空水呈鮮的美景,想到仙境崑山,又覺緬邈不可及,其實謝靈運是在自比馬明生,自覺無緣於太真夫人的上等仙術,能獲得安期生(地仙階層)的養生術就不錯了。

---

① 顧紹柏校注《謝靈運集校注》,第107頁。
② 方向東《大戴禮記滙校集釋》卷五《曾子天圓第五十八》,北京:中華書局2008年版,第587頁。
③ 《毛詩正義》卷一六之五,《十三經注疏》,杭州:浙江古籍出版社1998年版,上册第524頁下。
④ 顧紹柏校注《謝靈運集校注》,第353頁。
⑤ 有關此點參拙文《石室、靈域與謝靈運的道教觀念:謝靈運〈石室山〉新解》,第18頁。

對於上述的聯想過程,如果有《馬君傳》所闡述的故事背景,這一切就不難理解,非常順理成章。

四、權威敘事之形成

用仙傳舊籍《列仙傳》來詮釋謝靈運《登江中孤嶼》中的崑山、安期之典,其實是一個早已有之的權威性敘事,《文選》李善注肇始焉。直到現在仍可看到,不僅黄節注仍以李善注爲主,顧紹柏對崑山和安期的解釋亦大致不出該範圍(對安期生的解釋僅是增加了《史記·封禪書》)。那麼,這一權威解釋如何得以形成?換句話說,爲什麽唐高宗時號稱博學的李善(630—689)仍會用魏晉之前的仙傳舊典來注謝詩中的"崑山""安期",似完全不知《馬君傳》中新發展的有關太真和安期的情節?

《馬君傳》的造撰者,當爲兩晉之際與葛洪同時的南渡天師道。前揭曾達輝文亦稱:"《馬陰二君内傳》作者當爲東晉葛洪、楊羲二人間之天師道士。"因爲"《馬陰二君内傳》既擴充自《神仙傳》,又有上清派楊許三君寫本,則其出世當在此約50年間。其上限乃《神仙傳》成書之年(317),下限則蓋在東晉中期興寧、太和(363—371)年間三君活躍之時"①。筆者認同這一觀點。

能確定《馬君傳》的產生年代下限的,是它曾爲楊許等人寫錄。這方面,曾達輝前揭文提到一個重要證據。陶弘景弟子周子良(497—516)撰《周氏冥通記》中云:"十三日夜,定錄、趙丞俱來……蓬萊都水監高光坐治水事被責,欲以陶代之。……此是仙官,隸司陰府,掌水事。"②合乎《馬陰二君内傳》中有關太真夫人提及大旱、大水由"司陰君所局"的細節③。在《周

---

① 曾達輝《〈太清金液神丹經〉和〈馬君傳〉》,第15頁。另外曾文認爲該經作者身份爲天師道,理由有六點,詳見該文第15—16頁。
② 見《周氏冥通記》卷三,《道藏》第5册第534頁下。"此是仙官,隸司陰府,掌水事",在曾達輝文中被點斷爲"司陰府掌水事"。(第8頁)
③ 見《太真夫人傳》,原文爲:"安期曰:'下官先日往九河,見司陰與西漢夫人共游,見問以陽九百六之期……今既賜坐,願請此數。'夫人曰:'期運漫汗,非667所能卒知。夫天地有大陽九、大百六,小陽九、小百六。天厄謂之陽九,地虧謂之百六。此二災是天地之否泰陰陽,九地之孛蝕也。……西漢夫人俱已經見,所以相問,當是相試耳。然復是司陰君所局。……'"(《太平廣記》卷五七,第352頁)。

氏冥通記》卷四,陶弘景小字注曰:"司陰君主天下水事,事出《馬君傳》。"①陶弘景既然引《馬君傳》以爲證,説明其曾見到三君寫本《馬君傳》。若無三君寫本,陶弘景應不會採用②。

由此可知,《馬君傳》當産生於興寧二年(364)之前。而又因改編自葛洪《神仙傳》中之《馬鳴生傳》和《陰長生傳》,故當産生在317年之後。

至於其作者,若爲葛洪、楊羲二人間之天師道士,則以南渡天師道魏華存(252—334)之二子劉璞、劉遐兄弟的可能性最大③。

而當《馬君傳》爲楊羲等上清降真核心集團人物所寫録,就進入了上清的經傳系統。《洞玄靈寶三洞奉道科戒營始》卷五《法次儀》中,在《上清大洞真經目》之後,列有"《登真隱訣》二十五卷、《真誥》十卷、《八真七傳》七卷、《洞真觀身三百大戒文》一卷",屬於上清經目。其中的"八真七傳",當指《蘇君傳》《周君傳》《裴君傳》《茅君傳》《王君傳》《魏夫人傳》及一傳二真(馬明生、陰長生)的《馬君傳》(全名《馬陰二君内傳》)。故可以説,《馬君傳》的流播,在南朝梁之前,主要與三君手書是同步的。

三君指的是東晉中期的上清降真事件中的三位核心人物,分别是楊羲、許謐、許翽,而三君手書指的是他們的手書真跡。其中能夠接真的只有楊羲,他把從仙真(以魏華存魏夫人爲主)所受有關修道成真各種秘訣以隸書記下來,許謐、許翽再陸續抄寫,並循此以修道。降真大致始於東晉興寧二年(364),終於泰和五年(370),即核心人物之一許翽去世之年④。

然而這些三君手書的上清經傳,始終只在有限的親友間傳播。而且在降真核心人物相繼去世後,三君手書漸漸有所散佚,而由許翽長子許黄民

---

① 陶弘景注見《周氏冥通記》卷四,《道藏》第5册第537頁上至中。
② 參曾達輝《〈太清金液神丹經〉與〈馬君傳〉》,第8頁。
③ 有關此點的論證,參前揭曾達輝文,其主要論據是《太清金液神丹經》與《靈寶五符序》當出同一作者之手。至於《馬君傳》與《靈寶五符》的關係,據曾達輝在前揭文中的總結,二經之間的關涉,略有六個方面:其一,二經均附有託名張陵之序,亦用五斗米道之辭;其二,受金液丹方與《靈寶五符》均須祭祀,其設祭行醮之法亦相似;其三,二經均假借葛洪之名(筆者按:二經均出現葛洪按語,但筆者不認爲是假借葛洪之名,而只是證明葛洪曾在不同時期分别閱覽過二經);其四,《馬君傳》所載至太清金液丹方,與《太上靈寶五符序》所載經文均聲稱本古書,後來經陰長生或樂子長方寫出;其五,二經均出現特色詞彙"地獄",這一詞在東晉前期尚未流行;其六,二經均出現災歲及佛教"劫"之觀念,用"陽九百六"的説法。綜上,曾文得出的結論是:"《馬陰二君内傳》之成書,必與《太上靈寶五符序》有關。""故楊羲所得之《馬陰二君内傳》,或與《靈寶五符》同於350年前後受自劉璞。"(參第20—24頁)
④ 另外兩位核心人物,許謐在太元元年(376)去世,楊羲在太元十一年(386)去世。

收藏。至晉元興三年（404），許黄民攜帶經書至剡（今浙江省嵊州市西南）。自此之後到五世紀末，三君手書一直在一個很小的圈子裏作有限的傳播。陶弘景自齊永明六年（488）起搜尋三君手書。他一方面把上清經傳收藏，置於昭臺，另一方面於永元元年（499）完成《真誥》的編纂，將零散的手抄本編成一書。然而，無論是陶弘景搜集三君手書而成《真誥》之前，還是《真誥》成書之後，三君手書的傳播，都不甚廣泛①。

入唐以後，《馬君傳》和其他傳記列入上清系的傳記，屬於《上清大洞真經目》（《三洞奉道科戒營始》）。而根據三洞四輔體系，上清系的經傳反而影響面最小，因爲得見者少。有證據顯示，直到玄宗初年，道教三洞四輔體系和授籙制度仍保持有較强的勢力。主要的證據是出自張萬福②之手的《傳授三洞經戒法籙略説》（作於唐玄宗先天元年，712 年），乃爲唐代傳授經誠法籙的道教著作，顯示出完整的按節次授受經籙的狀況③。

玄宗時代道教三洞四輔授籙體系的完整保存，説明了在玄宗時道士仍需要按照此體系逐級受籙和受經。只有達到了一定級別，纔能接受該級別的經與籙。根據道教三洞四輔的體系，上清經籙是處於金字塔的最頂層。那麼也就是説，只有完全學習了下面若干等級（《正一經》《洞神三皇經》《洞玄靈寶經》等等），纔能接觸到上清經。故反倒是最高經典，被閲讀和發生影響的範圍最窄④。故屬於上清經系統的《馬君傳》，也當得見者稀也。這或許可以解釋爲什麽博學如李善者，都"似乎"不知道《馬君傳》中安期生與太真夫人之典。一方面，由於早期上清經傳的流傳範圍較小，有可能確實李善未見過《馬君傳》；另一方面，他即便見過《馬君傳》，而由於該傳知見者少，而他所作《文選注》乃一部普及性讀物，他選擇用較多人熟知的《列仙傳》和《史記》來注解謝靈運詩中的安期生，也不是不可能⑤。

---

① 有關三君手書在晉梁之間流傳的過程，可參考王家葵作《真跡流傳表》，見氏著《陶弘景叢考》，濟南：齊魯書社 2003 年版，第 205—207 頁。另參拙文《〈真誥〉對唐詩發生影響之時間再議》，《中華文史論叢》第三期（2017），第 234—235 頁。
② 張萬福是唐睿宗、玄宗時代的京都道士，居太清觀（晚年居清都觀）。
③ 關於張萬福作品與唐代三洞四輔授籙體系的關係，可參上述拙文《〈真誥〉對唐詩發生影響之時間再議》，第 237—240 頁。
④ 關於三洞四輔授籙體系及道士學習道經的情況，可參小林正美撰：《三洞四輔與道教的成立》，《道家文化研究》第十六輯，第 20—21 頁。另外，關於此體系在唐代仍然留存的證明，可參［日］小林正美著，王皓月、李之美譯：《唐代的道教與天師道》第一章，濟南：齊魯書社 2013 年版，第 9—28 頁。
⑤ 有關第二點解釋，感謝另一刊物匿名審稿人的提醒。

五、《馬君傳》的作者及與謝靈運之關係

根據謝靈運"安期先生是馬明生師"的知識,可知他應當見過當時的《馬君傳》。延續上節的討論,不由得令人發生疑問,如果《馬君傳》與其他上清經傳一樣,只是在很小的範圍内流傳,何以謝靈運能見到?

上節提到,《馬君傳》曾爲上清系楊羲等人寫錄,而其作者很可能(或者就是)南渡天師道魏華存之子劉璞、劉遐兄弟。下面對劉璞和劉遐之生平略作介紹。魏華存爲最早渡江到南方的天師道徒,而且其身份爲祭酒,具備一定影響力。魏華存渡江之時已有二子,只是年紀尚幼,長子名劉璞,次子名劉遐①。

劉璞,字子成,歷任庾亮(289—340)司馬,溫嶠(288—329)司馬、侍中②。而根據南京象山出土的《劉媚子墓誌》,劉璞後仕至光禄勳,賜爵東昌男③。另外,根據《劉媚子墓誌》,劉璞之長女名劉媚子,祖籍南陽涅陽,嫁給瑯邪王氏之一支,王彬④之孫王建之⑤。

次子劉遐,字子嵩。渡江後曾任陶侃(257—332)太尉參軍⑥。劉遐生子劉暢。劉暢娶了王羲之的唯一的女兒,生子劉瑾。清魯一同《右軍年譜》引《世説新語》中劉孝標注:"劉瑾字仲璋,南陽人。祖遐,父暢。暢娶王羲

---

① 關於劉璞、劉遐生平考證,可參周冶《南嶽夫人魏華存新考》,《世界宗教研究》第二期(2006),第66頁。
② 此處劉璞生平,據《魏夫人内傳》,全稱爲《紫虚元君南嶽夫人内傳》,此傳主要版本有《太平廣記》卷五八《魏夫人》、《陽山顧氏文房小説》本等。有關此傳的主要研究成果包括陳國符《道藏源流考》(北京:中華書局1963年版,上册第12—14頁)、李劍國《唐五代志怪傳奇敘録》(天津:南開大學出版社1993年版,下册第1074—1075頁)、謝聰輝《修真與降真:六朝道教上清經派仙傳研究》第四章(臺灣大學博士論文)、王家葵《陶弘景叢考》第三章第二節、武麗霞、羅寧《〈南嶽夫人内傳〉考》(《宗教學研究》2004年第1期)等。
③ 有關《劉媚子墓誌》出土情況及釋文參南京市博物館《南京象山8號、9號、10號墓發掘簡報》,《文物》第七期(2000)第12—16頁。另參周冶《南嶽夫人魏華存新考》,《世界宗教研究》第二期(2006),第66頁。
④ 王彬傳見《晉書》卷七六《王廙傳附弟彬傳》,北京:中華書局1974年版,第7册第2005—2006頁。
⑤ 參考周冶《南嶽夫人魏華存新考》,第66頁。
⑥ 周冶《南嶽夫人魏華存新考》,第66頁。

之女，生瑾。"①而謝靈運母劉氏則是劉瑾的同胞兄妹。余嘉錫在《世說新語》本條箋疏中特指出，"靈運母蓋即劉暢之女也。"②楊勇在《謝靈運年譜》中亦指出："（謝靈運）母劉，瑯琊王子敬甥。張彥遠《法書要錄》引梁虞龢《論書表》：'謝靈運母劉氏，子敬之甥。故靈運能書，而特多王法。'"③子敬，即王獻之，爲王羲之第七子。《晉書·王羲之傳》："（王羲之）有七子，知名者五人……獻之，字子敬。"④

《謝靈運山居賦詩文考釋》一書亦提及："謝靈運母劉氏。劉氏母，王羲之女孟姜，父劉暢。"⑤

也就是說，關於謝靈運母劉氏，其母親爲王羲之的女兒，其父親名劉暢，爲劉遐之子。因而謝靈運母劉氏是王羲之的外孫女，劉遐的孫女。另外，還有一個細節值得注意，謝靈運出生後，其父謝瑍旬日而亡，故他的母親對其影響應當比較大。史書少有對女性的書寫，因此提及謝靈運，往往只涉及其父系謝氏家族，沒有人留意過其母系劉氏。

其實，不僅是劉璞，劉遐亦有經書。《真誥》卷二〇《真經始末》陶弘景注文云："又魏夫人小息還爲會稽時，攜夫人中箱法衣，並有經書自隨供養。後仍留山陰。"⑥

由於上述謝靈運之母的特殊關係，謝靈運得以見到《馬君傳》也便不奇怪了。

---

① 見［清］魯一同撰《右軍年譜》，《北京圖書館藏珍本年譜叢刊》第 8 册，據清咸豐間刻本影印，北京：北京圖書館出版社 1999 年版，第 94 頁。原文見《世說新語·品藻第九》。［南朝宋］劉義慶撰，［南朝梁］劉孝標注，余嘉錫箋疏《世說新語箋疏》卷中之下《品藻第九》："桓玄問劉太常曰：'我何如謝太傅？'（劉瑾集敘曰："瑾，字仲璋，南陽人。祖遐，父暢。暢娶王羲之女，生瑾。瑾有才力，歷尚書、太常卿。"）劉答曰：'公高，太傅深。'又曰：'何如賢舅子敬？'答曰：'楂、梨、橘、柚，各有其美。'"（北京：中華書局 2007 年版，中册第 646 頁）。參王汝濤《〈郗氏墓識〉考辨》，《臨沂師範學院學報》第二十九卷第一期（2007），第 130 頁。
② ［南朝宋］劉義慶撰，［南朝梁］劉孝標注，余嘉錫箋疏《世說新語箋疏》卷中之下《品藻第九》，第 647 頁。
③ 楊勇《謝靈運年譜》，收入氏著《楊勇學術論文集》，北京：中華書局 2006 年版，第 379 頁。
④ 《晉書》卷八〇，第 7 册第 2102、2104 頁。
⑤ 金午江、金向銀著《謝靈運生平及詩文繫年》，收於氏著《謝靈運山居賦詩文考釋》，北京：中國文史出版社 2009 年版，第 284 頁。
⑥ ［南朝梁］陶弘景編，［日］吉川忠夫、麥谷邦夫校注，朱越利譯：《真誥校注》卷二〇，北京：中國社會科學出版社 2006 年版，第 582 頁；《道藏》第 20 册，第 607 頁上。

六、結論和餘論

綜上所述，謝靈運《山居賦》中"安期先生是馬明生之師"的認識，當來自《馬君傳》，而非葛洪的《神仙傳》中的《馬鳴生傳》。既然有此認識，故《登江中孤嶼》詩中關於崑山的聯想，不能不聯繫到王母小女太真夫人。在《馬君傳》中，太真夫人的仙階要高於地仙安期生，其仙術不授與始學修道者，而只授與"三天真人"。故《登江中孤嶼》詩所發出的"緬邈區中緣""始信安期術，得盡養生年"的感慨，其實內在有因果的聯繫，顯得非常自然和順理成章。

另外，《馬君傳》作爲一部曾爲上清系楊羲等寫錄的傳記，其出現當不遲於東晉興寧年間。而據考證，此傳出於最早南渡的天師道魏華存之二子劉氏兄弟的可能性最大。鑒於此傳和《靈寶五符序》的深切淵源，而《真誥》又明確地記載了劉璞於永和六年（350）將《靈寶五符》傳給楊羲，故基本可以確證《馬君傳》當出劉氏兄弟之手。當我們再考察到謝靈運母親與劉遐的關係，就會明白，謝靈運所接觸到的《馬君傳》這樣的道經，以超越葛洪《神仙傳》地仙説的姿態呈現出神仙新説，謝靈運不可能不將這些有關神仙的新知融會到他的山水詩作之中。

故在這樣的知識背景下，對謝靈運的《登江中孤嶼》重新作一新的審視及更貼切的詮釋，乃是非常必要的。同時也驗證了過去所謂的謝靈運山水詩的"玄言尾巴"的舊説，也是因爲沒有認識到其中內在的邏輯和詩作背後的知識背景。實際上，就謝靈運的詩作而言，其內在的理路和邏輯都是非常嚴謹和清晰的。

不僅如此，通過本詩的解讀和對《山居賦》中謝靈運自注提及"安期是馬鳴生師"的理解，我們認識到謝靈運與《馬君傳》的關係。有理由相信，謝靈運曾受到晉宋新出道經相當深刻的影響[①]。如此，我們不得不對謝靈運的宗教哲學思想、生活習慣、文學素養等等，都重新有番新的考量。

（作者單位：澳門城市大學人文社會科學學院）

[①] 有研究證實謝靈運與同屬上清降經體系的《茅君傳》的關係，有關此點，參拙撰《謝靈運〈山居賦〉中的"洞真經"及其來源略探》，《宗教學研究》2021年第3期，第32—35頁。

Mount Kun and Mr. An Qi:
A New Interpretation of the Poem "On Climbing the Solitary Island in the River" by Xie Lingyun and the Relationship to his Knowledge of the *Hagiology of Master Ma* in the early period of Highest Clarity School scriptures

Li Jing

The last four lines of Xie Lingyun's poem "Deng jiang zhong guyu" (On Climbing Isolated Island in the River) has been criticized as a disharmonious *xuanyan de weiba* (tail to subtle words). This criticism raises the question as to what the logical connection between the descriptive narrative and the lyrical reasoning in the poem is. Besides, as Mount Kun and Scholar Anqi appear to belong to different mythological genealogies, what is the relationship between "imagining the beauty of the Kun Mount" and "believing in Master Anqi's magic arts"? Understanding Kun Mount and Master Anqi correctly is the key to answering these questions. The "Mount Kun" here refers not to Xiwangmu (Queen Mother of the West) but to Taizhen furen (Lady of Grand Perfection) in *Majun zhuan* (Hagiology of Lord Ma), and the "Anqi" here not to the one in *Shiji* (Records of the Grand Historian) or *Liexian zhuan* (Legendary Biographies of Taoist Immortals of Antiquity) but is the Anqi xiansheng (Master Anqi) in *Majun zhuan*. Xie's statement, "Master Anqi was Ma Mingsheng's teacher," in his "Shan ju fu" (Rhapsody of Dwelling in the Mountain) is also derived from *Majun zhuan*. This paper takes the background of *Majun zhuan* as its entry point, provides a new reading of Xie's poem, and explores the relationship between the poet and *Majun zhuan*.

Keywords: Mount Kun, Master An Qi, Majun zhuan (Hagiology of Lord Ma), Xie Lingyun, Shangqing jing (Scriptures of the Highest Clarity)

徵引書目

1. Benjamin Penny（裴凝），The Text and Authorship of *Shenxian Zhuan*, *Journal of Oriental Studies*(Hong Kong)，34.2(1996)，pp.165－209。
2. J. D. Frodsham. *The Murmuring Stream: the Life and Works of the Chinese Nature Poet Hsieh Ling-yün（385－433），Duke of K'ang-Lo*. Kuala Lumpur：University of Malaya Press. 1967.
3. 丁紅旗：《東晉南朝謝氏家族病史與道教信仰》，《宗教學研究》第3期（2006年），第172—176頁。
4. （日）小林正美撰：《三洞四輔與道教的成立》，《道家文化研究》第十六輯，第10—21頁。
5. （日）小林正美著，王皓月、李之美譯：《唐代的道教與天師道》，濟南：齊魯書社，2013年版。
6. 王汝濤：《〈郗氏墓識〉考辨》，《臨沂師範學院學報》第29卷第1期（2007年），第126—131頁。
7. 王家葵撰：《陶弘景叢考》，濟南：齊魯書社，2003年版。
8. （唐）孔穎達：《毛詩正義》，《十三經注疏》本，杭州：浙江古籍出版社，1998年版。
9. 田菱（Wendy Swartz）撰，李馥名譯：《風景閱讀與書寫——謝靈運的〈易經〉運用》，收入劉苑如主編：《體現自然：意象與文化實踐》，臺北："中研院"中國文哲研究所2012年版，第147—174頁。
10. （宋）李昉等編：《太平廣記》，北京：中華書局，1961年版。
11. 李靜：《石室、靈域與謝靈運的道教觀念：謝靈運〈石室山〉新解》，《古典文獻研究》第12輯下，南京：鳳凰出版社2020年版，第11—21頁。
12. 李靜：《〈真誥〉對唐詩發生影響之時間再議》，《中華文史論叢》第3期（2017年），第231—247頁。
13. 李豐楙：《西王母五女神話的形成及其演變》，收入氏著：《仙境與遊歷：神仙世界的想像》，北京：中華書局2010年版，第82—105頁。
14. （五代）杜光庭撰，羅爭鳴輯校：《杜光庭記傳十種輯校》，北京：中華書局，2013年版。
15. 周冶：《南嶽夫人魏華存新考》，《世界宗教研究》第2期（2006年），第65—71頁。
16. 林文月：《山水與古典》，臺北：三民書局，1996年版。
17. （唐）房玄齡等撰：《晉書》，北京：中華書局，1974年版。
18. 金午江、金向銀著：《謝靈運生平及詩文繫年》，收於氏著：《謝靈運山居賦詩文考釋》，北京：中國文史出版社，2009年版。
19. 南京市博物館：《南京象山8號、9號、10號墓發掘簡報》，《文物》第7期（2000年），第4—20頁。
20. 袁行霈主編：《中國文學史》，臺北：五南圖書出版社，2017年版。
21. （宋）陳葆光：《三洞群仙錄》，《道藏》第32冊，北京：文物出版社，1988年版。
22. （南朝梁）陶弘景編，（日）吉川忠夫、麥谷邦夫校注，朱越利譯：《真誥校注》，北京：

中國社會科學出版社，2006年版。
23. （南朝梁）陶弘景編：《周氏冥通記》，《道藏》第5冊，北京：文物出版社，1988年版。
24. （南朝梁）陶弘景編：《真誥》，《道藏》第20冊，北京：文物出版社，1988年版。
25. （宋）張君房編，李永晟點校：《雲笈七籤》，北京：中華書局，2003年版。
26. （東晉）葛洪撰，胡守爲校釋：《神仙傳校釋》，北京：中華書局，2010年版。
27. （東晉）葛洪撰：《神仙傳》，《大字精校漢魏叢書》本，上海：大通書局，民國期間。
28. 曾達輝撰：《〈太清金液神丹經〉和〈馬君傳〉》，《清華學報》新三十六卷第一期（2006年），第1—29頁。
29. 楊勇：《謝靈運年譜》，收入氏著：《楊勇學術論文集》，北京：中華書局，2006年版。
30. （六朝）撰人不詳：《太上靈寶五符序》，《道藏》第6冊，北京：文物出版社，1988年版。
31. （清）魯一同撰：《右軍年譜》，《北京圖書館藏珍本年譜叢刊》第8冊，據清咸豐間刻本影印，北京：北京圖書館出版社，1999年版。
32. （南朝宋）劉義慶撰，（南朝梁）劉孝標注，余嘉錫箋疏：《世説新語箋疏》，北京：中華書局，2007年版。
33. （南朝梁）蕭統編：《文選》，上海：上海古籍出版社，1986年版。
34. （漢）戴德撰，方向東校釋：《大戴禮記匯校集釋》，北京：中華書局，2008年版。
35. （南朝宋）謝靈運撰，王建生選評：《陶謝詩選評注》，臺北：秀威資訊，2008年版。
36. （南朝宋）謝靈運撰，胡大雷選注：《謝靈運·鮑照詩選》，北京：中華書局，2005年版。
37. （南朝宋）謝靈運撰，曹明綱選評：《陶淵明·謝靈運·鮑照詩文選評》，上海：上海古籍出版社，2002年版。
38. （南朝宋）謝靈運撰，陰海國選注：《山水詩奇葩——謝靈運·謝朓詩選注》，鄭州：中州古籍出版社，1989年版。
39. （南朝宋）謝靈運撰，黄節注：《謝靈運詩注》，北京：中華書局，2008年版。
40. （南朝宋）謝靈運撰，葉笑雪選注：《謝靈運詩選》，上海：古典文學出版社，1957年版。
41. （南朝宋）謝靈運撰，顧紹柏校注：《謝靈運集校注》，臺北：里仁書局，2004年版。

北魏墓誌文獻所見入北琅琊王氏

——兼論宣武、孝明帝時期對待入北南人態度的轉變*

金 溪

【摘 要】 北魏宣武、孝明二帝統治時期，雖然與南朝始終處於戰爭狀態，但是北魏内部對於南朝入北士族的態度，卻較孝文帝時期，發生了相當明顯的變化。這使得入北南朝士人得以更加深入地參與北魏的文化建設與文學活動，爲北魏後期乃至東魏北齊時期北方士人熱切學習南朝文學的風氣打下基礎。但是歸根到底，造成這種態度轉變的原因，並不在於南朝文化處於絕對優勢，而是北魏政權正統性的確立，政治文化局面的變化，以及北魏上層因此進行的自主選擇。本文選取入北琅琊王氏成員群體作爲個案，通過研究其居處與葬地、婚姻仕宦、參與文化活動的情況以及墓誌文本，對琅琊王氏融入北魏社會的過程進行探討，從而進一步分析這一群體入北後對於北方文化進程的影響，以及從中體現出的，北魏上層對待入北南人，乃至南朝文化的態度變化。

【關鍵詞】 入北南人 琅琊王氏 墓誌文體 南北交流 正統性

北魏宣武、孝明二帝統治時期，南北關係非常敏感。一方面是兩國始終處於戰爭狀態，且激烈程度勝過前朝，常出現斬首數萬的情況。而在另

---

* 本文爲國家社科基金後期資助項目"北朝文學的本土性及其對南朝文學的接納"（16FZW013）階段性研究成果。

一方面，北魏内部對南朝士族的態度卻逐漸發生變化，並且爲此後北魏士人熱切學習南朝文學的風氣打下了基礎。因此可以説，在北朝接納南朝文化的過程中，北魏宣武帝至孝明帝時期是個重要的轉折階段。

由於江左的梁武帝統治前期社會比較安定，因此在正光年間梁豫章王蕭綜北逃之前的二十多年中，南朝很少有上層人士逃亡入北的情況，倒是北魏方面因爲胡太后、元义等人的擅政，政治局勢日漸混亂，使得不少宗室和士人叛逃江左。不過，在宣武帝景明初年，有兩次南朝士族集體入北的事件，涉及人員較多，影響也頗爲深遠，在其中顯示出南士在北方的地位變化。

宣武帝時第一次南人集中入北的原因，是裴叔業以壽春歸降北魏。雖然這從本質上來説屬於武將據地歸附，但裴叔業本人身爲河東裴氏成員，其子侄、僚屬中不少人都是士族出身，具有高門子弟的才學修養和行事風度。例如裴叔業從子裴植"少而好學，覽綜經史，尤長釋典，善談理義"①，裴粲"沉重，善風儀"②，叔業從姑子北地梁祐"從容風雅，好爲詩詠"③，其下屬中清河崔高客"博學，善文剳，美風流"④，天水閻慶胤"博識洽聞，善於談論，聽其言説，不覺忘疲"⑤。而這些人入北後的經歷，也顯示出宣武帝時，南方士人在北方的身份與地位已經發生了變化。

此時入北的南朝士族，已經不憚於强調本身的高門士族身份，並試圖以此換取特殊待遇。裴植"公私集論，自言人門不後王肅，怏怏朝廷處之不高"，不僅如此，他甚至"又表毀征南將軍田益宗，言華夷異類，不應在百世衣冠之上"⑥，不顧當時田益宗甚受寵遇的實情，試圖以身份爲依據壓低其地位。這應該是因爲他久在江左，習慣了以出身門第來區分高低清濁，没有接受北魏對待南朝降人以勳而不以氏族身份的標準。這無疑打亂了北魏多年來通行的慣例，不符合鮮卑貴族等北魏上層的利益，因此"侍中于忠、黄門元昭覽之切齒，寢而不奏"⑦，甚至裴植最終被于忠矯詔殺害，也與此事不乏關係。然而，《魏書·裴叔業傳》中將其僚屬清晰地分爲"爪牙心膂所寄者"⑧

---

① ［北齊］魏收撰《魏書》卷七一《裴叔業傳》，北京：中華書局 1997 年版，第 1570 頁。
② 魏收撰《魏書》，第 1573 頁。
③ 魏收撰《魏書》，第 1579 頁。
④ 魏收撰《魏書》，第 1580 頁。
⑤ 魏收撰《魏書》，第 1580 頁。
⑥ 魏收撰《魏書》，第 1570 頁。
⑦ 魏收撰《魏書》，第 1570 頁。
⑧ 魏收撰《魏書》卷七一，第 1578 頁。

和"衣冠之士,預叔業勳者"①兩類,"爪牙心膂所寄"之中基本是武將,出身均非名門,其中記魏承祖的身份時明確寫爲"廣陵寒人也"②,這種以出身高低將入北小集團的成員區分開來的情況,在孝文帝時是不曾出現的,從這一點來看,似乎北魏本地人士也接受了這種士人與寒人身份的差異。

另外,宣武帝正始元年任命南朝降人時,採取的是"隨才擢敘"③,這與太武帝時命南人駐於北鎮,有戰事需要時再將其派往南方邊境的做法,以及孝文帝依南人入國之地就近派遣其爲地方官員的做法都不相同,是一種新的選拔標準。之所以會出現這種變化,很可能是與太和晚期至景明時的官制改革有關。太和十九年《品令》是以糾正"清濁同流,混齊一等,君子小人名品無別"④的狀況爲目的,並且將"士人品第"與"小人之官"分開,創立了流外七班制度。在《品令》頒行一段時間之後,這種分類方法爲人所接受,必然會導致時人樹立起重視士族身份和官職清濁的意識。也就是說,此時開始出現的,區分入北南人身份的看法,並不是因爲宣武帝繼位之後入北的南士在身份和作用上高過前人,而是因爲重視清濁之辨的習慣已經在北方流傳開來,這也就再一次印證了,北人看待、接納南人的態度,是建立在其自身定位的基礎上的。

在裴叔業集團入北之後不久,發生了宣武帝初年第二次南朝士族集體入北事件,其參與者是琅琊王氏王奐的子孫輩,數量大概有近十人。雖然人數上大概不如隨同裴叔業入北的親戚僚屬,但作爲南朝的第一流士族高門,琅琊王氏中的這一支在北魏宣武帝即位之初集中入北,對北朝文學、文化的發展起到了相當大的作用。與孝文帝時期的入北士人相比,他們進入北魏上層的方式既帶有裴叔業集團同樣表現出的普遍性,也具有由其家族地位決定的獨特性,能夠反映出宣武帝後期至孝明帝朝這段時間內,北人對南朝態度的變化。而王氏成員墓誌的集中出土,更有助於研究者瞭解其家族在北的生活狀態。因此,入北琅琊王氏比裴叔業集團更具有研究價值。

目前已有墓誌出土的王氏成員中,男性有王肅子王紹、王肅從子王誦與王翊,女性有王肅女王普賢、王翊女王令媛和尚不能確認身份的元颺妻王夫人。此外,與王氏有姻親關係的,則有王誦的兩位妻子寧陵公主和元

---

① 魏收撰《魏書》卷七一,第 1579 頁。
② 魏收撰《魏書》卷七一,第 1578 頁。
③ 魏收撰《魏書》卷八《世宗紀》,第 198 頁。
④ 魏收撰《魏書》卷五九《劉昶傳》,第 1310 頁。

貴妃,王令媛之夫、王肅外孫廣陽王湛以及元颺等。這些人的墓誌結合史書中的記載,可以勾勒出琅琊王氏在北魏後期婚姻、仕宦、參加文化活動等情況。其中最具有代表性的是由王衍、李奬同撰的王誦墓誌。因此,本文着重對王誦墓誌進行考釋,再結合其他人的墓誌,對琅琊王氏融入北魏社會的過程進行探討。

一、引論:入北琅琊王氏成員的基本狀況

在《魏書》《北史》等史籍,以及王氏成員墓誌中,記載了一系列入北琅琊王氏成員在北朝的生活狀況,包括入北的時間、人員,在北的住所、葬地等。這些雖屬細節問題,但也能體現出以琅琊王氏爲代表的南朝士人在北朝的地位。因此,在討論其婚宦情況之前,有必要先對這些基本情況略作分析。

(一)王奂子孫的集中入北

早在太和十七年(493)王奂被殺時,王肅就已逃至北方,但此次倉皇入北,並没有攜親眷子侄。《魏書》卷六三《王肅傳附王紹傳》曰"紹,肅前妻謝生也。肅臨薨,謝始攜二女及紹至壽春"①,其下《王肅傳附王秉傳》又曰:"肅弟秉,字文政。涉獵書史,微有兄風。世宗初,攜兄子誦、翊、衍等入國。"②王肅於景明二年薨於壽春,而王普賢墓誌云:"考昔鍾家恥,投誠象魏。夫人痛皋魚之晚悟,感樹静之莫因,遂乘險就夷,庶怙方寸。惟道冥昧,仍羅極罰,茹荼泣血,哀深乎禮。"③王紹墓誌則稱:"君年裁數歲,便慨違晨省,念闕温清,提誠出嶮,用申膝慶。天道茫茫,俄鍾極罰,嬰號茹血,哀瘠過禮。"④都説明王普賢姐弟入國後不久,王肅即去世,可以印證《王肅傳》的記載。由此看來,謝氏入北應在景明元年中到景明二年前期左右,亦是世宗初年。則謝氏和王秉應並非分别北奔,而是攜子侄輩同時自南入壽春投奔王肅。《王誦墓誌》中載曰"尊卑席捲,投誠魏闕",也可説明王氏的

---

① 魏收撰《魏書》,第1412頁。
② 魏收撰《魏書》,第1412頁。
③ 趙超著《漢魏南北朝墓誌彙編》,天津:天津古籍出版社2008年版,第70頁。
④ 趙超著《漢魏南北朝墓誌彙編》,第82頁。

此次入北人數頗多,除了史書中記載的王紹、王誦、王翊、王衍、王普賢等,不排除還有其他人的可能。例如《元颺妻王夫人墓誌》的墓主,誌中未載其父名,只稱其爲琅琊人,卒於延昌二年(513),而其夫元颺卒於次年,年四十五,則王氏大抵亦是王肅諸兄之女,與王普賢同輩,而年齡略長。

這批琅琊王氏成員入國之時,距家門之變已有五六年之久。選擇在此時北奔,已不是爲自身的生死擔憂,而是出於對整個時局的不安。宣武帝景明元年(500),於南正值東昏侯永元二年。早在齊明帝末年,一些洞察時局的士大夫就已覺察到隱藏的政治危機,因此頗有抗表不應命者,其中以何胤、謝朓爲代表。《梁書》卷一五《謝朓傳》云:"建武四年,詔徵爲侍中、中書令,遂抗表不應召。遣諸子還京師,獨與母留,築室郡之西郭。……時國子祭酒廬江何胤亦抗表還會稽。永元二年,詔徵朓爲散騎常侍、中書監,胤爲散騎常侍、太常卿,並不屈。"①而謝朓正是王肅妻謝氏之兄,他與母留居吳興縣,避不入京的做法,很可能會影響到謝氏,使其對時局抱有危機感。東昏即位之後,頻殺大臣,永元元年八月,始光王蕭遙光舉兵反,十一月,太尉陳顯達又反於尋陽,局勢日益動盪,這些都可能是謝氏、王秉爲避禍而舉家入北的原因。而其動身之時,最晚應不晚於永元二年冬十一月,其契機是蕭衍於是月在雍州起兵,移檄京邑。如果是在此時從建康動身,至壽陽之時應在景明二年初,其時王肅適在壽春,而且與《魏書》中"肅臨薨,謝始攜二女及紹至壽春"的記載相符。

根據墓誌和史籍中的記載,我們可以推斷出王氏子弟入國時的年齡。其中以王誦年齒最長,生於齊高帝建元四年(482)②,以景明二年入國計,其時二十歲。王衍生於永明三年(485)③,其時十七歲。王普賢生於永明五年(487)④,其年十五歲。王紹最幼,生於永明十年(492)⑤,其時年方十歲。而王翊的生年則有兩說,《魏書·王肅傳附王翊傳》載其"永安元年冬卒,年

---

① [唐]姚思廉撰《梁書》,北京:中華書局1997年版,第263頁。
② 《王誦墓誌》載其建義元年卒,年四十七歲。見趙超著《漢魏南北朝墓誌彙編》,第242頁。
③ 《魏書》卷六三《王肅傳附王衍傳》載其"天平三年卒,年五十二",則生年應爲永明三年。見魏收撰《魏書》,第1413頁。
④ 《王普賢墓誌》載:"春秋廿有七,魏延昌二年太歲癸巳,四月乙卯朔,廿二日乙巳,寢疾薨於金墉之內。"見趙超著《漢魏南北朝墓誌彙編》,第70頁。
⑤ 《王紹墓誌》載其:"春秋廿有四,延昌四年八月二日遘疾薨於第。"見趙超著《漢魏南北朝墓誌彙編》,第83頁。

三十七"①,依此其生年爲永明十年,與王紹同;而墓誌稱"春秋卅有五,永安元年歲在戊申十二月壬午朔廿日辛丑終於位"②,依此則應生於永明二年(484)。《魏書》和墓誌中對其事蹟均無明確紀年,而且"三十七"與"四十五"之差異也並不像是因形近而造成的,因此不能貿然斷其正誤。然而,王肅兄弟中,年紀較長的三人爲王融、王琛、王彪,其後纔爲王肅、王爽、王弼、王秉等人,而王紹本爲王肅幼子,較其女尚年幼五歲。次子王琛之子,於理似不應與其弟的幼子年齡相同,因此竊以爲出生於永明二年,年紀介於王融長子、次子之間較爲合理。

需要注意的是,這幾位王氏子弟雖然入北時均爲十許歲,年齡與劉芳、崔光等平齊民的代表人物相仿,但其在南朝文化傳播上所起到的作用卻截然不同。在王誦、王紹、王翊的墓誌中,都有"解褐"或"起家"之語,可見他們在北魏年至弱冠便隨即出仕。雖然他們隨著在北生活日久,勢必會接受北朝文化的影響,但在進入政壇之時,其知識結構内卻仍以南朝文化占絶對優勢地位,這就與在北生活數十年,學習了北朝文化思想方纔得以出仕的青齊士人有著本質上的差别。另外,作爲南朝冠冕士族,雖然王氏兄弟幼年便遭家變,但他們能夠接觸到的南朝文化,絶非遠在南北中間地帶的青齊士人可比。可以説,王氏子弟帶至北魏的,是齊梁之際混雜著正統與新變色彩的南朝士族文化。而王誦諸兄弟年齡相差無幾,幾乎同時解褐出仕,並且均以清要之職進入北魏政府的核心,得以與諸王和北方士人等具有較高文化水準的北魏上層人士朝夕相處,這對南朝文化的北傳有相當大的推動作用。從這個角度講,王氏子弟的入北,是南北文化交流史中非常重要的事件。

(二) 琅邪王氏成員在洛陽的住所與葬地

關於南朝入北者在洛陽所居之地,《洛陽伽藍記》卷三中記載曰:"吴人投國者,處金陵館。三年已後,賜宅歸正里。"③卷二"景寧寺"條則稱歸正里"民間號爲'吴人坊',南來投化者多居其内。近伊洛二水,任其習御。里三千餘家,自立巷市"④。從其規模、人數來看,絶大多數南人入魏後,應都居於此地。然而,入北的琅邪王氏子弟卻均别有住處。

---

① 魏收撰《魏書》,第 1413 頁。
② 趙超著《漢魏南北朝墓誌彙編》,第 254 頁。
③ [北魏] 楊衒之撰,周祖謨校釋《洛陽伽藍記校釋》,北京:中華書局 2010 年版,第 115 頁。
④ 楊衒之撰,周祖謨校釋《洛陽伽藍記校釋》,第 89 頁。

《洛陽伽藍記》卷三"正覺寺"條曰"勸學里東有延賢里,里內有正覺寺,尚書令王肅所立也",又云"肅博識舊事,大有裨益,高祖甚重之,常呼王生。延賢之名,因肅立之"①,可見王肅甫一至魏,就被安頓在延賢里內,並未入住金陵館和歸正里,而既然在延賢里中爲前妻謝氏造正覺寺,則其子女在其去世後應仍居於此地。王誦妻元貴妃墓誌則曰"歲次丁酉二月壬辰朔十四日乙巳亡於洛陽之勸學里宅"②,可見王誦亦未居歸正里,而是住在與延賢里相比鄰的勸學里內。延賢、勸學里雖與歸正里同在城南,但相距甚遠,歸正里在城西南,洛水之南,延賢、勸學則在城東南,開陽門外,洛水之北。此外,《洛陽伽藍記》卷一"昭儀尼寺"復稱城內石崇池"西南有願會寺,中書侍郎王翊舍宅所立也"③。而王衍的住處雖然不詳,但不太可能在諸兄弟都居於他所的情況下,王衍卻獨住在歸正里內,因此可以確定,太和至景明間入北的琅琊王氏成員,無人居於"南人入國"所居的歸正里。

《洛陽伽藍記》中有關於蕭寶夤和蕭正德入北後被築宅於歸正里之事④,可見入北南人並不是憑藉政治身份高就可以擺脱入住歸正里的定例。那麽,爲什麽惟獨琅琊王氏得以不遵此例呢?竊以爲這是由洛陽不同里坊的用途,及北魏統治者看待入北南朝皇族和琅琊王氏的態度差異所導致的。

僅從"歸正、歸德、慕化、慕義"之名就可以看出,四夷里帶有明確的令四方歸順臣服的正統意味。從這個角度講,蕭寶夤、蕭正德乃至阿那瓌等人比從他國入魏的普通人更有必要被安置於此,因爲他們的皇族身份能夠更好地襯托出四夷里的象徵意義。而勸學里是東漢國子學堂所在,漢熹平石經、魏三體石經和魏文帝《典論》六碑等俱立於此。對於親題"勸學里",又因王肅而立延賢之名的孝文帝來説,延賢、勸學二里是漢魏時的中原文化的象徵。

因此,從王氏子弟被安置在延賢、勸學二里來看,北魏統治者所看重的是入北琅琊王氏所具備的文化優勢和僑姓高門的歷史地位,而並非上層降臣身份,甚至刻意抹去其身份中的南人色彩。也就是説,孝文、宣武二帝希望在文化建設中借助琅琊王氏的力量,因此要將他們樹立爲文化精英的典範,但他們所想要學習倚重的並非南朝士族文化,而是琅琊王氏所掌握的

---

① 楊衒之撰,周祖謨校釋《洛陽伽藍記校釋》,第109頁。
② 趙超著《漢魏南北朝墓誌彙編》,第92頁。
③ 楊衒之撰,周祖謨校釋《洛陽伽藍記校釋》,第45頁。
④ 楊衒之撰,周祖謨校釋《洛陽伽藍記校釋》,第115—116頁。

漢魏文化。正如王肅被孝文帝所重的是其對"舊事"的瞭解，而其所主張的"新禮"卻往往被北魏人士抗拒。由此看來，從安置住處所體現出的文化意圖，和史書中所記載的文化政策是相吻合的。

除住處外，葬地也是一個值得關注的細節問題。在卒於洛陽的王氏成員及其配偶的墓誌中，都記載了其所葬之處的信息：

> 王普賢墓誌：粵六月二日乙酉窆於洛陽西鄉里。
> 王紹墓誌：閏十月庚子朔廿二日辛酉窆於洛陽西鄉里。
> 王誦墓誌：粵七月丙辰朔廿七日壬午祔葬芒阜之隈。
> 王誦妻元貴妃墓誌：粵八月庚寅朔廿日己酉窆於河陰之西北山。
> 王翊墓誌：以（永安）二年歲次己酉二月癸未朔廿七日己酉窆於洛陽西鄉里。
> 元颺妻王夫人墓誌：十二月辛巳朔四日甲申葬於瀍澗之東。
> 元颺墓誌：越十一月丙寅朔四日己巳窆於洛陽之西陵。

在這些記載中頻繁出現"西鄉里"一詞，而且這個地名在《漢魏南北朝墓誌彙編》所收的墓誌中，僅在王氏墓誌出現。僅就墓誌文本來看，這很容易讓人認爲，西鄉里是入北王氏的家族墓地所在。但結合其出土之地便可知並非如此。根據《六朝墓誌檢要》記載，王誦夫妻墓誌出土於現洛陽孟津區北陳莊村東北大塚內，王紹墓誌出土於孟津區南陳莊村南，王普賢墓誌的出土位置大抵在孟津區鄭家凹、南石山二村之間。這三處墓葬的距離並不算太遠，位置最北的王誦墓誌和位置最南的王普賢墓誌相距大約四公里。然而王翊墓卻位於現瀍河區馬溝村，距離王紹墓尚有近十公里。相比之下，按記載窆於西陵的元颺夫婦之墓則位於孟津區張陽村（墓誌於清末出土時，此地尚名爲張羊村），與南陳莊相鄰，位於北陳莊與南石山之間，因此元颺墓反而比王翊墓更接近其他王氏成員的墓葬。也就是説，雖然王紹、王普賢和王翊的墓誌中都稱葬於西鄉里，但實際上"西鄉里"是一個比較大的地區，並不算是集中安葬的"舊塋"。

既然記爲葬於"西陵"的元颺墓與記爲葬於"西鄉里"的王紹墓毗鄰，那我們可以推測，"西鄉里"也許是"西陵"的別稱。這一點在出土墓誌中也可以得到驗證。《漢魏南北朝墓誌彙編》中所收載爲葬於"西陵"的墓誌極多，能夠從其記載中看出西陵的大體位置在洛陽郭城西北，瀍河之東的邙山上,而這些墓誌的出土地大多集中於北自伯樂凹,南至鄭家凹,東起高溝,西至小梁的這一區域内。然而值得注意的是,葬於此處的墓主絶大多數是元魏妃嬪、諸王或王妃、宗室乃至内官等,無一例北方士族葬於此地,而王誦、王紹、王普賢等琅琊王氏成員更是僅有的葬於此的入北南人。從這種墓葬安排來看,這塊正位於孝文帝長陵西南方的土地,本是元魏皇室成員的家族墓地。

宿白《北魏洛陽城和北邙陵墓》一文中專門論述了這個問題。宿先生指出,瀍河兩側的北邙山域,既包括了帝陵,又包括了元氏墓室、"九姓帝族""勳舊八姓"和其他内入的"餘部諸姓"以及此外的一些重要降臣的墓葬,並且以孝文帝長陵爲中心。然而,"九姓帝族"等重要臣下的墓地主要分佈在這一地區的週邊,而最重要的墓區是位於長陵左前方的海拔 250 至 300 米等高線之間的那塊高地。這塊高地上以孝文帝七世祖道武帝子孫的墓地爲中心,明元、景穆、獻文子孫的墓地位於其右側,太武、文成子孫列於其右,是經過國家規劃與安排的,專屬於北魏統治集團的墓區①。

瞭解了這一葬制後,我們就可以看出,王翊墓之所以離其他王氏成員墓較遠,是因爲它處於葬區外圍的重臣葬地中,例如同葬在馬溝一帶的,有侯剛、丘哲、陸紹等人。而王普賢之所以葬於南石山附近,是因爲此地與原文昭高皇后終寧陵相近,是當時嬪妃女官的集中葬所,因此與其墓比鄰的孟元華、李嬪、于仙姬、成嬪等均爲歷代帝王的妃嬪。也就是說,王普賢是以世宗貴華夫人,而非王肅之女的身份葬入此地的。然而,王紹、王誦兄弟能够同被葬在這塊被稱爲"皇室之兆"②的高地中,具有非常重要的意義,它所體現出的不僅是北魏統治者對某一降臣的重視,更是宣武、孝明朝北魏統治者對於琅琊王氏成員歸降這一文化事件的態度,並且表明了王氏成員在這一時期所佔據的地位。

綜上所述,入北琅琊王氏的住處和葬地都顯示出家族聚集與國家安排相結合的特點,而其中又以國家安排爲主。從這兩方面,我們都可以看出北魏統治者有意淡化琅琊王氏的南人降臣身份,而是將其推爲漢晉中原文化的代表。從這個角度來說,王氏的歸降就帶有了一種正統文化棄南而重歸北方的象徵意義,使北魏統治者不但可以向其借鑒具體的文化内容,更

---

① 參見宿白著《魏晉南北朝唐宋考古文稿輯叢》,北京:文物出版社 2011 年版,第 31—34 頁。
② 見神龜二年十一月《元騰墓誌》,趙超著《漢魏南北朝墓誌彙編》,第 110 頁。

可以此來標榜正朔。正因如此,琅琊王氏在北魏中後期獲得了極高的社會地位,如果説其住處安排表現出王氏被有意地與其他入北南人區别開來,那麽其葬地甚至可以説明,此時的琅琊王氏在統治者眼中具有凌駕於所有漢人士族之上的意義。當然,琅琊王氏的住處等問題只是其在宣武、孝明朝貴盛情況的外在表現,究其原因,則是王氏子弟通過婚姻和出仕兩種途徑,順利地融入了北魏的上層社會中。

二、入北琅琊王氏的婚姻狀況及其 融入北魏上層的方式

孝文帝遷都洛陽之後,定四海士族,頒婚禁詔令,姻戚關係在維繫北魏上層社會結構等級,促進鮮卑宗室與漢人士族的融合等方面的作用益發重要。而對於入北南人來説,婚姻一方面是北魏政府安撫新附士族,以示優遇的必要手段,另一方面也是在北缺乏根基的入北士人迅速融入北方社會的捷徑,因此具有非常重要的意義。與在此之前的入北南人相比,入北琅琊王氏的婚姻關係頗爲特别,顯示出宣武、孝明時期,入北南人進入北魏上層的新途徑。

(一) 入北琅琊王氏的婚姻狀況

從《魏書》與《洛陽伽藍記》等傳世文獻中的記載中,無法得知王氏婚姻關係的詳細情況。幸而北朝墓誌中對入北琅琊王氏成員及其後代的婚姻情況有著非常詳細的記録,使我們得以窺其大概。而在墓誌中,又可以分爲明確記載婚姻關係,和可以間接推測出婚姻關係的兩種文獻。

1. 直接記録王氏婚姻關係的墓誌
(1) 魏故貴華恭夫人王普賢墓誌:

> 服闋,乃降皇命,爰登紫掖。

《魏書》卷六三《王肅傳》載"世宗納其女爲夫人,肅宗又納紹女爲嬪"[1],

---

[1] 魏收撰《魏書》,第1412頁。

由墓誌可知世祖納爲夫人的爲王普賢。"貴華"之名未見於史籍,然《魏書》卷一三《宣武靈皇后胡氏傳》載"世宗聞之,乃召入掖庭爲承華世婦"①,又稱"既誕肅宗,進爲充華嬪"②,則可能當時每級妃嬪都以"某華"爲頭銜,而"貴華"爲夫人之銜。

《魏書·皇后傳》曰:"高祖改定内官,左右昭儀位視大司馬,三夫人視三公,三嬪視三卿,六嬪視六卿,世婦視中大夫,御女視元士。"③按,《晉書·輿服志》曰:"貴人、夫人、貴嬪,是爲三夫人。"④則貴華夫人應爲三夫人之一,且在其中位居第二位,高於貴嬪。《皇后傳》載"宣武皇后高氏,文昭皇后弟偃之女也。世宗納爲貴人"⑤,而《外戚傳下·高肇傳附高偃傳》載"(高)偃,字仲遊,太和十年卒。……景明四年,世宗納其女爲貴嬪"⑥。景明四年恰是王普賢服闋之時,因此二人可能是在景明四年同時被宣武帝納爲三夫人,而其時曾爲貴人的于氏已被立爲皇后,因此當時的三夫人現今只知其二。

(2)元颺妻王夫人墓誌:

作配魏宗,□□皇帝之孫、陽平王第六弟元颺之妻也。

元颺雖未載於史書,但陽平王元新成一支在孝文、宣武朝絕非默默無聞。《魏書》《北史》中未載元新成子嗣之數,《元颺墓誌》載元颺爲元新成第六子,而元欽爲其季弟,則其子嗣不止六人。其中於史有載的,有陽平王元頤,廣陵侯、徐州刺史元衍,鉅平縣公、司空公元欽三人,永安元年《元道隆墓誌》中則稱其父爲"征西大將軍、夏州刺史文烈公振"⑦。而《魏書·景穆十二王傳·廣平王洛侯傳附嗣子濟南王匡傳》載:"廣平王洛侯,和平二年封。薨,諡曰殤。無子,後以陽平幽王第五子匡後之。"⑧綜上,現在有記載可循的元新成之子有六人,其中二王,二公,一侯,唯有元颺爵位不詳。

---

① 魏收撰《魏書》,第337頁。
② 魏收撰《魏書》,第337頁。
③ 魏收撰《魏書》,第321頁。
④ 魏收撰《晉書》,第774頁。
⑤ 並見魏收撰《魏書》,第336頁。
⑥ 魏收撰《魏書》,第1832頁。
⑦ 見趙君平編《邙洛墓誌三百種》,北京:中華書局2004年版,第27頁。
⑧ 魏收撰《魏書》,第452頁。

（3）王誦妻元貴妃墓誌：

> 祖高宗文成皇帝，父侍中、太尉安豐圉王。

按，安豐圉王，即安豐王元猛。元貴妃墓誌稱其"年廿九，歲次丁酉二月壬辰朔十四日乙巳亡"，則應生於太和十三年（489），而《魏書·高祖紀下》載"（太和十三年）十有一月己未，安豐王猛薨"①，則貴妃爲安豐王幼女，出生不久即遭父喪。

（4）廣陽文獻王妃墓誌銘：

> 父翊，魏侍中司空孝獻公。母河南元氏，父澄，假黄鉞太傅任城文宣王。妃姓王，諱令媛。

按，廣陽文獻王爲元湛，王令媛墓誌載"以武定二年歲在甲子八月庚申合葬於武城之北原"，二人墓誌同時同地出土。從本墓誌中復可見王翊與任城王元澄之女婚配。

2. 可間接推測婚姻關係的墓誌

（1）王夫人寧陵公主墓誌：

> 祖顯宗獻文皇帝，父侍中、司徒、錄尚書、太師、彭城王。夫琅耶王君。

按，墓誌中未記"琅耶王君"之名，然本墓誌於1921年出土於洛陽城北北陳莊東北，與王誦墓誌同出一兆，自當爲王誦之妻。墓誌載"永平三年正月八日夜薨，時年廿二"，則與元貴妃同生於太和十三年。趙萬里稱"貴妃卒於熙平三年，上距永平三年公主卒時已歷七年，是公主爲初配，而貴妃乃繼室矣"②。

（2）元乂墓誌：

> 女僧兒，年十七，適琅琊王子建，父散騎常侍、濟州刺史。

---

① 魏收撰《魏書》，第165頁。
② 見趙萬里撰《漢魏南北朝墓誌集釋》四，《石刻史料新編》第三輯，臺北：新文豐出版公司1986年版，第109頁。

按,《魏書》卷六三《王肅傳附王翊傳》云:"(翊)頗銳於榮利,結婚於元义,超拜左將軍、濟州刺史,尋加平東將軍。"①可知元义女僧兒之夫爲其子王淵,子建爲王淵之字。

(3) 廣陽文獻王元湛墓誌:

> 父諱淵,侍中、吏部尚書、司徒公、雍州刺史、廣陽忠武王;母琅琊王氏,父肅,尚書令司空宣簡公。

由此墓誌可知,謝氏入國時所攜二女,王普賢入宫爲世宗夫人,另一女則爲廣陽王元淵妃。

根據以上墓誌並結合史書所載,我們可以列出琅琊王氏王奂一系在北魏的婚姻狀況:

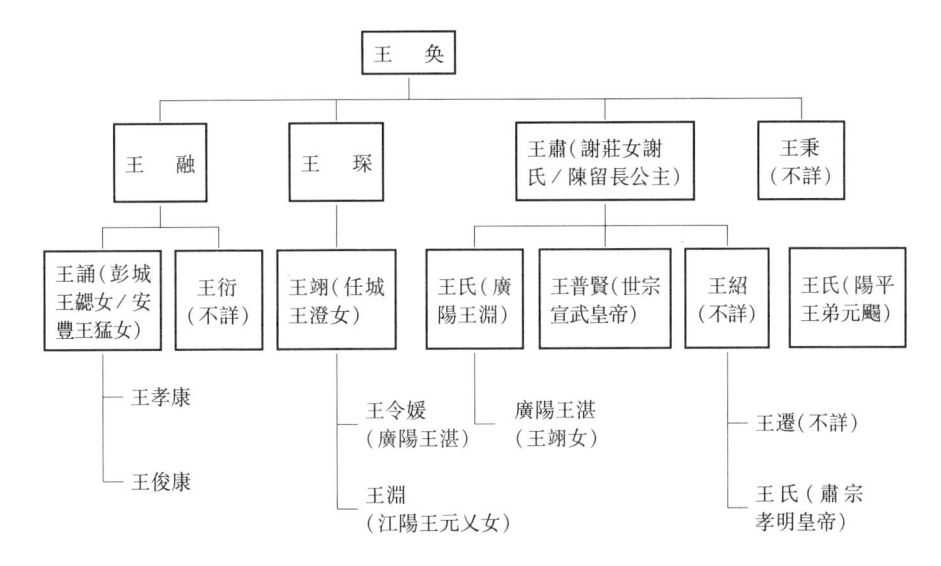

```
                            王奂
        ┌───────────┬─────────────┬──────────────┐
      王融         王琛      王肅(謝莊女謝     王秉
                              氏/陳留長公主)   (不詳)
   ┌────┬──┐   ┌────┬──┐   ┌─────┬──────┬─────┬─────┐
 王誦  王衍  王翊         王氏(廣  王普賢(世宗  王紹   王氏(陽平
(彭城 (不詳)(任城       陽王淵)  宣武皇帝)   (不詳) 王弟元颺)
 王勰女/     王澄女)
 安豐
 王猛女)
        │                │           │              │
      王孝康           王令媛      廣陽王湛        王遷(不詳)
                      (廣陽王湛)   (王翊女)
      王俊康             │                         王氏(肅宗
                        王淵                        孝明皇帝)
                      (江陽王元
                        义女)
```

通過上表可以直觀的看出,除了王秉、王衍、王紹的婚姻情況不詳之外,入北之後的琅琊王氏婚姻顯示出一個鮮明的特點,即與北魏皇族宗室頻繁聯姻。這種婚姻模式符合當時的時代特徵,但與此同時,也具有與其他入北南人乃至北方士族差異鮮明的新特點。

---

① 魏收撰《魏書》,第 1413 頁。

(二) 入北琅邪王氏婚姻狀況的時代背景與新特點

北魏皇族宗室向來有與漢族高門聯姻的情況,在孝文帝遷洛之後,更是風氣大盛。牟潤孫《敦煌唐寫姓氏錄殘卷考證》稱:"北魏改代人姓氏,令著河南,以其八姓與漢人高門並論,與令宗室通婚高門爲一貫之華化政策。"① 爲貫徹其華化政策,孝文帝多納漢人高門之女爲嬪妃。依《魏書》記載,高祖納隴西李氏李沖女爲夫人②,而其九嬪之中,至少曾有七位出自漢族高門。其中滎陽鄭氏兩人,范陽盧氏一人,京兆韋氏一人,清河崔氏一人,博陵崔氏一人,太原王氏一人。不僅如此,他還同樣從漢族高門中爲諸弟挑選王妃。《北史·獻文六王傳·咸陽王禧傳》曰:

> 時王國舍人應取八族及清修之門,禧取任城王隸户爲之,深爲帝責。帝以諸王婚多猥濫,於是爲禧娉故潁川太守隴西李輔女;河南王幹娉故中散代郡穆明樂女;廣陵王羽娉驃騎諮議參軍滎陽鄭平城女;潁川王雍娉故中書博士范陽盧神寶女;始平王勰娉廷尉卿隴西李沖女;北海王詳娉吏部郎中滎陽鄭懿女。③

從這段記載中可見,只有穆明樂之女一人爲鮮卑舊族,其餘皆出自漢族高門,而且以隴西李氏、滎陽鄭氏、范陽盧氏爲主,這與孝文帝後宮漢族妃嬪的出身基本相同,可見李、盧、鄭等高門在初遷洛之時就已確定了其作爲冠冕士族的地位。

雖然直至太和年間,漢族士人對鮮卑貴族心存輕視,不願與其爲姻親的情況仍偶有出現,但經由孝文帝的大力推行,在宣武、孝明帝時,漢族高門與宗室諸王通婚已經極爲尋常。《魏書》和墓誌中對相關資料保存甚多,在此僅以與琅邪王氏亦有婚姻關係的元勰、元乂二王爲例。《元勰妃李媛華墓誌》載曰:"子子訥,字令言,今彭城郡王。妃隴西李氏,父休纂。……女楚華,今光城縣主,適故光禄大夫長樂郡開國公長樂馮顥。父誕,故使持節侍中司徒長樂元公。女季望,今安樂鄉主,適今員外散騎侍郎清淵世子隴西李彧,父延寔。"④ 李媛華薨於正光五年,此時王誦前妻寧陵公主已去世

---

① 牟潤孫著《注史齋叢稿》,北京:中華書局 1987 年版,第 185 頁。
② 魏收撰《魏書·李沖傳》:"高祖初依《周禮》,置夫、嬪之列,以沖女爲夫人。"(第 1181 頁。)
③ [唐] 李延壽撰《北史》,北京:中華書局 1995 年版,第 689 頁。
④ 趙超著《漢魏南北朝墓誌彙編》,第 149 頁。

多年,因此墓誌上没有提及。但從其他子女的婚姻來看,除元楚華嫁與后族長樂馮氏外,其一子一女均與隴西李氏結姻,其女所嫁爲李媛華胞兄之子,其子所娶則爲其胞弟之女,足可見元颺一支與隴西李氏的姻親關係何等密切。而《元乂墓誌》則載曰"息亮,字休明,年十一,平原郡開國公。息妻范陽盧氏,父聿,駙馬都尉、太尉司馬。息穎,字稚舒,年十五,秘書郎中。舒妻清河崔氏,父休,尚書僕射"①。元乂本人娶胡太后妹,並因此權傾一時,但其子女仍不免與范陽盧氏、清河崔氏、琅琊王氏等高門結婚,足可見當時宗室與漢族高門通婚的普遍乃至不可避免。

在這種時代背景下,琅琊王氏作爲南朝第一流高門,在入北後與宗室成員聯姻是再正常不過的,然而,這種入北南人的婚姻模式仍然表現出了一些不可忽視的新特點。

在北魏早期,就已經出現了入北南人與宗室女結婚的情況,如《魏書·毛修之傳附朱修之傳》載"世祖善其固守,授以内職,以宗室女妻之"②。然而這帶有明顯的賜婚性質,是爲了安撫降人而採取的措施。在琅琊王氏入北之前的數次南朝皇族北奔後均尚公主,也是如此。然而琅琊王氏中除了王肅尚公主仍多少帶有這種意味外,其子侄輩與北魏皇族的通婚已並非是皇帝所決定的政治婚姻,而是以相互結納爲目的。王氏子弟成婚時雖均入國不久,但在這一點上與北方士族並没有本質差別,也就是説,其歸降南人的身份標記在婚姻中並不明顯。

然而,王氏子弟的婚姻情況與之前入北南人乃至北方士人存在一個極大的差別:在史書和墓誌中有記載可查的王氏成員,無一例外,全部是與宗室通婚,絶無一例與北方士族結爲姻戚的情況。這在入北南人中是極其罕見的情況。

在北魏前期與中期,南方士人入北後,往往需要依靠有親戚故交的在北人士取得立身之地,再通過與北方士人聯姻而融入北方的士族階層,從而獲得相應的社會地位。在前一點上,平齊民是非常典型的例子。其代表人物如劉芳、崔光、高聰等之所以在孝文帝時得以順利進入政權中心,一個重要原因是其留在北方,且已名位兼備的親族直接向皇帝引薦。同樣身爲平齊民的劉孝標,雖然自身學識並不遜於人,卻因缺少投靠對象而終難獲

---

① 趙超著《漢魏南北朝墓誌彙編》,第184頁。
② 魏收撰《魏書》,第962頁。

官職。除本身久在北地的北方士族外,早先入北,已具有一定地位的南人,亦會以宗親爲出發點爲後至者提供關照,《魏書·袁翻傳》載:"父宣,有才筆,爲劉彧青州刺史沈文秀府主簿。皇興中,東陽平,隨文秀入國。而大將軍劉昶每提引之,言是其外祖淑之近親,令與其府諮議參軍袁濟爲宗。宣時孤寒,甚相依附。"①同書《劉昶傳附劉武英傳》則稱"有通直郎劉武英者,太和十九年從淮南内附,自云劉裕弟長沙景王道憐之曾孫。……而昶不以爲族親也。"②這兩條記載中,劉昶對袁宣與劉武英的態度恰恰相反,充分説明宗親、人脈對於入北之初的南士的重要性。

通過與北方士族通婚來提升自己家族地位的典型例子則是太原王氏。王慧龍隻身入北後,"生一男一女,遂絶房室"③,所謂太原王氏,其實在北只有寥寥數人,這本不利於家族的發展。然而太原王氏卻通過婚姻關係,成功地迅速在北魏士族階層立足並取得了相當高的地位。值得注意的是,太原王氏並不重視與皇族結姻,目前史書所載的二者聯姻只有一例,即孝文帝納王瓊女爲嬪。相反,在不長的時間裏,王氏與清河崔氏、范陽盧氏、隴西李氏等北方第一等高門均締結了婚姻。當然,能夠輕易地打破北方士族嚴格的婚姻門第界限,是借助其"江東貴種"的身份。但從其婚姻關係看來,太原王氏成爲北朝一流高門,並非是借助皇族力量,而是首先獲得了北方士族的認可與推崇。《資治通鑑·齊紀六》曰:"魏主雅重門族,以范陽盧敏、清河崔宗伯、滎陽鄭義、太原王瓊四姓,衣冠所推,咸納其女,以充後宮。"④是在其家門地位已經確立之後的事了。

琅琊王氏爲何沒有選擇與其他入北南士相同的途徑,通過與北方士族婚配而獲得社會地位,而是毫無例外地與宗室通婚呢?這是一個頗爲令人費解的問題。和與北方士族交遊相比,與宗室關係過於密切是有政治風險的。在政局動盪之時,名門士族雖也會遭受打擊,但往往仍有轉圜之機,而宗室皇族在朝代更替時,往往會遭滅頂之災。以北朝爲例,北方大族在經歷崔浩被誅、河陰之變等數次慘變之後,仍然能夠恢復生機,而東魏宗室卻在北齊時被屠戮殆盡。在南方經歷了數次政治變動,恪守"平流進取,坐致公卿"門風的琅琊王氏成員,似應對此有清醒的認識。而從另一角度來看,

---

① 魏收撰《魏書》,第 1536 頁。
② 魏收撰《魏書》,第 1312 頁。
③ 魏收撰《魏書》,第 877 頁。
④ [宋]司馬光編著,[元]胡三省音注《資治通鑑》,北京:中華書局 1997 年版,第 1123 頁。

王肅子侄輩在入北後,並沒有鄙夷北方士族之意,而且也沒有被北方士族排斥。在當時以同僚爲成員的文學集團中,他們與北方士族保持著良好的關係。因此,他們不與北方士族互爲婚姻,應該也不是由南北相輕所導致的。造成這一現象的,大抵有兩方面的原因。一方面是王氏成員"銳於榮利",希望與諸王結婚以迅速獲得政治資本,另一方面則是由於宣武、孝明帝時期,琅琊王氏的文化正統形象得以豎立,鮮卑貴族對琅琊王氏的態度轉變,主動與之結納,使人數本就不多的王氏子弟在婚姻關係中成爲宗室諸王的禁臠,以至於北方士族沒有獲得與其締結婚姻的機會。

與宗室通婚對琅琊王氏在政治上的幫助是顯而易見的,在其姻親中,彭城王勰、任城王澄在太和年間就最受孝文帝親近信任,而至宣武帝朝也具有極高權力與威信,元乂更是權傾一時。而琅琊王氏在短短十許年中,從被諸王猜忌排斥①變爲諸王之婿,亦足可見北魏統治者對其態度的轉變。

然而,在王氏與宗室的婚姻關係中,還有一個特點不可忽視,即婚姻成爲一種文化交流的途徑。從王氏子弟墓誌中可以看出,他們幼年時就在南朝接受了良好的教育,不僅男性成員"丕承祖烈,實體上操,天縱英才,幼挺岐嶷"②,王肅女普賢亦"妙閑草隸,雅好篇什。春登秋泛,每緝辭藻。抽情揮翰,觸韻飛瑛"③,不但具備文學素養,而且頗擅長書法。王氏自二王起,多有善草隸者。王普賢"妙閑草隸",可以說明她具有良好的家族文化背景。而其墓誌中專門提到這一點,也可推測其書風至少在掖庭中頗有影響。

另外,與王氏通婚的元魏宗室,也大多具有較高的漢化程度與文化水準。史載任城王澄事曰:"蕭賾使庾蓽來朝,蓽見澄音韻遒雅,風儀秀逸,謂主客郎張彝曰:'往魏任城以武著稱,今魏任城乃以文見美也。'"④而彭城王勰"敏而耽學,不捨晝夜,博綜經史,雅好屬文"⑤,《元颺墓誌》則稱其"傾

---

① 魏收撰《魏書》卷七〇《傅永傳》載"王肅之爲豫州,以永爲建武將軍、平南長史。咸陽王憘盧肅難信,言於高祖"(第1551頁),卷六三《王肅傳》則載肅"尋爲澄所奏劾,稱肅謀叛,言尋申釋"(第1410頁)。而王肅在景明初出鎮壽春,實際上是被諸王排擠出政治中心洛陽,不僅如此,彭城王勰與王肅同鎮壽春,也與當時以北方士族和南方降人在南北邊界"對爲刺史"的制度一樣,帶有監視防範之意。
② 見《王紹墓誌》,趙超著《漢魏南北朝墓誌彙編》,第82頁。
③ 見《王普賢墓誌》,趙超著《漢魏南北朝墓誌彙編》,第70頁。
④ 魏收撰《魏書》,第464頁。
⑤ 魏收撰《魏書》,第571頁。

衿慕道,殷勤引德。俊士遊於高門,英彦翔於雲館。若夫優遊典謨之中,縱容史籍之表,才逸自天,制每驚絶"①。可見,他們在洛陽漢魏文化的薰陶下,不論是知識修養還是舉止風度都已士大夫化。在這種情況下,與王氏爲姻親,有助於其放下猜疑戒備之心,平等地在日常交遊中進行文化領域的交流探討。

  在王氏子弟的幾椿婚姻中,王誦與元貴妃的婚姻值得特別關注。元貴妃爲安豐王猛之女,但如前所言,在其與王誦成婚之時,元猛已去世多年,贊成其事的應是其兄,即襲爵安豐王的元延明。《魏書·安豐王猛傳附安豐王延明傳》曰"延明既博極群書,兼有文藻,鳩集圖籍萬有餘卷。性清儉,不營産業。與中山王熙及弟臨淮王彧等,並以才學令望有名於世。雖風流造次不及熙、彧,而稽古淳篤過之",又稱其"所著詩賦讚頌銘誄三百餘篇,又撰《五經宗略》《詩禮別義》,注《帝王世紀》及《列仙傳》"②,是諸王中擅長文學的翹楚人物。而《魏書·恩倖傳·茹皓傳》載:"皓又爲弟聘安豐王延明妹,延明恥非舊流,不許。詳勸强之云:'欲覓官職,如何不與茹皓婚姻也?'延明乃從焉。"③從這段記載中可以得到很多信息,例如可知延明有一妹嫁與宣武寵臣茹皓之弟。這也許是其别有一妹,但也可能指的就是元貴妃。《魏書·宣武帝紀》載正始元年(504)五月丁未朔,太傅、北海王詳以罪廢爲庶人,而茹皓之死則略早於北海王詳被廢,當亦在此年,此時元貴妃十六歲。既然元延明是爲"覓官職"而將其妹嫁入茹家,那麼在茹皓死後,貴妃與夫離絶,甚至其夫被牽連而死,都並非不可能。從另一角度説,元貴妃與王肅前妻寧陵公主同歲,寧陵主卒時,貴妃已二十二歲,若從未婚配,未免與北魏的早婚之習相左,因此,她可能在王誦之前已有前夫,且可能就是茹皓之弟。

  通過這次延明爲妹選婿之事可以得知,在父親去世後,元延明確實對其妹的婚姻有決定權,而且其選擇婚配對象時的首要標準爲是否是"舊流",也即是否出身高門。而他將貴妃嫁入琅琊王氏,自然也是因爲王誦的門第出身符合他的要求。除此之外,這可能也因爲他欣賞王誦的才學舉止。退一步講,即使他的初衷只是從名位門第考慮,在結爲姻親之後,雙方

---

① 趙超著《漢魏南北朝墓誌彙編》,第75頁。
② 魏收撰《魏書》,第530頁。
③ 魏收撰《魏書》,第2001頁。

接觸機會增多,作爲同樣頗具才華和文化素養的北魏宗室和入北南朝士族,他們也有充分可能來進行交流。前述孝文、宣武時的三位"才學令望有名於世"的諸王中,王誦與元彧、元熙均有文化層面的往來①,史書中獨不載其與元延明的交往情況。但實際上,作爲姻親,王誦與元延明的文學、文化交往,應比與其他二王的更要頻繁。

綜上所述,宣武帝初年入北的琅琊王氏成員,在融入北方上層社會時選擇了與元魏宗室通婚一途,這與大多數入北南士依靠宗親和士族姻親立足有著明顯的區別。這一方式可以在短期內起到明顯效果,並且符合雙方的利益和需求。由於被接納進北魏宗室集團內部,諸王之前對琅琊王氏的戒備敵意在此時已經消失,這就爲雙方將身份差別拋諸腦後,平等地進行文化探討和文學活動創造了條件,使得婚姻關係成爲推動文化交流的動力。然而,琅琊王氏也並未與北朝士人完全隔絕,他們與北朝士人的交流主要是以同僚和文學集團參加者的身份進行的。也就是說,在這一時期,琅琊王氏在北朝上層集團中處於一種與宗室結親,與士族爲友的狀態。

(三) 入宮琅琊王氏女性與王氏地位提高的深層原因

琅琊王氏女性入宮爲妃嬪者有王普賢和王紹之女二人,王普賢貴爲三夫人之一,其他二位夫人都分別得皇后之號,只有她默默無聞,韶年早逝,由此看來,她似乎在宣武帝後宮之中並無重要地位。而王紹之女在孝明帝時僅爲九嬪之一,身份較王普賢爲低,這似乎又意味著琅琊王氏在此時的地位有所下降。然而,經過分析此時後宮中的各種勢力便可發現,事情並非如此。雖然王誦兄弟與諸王的姻親關係在宣武帝時就已基本結成,但造成王氏在孝明帝朝一時貴盛的深層原因之一是後宮中的利益紛爭。

王普賢卒於延昌二年(513),據《魏書》中的《世宗紀》與《皇后傳》,正始四年(507)冬十月皇后于氏暴崩,而"世議歸咎於高夫人"②,永平元年(508)七月,以高氏爲皇后。史稱"世宗暮年,高后悍忌,夫人嬪御有至帝崩不蒙侍接者"③,宣武帝崩於延昌四年(515)正月,所謂"暮年",大抵是延昌

---

① 魏收撰《魏書·南安王楨傳附南安王熙傳》載:"始熙之鎮鄴也,知友才學之士袁翻、李琰、李神儁、王誦兄弟、裴敬憲等咸餞於河梁,賦詩告別。"(第504頁。)同書《臨淮王譚傳附臨淮王彧傳》云:"彧姿制閑裕,吐發流靡,琅邪王誦有名人也,見之未嘗不心醉忘疲。"(第419頁。)
② 魏收撰《魏書》,第336頁。
③ 魏收撰《魏書》,第337頁。

年間,而高后之悍忌,大抵與永平三年皇子誕生不無關係。宣武帝在肅宗誕生後"深加慎護,爲擇乳保,皆取良家宜子者,養於別宫,皇后及充華嬪皆莫得而撫視焉"①,這是爲了避免"頻喪皇子"之事再次發生,而寫明"皇后及充華嬪莫得而撫視焉",則説明這很可能是爲防範高后而作的舉措。由此可見,雖不能盲目猜測王普賢之死是否另有蹊蹺,但可以知道,她去世之時,宣武帝後宫處於一種甚爲緊張的氣氛中。雖然如此,她在宫中卻並非毫無依靠,而依靠的來源,則微妙地與其母謝氏聯繫起來。

王肅的前妻謝氏於景明初年攜子女入北投奔王肅,卻因王肅已尚公主而被迫出家爲尼,而且入北不久王肅即去世。因此,她在後世的想像中一直是一個頗爲淒苦的弱女子形象。然而,這種印象卻和墓誌記載大相徑庭。現已發現的三塊提及謝氏的墓誌,即《王紹墓誌》《王普賢墓誌》和《釋僧芝墓誌》,都將其稱爲王肅夫人。如果説其子女墓誌中的這種稱呼,只是因爲對生母的尊敬的話,那麽《釋僧芝墓誌》大概能够代表當時北人對她的態度。

釋僧芝俗姓胡,即是胡太后之姑。《魏書·皇后傳》稱:"(胡)后姑爲尼,頗能講道,世宗初,入講禁中。積數歲,諷左右稱后姿行,世宗聞之,乃召入掖庭爲承華世婦。"②可知她在胡太后地位上升的過程中有不可忽視的作用。宣武帝時,僧芝任比丘尼統,是管理比丘尼的最高僧官。遷洛之後,尼寺極盛,僧芝的影響力也日益增加,衆多宫掖妃嬪都拜入其門下爲弟子。其墓誌見於趙君平、趙文成編《河洛墓刻拾零》,其中記曰:

> 孝文馮皇后、宣武高太后逮諸夫嬪廿許人,及故車騎將軍、尚書令、司空公王肅之夫人謝氏,乃是齊右光禄大夫、吏部尚書莊之女,越自金陵,歸陰天闕。以法師道觀宇宙,德兼造物,故捐捨華俗,服膺法門,皆爲法師弟子。③

這段記載頗有些微妙,它本爲敘述北魏比丘尼統釋僧芝之弟子,以此來讚美釋僧芝的地位與影響,但在其中突然轉用很多筆墨詳述謝氏的身

---

① 魏收撰《魏書》,第337頁。
② 魏收撰《魏書》,第337頁。
③ 趙君平、趙文成《河洛墓刻拾零》,北京:北京圖書館出版社2007年版,第20頁。

份,以至於顯得頭重腳輕。從中可以看出,在釋僧芝的諸弟子中,最爲人所推崇的似乎並不是馮皇后、高太后等,而是謝氏。釋僧芝墓誌與王紹、王普賢墓誌一樣,將謝氏稱爲"王肅之夫人",並且還羅列了其父官職,以及她來自南朝的背景。這就體現出,雖然按照《魏書》《洛陽伽藍記》等記載,謝氏没能與王肅復合,但是北人仍將其當做王肅的夫人。不僅如此,謝氏憑藉其謝莊之女的身份,在北朝獲得了相當高的聲望。

王奂一支雖然出自琅琊王氏,但在宋齊時,既不能算王氏中官位最爲通顯,也絶非文化素養最高者。從劉祥在王奂長子王融面前嘲笑其父的記載來看,南齊時人對王奂似乎頗有非議。而謝氏的出身則不甚相同,陳郡謝氏在劉宋時由於謝晦和謝靈運被殺牽連甚多,其後最能保持家族地位的,即是謝莊之父謝弘微一支。謝莊在官位清要和文雅風流兩方面,都是謝氏在劉宋後期當之無愧的翹楚人物。其女北奔所藴含的"雅道風流"隨之入北的象徵意義,足可令北魏統治者爲之一振。墓誌中的"越自金陵,歸陰天闕"一語,就體現出魏人對此事的重視和驚喜態度。據《洛陽伽藍記》,謝氏入北時已經出家,她拜入僧芝門下爲其弟子,固然是爲了尋找立身依靠,但反過來也可以使僧芝名望有所提高,因此也是僧芝所樂於見到的。正是出於這種原因,墓誌中纔如此詳盡的記敘謝氏的背景,將收其爲徒當做一件值得大書特書的事蹟。

謝氏與馮皇后、高太后同爲僧芝弟子,但在性質上不甚相同。因爲她大概並非僅以禮佛爲事,而是會受其家庭影響,具有較爲深厚的義學修養,而這與僧芝不謀而合。僧芝出家於關隴,墓誌稱其"誦《涅槃》《法華》《勝鬘》二十餘卷,乃爲大衆講經"。其知識結構中,大乘義學佔有重要地位。而從《高僧傳》所載謝莊與僧人交遊情況看,謝莊亦受長安義學高僧影響,應對《法華》《成實》等有較深造詣,何況他與在丹陽譯《勝鬘》的求那跋陀羅曾同時身在建康,很可能亦有交往。可見,謝氏與僧芝在佛教觀和知識背景等方面大抵頗有重合之處,這就使她不惟寄名於僧芝門下,更可以助其開講悟俗。因此,即使抛開身份意義不談,僅在實際佛教活動方面,謝氏也具有與其餘妃嬪貴婦不同的意義。

在謝氏與釋僧芝關係密切的同時,謝氏之女王普賢和僧芝之侄胡氏同爲宣武帝妃嬪,雖然現今並無其具體互動情況的記載,但此四人的關係是不可忽視的。王、胡二人一爲皇子之母,一爲地位僅次於皇后的貴華夫人,她們勢必都會受到高皇后的咄咄相逼。因此,她們以長輩的關係爲契機,結爲同盟,互相扶持,並非沒有可能。當然,胡氏即使是在誕生皇子之後,也僅爲充華嬪,而王普賢隨即早逝,二人即使確實互相照應,其具體事跡也已湮没不存。然而,胡氏在當政後的一個慣用的政治手段,卻很可能是在此背景下形成於這一時期,並首先體現在爲肅宗選嬪妃之事中。

前文已經提到,孝明帝以王紹女爲嬪,這看似表現出王氏的地位比宣武帝以王普賢爲夫人時有所降低。然而《魏書》卷一三《孝明皇后胡氏傳》載曰:

> 太后爲肅宗選納,抑屈人流。時博陵崔孝芬、范陽盧道約、隴西李瓉等女,但爲世婦。諸人訴訟,咸見忿責。①

從這段記載來看,北方大族之女在孝明帝掖庭中均爲世婦,相比之下,王紹之女被納爲嬪,反而較其他士族之女身份爲高。《盧令媛墓誌》載曰:"嬪諱令媛,范陽涿人。……年甫九齡,詔充椒掖。……正光三年龍集壬寅,夏四月壬戌朔,十六日丁丑,卒於京師,時年十二。……父道約,字季恭,今司空録事參軍。"②可見盧令媛就是《魏書》中所載的盧道約之女,墓誌中稱其爲充華嬪,可能是在宮中數年,得以由世婦進爲嬪。其於正光三年(522)年方十二,則入宮當在神龜二年(519),此時孝明帝亦爲九歲。胡太后應是在這一年裏,爲孝明帝選納了一批嬪妃。其所選中的北方大族中,崔孝芬爲崔挺之子,在熙平、神龜時大抵爲任城王澄僚屬,並任定州大中正③;盧道約爲盧淵之子,據盧令媛墓誌,當時爲司空録事參軍;李瓉爲李韶之子,曾爲司徒參軍事,此時可能去世未久④。而此時距王紹去世已有四年,其女地位和家族勢力本不能與家門正盛的崔、盧、李諸女相比,然而卻得以比諸女高一級,這固然可能是因爲胡太后與王普賢交情非常,因此優遇王氏,但更可能的,則是將王氏這一入北南朝高門作爲其"抑屈人流"的手段。

胡太后出身於安定胡氏,其家遠稱不上高門。《魏書·外戚傳下·胡

---

① 魏收撰《魏書》,第 340 頁。
② 趙超著《漢魏南北朝墓誌彙編》,第 127—128 頁。
③ 《魏書·崔挺傳附孝芬傳》:"後除著作郎,襲父爵。尚書令高肇親寵權盛,子植除青州刺史,啟孝芬爲司馬。後除司徒記室參軍、司空屬,定州大中正,長於剖判,甚有能名,府主任城王澄雅重之。熙平中,澄奏地制八條,孝芬所參定也。在府久之,除龍驤將軍、廷尉少卿。"(第1266 頁。)
④ 《魏書·李寶傳附李瑾傳》曰:"瑾弟瓉,字道璋,少有風尚。辟司徒參軍事。神龜中卒。"(第888 頁。)

國珍傳》載"父淵,赫連屈丏給事黃門侍郎。世祖克統萬,淵以降款之功賜爵武始侯"①,而胡國珍卒後,太學博士王延業議其廟制,曰:"又武始侯本無采地,於皇朝制令,名準大夫。"②可見所謂武始侯,只是用以安撫降人的虛名。因此,胡太后掌權之後,竭力提升其家門的地位,如大肆爲其父加封,以侄女爲孝明帝皇后等。然而,在"四姓"等漢族一流高門體系已然定型,並佔據了相當多的社會資源之時,僅靠提拔胡氏是不夠的,必然要在同時採取"抑屈人流",即排斥、抑制漢族高門的政策。爲了達到這一目的,胡太后的一個重要舉措是重用宗室、南來士族和寒門寵臣等漢族高門之外的政治力量,來分散漢族高門的權力,借此降低其地位。以隴西李氏、范陽盧氏、博陵崔氏女爲世婦,而以失怙多年的琅琊王氏女爲九嬪,正是其實現這一目的的方式。這很可能是在宣武帝晚期,她注意到謝氏以僧芝爲庇護之所,僧芝又借謝氏以增身價這種符合雙方利益需求的模式,並且在高后悍忌的後宮中與王普賢互爲扶持時所領悟的捷徑。而王誦、王衍、王翊等人在孝明帝朝均居清貴之職,是胡太后的這一策略在任用官員上的體現。

綜上所述,王氏兄弟與諸王通婚其實只是王氏地位上升的一個外在原因,在此同時,其重要的深層原因是胡太后意欲借入北琅琊王氏門第來壓制北方高門,以此達到提高安定胡氏地位的目的。從這個角度講,謝氏與釋僧芝乃至胡氏的交往,是入北琅琊王氏融入北方上層社會的一個不可忽視的潛在因素。而這意味著,在借重王氏文化地位之外,北魏鮮卑貴族對於琅琊王氏的態度又有了新的轉變。

三、琅琊王氏在北仕宦及其政治背景與文化意蘊

根據《魏書》記載和墓誌,我們可以比較完整地勾勒出入北後的琅琊王氏男性成員從起家出仕開始,比較完整詳近的仕宦經歷。而他們曾出任的官職中,又有一些鮮明的特點,能夠體現出當時的時代特徵。

---

① 魏收撰《魏書》,第1833頁。
② 魏收撰《魏書》,第2768頁。

(一) 琅邪王氏在北仕宦的基本情况

由於琅邪王氏的五位男性成員,即王秉、王誦、王衍、王翊、王紹在北魏出仕都是在世宗朝之後,其時太和二十三年新頒《職令》已經推行,因此以《職令》爲準,將王氏成員的遷轉過程羅列如下:

王秉:中書郎(即中書侍郎,從四品上階)——司徒諮議參軍(第四品)——輔國將軍、幽州刺史(從三品)。

王誦:員外郎(解褐,即員外散騎侍郎,第七品上階)——司徒主簿(第六品上階)——司徒屬(從五品上階)——司空諮議(從四品上階)——通直常侍(第四品)——汝南王友(第五品上階)——司徒諮議(第四品)——前將軍(第三品)——散騎常侍(從三品)——光禄大夫(第三品)——左將軍(第三品)、幽州刺史——長兼秘書監(第三品)——度支尚書、都官尚書(第三品)——平南將軍(第三品)、光禄大夫(第三品)——給事黄門侍郎(第四品上階)——鎮軍將軍(從二品)、金紫光禄大夫(從二品)。

王衍:著作佐郎(解褐,第七品)——尚書郎(第六品)——員外常侍(五品上階)——司空諮議(從四品上階)——光禄大夫(第三品)——廷尉(第三品)、揚州大中正(無秩)——度支尚書、七兵尚書(第三品)——太常卿(第三品)——散騎常侍(從三品)——征東將軍(第二品)、西兖州刺史——車騎將軍(第二品)、左光禄大夫(第二品)——侍中(第三品)。

王翊:秘書郎中(解褐,第七品)——員外散騎侍郎(第七品上階)——襄威將軍(從第六品上階)——司空主簿(第六品上階)——司空從事中郎(第五品)——中書侍郎(從四品上階)——鎮遠將軍(第四品)——清河王友(第五品上階)——左將軍、使持節都督濟州諸軍事濟州刺史(第三品)——平東將軍(第三品)——平南將軍、散騎常侍(第三品)——安南將軍、銀青光禄大夫、散騎常侍(第三品)——鎮南將軍(從二品)、金紫光禄大夫(從二品)——國子祭酒(從三品)。

王紹:太子洗馬(解褐,從五品上階)——員外散騎常侍(五品上階)——中書侍郎(從四品上階)。

以上諸人的官位遷轉,可以直觀地説明幾個問題:

第一，在北魏解褐出仕的王肅子姪輩中，王紹起家之官要遠高於其諸位從兄，這當然是由其作爲王肅之子，襲爵昌國侯的身份決定的。而其他幾人由第七品或第七品上階起家，與北朝大族子弟並無區別①。

第二，王氏兄弟都頻加將軍之號，但基本都爲虛銜，而且越到後期，越出現將軍號與同品階的文官號同授的現象，例如王誦先是被授以同爲第三品的平南將軍和光禄大夫，又被授以同爲從二品的鎮軍將軍和金紫光禄大夫，王衍被授以同爲第二品的車騎將軍與左光禄大夫等。在孝明帝晚期，爲文官加軍號的情況甚爲常見，這一時代特點在王氏兄弟的仕宦經歷中也顯現出來。可見，處於宣武帝朝中後期與孝明帝朝的王氏兄弟不曾像北魏前期、中期的入北南人一樣，真正投身軍旅，以常年"於南境自效"的方式作爲立身之道。他們只是偶爾出任刺史，而且除了王衍在西兗州刺史任上爲尒朱仲遠所執以外，其外任都並不太長，如王誦在幽州任上只停留了一兩個月的時間。他們仕宦生涯中絕大多數時間都身在都城洛陽，並且進入了北魏政府最爲核心的機構之中，這與其叔父王肅雖名義上以尚書令身份爲宰輔，但實際上卻被排斥出政治中心，只能常年在邊的在北仕宦經歷有著很大的差別。

通過這兩點可以看出，琅琊王氏子弟在北朝的起家與仕宦，都並没有與北朝士族存在本質性的差别。這意味著，在這一時期，北魏上層對以琅琊王氏爲代表的入北南朝士族的態度存在一個重要的轉變：北魏貴族和士族更看重的是入北南士的出身門第，而在孝文帝朝乃至宣武帝初年尚非常明顯的"南人""吳子"觀念已經淡化。因此，入北南朝士族得以用與北方大族子弟相同的方式起家、出仕、並按部就班地遷轉，而不再需要因爲身份的差異，而以某些特殊方式，如投身軍伍來獲得北魏統治者的認可。這種觀念上的轉變，是此時南來士族在北魏社會中生活模式改變的重要原因。

（二）中書侍郎與給事黄門侍郎人員構成的變化

景明初入北的王氏子弟中，有四人都曾任中書侍郎，王誦雖獨不曾任此職，卻又在孝明帝時任給事黄門侍郎。《王紹墓誌》稱中書侍郎"掌機近密，歷難兹授"，《王誦墓誌》則稱"瑣門清切，任亞宰衡，自非時宗戚右，罔獲

---

① 《王翊墓誌》載"追申起家之屈，遷爲從事中郎"。按，第七品的秘書郎中是北魏高門子弟常見的起家官，如范陽盧氏的盧義僖、盧元明乃至宗室元熙都以秘書郎起家，並不算與家門不相匹配。所謂"起家之屈"，不知是否是就其起家官低於王誦之員外郎而言。

斯授", 這雖是墓誌所慣用的標榜之詞, 但如果對這兩個官職在北魏時的整體情況有所瞭解就可發現, 這其實並非虛言。作爲入北士族, 叔姪四人皆任中書侍郎, 是在北魏前期不甚可能出現的情況。造成這一情況的直接原因, 是宣武、孝明兩朝, 中書侍郎與給事黃門侍郎的人員構成與前代相比發生了極大的變化。

自太武帝時起, 北魏中書省就以河北士人爲絕對主體, 具有相當鮮明的排他性和繼承性。爲了瞭解中書侍郎人員構成的變化及其内在原因, 在此先粗略地將《魏書》中所記載曾任中書侍郎的士人地望略作統計, 見下表：

時 代	漢族高門	普通漢族士人	入北南人	宗 室	外 戚	倖 臣
道武朝	1①	2②	0	0	0	0
明元朝	1③	0	0	0	0	0
太武朝	16④	12⑤	0	0	0	0
文成朝	2⑥	0	0	0	0	0
獻文朝	4⑦	3⑧	0	0	0	0
高祖朝	14⑨	2⑩	0	0	0	1⑪

---

① 爲安定鄧氏,鄧淵之子鄧穎。
② 分別爲上穀張恂、遼東晁崇。
③ 爲趙郡李順。
④ 其中趙郡李氏三人：李佑、李熙、李靈；清河崔氏三人：崔簡、崔徽、崔覽；范陽盧氏二人：盧玄、盧度世；渤海高氏二人：高允、高佑；河間邢氏一人：邢穎；河東裴氏一人：裴駿；博陵崔氏一人：崔鑒；京兆杜氏一人：杜銓；安定鄧氏一人：鄧穎；渤海刁氏一人：刁纂。按,刁纂生平不詳,《魏書·刁雍傳》稱："雍長子纂,字奉宗。中書侍郎。早卒。"(第 871 頁)雍太和八年卒,年九十五,姑且將刁纂置於太武帝時。
⑤ 包括上谷張誕；安定胡方回；昌黎盧魯元；頓丘竇瑾；高陽許熙；天水趙逸；中山張珍；太原張偉；遼東公孫質；北地梁祚,以及不知籍貫的李虛、傅默二人。
⑥ 均爲趙郡李氏：李璨、李祥。
⑦ 爲榮陽鄭羲、漁陽高閭、范陽祖季真、京兆韋真喜(按,真喜生平不詳,依韋閬卒年,姑置於此)。
⑧ 爲高陽許安仁、范陽李璞、渤海李長仁。
⑨ 其中河間邢氏兩人：邢巒、邢產；范陽盧氏一人：盧道裕；清河崔氏兩人：崔光、崔亮；榮陽鄭氏兩人：鄭道昭、鄭胤伯；彭城劉氏一人：劉芳；廣平宋氏一人：宋弁；昌黎韓氏一人：韓顯宗；太原郭氏一人：郭祚；渤海高氏兩人：高聰、高遵；渤海封氏一人：封琳。
⑩ 爲齊郡賈元壽、賈思伯二人。
⑪ 爲恩倖閹官張宗之之兄張鸞旗,河南鞏人。

續　表

時　代	漢族高門	普通漢族士人	入北南人	宗　室	外　戚	倖　臣
宣武朝	4①	1②	4③	1④	1⑤	0
孝明朝	7⑥	1	0	4⑦	0	0

　　從此表中可以看出,道武、明元兩朝中書侍郎人數極少,這與其時廢置無常,基本是徒有其名的狀況相符。而自太武帝大批任命中書侍郎起,直至宣武朝之前,中書侍郎幾乎全部由漢族高門及門第不顯而學識出衆的河北漢族士人擔任。這説明"中書侍郎"一職在相當長的一段時間内,與河北漢族士人有著緊密聯繫,是專屬於北方士族的官職。

　　太武帝神䴥四年親發明詔,徵盧玄等漢族士人四十二人,其中三十五人就命,這是北魏前期文化史中的一件大事。高允《徵士頌》稱此次徵士是爲了"偃兵息甲,修立文學,登延俊造,酬咨政事"⑧,爲了達到這一明確目的,被徵的漢族士人大多兼具政治才能和文學才華,並且多以中書博士起家。上表中太武帝時期的近三十位中書侍郎中,很多都是出自這批徵士,或者與其有親戚關係。這批士人的任用,不但使中書省從虛設一躍成爲重要的文書機構,而且爲其人員確立了固定模式。雖然我們在此討論的僅是中書侍郎這一職位,但在神䴥至太和晚期的七十年時間裏,中書省的各個組成部分中,惟中書學生中偶然會有鮮卑貴族子弟或入北南人,而中書博士、中書議郎等,亦基本全部由北方漢人士族構成。

　　那麽,中書侍郎一職的人員構成爲何在宣武帝時出現了明顯的變化呢? 這首先應該是廢除中書學所帶來的後果。

---

① 其中范陽盧氏一人：盧昶；河東裴氏一人：裴延儁；隴西李氏一人：李琰之；長樂潘氏一人：潘靈虯。
② 爲東平畢祖朽。按,畢衆敬與薛安都同時入北,畢祖朽爲其孫,生於北地,嚴格説來,恐不能算作入北南人。然畢祖朽實爲武人,以武人而任中書侍郎者,整部《魏書》僅此一例,故姑置於此。
③ 王氏叔姪四人任中書侍郎之時,大抵均在宣武帝朝。
④ 爲臨淮王元彧。
⑤ 爲高肇子高植。
⑥ 分别爲隴西李神俊、清河崔勵、趙郡李瑒、彭城劉廞、弘農楊昱、頓丘李獎、李諧。
⑦ 爲元子直、元順、元子攸、元修。
⑧ 見魏收撰《魏書》,第 1081 頁。

中書學與同爲官學的國子學、太學等，均存在性質與目的上的差異，其時代特徵相當明顯。論其淵源，大抵可追溯到前燕的"高門生"。《晉書·慕容皝載記》曰："賜其大臣子弟爲官學生者號高門生。"①唐長孺先生指出："燕之大臣除慕容之外以漢族大族爲多，這和劉石的學生入學標準就有些不同，稱爲'高門'就顯示了這一點。"②在北魏前期文化建設中起到重要作用的河北士人，基本都具有三燕背景，北魏皇家設立以漢人高門子弟爲主的中書學，很有可能是延續了這一被漢族大族所熟悉的傳統。

作爲中書省的附屬機構，中書學培養中書學生的目的，不僅是提高其經學、文學方面的修養，而是爲各文職機構培養後備力量。因此北魏的中書學生多遷爲秘書中散等官。同時，中書學生也常常會留在中書省爲官。史載"初，李靈爲高宗博士、諮議，詔崔浩選中書學生器業優者爲助教"③，不僅如此，中書學生遷爲中書博士，隨後又轉爲中書侍郎的情況也相當常見。例如高佑"初拜中書學生，轉博士、侍郎"④，鄭道昭"初爲中書學生，遷秘書郎，拜主文中散，徙員外散騎侍郎、秘書丞、兼中書侍郎"⑤。這種中書學生——中書博士——中書侍郎的人員輸送慣例，使得數十年裏中書省官員的知識構成非常穩定，具有明確的系統性。

而在另一方面，中書學的設置又保證了中書博士、中書侍郎等官員在來源上的穩定性。《魏書·李孝伯傳附李安世傳》云："興安二年，高宗引見侍郎、博士之子，簡其秀俊者欲爲中書學生。"⑥這種"以父任爲中書學生"的情況，幾乎成爲中書學生的主要來源。從中書侍郎的構成來看，太武帝時期，北方漢族士人的門第高下尚未確定，因此高門與普通士人在比例上相差不大，但在孝文帝時，出任中書侍郎的已絕大多數都是高門子弟，而且其中范陽盧氏、滎陽鄭氏、趙郡李氏等最多。這基本能反映出當時漢族門第高下的情況。可見在中書省發展過程中，普通漢族士人由於門第寒微而逐漸從中書省消失，而高門大族卻往往是父子、兄弟乃至祖孫相繼入職於中書，從這個角度來說，在北魏"定士族"的過程中，具有明顯門閥化、世襲

---

① ［唐］房玄齡等撰《晉書》，北京：中華書局 2003 年版，第 2826 頁。
② 見《晉代北境各族"變亂"的性質及五胡政權在中國的統治》，載於唐長孺著《魏晉南北朝史論叢》，北京：中華書局 2011 年版，第 170 頁。
③ 魏收撰《魏書》卷四六《李訢傳》，第 1039 頁。
④ 魏收撰《魏書》卷五七《高佑傳》，第 1259 頁。
⑤ 魏收撰《魏書》卷五六《鄭羲傳附鄭道昭傳》，第 1240 頁。
⑥ 魏收撰《魏書》，第 1175 頁。

化特點,並逐漸被漢族高門所壟斷的中書學具有相當重要的作用。

中書學在太和中被廢止①,其最明顯的後果之一,就是中書省的人員輸送因此被切斷。中書省的侍郎、議郎等官員不再從一群身份和知識背景都非常確定的後備力量中選拔,而是可以面向多種階層。宣武帝時,出任中書侍郎的漢族高門只占總數的三分之一,就是這一變化的直接體現。

然而,雖然中書學生的廢除爲中書省人員多樣化提供了條件,但並不是造成中書侍郎中漢族士人比例下降的唯一原因。入北南人、元魏宗室乃至武人倖臣紛紛成爲中書侍郎,在某種角度來說,是統治者有意爲之的。在孝明帝時期,此前從不曾出現在中書省中的頓丘李氏和弘農楊氏,在孝明帝時期的七位出身士族的中書侍郎裏佔據了將近一半的數量。這說明,除了其他成分的人員構成,尤其是宗室力量明顯增加以外,在出任中書侍郎的漢族士人内部也出現了新的變化。

與人員結構變化同時發生的是,自太和後期開始,中書省内部亦出現了權力轉移,這表現爲舍人省的出現,及中書舍人漸奪中書侍郎乃至中書令之權。鄭欽仁將中書省分爲"本部"與"舍人省",認爲孝文帝太和十五年、十七年改革中,模仿南朝制度最具體的即有舍人省,"其官員及官號皆一依南朝的制度。其設置的背景正逢南齊永明中中書舍人之專權"②。太和十七年《職員令》中,中書舍人僅爲從六品上,宣武帝時方升爲第六品,任此官的雖有常景、韓子熙等河北士人,但已不僅僅以漢族大族士人爲限。至孝明帝時,中書舍人不僅奪中書侍郎乃至中書令之實權,其人員構成也越發複雜。靈太后引其倖臣李神軌、鄭儼、徐紇三人爲中書舍人,《魏書·恩倖傳·鄭儼傳》載鄭儼"遷通直郎、散騎常侍、……中書令、車騎將軍,舍人、常侍如故"③,同時任中書令與中書舍人這種前所未聞的情況,以一種極端的方式體現出中書舍人以其職掌與人員構成兩個方面打破中書省原有結構的歷史面貌。

與中書舍人之權日重相對應,人員構成變化的趨勢也體現在門下省的給事黄門侍郎一職中,而且其由統治者喜好所決定的意味較中書侍郎更爲明顯。給事黄門侍郎的職責與中書侍郎頗有相近之處,因此雖然並無中書

---

① 魏收撰《魏書》卷八四《儒林傳序》云:"太和中,改中書學爲國子學,建明堂辟雍,尊三老五更,又開皇子之學。"見第 1842 頁。
② 鄭欽仁著《北魏官僚機構研究續篇》,臺北:稻鄉出版社 1995 年版,第 8 頁。
③ 魏收撰《魏書》,第 2007 頁。

學那種的人才培養系統,但是在北朝中期也通常由漢族士族出任。在孝明帝即位之前,曾擔任給事黃門侍郎一職的,有張袞、燕鳳、崔玄伯、崔光、崔亮、崔瑜、崔逞、封懿、封愷、邢巒、郭祚、鄭道昭、鄧羨、李順、李肅、李韶、李伯尚、孫惠蔚、韋儁、韋纘、盧淵、盧昶、甄琛、李郁、游肇、鄭長猷、鄭懿、韓麒麟、宋弁、張彝、李平、源子雍、源子恭、陸琇等。可見給事黃門侍郎的人選與中書侍郎頗有重合之處,而不同點是偶有文化素養較高的鮮卑貴族如源氏、陸氏參與其中,但絶無宗室和入北南人曾任此官。而在孝明帝時期,伴隨著政歸門下,本爲第四品上階的給事黃門侍郎成爲被稱爲"小宰相"的貴要之職,其組成人員也發生了根本上的變化。在此時曾出任此官的人員構成如下:

宗室:元略、元子攸、元恭、元暉、元爽、元彧、元熙、元略、元延明、元順、元子直
寵臣:徐紇、李神軌
入北南人:陳郡袁翻、琅琊王誦
北方士族:隴西李琰之、清河崔鴻、范陽盧同、太原王遵業

任此職的四位北方士人,在當時確實出身於第一流的冠冕士族,但實際上,雖然太原王氏入北已久,但在此之前從無出任中書侍郎、黃門侍郎的情況。即使將其算作北方士人,此時曾任給事黃門侍郎之人中,北方高門也只佔據五分之一强的數量。這在此前是從不曾有過的。

在此時的黃門侍郎中,值得注意的是帶有南朝色彩的"三哲"和並不以出身顯,卻貴盛一時的徐紇、李神軌二人。雖然後兩人在人數上少於北方士族,實際上,他們在此任上所造成的聲勢卻要比同任的北方士族及入北南朝士族大得多。而在胡太后的三位最爲寵遇的恩倖之臣中,有兩位出任給事黃門侍郎,且均曾擔任中書舍人,徐紇甚至以給事黃門侍郎"仍領(中書)舍人,總攝中書門下之事,軍國詔命,莫不由之"[1],這也是一個耐人尋味的問題。

上文已經提到,在爲孝明帝選納妃嬪的問題上,表現出胡太后意欲利用入北南朝士人等力量來壓制北方高門大族。考慮到這一點,再來看孝明帝時期中書侍郎和給事黃門侍郎的人選,就會理解造成這一人員構成變化

---

[1] 魏收撰《魏書》,第 2008 頁。

的另一重要原因。我們可以看到,宗室成員、入北南朝士族和寵臣紛紛擔任原本由漢族高門占絕對主流地位的官職,並在人員構成中淡化漢族高門色彩,甚至將其邊緣化,正是胡太后"抑屈人流"的目的在官員任免方面的體現,與其在婚姻政策方面將其侄女立爲皇后,任由孝明帝專寵潘充華,而將高門大族之女僅選爲世婦的措施帶有一以貫之的性質。

通過對中書、黃門侍郎任免情況的分析,我們可以看出,琅琊王氏在宣武、孝明時期連任此二官,固然表明了時人對王氏的重視程度和態度的轉變,但也是由時代背景和統治者個人意圖所導致的,並非專對其一門的殊遇。因此,這一出仕經歷不但帶有家族特徵,也帶有時代普遍性。

四、琅琊王氏墓誌個案研究
——《王誦墓誌》考釋

在流傳於世的一系列北魏琅琊王氏墓誌中,王誦的墓誌最具代表性,不但歷史細節豐富,文學水準較高,而且其中可以體現出南北文學、文化交流的一些問題。因此,下文將此墓誌作爲個案,就其歷史價值和文學價值略作討論,以求獲得管中窺豹之效。

王誦墓誌首題爲"魏故使持節侍中司空尚書左僕射驃騎大將軍徐州刺史王公墓誌銘",高六十四釐米,寬六十三釐米,全志共三十三行,每行三十三字。一九二一年出土於洛陽城北北陳莊村東北大塚,圖版被收入黃立猷《石刻名彙》、關百益《河南金石志圖》及趙萬里《漢魏南北朝墓誌集釋》等。

《王誦墓誌》之所以在王氏諸墓誌中具有最爲重要的作用,很大程度上是因爲其中明確記載了墓誌的撰人。從史學角度來講,由於墓誌序文的作者是王誦之弟王衍,與王誦有著相同的經歷和知識背景,對其生平細節的掌握較史籍記載更爲細緻而準確。從文學方面來講,墓誌的序文與銘文由南北士人分別撰寫,帶有文學交流與融合的色彩,也具有相當的特色。

(一)《王誦墓誌》的歷史價值

《王誦墓誌》的歷史價值在於其序文對王誦生平記載頗爲詳盡,而且可信度高,因此可以補史書之闕、校史書之失。這主要表現在幾個方面。

第一,通過本墓誌,可以瞭解南朝齊梁時琅琊王氏譜系編制的情況。

北朝的數篇琅琊王氏墓誌中，大多只提到了王氏出自姬姓，爲太子晉後人之事①，與這種在漢代就已定型，其後在孫綽《丞相王導碑》等著作中一直沿用的說法相比，王誦墓誌所記載的王氏世系最爲詳盡，也提供了新的信息。《晉書·王祥傳》曰："王祥字休徵，琅邪臨沂人，漢諫議大夫吉之後也。"②可見在兩晉時，王氏的譜系尚只追溯到王吉。然而在唐宋的姓氏譜牒著作中，王氏的傳承系統卻得到了極大的充實。《新唐書·宰相世系表二中》載：

> 王氏出自姬姓。周靈王太子晉以直諫廢爲庶人，其子宗敬爲司徒，時人號曰王家，因以爲氏。八世孫錯，爲魏將軍。生賁，爲中大夫。賁生渝，爲上將軍。渝生息，爲司寇。息生恢，封伊陽君。生元，元生頤，皆以中大夫召，不就。生翦，秦大將軍。生賁，字典，武陵侯。生離，字明，武城侯。二子：元、威。元避秦亂，遷於琅邪，後徙臨沂。③

與《晉書》的記載相對比，可以看出南朝和隋唐時期是王氏追溯祖先充實族譜的重要階段。在這一時期提及王翦、王離爲王氏之祖的，並非僅有此墓誌。任昉的《王文憲集序》中稱"若離翦之止殺，吉駿之誠感"，李善注引《琅琊王氏錄》曰："其先出自周王子晉，秦有王翦、王離，世爲名將。"④《琅琊王氏錄》者，《隋書·經籍志》失載，清梁章鉅稱其爲何法盛《晉中興書》篇目，不知何據⑤，而《王文憲集序》則大概作於永明九年⑥，早於《王誦墓誌》。然而，由王氏子弟所親作的墓誌序文中"離、翦擅於興秦"一句卻仍相當重要，因爲它說明，雖然在齊梁之際，由王錯至王頤的七代世系也許尚未確定，但琅琊王氏初祖從王吉上溯到秦時王翦已得到了家族成員的認可，這也印證了任昉所說的"其先自秦至宋，國史家牒詳焉"。而從另一方面講，李獎所撰銘辭中亦有"翦離上將"之句，依從了王衍的說法。這也就

---

① 如《元颺妻王夫人墓誌》稱"周王王冀（疑爲"晉"之誤）之引"（見趙超著《漢魏南北朝墓誌彙編》，第 73 頁），《王紹墓誌》稱"姬文以大聖啟源，子晉資儲仙命氏"（見趙超著《漢魏南北朝墓誌彙編》，第 82 頁）。
② 《晉書》，第 987 頁。
③ ［宋］歐陽修、宋祁撰《新唐書》，北京：中華書局 1975 年版，第 2601 頁。
④ ［梁］蕭統撰，［唐］李善注《文選》，北京：中華書局 1977 年版，第 652 頁。
⑤ 見［清］梁章鉅撰，穆克宏點校《文選旁證》卷二三，福州：福建人民出版社 2000 年版，第 626 頁。
⑥ 參見熊清元《任昉詩文系年考證》，《黃岡師專學報》第十二卷（1992），第 35 頁。

意味著,這種經過擴充的王氏世系被入北王氏子弟帶到了北方,並且爲北方社會所接受。

第二,通過本墓誌,可以從側面瞭解王奐諸孫在南的生活狀況及性情、家風改變之原因。

王奐於永明十一年被誅時,其子除王肅北奔之外,未在同時被殺的只有王秉一人,這可能是因爲他年齒尚輕,仍未解褐出仕。而其諸孫中,現存文獻記載中年齡最長的王誦也只十二歲。《王誦墓誌》中並未載其母氏情況,從王紹、王翊墓誌中看,王紹母爲陳郡謝氏,謝莊之女,王翊母則爲劉宋江夏王劉義恭之女嘉興縣主,其家門都具有較高的社會地位。然而,王肅入北後多在邊南侵,王奐之弟王份尚要與王肅撇清關係①,母氏親屬恐怕也起不到實質性的幫助。在"奐既誅,故舊無敢至者"②的情況下,一門婦孺的生活之艱難可想而知。王誦墓誌中稱"既面告靡依,趨庭闕範,勉躬砥礪,動不逾節。處家雍穆爲本,治身恭儉自居",可見其在家門遭變後失去了士族子弟的優勢地位,一方面發奮以圖復興家業,一方面又由於父祖被殺、叔父北奔的敏感身份而不得不謹慎行事。而當時一家中無人出仕,經濟狀況必定也極劇下降,因此需要簡樸維生。這不僅是王誦個人的情況,也是王奐諸孫普遍的生活狀態,更是造成其門風向"雍穆恭儉"轉變的原因。

自南朝逃亡入北士人與皇族存在一種普遍情況,即在入北之後,大多會形成簡樸重孝的性情及門風。如劉昶"入國歷紀,猶布衣皂冠,同凶素之服"③,蕭寶寅"志性雅重,過期猶絕酒肉,慘形悴色,蔬食粗衣,未嘗嬉笑"④,王慧龍"生一男一女,遂絕房室。布衣蔬食,不參吉事"⑤,王肅亦"清身好施,簡絕聲色,終始廉約,家無餘財"⑥。有研究者認爲,這是爲了得到北方士族的認同,適應風格迥異的北方士風,因此有意改變門風,向"重孝

---

① 《梁書·王份傳》載:"份兄奐於雍州被誅,奐子肅奔於魏,份自拘請罪,齊世祖知其誠款,喻而遣之。屬肅屢引魏人來侵疆場,世祖嘗因侍坐,從容謂份曰:'比有北信不?'份斂容對曰:'肅既近忘墳柏,寧遠憶有臣。'帝亦以此亮焉。"(見[唐]姚思廉撰《梁書》,第325頁。)按,此條記載應有誤。王肅於永明十一年十月方得在鄴謁孝文帝,此時齊武帝已崩,況且魏齊在鬱林王隆昌元年(494)還曾相互遣使,交惡開戰是在齊明帝蕭鸞登基之後。故疑"世祖"應爲"高宗"之誤。但王肅南侵會造成其在南親屬的自危心理,則是可以肯定的。
② [唐]李延壽撰《南史》,北京:中華書局1997年版,第639頁。
③ 魏收撰《魏書》,第1308頁。
④ 魏收撰《魏書》,第1314頁。
⑤ 魏收撰《魏書》,第877頁。
⑥ 魏收撰《魏書》,第1411頁。

尚儒"的北方高門門風靠近①。但實際上,這並不一定是模仿學習北方士風的結果,而是有主觀與客觀兩方面的原因。從主觀上説,逃亡入北的南朝士人往往帶有一種意欲報仇雪恥的心態,或者至少是表達出這樣一種態度,如《王紹墓誌》中稱王肅"深侔伍氏之概,必誓異天之節,乃鵠立象魏,志雪冤恥"②,《洛陽伽藍記》卷三"正覺寺"條則稱"肅憶父非理受禍,常有子胥報楚之意,卑身素服,不聽音樂,時人以此稱之"③,直接將前者當作後者的原因。可見南方士人在北所表現出的簡樸嚴正帶有强烈的自我砥礪、卧薪嚐膽之意,並且可以藉此獲得北人的欣賞與信任。而從客觀上説,這是家門地位和經濟條件下降的結果。《王誦墓誌》中的記載可以説明,這種家風轉變並非在入北之後方纔出現的,而是在南時就已經出現,因此與學習並融入北方士風並没有太大的關係。

第三,本墓誌具有史料價值,可以校史書之誤,並對史書有所補充。

校正史書之誤是北朝墓誌的一個重要價值,就《王誦墓誌》而言,這一價值最明顯的體現就是將王誦卒年從三十七歲訂正爲四十七歲。這大概是由於"卅"與"卌"字形相近而導致的錯誤。此外,《魏書·王誦傳》中僅載其"出爲左將軍、幽州刺史",墓誌中則將其任此職的時間確定爲正光末孝昌初,將這段記載與《孝明帝紀》及《常景傳》結合可以看出,王誦離開幽州返回洛陽,很可能是因爲杜洛周於上谷起事,而接替他的職務,在幽州討洛周的是常景和王延年。此外,王誦雖領左將軍、平南將軍、鎮軍將軍等職,卻從不曾率兵征討。對他來説,將軍號只是加官而已。這與孝文帝時期入北南人多投身軍旅"於南境自效"的情況有了根本性的差别。

墓誌中云:"雖寵任日隆,謙光彌至,早多羸恙,少慕棲偃,難進好止,非爲假飾。觸鱗之請雖屢,丘壑之志未從。"在孝昌末出現這種求退心態的並非王誦一人。結合《王遵業傳》和《袁翻傳》中對二人在河陰之變前不久或求外調或乞骸骨的記載,可知當時在政權核心,深受寵任的近侍官員中,憂心時局並且希望避地自保是一種相當普遍的心態。然而這三位號稱"三哲"的高門士族雖已知天下將亂,卻仍不及避禍,終於同日被害於河陰,實是令人唏噓。

---

① 參見陳迪宇《北歸士族在北朝發展的幾種模式初探——以太原晉陽王氏、渤海刁氏、琅琊王氏北歸後的發展爲例》,《臨沂師範學院學報》第二十六卷第二期(2004)。
② 趙超著《漢魏南北朝墓誌彙編》,第82頁。
③ 楊衒之撰,周祖謨校釋《洛陽伽藍記校釋》,第109頁。

(二)《王誦墓誌》的文學價值

作爲南北士族的合撰之作,《王誦墓誌》具有鮮明的特徵。這首先表現在,由於撰人與墓主關係親密,因此志文中表現出了在北朝墓誌中甚爲少見的真切抒情性。其次,它還表現在由於撰人身份與知識結構等原因,這篇志文中體現了鮮明的南北文學融合的特點。

首先,從文學性和抒情性上來看,這篇墓誌的價值其實並不體現在王衍的序文中。序文雖然記載王誦生平事蹟詳實準確,而且用典工穩,結構整飭,但是卻只能算一篇中規中矩的志文,在北魏孝明帝之後,墓誌文體已經成熟的這一時期,它並不具有令人眼前一亮的特色。同樣是爲亡兄所作的志文,元欽在延昌三年所作的《元飈墓誌》,雖然年代早於《王誦墓誌》,而且是鮮卑宗室所作,但其文學性卻要勝於王衍之作,志文中言:"君高枕華軒之下,安情琴書之室。命賢友,賦篇章,引淥酒,奏清弦。追嵇阮以爲儔,望異氏而同侶,古由今也,何以別諸。"①不惟措辭句式圓熟而富有節奏感,而且較好地描繪了一位已然中原化的鮮卑貴族。與之相比,王衍之作既没能爲王誦勾勒出豐滿生動的形象,也没有表達真切的喪兄之痛,這不能不說是本篇序文的缺憾之處。

然而,李奬的銘辭卻具有一定的特色。北朝墓誌絕大多數是由專人製作,雖然在後期逐漸形成了請著名文士代爲撰寫的風氣,也仍以例行公事或受人之托所作爲多,因此即使是魏收、庾信等北朝第一流文士所作的碑銘,仍然難免帶有隸事極多,辭藻繁複卻缺少真情實感的特點,不題撰人的普通墓誌更是出現結構固定,措辭、用典程式化的情況。僅以同爲王氏子弟的王紹墓誌爲例,其銘辭曰:

> 逈仙之系,粤聖斯始,清瀾淏鏡,瓊基岱跱。照灼丹書,庵鬱青史,聯祥挺哲,若人載美。義範仁規,高韻卓絶。孝切曾穎,友兼常棣。鄒子齊華,潘生等慧,爰玉其溫,爰冰其潔。克叡克明,機神是庶。六藝孔修,九德丕著。既優而仕,登朝飛譽。康衢未跨,歸軫先遽。嗚呼彼蒼,何善空默,惟顔與子,薄年厚德。照車徙旬,連城去國,如寶斯亡,靡尚靡則。塵書斷義,捙酒誰琴,玄堂杳寂,絶壟凝陰。咸增桓岫,落

---

① 《漢魏南北朝墓誌彙編》,第75頁。

睒抽心,托裁幽石,聿載休音。①

這段銘辭篇幅較長,而且幾乎句句用典,措辭也甚爲典正,篇末的"玄堂""幽石"等詞語,都是北朝墓誌中極爲常見的固定意象。可見,在宣武帝晚期,墓誌的格式、內容就已經形成了定式,語言運用也已經相當圓熟。然而,此篇中雖全爲頌美之辭,但頗爲平滯,與王衍所作的序文一樣,都讓人有種縱然華麗,卻缺少點睛之筆的感受。

李奬所作卻與這種已成定式的銘辭有所不同。王誦墓誌的銘辭用典並不多,即使用典之處,也並不晦澀,大抵是比較常見曉暢的典故,而且李奬並沒有刻意使用墓誌創作中的固定用語,例如以"幽扃"指墓門在北朝墓誌中相當常見,但李奬所用的卻是"幽扉",而這個詞只在《王誦墓誌》和元欽所作《元颺墓誌》中出現過,可見,這兩人在創作墓誌時並沒有遵循成規。更加值得注意的是,這篇銘辭中有如下一段:

昔忝光禄,及子同官。玄冬永夜,耳語交歡。奠案不食,實忘饑寒。願言思此,痛切心肝。

像這樣長達數句卻並未用典,言辭也甚爲淺近的敘事性寫法,在北朝墓誌銘辭中相當罕見,而它所達到的觸動人心的效果,在北朝墓誌中也同樣難得。從某種角度來說,它突破了墓誌銘的體裁限制,不是單純儀式化的讚美哀悼,而是從友人的角度出發,真切地回憶相交甚歡的經歷,將和睦親密的往日情景與"悲風動旆"的意象相襯,造成了深切而真摯的悲涼之感。此外,從全篇的角度來看,銘辭的前一半以敘述生平、讚美品德爲主,用典較多,最後一段則是墓誌必備的對墳塋及周邊景觀的敘述,相對來說都較爲正式,而以這樣一段內容銜接二者,在節奏上和情感上都有明顯的變化,具有一種起伏跌宕的效果。正因如此,與上引《王紹墓誌》的銘辭相比,這首銘辭要靈動哀切得多,其文風也不同於王紹墓誌中的古樸雅正,而是頗爲流麗清俊,帶有一種魏晉文人四言詩的韻味。由此看來,李奬爲王誦所作的銘辭在北朝墓誌中是相當獨特而成功的一篇,具有相當高的文學價值。

其次,這篇墓誌帶有明顯的南北融合的特點。需要注意的是,李奬雖

---

① 《漢魏南北朝墓誌彙編》,第242頁。

自稱爲北方士族頓丘李氏,實際上其家族卻是自南方遷徙而來①。不過,本篇中南北融合的特點主要體現在王衍所作的序文中。從這一角度講,王衍序文雖然文學水準不算高,卻仍具有較爲重要的文學史意義。

《魏書·王肅傳附王衍傳》載王衍"天平三年(536)卒,年五十二"②,則其生於齊永明三年(485),在景明初入國時,大概十五六歲。在入北近三十年後,他的知識結構中存在南北兩個系統的內容是很正常的。在王誦墓誌中,這種知識結構最具體而細微的表現,在於序文中的用典有些在南朝多見,有些則僅見於北朝。根據上文的墓誌校注,我們可以各舉出兩個例子:

1. 僅見於北朝使用者

"資靈":此爲北朝墓誌的常見用詞,僅在《漢魏南北朝墓誌彙編》所收墓誌中就出現二十二次,其中"資靈川嶽"一詞出現四次,可見已經成爲固定用法。

"寅門":《莊子·外物》中的"演門"之典,在中古時期用於文學作品的,僅見於洛陽地區出土的墓誌,且都寫作"寅門"。如魏孝昌三年《元融墓誌》曰"遭離閔憂,蒸蒸幾滅。毀甚寅門,哀踊泣血"③;唐垂拱三年《司馬寔墓誌》則曰"子潭州參軍承佑等,業傳良冶,毀極寅門"④。雖然尚不能瞭解其原因,但出現這種狀況,無疑帶有地域和文化上的獨特性。因此使用上述二詞,體現出王衍接受了北朝文化的影響。

---

① 《魏書》中載李平、李獎父子以及李崇等人爲頓丘李氏,但實際上,他們與出身頓丘李氏的李彪等並非同宗。《魏書·李彪傳》及《陽平王太妃李氏墓誌》中均載其籍貫爲"頓丘衛國人",而李平、李崇等的籍貫則均載爲"頓丘人"。《魏書》卷八三《外戚傳·李峻傳》曰:"李峻,字珍之,梁國蒙縣人,元皇后兄也。父方叔,劉義隆濟陰太守。高宗遣間使諭之,峻與五弟誕、嶷、雅、白、永等前後歸京師。拜峻鎮西將軍、涇州刺史、頓丘公。雅、嶷、誕皆封公位顯。後進峻爵爲王,徵爲太宰,薨。"卷七〇《劉藻傳》又載:"永安中,與姊夫李嶷俱來歸國,賜爵易陽子。"按,此條中的"永安"應爲"天安",是獻文帝繼位後的第一個年號。則此李氏本爲梁國李氏,獻文帝因欲借外戚力量與馮太后相抗衡,故在繼位後將其在南諸舅招入北魏,之所以稱爲"頓丘李氏",應該是因李峻封頓丘公,並有可能家於此地的原因。因此,李獎與前文提到的胡太后倖臣李神軌一樣,均爲第三代入北魏人,但其祖輩在南時並不以學業顯,因此其"當世才度"應該大體上已北方化了。然而《顏氏家訓·風操》載李獎子李構母劉氏"宋廣州刺史纂之孫女,故構猶染江南風教"(見[北齊]顏之推著,王利器撰《顏氏家訓集解》,北京:中華書局1996年版,第104頁),則其家世中的南方因素仍是不可忽視的。

② 魏收撰《魏書》,第1413頁。

③ 趙超著《漢魏南北朝墓誌彙編》,第206頁。

④ 見羅振玉編《芒洛塚墓遺文》卷上,民國三年(1914)石印本。

2. 見於南朝者

"綺歲"與"觿辰"搭配之例:這種用法在北朝現存作品中不曾出現,而在南朝齊梁後則有相當多的用例。如:

> 釋僧佑《齊竟陵王世子巴陵王法集序》:慧發觿辰,識表綺歲。①
> 《陳書》卷二八《始興王伯茂傳》:第二皇子新除始興王伯茂,體自尊極,神姿明穎,玉暎觿辰,蘭芬綺歲,清暉美譽,日茂月升,道鬱平、河,聲超袞、植。②
> 《隋書·煬三子傳·元德太子昭傳》載虞世基《元德太子哀策文》:有縱生知,誕膺惟睿。性道觿日,幾深綺歲。③
> 《文館詞林》卷四五三載褚亮《隋車騎將軍莊元始碑銘》:洪源實長,有此人良。觿年岐嶷,綺歲珪璋。④

此外,尚有"褰帷"與"求瘼"對仗之例,則見於梁元帝蕭繹《與劉孝綽書》與陳宗元饒《奏彈陳哀》兩文中。

齊梁時期,由於駢文發展,很多對仗用法被確定下來,此處的兩例就屬於這種情況。而在北朝,雖然駢體也有所發展,但尚未有如此謹嚴固定的對仗意識,因此並未出現這兩種搭配,在《王誦墓誌》序文中出現的這兩處對仗,明顯是南朝文學影響的產物。

從微觀上看,王衍序文的南北融合特性體現在用典、用詞的地方性上,而從宏觀上看,則體現於這篇墓誌的文體結合了南北朝後期南北兩地墓誌的特徵。

王衍雖然是南朝高門出身,但其墓誌序文卻完全依從了北朝墓誌的常用格式而不是使用南朝墓誌的格式。北朝墓誌的格式在宣武帝時已經定型,一篇完滿的墓誌通常分爲以下幾個部分:1. 世襲父祖;2. 天資品行;3. 仕宦生平;4. 死亡生平及時間;5. 駢體對句的讚頌之辭;6. 銘辭。除此之外,有時在銘辭之前會有墓誌撰人情況及撰志原因,而銘辭之後有時會羅列死者的配偶子女。然而南朝齊梁墓誌的格式則與此不甚相同。雖然

---

① [梁] 釋僧祐撰《出三藏記集》,北京:中華書局1995年版,第454頁。
② [唐] 姚思廉撰《陳書》,北京:中華書局1972年版,第358頁。
③ [唐] 魏徵、令狐德棻撰《隋書》,北京:中華書局1997年版,第1436頁。
④ [唐] 許敬宗編,羅國威整理《日藏弘仁本文館詞林校證》,北京:中華書局2001年版,第168頁。

北朝墓誌亦通常是由專人制撰，但從現存的幾方南朝墓誌來看，齊梁時期的墓誌存在更爲明顯的"奉敕而作"的公文色彩。羅新、葉煒指出："南朝由朝廷出面營葬的王公貴族，其墓誌的撰寫一般也就是由秘書省諸著作或相關人員來承擔，這些人所依據的資料，只能是秘書省原有的檔案(名臣傳、功臣傳之類)，所以在名號、稱謂、生平等等方面，是符合有關規定的，這與北朝墓誌很不一樣。"①這是南朝墓誌的官方特點所導致的，南北朝墓誌在使用資料方面的區別。而體現在格式和內容方面，這就造成了兩個與北方墓誌的不同之處：

第一，北方墓誌題有撰人姓名的並不多見，即使載有撰者姓名，也會是在志中以敘事口吻提出，並往往附有撰人對亡者的悼念敬仰之辭，如前述《元颺墓誌》云："季弟散騎常侍度支尚書大宗正卿思若哀玉山之半摧，痛良□之中折，悲踰□聽，慕深九泉，敬飾玄石，以述清徽。乃作銘曰云云。"②而南朝齊梁墓誌大多都有撰者姓名，而且是以署名的方式，直接著錄於篇首或銘辭之前。例如：

    銘文大司馬參軍事東海鮑行卿造(南齊《王寶玉墓誌》③)
    長兼尚書吏部郎中臣任昉奉敕撰(梁《蕭融墓誌》④)
    吏部尚書領國子祭酒王暕造(梁《桂陽王太妃王纂昭墓誌》⑤)
    尚書右僕射太子詹事臣徐勉奉敕撰(梁《蕭敷墓誌》⑥)

第二，由於齊梁墓誌帶有官方性質，使用的是秘書省的檔案，因此墓誌序文中常大段引用帝王昭册，這也是北朝墓誌中所没有的内容。如《桂陽王太妃王纂昭墓誌》曰：

    天監三年十二月策命拜桂陽王太妃文曰："於戲，維爾令德克昭，靜恭靡忒，式儀蕃序，允樹芳徽。是故遵以朝序，用申彝服。往欽哉。

---

① 羅新、葉煒著《新出魏晉南北朝墓誌疏證》，北京：中華書局2005年版，第47頁。
② 趙超著《漢魏南北朝墓誌彙編》，第76頁。
③ 志石藏於南京博物院。
④ 趙超著《漢魏南北朝墓誌彙編》，第25頁。
⑤ 趙超著《漢魏南北朝墓誌彙編》，第26頁。
⑥ 趙超著《漢魏南北朝墓誌彙編》，第27頁。

其茂休烈,可不慎歟。"……天監十三年十月丙子朔廿日乙未薨,春秋卅二。有詔曰:"桂陽國太妃奄至薨隕,追痛切割,今便臨哭。喪事所須,隨由備辦。鴻臚持節監護喪事。"①

將南北朝墓誌的格式相對照,可以看出,王衍的墓誌序文所依據的是北朝所襲用的墓誌文體。然而,這並不意味著他在創作墓誌時完全沒有襲用南朝傳統。恰恰相反,他將南朝齊梁墓誌的一個非常重要的體例引入了北朝,即由二人分撰序文和銘辭,從而合爲一篇。

自劉宋起,南朝墓誌就呈現出一種重銘辭而輕序文的傾向,這大概與晉宋後日益明顯的重文輕筆風氣有關,因爲南朝墓誌序文的基本內容僅是世系、譜牒、生平等史料,不太需要文采,而銘辭則是四言韻文。這種輕重之分體現在文獻中,就表現爲當時典籍著錄墓誌時,基本只收錄銘辭。例如《江文通集》卷一〇中的《宋故安成王右常侍劉喬墓誌文》《宋故銀青光禄大夫孫敻墓誌文》《齊故御史中丞孫詵墓誌文》《齊故司徒右長史檀超墓誌文》,以及《文選》卷五九"墓誌"類所收錄任昉所作《劉夫人墓誌》等數篇名家之作,都均只有銘辭,而無序文。而反映在當時的創作情況中,則表現爲墓誌往往由兩人同撰,一人負責序文,而另一以文才聞名者負責銘辭。例如上引《王寶玉墓誌》的銘辭爲鮑行卿所作,《南史·鮑泉傳附鮑行卿傳》曰"時又有鮑行卿以博學大才稱……上《玉璧銘》,武帝發詔褒賞"②,而《蕭融墓誌》中"梁故散騎常侍、撫軍大將軍、桂陽融謚簡王墓誌銘。長兼尚書吏部郎中臣任昉奉敕"一行置於序文之後,銘辭之前,可見任昉所撰的應該也只是銘辭。陳《黃法氍墓誌》則寫明"左民尚書江總製,太子率更令□東宮舍人顧野王□(撰銘辭),冠軍長史謝眾書"③,《陳書·孫瑒傳》則載曰"(瑒)及卒,尚書令江總爲其志銘,後主又題銘後四十字,遣左民尚書蔡徵宣敕就宅鐫之"④,可見這種兩人合撰墓誌的風氣一直延續到陳代。

在《王誦墓誌》之前,北朝並非沒有二人同撰的墓誌。熙平元年《釋僧芝墓誌》云:"大弟子比丘尼都維那法師僧和、道和,痛靈蔭之長徂,戀神儀

---

① 趙超著《漢魏南北朝墓誌彙編》,第 26 頁。
② 李延壽撰《南史》,第 1530 頁。
③ 羅新、葉煒著《新出魏晉南北朝墓誌疏證》,第 45 頁。
④ [唐] 姚思廉撰《陳書》,北京:中華書局 1974 年版,第 321 頁。

之永翳,號慕餘喘,式述芳猷,若陵谷有遷,至善無昧。乃作銘曰云云。"①而同由王衍參與製作,時間比《王誦墓誌》稍後的永安二年《元繼墓誌》則曰:"前佐司徒府諮議參軍事太常卿琅琊王衍,前佐司徒府記室參軍事大將軍府從事中郎新平馮元興等,慮陵谷貿遷,丘隴難識,故鏨志埏陰,刊載氏族。乃作銘曰云云。"②都是二人同作,但並沒有寫明是否一人作序文,另一人作銘辭。這樣看來,在現存北朝墓誌中,《王誦墓誌》就具有了首次明確將這種墓誌創作風氣傳入北朝,開風氣之先的作用,而且這種創作方式確實融入了北朝的墓誌創作中。

與南朝不同,北朝墓誌的序文由史官根據官方資料寫作的情況並不多見,因此,二人同作墓誌在北朝有了新的模式,即由親屬創作序文,而才學之士創作銘辭。這種墓誌形式在北齊河清至天統年間集中出現,可分爲入北南人爲其親屬所作、入北南人爲北朝人士所作,以及北方高門士族所作三種撰寫類型。雖然其撰寫時間互有先後,但仍可以體現出,這一南朝入北士人所習慣的墓誌撰寫方式,逐漸爲北朝漢族士人所接受與學習的過程。由於銘辭撰寫者與作序文的亡者親屬,往往皆才名頗盛,因此這一類墓誌往往不僅對生平史實記載詳盡準確,而且具有較高的文學水準,算得上北朝墓誌中的翹楚。

現存的兩篇由入北南人撰寫以二人同作形式撰寫的北齊墓誌,一爲河清四年(565)的《元洪敬墓誌》,一爲天統五年(569)的《袁月璣墓誌》。二者均於鄴城出土,而其制撰均由袁奭參與。《元洪敬墓誌》稱"梁尚書比部郎譙國桓柚作序,梁侍中陳郡袁奭制銘"③,桓柚自非元洪敬的親屬,此篇南朝模式僅僅體現在二人同作,一序一銘之中。而作爲袁月璣兄子,袁奭在《袁月璣墓誌》轉爲序文的撰者。這種身份變化清晰地體現出,作爲入北南人的制撰者對於南朝墓誌體例的著意恪守。其對南朝墓誌體例的繼承,尚可體現在其他幾個方面。

首先,從其出身來說,袁奭與劉仲威均屬於蕭莊—王琳集團,在蕭莊事敗後羈留北方。而桓柚雖未見於史書記載,然而從其與袁奭均以梁官銜自稱的情況看,應亦爲蕭莊舊僚,甚至可能是在袁奭以梁侍中身份使齊時一

---

① 趙君平、趙文成編《河洛墓刻拾零》,第20頁。
② 趙超著《漢魏南北朝墓誌彙編》,第260頁。
③ 見葉煒、劉秀峰編《墨香閣藏北朝墓誌》,上海:上海古籍出版社2016年版,第134—135頁。

同入鄴。袁奭出身於陳郡袁氏,曾爲蕭莊侍中;劉仲威出身南陽劉氏,"頗涉文史"①,於梁元帝承聖年間曾任中書侍郎;桓柚亦出身於譙國桓氏,三人均出身於南朝文化士族,有著相似的出身背景。而通過墓誌制撰可以看出,這一集團在入齊後仍保持著密切聯繫。

其次,袁奭等人在北的密切聯繫,並非僅僅是限於入北南人的小圈子中。《北齊書·文苑傳序》載武成三年立文林館後,"(祖)珽又奏撰《御覽》,詔珽及特進魏收、太子太師徐之才、中書令崔劼、散騎常侍張雕、中書監陽休之監撰"②,所召集的六十二名"續入待詔"的文士中,即有"中散大夫劉仲威、袁奭"③。可見蕭莊—王琳集團的南朝士人,雖一直以梁臣身份自居,但實際上加入了南北士人共同參與的北齊重要文化事件,這一方面能促成其保持著一致的知識結構,另外一方面也爲他們與北方人士交往,使具有南朝特色的文體——如墓誌體例——在北方發生影響創造了機會。

第三,袁奭爲梁司空袁昂之孫,袁昂不惟是齊梁兩朝名臣,亦是當時頗有盛名的書法家。而同樣值得注意的是,史書中明確涉及到南朝墓誌體例之事,即與袁昂有關。《梁書·袁昂傳》載曰:"初,昂臨終遺疏,不受贈諡,敕諸子不得言上行狀及立志銘,凡有所須,悉皆停省。"④這説明,不論是出於身份地位,還是出於文化修養,袁昂及其諸子均熟悉將行狀奏上,由史官記録爲官方檔案,並用於墓誌撰寫的流程。這種對官方流程的瞭解,應該會影響袁奭,並且使其在入北之後,將其作爲個人行爲,用於爲親朋故交撰寫墓誌,並最終擴大了這一體例在北方的影響。

北方士人所撰二人同作之墓誌,較具代表性的是同爲河清四年(565)所撰的《封子繪墓誌》:

> 從弟孝琰以爲陸機之誄士平,情則兄弟;潘嶽之哀茂春,事實昆季。是以謹撰遺行,用裁志序。所恨少長懸隔,聚散閑之,素業貞猷,百不舉一。吏部郎中清河崔贍與公禮闈申好,州里通家,摛縟之美,籍甚河朔。敬托爲銘,式昭不朽。⑤

---

① 見姚思廉撰《陳書·劉仲威傳》,第245頁。
② [唐]李百藥撰《北齊書》,北京:中華書局1997年版,第603頁。
③ 李百藥撰《北齊書》,第603頁。
④ 姚思廉撰《梁書》,第455頁。
⑤ 趙超著《漢魏南北朝墓誌彙編》,第424—425頁。

封孝琰與崔瞻在東魏北齊之際,皆以風儀舉止著稱,然《北齊書·封隆之傳附封孝琰傳》稱"孝琰文筆不高,但以風流自立,善於談謔,威儀閒雅,容止進退,人皆慕之"①,《北史·崔逞傳附崔瞻傳》則載其"才學風流爲後來之秀"②,又載其與父崔㥄同參與文學集會之事云:

  魏孝靜帝以人日登雲龍門,(瞻)與其父㥄俱侍宴爲詩。詔問邢邵等曰:"令瞻此詩何如其父?"咸曰:"㥄博雅弘麗,瞻氣調清新,並詩人之冠冕。"宴罷,咸共嗟賞之,云:"今日之宴,並爲崔瞻父子。"③

可見崔瞻的才學及韻文創作水準都勝於封孝琰,二人同撰《封子繪墓誌》的行爲,正符合由南朝傳入的墓誌創作模式。

  1963年出土於河北省饒陽城南王橋村的隋《李敬族墓誌》《趙蘭姿墓誌》,是當時著名文士李德林父母的墓誌。《李敬族墓誌》中稱"太子洗馬河南陸開明,博物高才,譽重當世,德林願其敘述,敬托爲銘,罔極之心,冀傳萬古"④,《趙蘭姿墓誌》中稱"尚書倉部侍郎新平古道子,學業優長,才思通博,願傳萬一,敬托爲名"⑤,因此《新出魏晉南北朝墓誌疏證》將其作者歸爲陸開明和古道子。然而,兩方墓誌的序文中分別有"德林生蒙愛育,撫視殷勤,情有識知,便聞訓導"與"德林父兄早棄,夙嬰荼蓼,姊妹及弟,煢然靡托,寔賴慈育,得及人倫"之語,顯然爲李德林自述之辭。由於李德林是由北朝入隋的,可見這種至親自述序文,借人作銘辭的方式,在北朝上層社會中一直存在。這是王衍作《王誦墓誌》的重要意義所在。

  綜上所述,《王誦墓誌》在北魏墓誌中具有相當重要的地位。它的價值體現在諸多方面。

  第一,它記載的史料翔實可靠,可以用來校史書之失,並且管窺孝明帝末年的社會局面和士人心態。

  第二,它的銘辭具有較强的抒情性和文學性,在北朝墓誌中比較獨特,具有一定的文學價值。

---

① 李百藥撰《北齊書》,第308頁。
② 李延壽撰《北史》,第874頁。
③ 李延壽撰《北史》,第875頁。
④ 羅新、葉煒著《新出魏晉南北朝墓誌疏證》,第375頁。
⑤ 羅新、葉煒著《新出魏晉南北朝墓誌疏證》,第375頁。

第三,《王誦墓誌》的創作是一次南北文學交流融合的活動,它一方面表現爲入北南朝士人接受了北朝的墓誌文體,另一方面也顯示出南朝的墓誌創作模式通過逃亡入北的士族子弟傳到了北方,並且被北方士人接受、改造,形成了一種具有北朝特色的北朝高門墓誌的創作方式。通過它和其後的一系列墓誌作品,我們可以看出南朝的文學創作手法是如何被帶到北朝,並且在北朝產生影響。從某種角度來説,這是《王誦墓誌》所傳達出的最爲重要的信息。

結　　語

太和年間王肅入北,雖然是北魏文化史中的重要事件,但是由於人數很少,所以只是一個個案,並不具有代表性的意義。但是宣武帝初年,其弟及其妻攜子侄輩齊至北魏,人數至少在近十人,已經形成了一個小型群體,因此其與北魏社會的碰撞融合情況,必然要比王肅個人更爲充分和全面。通過本文的論述,我們可以看出,在宣武帝、孝明帝兩朝,北魏上層對以琅琊王氏爲代表的入北南朝士族的態度發生了很大變化,其最重要的方面並非他們開始普遍看重王氏的文化地位,而是隨著政權正統性的確立,在孝文帝朝尚且相當明顯的"南人"身份標識以及由此帶來的抵觸心理在此時已然淡化,北方宗室與大族已能夠平和而無芥蒂地接受與入北南人的共處、結親與交遊。實際上,孝文帝在王肅入國之初,就已經希望能夠將其樹立爲漢魏晉正統文化的代表,而抹去其歸降南人的色彩,賜宅於延賢里等舉措中都體現了他的用心。然而北魏上層普遍接受這一態度,卻是在宣武帝中期之後。琅琊王氏等南朝士族通過婚姻、仕宦等途徑與北魏上層宗室及士族的接觸增多,有助於北方上層態度的轉變,而觀念的轉變,又反過來推動王氏通過婚宦融入北魏社會的進程,二者是互爲表裏的關係。另外需要注意的是,北魏上層對入北士人的態度之所以發生變化,也有統治者的個人意願參與其中。例如孝文帝希望將王氏對漢魏舊事的掌握爲其中原化進程所用,而胡太后則有意用琅琊王氏等南朝士族來抑制北方的高門大族。這也會造成入北南朝士族在社會上的地位、作用乃至形象變化。

北魏上層觀念的改變爲入北南人與北方宗室、士族平等地進行文化交流和文學機會奠定了基礎,這就造成宣武、孝明兩朝雖然與南朝中斷了外交關係,但上層文士所受到的南朝影響反而較孝文朝大大加深。我們可以看到,在這一時期,孝文帝時上層聚會中對劉昶"或戾手齧臂,至於痛傷,笑呼之聲,聞於御聽"①,或是屢屢以王肅爲嘲戲對象的"侮弄"或挑釁,卻又有意將入北南人排斥在文學活動之外的情況已經不再存在,入北士族成爲文學集團活動的重要參與者。

在這一時期,上層文學集團已經由君臣集團發展爲同僚集團,並且主要以諸王爲核心。其時諸王多盛選幕僚,王府之中才士聚集,既有奉和諸王之作,也有同僚間的唱和。王誦、王翊在已經遷轉至第四品時,復領第五品上階的諸王友,就帶有借重其才學的文化色彩。《洛陽伽藍記》卷四"城西沖覺寺"條稱清河王元懌"愛賓客,重才藻,海内才子,莫不輻輳"②,《魏書·鄭道昭傳》則載"北海王詳爲司徒,以道昭與琅邪王秉爲諮議參軍"③,可見王氏成員有充分機會,在王府文化活動中與其同僚酬答交流。由此推演,在一些並非其幕主的諸王舉行文學集會時,入北南朝士族也會被邀請參加,如《魏書·元楨傳附元熙傳》曰:"始熙之鎮鄴也,知友才學之士袁翻、李琰、李神儁、王誦兄弟、裴敬憲等咸餞於河梁,賦詩告別。"④就是一次有多種身份的士人參加的文學活動。當然,以同僚爲媒介進行文學、文化交流活動,並不限於王府之中,李獎在《王誦墓誌》中所寫的"昔忝光禄,及子同官。玄冬永夜,耳語交歡。奠案不食,實忘饑寒",就描述了其特相友愛,交遊忘疲之事。另外,王翊在北魏、東魏之際曾任國子祭酒,這一職位歷來只有平齊民和北方士族中學養極深者,以及當時北方的大儒才能充任,南朝士族王翊的參與,必然會對國子學的風氣造成影響。

總而言之,北魏上層對入北南朝士人態度的轉變,使得琅邪王氏子弟等入北士人得以頻繁地參與文學集會,在其中達到南北文化交流和融合的目的。由南朝琅邪王氏成員王衍與北魏頓丘李氏成員李獎合作的《王誦墓誌》,正是在這種文化氣氛下出現的兼具南北特徵的代表之作。更爲重要的是,從某種程度上講,北魏中晚期上層文士與入北南朝士族的頻繁交流,爲魏收、邢邵等東魏文人完全接受南朝文學影響,並主動向其學習的文壇風氣埋下了伏筆。

(作者單位:中國音樂學院音樂學系、中國音樂研究基地)

---

① 魏收撰《魏書·劉昶傳》,第1308頁。
② 楊衒之撰,周祖謨校釋《洛陽伽藍記校釋》,第128頁。
③ 魏收撰《魏書》,第1240頁。
④ 魏收撰《魏書》,第504頁。

The Langya Wang Clan Members' Life Recorded on the Epitaphs in the Northern Wei Dynasty: With a Discussion on the Change of Attitude toward the Immigrants from the Southern Dynasties during the Rules of Emperor Xuanwu and Emperor Xiaoming

Jin Xi

This article focuses on the Langya Wang Clan members' migration from the Liang dynasty to the Northern Wei dynasty and discusses the Clan's integration into the Northern Wei society by examining multifarious aspects of their life, including residences, burial places, marriages into imperial and noble families, political careers, literary activities, and epitaphs. During the rules of Emperor Xuanwu and Emperor Xiaoming in the Northern Wei dynasty, the Langya Wang Clan's cultural influence led to a distinct change of the court's attitude toward the immigrants from the southern dynasties. This article argues that the reasons for this change of attitude lie not in the dominating southern culture but in the northern regime's need to establish and maintain its legitimacy, its changing political and cultural conditions, and the Northern Wei nobilities' own initiatives.

Keywords: migration, Langya Wang Clan, epitaph, cultural exchange, regime legitimacy

徵引書目

1. （北齊）魏收撰：《魏書》，北京：中華書局，1997 年版。
2. （北魏）楊衒之撰，周祖謨校釋：《洛陽伽藍記校釋》，北京：中華書局，2010 年版。
3. （宋）司馬光編著，（元）胡三省音注：《資治通鑑》，北京：中華書局，1997 年版。
4. （宋）歐陽修、宋祁撰：《新唐書》，北京：中華書局，1975 年版。
5. （唐）李百藥撰：《北齊書》，北京：中華書局，1997 年版。
6. （唐）李延壽撰：《南史》，北京：中華書局，1997 年版。
7. （唐）李延壽撰：《北史》，北京：中華書局，1995 年版。
8. （唐）房玄齡等撰：《晉書》，北京：中華書局，2003 年版。
9. （唐）姚思廉撰：《梁書》，北京：中華書局，1997 年版。
10. （唐）姚思廉撰：《陳書》，北京：中華書局，1974 年版。
11. （唐）許敬宗編，羅國威整理：《日藏弘仁本文館詞林校證》，北京：中華書局，2001 年版。
12. （唐）魏徵、令狐德棻撰：《隋書》，北京：中華書局，1997 年版。
13. （梁）蕭統撰，（唐）李善注：《文選》，北京：中華書局，1977 年版。
14. （梁）釋僧祐撰：《出三藏記集》，北京：中華書局，1995 年版。
15. （清）梁章鉅撰，穆克宏點校：《文選旁證》，福州：福建人民出版社，2000 年版。
16. 牟潤孫著：《注史齋叢稿》，北京：中華書局，1987 年版。
17. 唐長孺著：《魏晉南北朝史論叢》，北京：中華書局，2011 年版。
18. 宿白著：《魏晉南北朝唐宋考古文稿輯叢》，北京：文物出版社，2011 年版。
19. 陳迪宇：《北歸士族在北朝發展的幾種模式初探——以太原晉陽王氏、渤海刁氏、琅琊王氏北歸後的發展爲例》，《臨沂師範學院學報》第 26 卷第 2 期，2004 年。
20. 葉煒、劉秀峰編：《墨香閣藏北朝墓誌》，上海：上海古籍出版社，2016 年版。
21. 熊清元：《任昉詩文系年考證》，《黃岡師專學報》第 12 卷，1992 年。
22. 趙君平、趙文成編：《河洛墓刻拾零》，北京：北京圖書館出版社，2007 年版。
23. 趙君平編：《邙洛墓誌三百種》，北京：中華書局，2004 年版。
24. 趙超著：《漢魏南北朝墓誌彙編》，天津：天津古籍出版社，2008 年版。
25. 趙萬里撰：《漢魏南北朝墓誌集釋》，《石刻史料新編》第三輯，臺北：新文豐出版公司，1986 年版。
26. 鄭欽仁著：《北魏官僚機構研究續篇》，臺北：稻鄉出版社，1995 年版。
27. 羅振玉編：《芒洛塚墓遺文》卷上，民國三年（1914）石印本。
28. 羅新、葉煒著：《新出魏晉南北朝墓誌疏證》，北京：中華書局，2005 年版。

論《群書治要》去取《史記》之敘事原則

潘銘基

【摘　要】《群書治要》乃唐人魏徵等奉唐太宗之命而編,其用意在於"昭德塞違,勸善懲惡"。惟歷代典籍眾多,遂於群籍之中,擇其"務乎政術"者,"以備勸戒,爰自六經,訖乎諸子,上始五帝,下盡晉年,凡爲五袠,合五十卷,本求治要,故以治要爲名"。此書引用經、史、子三部之典籍共65種。其中卷一一至卷三〇爲史部,引用史部典籍六種,包括《史記》一卷半、《吳越春秋》半卷、《漢書》八卷、《後漢書》四卷、《三國志》四卷、《晉書》兩卷。其中《漢書》八卷僅存六卷,有兩卷在《治要》佚文之列也。《史記》載錄三千年史事之於一事,上起黃帝,下訖漢武,共五十二萬六千五百字。《漢書》載西漢二百年史事,成八十萬字。然在《治要》之中,僅載《史記》一卷半,而《漢書》有八卷之多,比例懸殊,發人深思。本篇之撰,以《治要》所載《史記》爲根據,討論其去取《史記》之原則與精神,並見其如何體現《治要》"昭德塞違,勸善懲惡"之主旨。

【關鍵詞】群書治要　史記　互見文獻　類書　治國之道

一、《群書治要》述略

隋末唐初,天下方定,唐太宗李世民欲以古爲鑑,明治亂之道。彼以爲類書如《皇覽》等,"隨方類聚,名目互顯,首尾淆亂,文義斷絕,尋究爲難"[①],

---

[①] 魏徵奉敕撰,尾崎康、小林芳規解題《群書治要》,東京:汲古書院1989年版,序,第1冊第10頁。

因而命魏徵、虞世南、褚亮、蕭德言等，博采群書，以治要爲目的，編撰《群書治要》一書五十卷。

魏徵等遂於群籍之中，擇其"務乎政術"者，"以備勸戒，爰自六經，訖乎諸子，上始五帝，下盡晉年，凡爲五袠，合五十卷，本求治要，故以治要爲名"①。《群書治要》所引典籍，包括經、史、子三部共 65 種。卷一至卷一〇爲經部，卷一一至卷三〇爲史部，卷三一至卷五〇爲子部。經部引書十二種，史部六種，子部四十七種，其中又以《漢書》所被徵引最多，共八卷。全書共五十卷，今缺第四卷、第十三卷、第二十卷，實存四十七卷。

《群書治要》自書成以後，兩唐書俱有載錄。及後漸有佚失，南宋時陳騤所編《中興館閣書目》云"十卷"②，《宋史·藝文志》所載亦爲"十卷"③。阮元謂"《宋史·藝文志》即不著錄，知其佚久矣"④，其説可商。《宋志》以後，公私書目俱不載《群書治要》，蓋已散佚。魏徵《群書治要》雖在國内久佚，惟在日本卻有流傳。其中包括平安時代九條家本（殘本，今僅餘八卷可供閲讀）、鎌倉時代金澤文庫本（四十七卷）、元和活字刊本駿河版（四十七卷），以及天明本（四十七卷）。⑤

《群書治要》所引史部典籍概況如下：

卷一一	史記上
卷一二	史記下　吴越春秋
卷一三	漢書一　闕
卷一四	漢書二
卷一五	漢書三

---

① 《群書治要》，序，第 1 册第 5、7、10 頁。
② 陳騤《中興館閣書目》今佚，趙士煒有輯本。此條據王應麟《玉海》所引《中興書目》，云："十卷，祕閣所録唐人墨蹟。乾道七年寫副本藏之，起第十一，止二十卷，餘不存。"見王應麟《玉海》卷五四，臺北：華文書局 1964 年影印元至元慶元路儒學刻明遞修本，第二十九頁上。
③ 脱脱等《宋史》卷二〇七，北京：中華書局 1977 年版，第 5301 頁。譚樸森云："The last catalogue in which it was listed, the *Chung Hsing Kuan Ke Shu Mu* (1178), knew only a fragment (*chüan* nos. 11–20)."（M. Thompson, *The Shen Tzu Fragments* (Oxford: Oxford University Press, 1979), p. 65）《宋史》雖成於元代，然其《藝文志》所據乃宋代《國史藝文志》，故譚樸森以爲《群書治要》於宋代載録漸少，並謂《中興館閣書目》爲《群書治要》於中國本土之最後著録，其説是也。
④ 阮元《群書治要五十卷提要》，載於阮元《揅經室集》外集卷二，北京：中華書局 1993 年版，第 1216 頁。
⑤ 有關《群書治要》各本之流傳，可參拙文《日藏平安時代九條家本〈群書治要〉研究》，載於《中國文化研究所學報》第六十五期（2018 年 8 月），第 1—40 頁。

卷一六	漢書四
卷一七	漢書五
卷一八	漢書六
卷一九	漢書七
卷二〇	漢書八　闕
卷二一	後漢書一
卷二二	後漢書二
卷二三	後漢書三
卷二四	後漢書四
卷二五	魏志上
卷二六	魏志下
卷二七	蜀志·吳志上
卷二八	吳志下
卷二九	晉書上
卷三〇	晉書下

可知包括《史記》一卷半、《吳越春秋》半卷、《漢書》八卷、《後漢書》四卷、《三國志》四卷、《晉書》兩卷。此中所引三國時代舊事，未必是魏、蜀、吳三志之合訂本《三國志》，可能爲各自獨行。又，《治要》時代較早，故其所引"晉書"並非唐人房玄齡等所撰之《晉書》，而是此前的典籍，或爲其後《晉書》所本。至於《漢書》，原引八卷，因卷一三、卷二〇均佚，故實存六卷而已。

二、《群書治要》所引《史記》述略

《群書治要》引用《史記》一卷半，引用《漢書》達八卷之多，相去甚遠。此與二書在書成以後至唐代初年的地位相關。司馬遷《史記》自成書以後，未即時公開流傳。據《太史公自序》所言，《史記》"藏之名山，副在京師，俟後世聖人君子"[1]，至漢宣帝時，司馬遷外孫楊惲"祖述其書"[2]，方公布於

---

[1] 司馬遷《史記》卷一三〇，北京：中華書局1982年第2版，第3320頁。
[2] 班固《漢書》卷六二，北京：中華書局1962年版，第2737頁。

世。自是以後,注釋《史記》者漸衆①。《史記》一百三十篇,其中十篇早已有目無書,今所見者實爲後世所補。裴駰《史記集解》引衛宏《漢書舊儀注》曰:"司馬遷作《景帝本紀》,極言其短及武帝過,武帝怒而削去之。後坐舉李陵,陵降匈奴,故下遷蠶室。有怨言,下獄死。"②葛洪《西京雜記》所記略同③。據此,是有目無書者,或出武帝所削,究其篇目,張晏以爲包括"《景紀》《武紀》《禮書》《樂書》《律書》《漢興已來將相年表》《日者列傳》《三王世家》《龜策列傳》《傅靳蒯列傳》"④。然則今所見十篇之文,當出後人所補。大抵《史記》所載,有不利於漢室皇權者,故流傳不久即漸有散佚。《後漢書》載王允謂"昔武帝不殺司馬遷,使作謗書,流於後世"⑤。《史記》是否"謗書",此不贅言。然因有此嫌疑,其書在唐代以前流傳之廣實遠不如《漢書》。

清人趙翼嘗謂《漢書》乃唐初三大顯學之一,以爲"《漢書》之學,亦唐初人所競尚"⑥。此言非虛。《漢書》自書成以後,學者莫不諷誦,廣受歡迎。在魏晉六朝時代,較諸《史記》,《漢書》更爲世之所重。《漢書》成書後,"當世甚重其書,學者莫不諷誦焉"⑦。然《後漢書·班昭傳》云:"時《漢書》始出,多未能通者。同郡馬融伏於閣下,從昭受讀。"⑧又劉知幾《史通·古今正史》云:"固後坐竇氏事,卒於洛陽獄,書頗散亂,莫能綜理。其妹曹大家,博學而屬文,奉詔校敘;又選高才郎馬融等十人,從大家授讀。"⑨

---

① 案:先是延篤《史記音義》、無名氏《史記音義》、張瑩《史記正傳》、徐廣《史記音義》、鄒誕生《史記音義》、柳顧言《史記音解》、許子儒《史記注》、劉伯莊《史記音義》、《史記地名》、王元感《史記注》、李鎮《史記注》、《史記義林》、陳伯宣《史記注》、徐堅《史記注》、裴安時《史記訓纂》皆佚,今存者,惟宋裴駰《史記集解》、唐司馬貞《史記索隱》、唐張守節《史記正義》而已。
② 《史記》卷一三〇,第3321頁。
③ 葛洪《西京雜記》云:"漢承周史官,至武帝置太史公。太史公司馬談,世爲太史;子遷,年十三,使乘傳行天下,求古諸侯史記,續孔氏古文,序世事,作傳百三十卷,五十萬字。談死,子遷以世官復爲太史公,位在丞相下。天下上計,先上太史公,副上丞相。太史公序事如古《春秋》法,司馬氏本古周史佚後也。作《景帝本紀》,極言其短及武帝之過,帝怒而削去之。後坐舉李陵,陵降匈奴,下遷蠶室。有怨言,下獄死。宣帝以其官爲令,行太史公文書事而已,不復用其子孫。"(葛洪《西京雜記》卷六,西安:三秦出版社2006年版,第267頁。)可見所載與衛宏所言相類。
④ 《史記》卷一三〇,第3321頁。
⑤ 范曄《後漢書》卷六〇下,北京:中華書局1965年版,第2006頁。
⑥ 趙翼所言唐初三大顯學包括三《禮》、《漢書》、《文選》。詳參趙翼撰,王樹民校證《廿二史劄記校證》卷二〇,北京:中華書局1984年版,第440—441頁。
⑦ 《後漢書》卷四〇上,第1334頁。
⑧ 《後漢書》卷八四,第2785頁。
⑨ 劉知幾《史通》卷一二,北京:中華書局1961年版,第五頁下。

是《漢書》誠爲難讀之書,故必有注釋方能通讀。至漢靈帝時,"服虔、應劭等各爲音義,自別施行"①。又《三國志·吳書·孫登傳》云:"權欲登讀《漢書》,習知近代之事,以張昭有師法,重煩勞之,乃令休從昭受讀,還以授登。"②可見三國時代,《漢書》已有師法傳授③,誠爲專家之學矣。據顏師古《漢書·敘例》所載,前人注解《漢書》者包括荀悦、服虔、應劭、伏儼、劉德、鄭氏、李斐、李奇、鄧展、文穎、張揖、蘇林、張晏、如淳、孟康、項昭、韋昭、晉灼、劉寶、臣瓚、郭璞、蔡謨、崔浩等二十三家。其中最著者當推服虔、應劭、晉灼、臣瓚、蔡謨五家。各家《漢書》注今皆散佚,獨存者惟《漢書》顏師古《注》而已。

以下乃《隋書·經籍志》、《舊唐書·經籍志》、《新唐書·藝文志》著錄前四史及其注解數量之情況④:

	《史記》	《漢書》	《後漢書》	《三國志》
《隋志》	四	十八	五	四
《舊唐志》	六	二十四	六	四
《新唐志》	五	二十五	八	三

《隋書·經籍志》雖謂"《史記》、《漢書》,師法相傳,並有解釋"⑤,惟細考《隋志》所著錄《史》、《漢》注解,卻可見注釋《漢書》者之數量遠在《史記》之上。總之,《群書治要》引用《史記》之少,並非刻意忽視,乃當時學術風尚之所重在於《漢書》使然。

---

① 《漢書》,漢書敘例,第1頁。
② 陳壽《三國志》卷五九,北京:中華書局1959年版,第1363頁。
③ 家法與師法,於兩漢經學之流傳,影響深遠。皮錫瑞《經學歷史》云:"前漢重師法,後漢重家法。先有師法,而後能成一家之言。師法者,溯其源;家法者,衍其流也。師法、家法所以分者:如《易》有施、孟、梁丘之學,是師法;施家有張、彭之學,孟有翟、孟、白之學,梁丘有士孫、鄧、衡之學,是家法。家法從師法分出,而施、孟、梁丘之師法又從田王孫一師分出者也。施、孟、梁丘已不必分,況張、彭、翟、白以下乎!"(皮錫瑞《經學歷史》,香港:中華書局1961年版,第136頁。)本田成之《經學史論》云:"什麼叫做師法?即由一師所傳的教授之謂。什麼叫做家法?即由一師所傳,而復分派之謂。"(本田成之著,江俠菴譯《經學史論》,上海:商務印書館1934年版,第195頁。)本田成之所言,大抵襲用皮說。是以本田成之又云:"最初的喚做師法,在後的爲家法,然而總不免次第變化的。所以師法和家法,實沒有嚴密的規定。"(《經學史論》,第196頁。)可見師法、家法難分,未可執一而論。
④ 此表乃據潘定武《漢書文學論稿》,合肥:安徽大學出版社2008年版,第227頁。
⑤ 魏徵等《隋書》卷三三,北京:中華書局1973年版,第957頁。

《群書治要》引《史記》一卷半,所引遍及《史記》之"本紀""世家"與"列傳",其援引篇目如下:

篇 題		《史記》篇目①	人 物 或 事 件
卷一一	史記上 本紀 世家	卷一《五帝本紀》	黃帝 帝顓頊 帝嚳 帝堯 帝舜
		卷二《夏本紀》	大禹治水、夏桀亡國
		卷三《殷本紀》	湯伐葛伯、伐桀;太戊中興、紂之亡國
		卷四《周本紀》	周之興起、武王伐紂、成康之治、幽厲之缺
		卷五《秦本紀》	秦繆公霸西戎
		卷六《秦始皇本紀》	焚書坑儒、長生不老、始皇之死、趙高爲亂、過秦論
		卷三二《齊太公世家》	桓公始霸、桓公之死
		卷三三《魯周公世家》	周公戒伯禽、廢長立少之惡
		卷三四《燕召公世家》	昭王招賢者、不信樂毅致敗
		卷三八《宋微子世家》	微子諫紂與始封
		卷三九《晉世家》	削桐葉爲珪(君無戲言)
		卷四三《趙世家》	趙烈侯好音
		卷四四《魏世家》	魏文侯禮賢下士、魏成子爲相
		卷四六《田敬仲完世家》	齊威王之霸
卷一一二	史記下	卷六二《管晏列傳》	管仲 晏嬰
		卷六三《老子韓非列傳》	韓非子
		卷六四《司馬穰苴列傳》	司馬穰苴
		卷六五《孫子吳起列傳》	孫武 吳起
		卷七一《樗里子甘茂列傳》	甘茂

---

① 案:《群書治要》引用《史記》各篇不題篇名,此篇題乃據其所引文字由筆者所增。

續 表

篇 題		《史記》篇目	人物或事件
卷一一二	史記下	卷七三《白起王翦列傳》	白起
		卷八十《樂毅列傳》	樂毅
		卷八一《廉頗藺相如列傳》	廉頗 藺相如 趙奢 趙括 李牧
		卷八四《屈原賈生列傳》	屈原
		卷八六《刺客列傳》	豫讓
		卷八七《李斯列傳》	李斯
		卷一〇四《田叔列傳》	田叔
		卷一一九《循吏列傳》	太史公曰 公儀休
		卷一二二《酷吏列傳》	序
		卷一二六《滑稽列傳》	優孟 優旃 西門豹

就上表所見，可知《群書治要》採録《史記》之人和事以漢代爲界綫，漢人事跡（包括如劉邦、漢初三傑等）採用《漢書》，而不用《史記》。反之，漢前人事則以《史記》所載而撮録之矣。

《史記》一百三十篇，五十二萬六千五百字，其中包括十二本紀、十表、八書、三十世家、七十列傳。後世史家奉爲紀傳體史書之祖。"本紀"主要按帝王世系及其年代以記述政事，"表"乃排比並列歷代帝王、諸侯國間之大事。"書"爲經濟文化等方面之專門論述，"世家"則記述諸侯王國及輔漢功臣。"列傳"爲一般人物傳記。《群書治要》所録，及於本紀六篇、世家八篇、列傳十四篇，而表、書不載焉。

除了載録《史記》正文以外，《群書治要》亦録用了《史記》注釋。考《群書治要》成書之時，司馬貞《史記索隱》與張守節《史記正義》尚未成書；因此，《群書治要》所引《史記》注解必不可能是此二家。據《隋書·經籍志》所載，唐前《史記》有四家，包括：

《史記》一百三十卷目錄一卷，漢中書令司馬遷撰。
　　《史記》八十卷宋南中郎外兵參軍裴駰注。
　　《史記音義》十二卷宋中散大夫徐野民撰。①
　　《史記音》三卷梁輕車錄事參軍鄒誕生撰。②

此處載録四種，大抵第一種《史記》一百三十卷乃白文《史記》，並非注釋。第二種是裴駰《史記集解》，第三種是徐廣《史記音義》，第四種是鄒誕生《史記音》。取之與《群書治要》所引《史記》注解相比較，可知乃係裴駰《史記集解》。此外，《群書治要》引用五帝（黄帝、帝顓頊、帝嚳、帝堯、虞舜）之文時，皆在文末引用一段《帝王世紀》。考諸今所見裴駰《史記集解》，並無載録《帝王世紀》之文，可視之爲《群書治要》在採録《史記·五帝本紀》以外之補充。

三、論《群書治要》去取《史記》之敘事原則

　　魏徵等奉勅編撰《群書治要》，用意乃在"昭德塞違，勸善懲惡"，希望君主可以史爲鑒，賞善罰惡。《群書治要》在群籍之中，擇其"務乎政術"者，"以備勸戒"，"本求治要，故以《治要》爲名"③。故於諸多典籍之中，擇其合乎原則者，匯聚成書。顧炎武云："古人作史，有不待論斷而於序事之中即見其指者，惟太史公能之。"④此等敘事之法，乃史遷之所重。其實，《群書治要》摘取"治要"之主題作爲諫書，猶如萬中選一，千錘百鍊，選録最合乎主題之《史記》篇章，並非易事。至若《群書治要》摘取《史記》之原則，可分析爲以下各項：

（一）以《治要》作諫書，虛懷納諫
　　唐太宗命魏徵、虞世南、褚亮、蕭德言等編撰《群書治要》，其重要目的

---

① 案：此言"徐野民"者，即徐廣也。《隋志》雖編於唐，然其所據史料大抵來自隋代，故避隋煬帝楊廣名諱而改稱其字。
② 《隋書》卷三三，第953頁。
③ 《群書治要》，序，第1册第5、7、10頁。
④ 顧炎武撰、黄汝成集釋《日知錄集釋》卷二六，上海：上海古籍出版社2006年版，第1429頁。

乃在以此作諫書,用來輔佐施政。所謂兼聽則明,偏聽則廢,朝廷文武百官再多,亦不及《群書治要》摘錄經典所載以爲進諫。在《群書治要》所引《史記》之中,匯聚了不少臣下進諫,君主納諫與否的例子。例如微子與比干,《群書治要》卷一一云:

> 微子數諫不聽,迺遂去。比干強諫,紂怒,剖比干,觀其心。箕子懼,迺詳狂爲奴,紂又囚之。周武王於是遂率諸侯伐紂。紂走,衣其寶玉衣,赴火而死。武王遂斬紂頭,懸之白旗。殺妲己。殷民大悅。①

此文原見《史記·殷本紀》。微子和比干向紂王進諫,可惜紂王不聽,結果是微子離去,而比干則爲紂王所殺。如果紂王能够虚懷納諫,以其自身才華,即使未能成爲賢君,亦不至淪爲亡國之主。紂王不聽大臣進諫,眾叛親離,最後落得身首異處,國家破亡。

又如周厲王之時,貪圖財利,親用佞臣榮夷公。《群書治要》卷一一載芮良夫之諫語:

> 芮良夫諫曰:"王室其將卑乎?夫榮公好專利而不知大難。夫利,百物之所生也,天地之所載也,而有專之,其害多矣。天地百物皆將取焉,何可專也?所怨甚多,而不備大難。以是教王,王其能久乎?夫王人者,將導利而布之上下者也。使神人百物無不得極,猶日怵惕懼怨之來。今王學專利,其可乎?匹夫專利,猶謂之盜,王而行之,其歸鮮矣。榮公有用,周必敗。"

此事原見《史記·周本紀》。芮良夫直接指出,周室將衰微。榮夷公只是愛利之徒而不知大禍。芮良夫續説,利是萬物之所生,是大自然所賜予,如今獨佔,禍患自多。利是人皆可取的,不可以獨佔。如獨佔之,必然招來怨恨。作爲君主,應該要將利上下分佈,神人皆有其份。此外,更要每天誠惶誠恐,唯怕怨言之生。如今厲王卻要學習榮夷公之專利,實不可以。平民爲之,人稱之爲盜,厲王如行之,則恐怕少人歸附。榮夷公如被重用,周必定衰敗。厲王不聽,以榮夷公爲卿士,終致周室逐步衰亡。

---

① 以下《群書治要》之引文,以駿河版爲本,校之以金澤文庫本、天明本,而不另出注。

又如仲山父向周宣王進諫，以爲不要立魯武公之少子戲爲魯太子。《群書治要》卷一一載云：

> 武公與長子括、少子戲朝宣王。宣王愛戲，欲立爲魯太子。仲山父諫曰："廢長立少，不順；不順，必犯王；犯王，必誅之：故出令不可不慎也。令之不行，政之不立；今天子建諸侯，立其少，是教民逆也。若魯從之，諸侯効王之命，將有所壅，若弗從而誅之，是自誅王命也。誅之亦失，不誅亦失，王其圖之。"弗聽，卒立戲爲太子。是爲懿公。括之子伯御攻弑懿公，宣王伐魯，殺伯御。自是後，諸侯多叛王命。

此事原見《史記·魯周公世家》。魯武公與其長子、少子往朝見周宣王。宣王獨愛少子，欲立其爲魯國太子。宣王大臣仲山父進諫以爲不可。仲山父以爲廢長立少，不合禮制，必然觸犯王命，且受懲罰。因此，發佈王命一定要謹慎爲之。今天子封諸侯，卻立其少子，等同教民做違逆之事。如果各國諸侯皆仿效魯君，則先王"立長不立少"之王命便難再執行；反之，魯君如不遵從王命而受罰，就等同宣王自己違反先王之命。事情如發展至此，懲罰魯國是錯，不懲罰魯國也是錯。仲山父因請宣王再三考慮。可是，宣王不聽仲山父之諫言，立武公少子爲魯太子，後來成爲魯懿公。及後，武公長子之子伯御殺害懿公，周宣王遂伐魯，並殺伯御。自此之後，諸侯多不聽王命。

立長與否，乃一國之大事。《群書治要》載此事爲諫，據《資治通鑑》記載，唐太宗在貞觀十七年（643）廢太子李承乾之後、改立李治爲皇太子之前，李世民之三子一弟俱謀取帝位，使太宗心灰意冷，《資治通鑑》云："承乾既廢，上御兩儀殿，群臣俱出，獨留長孫無忌、房玄齡、李世勣、褚遂良，謂曰：'我三子一弟，所爲如是，我心誠無聊賴！'因自投于牀，無忌等爭前扶抱；上又抽佩刀欲自刺，遂良奪刀以授晉王治。"① 在唐太宗即位之時，長子李承乾便已立爲太子（武德九年，626），在太子成長過程之中，唐太宗雖有寵愛他子如魏王李泰等，但一直無廢長之舉。及後，李承乾在貞觀十六年（642）謀反，至十七年而唐太宗終宣佈廢掉長子李承乾太子之位。據《資治通鑑》所載，唐太宗非常痛心，慨嘆三子一弟（原太子長子李承乾、四子魏王

---

① 司馬光《資治通鑑》卷一九七，北京：中華書局1956年版，第6195頁。

李泰、五子齊王李祐,以及七弟漢王李元昌)俱欲謀帝位。堅持立長不立少,可見《群書治要》對唐太宗之影響。

(二) 以史爲鑒,申以君道

《論語·顏淵》齊景公問政於孔子。孔子對曰:"君君,臣臣,父父,子子。"公曰:"善哉!信如君不君,臣不臣,父不父,子不子,雖有粟,吾得而食諸?"(12.11)此言君主應當像君主,有君主之道。《群書治要》所引《史記》之"本紀"和"世家",載有不少君道文字。魏徵等編撰此書,目的在於可以使皇帝明白爲君之道,故所選錄文字亦有以此著眼。

舉例而言,爲君者當親賢遠小,此於上文所引如榮夷公之事已可考見。至於親近賢人,使國家興盛,《群書治要》卷一一亦有載之,如以下二事:

> 湯始居亳,征諸侯,葛伯不祀,湯始伐之。湯曰:"予有言:人視水視形,視民知治不。"伊尹曰:"明哉!言能聽,道廼進。君國子民,爲善者在王官,勉哉,勉哉!"

此事原見《史記·殷本紀》。成湯初居亳城,征伐諸侯,其中葛伯不留心祭祀,成湯於是伐之。成湯指出,人看水便可看出自己的形貌,看百姓的情況就可以知道這個地方是否管治得宜。伊尹知之,謂成湯英明,能夠聽進別人的意見,德行才有所長。行善的人都已經在官位之上,勸勉成湯繼續努力。結果,成湯重用伊尹,君臣相知相交,滅夏桀而登上天子之位。

爲君者,亦當禮賢下士,招納賢才。一人之智謀委實有限,如能善用大臣,國家方得以興盛。《群書治要》卷一一載秦穆公重用由余:

> 戎王使由余於秦。繆公示以宮室、積聚。由余曰:"使鬼爲之,則神勞矣。使人爲之,亦苦民矣。"繆公怪之,問曰:"中國以詩書、禮樂、法度爲政,然尚時亂,今戎夷無此,何以爲治,不亦難乎?"由余笑曰:"乃中國所以亂也。夫自上聖黃帝作爲禮樂法度,身以先之,僅以小治。及其後世,日以驕淫。阻法度之威,以責督於下,下疲極則以仁義怨望於上,上下交怨而相篡弒,至於滅宗,皆以此類也。夫戎夷不然。上含淳德以遇其下,下懷忠信以事其上,一國之政猶一身之治,不知所以治,此真聖人之治也。"於是繆公退而問内史廖曰:"孤聞鄰國有聖

人,敵國之憂也。今由余,寡人之害,將奈何?"廖曰:"戎王處僻匿,未聞中國之聲。君試遺其女樂,以奪其志;爲由余請,以疏其閒。君臣有閒,乃可慮也。"繆公曰:"善。"因以女樂二八遺戎王。戎王受而悦之。於是秦乃歸由余。由余數諫不聽,遂去降秦。繆公以客禮禮之,用由余謀伐戎王,益國十二,開地千里,遂霸西戎。

此事原見《史記・秦本紀》。考諸《秦本紀》全文,史遷敘述了許多秦國諸侯,包括了秦之祖先、秦莊公、秦襄公、秦文公、秦寧公、秦武公、秦德公、秦宣公、秦成公、秦穆公、秦康公、秦共公、秦桓公、秦景公、秦哀公、秦惠公、秦悼公、秦厲共公、秦懷公、秦靈公、秦簡公、秦獻公、秦孝公、秦惠文君、秦武王、秦昭襄王、秦莊襄王等,可是在《群書治要》裏,只選擇了秦穆公一人的事跡。蓋秦之強盛,始於穆公之霸西戎,太宗皇帝日理萬機,選取《秦本紀》之要,可以讓讀者得知秦穆公以至秦國成功的關鍵。此文旨在説明秦穆公賞識由余、重用由余。戎王本派由余出使秦國,秦穆公讓由余觀看秦之宮殿和財寶,原本目的在於炫耀。可是,由余卻以爲此等建築財富如是鬼神所造,鬼神必很勞累;假設百姓建造,那更是勞役百姓之極。穆公對由余之回應大感驚訝,續説中原各國有詩書禮樂法律以治尚且時有禍亂,戎人無此,治國實在太困難。由余笑稱,反指這才是中原禍亂之根源所在。接著,由余繼續解釋一番,能言善道,深深吸引了穆公。作爲領導者,能夠賞識人才是成功管理的關鍵。可是,人才身在敵國,這是對自己的不利。於是,穆公請教内史廖,如何可以得到由余效力。内史廖教以女樂反間之計,使戎王不信由余。最後,此計成功,由余降秦,穆公後用其謀,"益國十二,開地千里,遂霸西戎"。

顯而易見,《群書治要》採録此文目的在於説明招納賢才的重要性。秦偏一隅,隔絶中原,仗賴穆公之稱霸西戎,使其成爲霸主。穆公之成功,實因其能重用人才而不拘一格。觀乎唐太宗之朝,賢臣眾多,自其即位以後,即按秦王府文學館的模式,新設弘文館,儲備天下文才。唐太宗知人善任,用人唯賢,不問出身,如房玄齡、杜如晦、長孫無忌、楊師道、褚遂良等,皆忠直廉潔;其他如李勣、李靖等,亦爲一代名將。《群書治要》由魏徵主編,其實魏徵乃李建成舊部,但唐太宗亦能不計前嫌,加以重用,他如王圭、尉遲恭、秦瓊等皆是。唐太宗十分著重立德、立言、立功,以功臣代替世冑;又以科舉代替門第,吸納人才,使寒門子弟亦可入仕。

君主又當勇於認錯,嚴於責己。常言道,君無戲言,錯而能改,善莫大焉。《群書治要》卷一一載周成王與唐叔虞之事如下:

> 唐叔虞者,周成王弟也。成王與叔虞戲,削桐葉爲珪以與叔虞,曰:"以此封若。"史佚因其請擇日立叔虞。成王曰:"吾與之戲耳。"史佚曰:"天子無戲言。言則史書之,禮成之,樂歌之。"於是遂封叔虞於唐。

此事原見《史記·晉世家》。唐叔虞乃周成王之弟。有一天,成王與叔虞開玩笑,將一片桐葉削成珪狀送給叔虞,以此爲封。史佚因此請求成王選擇吉日將如此形狀的土地以封叔虞。成王以爲不過是戲言而已,可是史佚指出,天子無戲言,天子之話一出,史官便會如實記載。成王知錯,同意史佚所言,遂將土地封給叔虞。天子無戲言,言之而必行,《群書治要》採錄此段故事,亦旨在説明天子要勇於認錯,勿囿己執。

(三) 防微杜漸,慎防敗亡

《春秋》之中,弒君三十六,亡國五十二,諸侯奔走不得保其社稷者,多不勝數。司馬遷的偶像是孔子①,《史記》志在仿效《春秋》,書中各篇盡見各朝歷代的治亂興衰,《群書治要》特別集中在各國之所以滅亡,以爲勸戒。此因唐朝初立,既已立國,則如何有國之故事並不重要。反之,有國者何以國破家亡,纔是《群書治要》作爲諫書的參考關鍵。舉例而言,《史記·殷本紀》歷記殷之盛衰,篇幅甚長。今《群書治要》卷一一援引《史記·殷本紀》僅五段文字,其中一段與成湯相關(成湯德澤流播),一段爲太戊中興,三段與商紂亡國相關(寵愛妲己、使諸侯叛己、微子去而比干死)。以下爲關於紂王亡國的三段文字:

> 帝辛,天下謂之紂。帝紂資辨捷疾,聞見甚敏;材力過人,手格猛獸;智足以拒諫,飾非之端;矜人臣以能,高天下以聲,以爲皆出己之下。好酒淫樂,嬖於婦人。愛妲己,妲己之言是從。於是使師涓作新

---

① 案:"高山仰止,景行行止。雖不能至,然心鄉往之",司馬遷視孔子爲偶像,立志撰《史記》以繼《春秋》,首爲孔子立傳,升格"世家"。李長之《司馬遷之人格與風格》以"司馬遷是能夠爲一個偉大人物的心靈拍照的",他以孔子爲榜樣,代表《史記》所帶出的也是《春秋》微言大義的精神。(李長之《司馬遷之人格與風格》,北京:三聯書店1984年版,第45頁。)

> 淫聲,北里之舞,靡靡之樂。厚賦稅以實鹿臺之錢,而盈鉅橋之粟。益收狗馬奇物,充仞宮室。益廣沙丘苑臺,多取野獸飛鳥置其中。慢於鬼神。以酒爲池,懸肉爲林,使男女倮相逐其間,爲長夜之飲。
>
> 百姓怨望而諸侯有叛者,於是紂迺重刑辟,有炮烙之法。以西伯昌、九侯、鄂侯爲三公。九侯有好女,入之紂。九侯女不憙淫,紂怒,殺之,而醢九侯。鄂侯爭之強,并脯鄂侯。西伯昌聞之,竊歎。紂囚西伯羑里。西伯之臣閎夭之徒,求美女、奇物、善馬以獻紂,紂迺赦西伯。用費中爲政。費中善諛,好利,殷人弗親。又用惡來,善毀讒,諸侯以此益疏。多叛紂。
>
> 微子數諫不聽,迺遂去。比干強諫,紂怒,剖比干,觀其心。箕子懼,迺詳狂爲奴,紂又囚之。周武王於是遂率諸侯伐紂。紂走,衣其寶玉衣,赴火而死。武王遂斬紂頭,懸之白旗。殺妲己。殷民大悅。

首段文字交代了紂王天資聰敏,識見甚廣,勇力過人;但嬖愛妲己,厚斂無度,不理政事,埋下亡國之根。次段載及紂王民心盡失,殺九侯女,捉拿西伯後又放虎歸山,諸侯益疏,紛紛叛紂。末段載微子、比干、箕子等向紂王進諫,下場各異。最後,周武王斬紂,滅殷,殺妲己,天下大悦。

攻城野戰,代隋而立,唐太宗多次帶兵出征,馬上得天下。得之不易,守國更難。《資治通鑑》載有唐太宗與房玄齡、魏徵等的一段對話:

> 甲寅,上問侍臣:"創業與守成孰難?"房玄齡曰:"草昧之初,與群雄並起角力而後臣之,創業難矣!"魏徵曰:"自古帝王,莫不得之於艱難,失之於安逸,守成難矣!"上曰:"玄齡與吾共取天下,出百死,得一生,故知創業之難。徵與吾共安天下,常恐驕奢生於富貴,禍亂生於所忽,故知守成之難。然創業之難,既已往矣;守成之難,方當與諸公慎之。"玄齡等拜曰:"陛下及此言,四海之福也。"[1]

貞觀十二年(638),唐太宗問及房玄齡、魏徵等人創業與守成的難易。房玄齡以爲天下大亂之時,群雄四起,攻城略地,戰爭激烈,創業之難顯而易見。魏徵不以爲然,指出攻城野戰乃是在亂世奮起殺敵,自得百姓擁護,故創業

---

[1] 《資治通鑑》卷一九五,第6140頁。

並不困難;可是,得天下以後,逐漸耽於安逸,失卻奮鬥之心,故守成更難。唐太宗是一個兼聽則明的賢君,因而指出自己與房玄齡等人共取天下,百死一生,深知創業之難;另一方面,與魏徵等共定天下,深知驕奢生於富貴,禍亂生於疏忽,故知守成之難。相較而言,創業之難已過,唐朝已經建立;當前之務,乃是守成之難,期待得與大臣謹慎對待。房玄齡、魏徵等聽到唐太宗的回應,以爲陛下所言此道理實在是天下的福氣。因此,以魏徵爲首編撰的《群書治要》,刻意採錄許多《史記》裏之亡國過程,實際上是在宣揚慎防敗亡之理。

《群書治要》採錄《史記》之篇幅不多,其中卻還採用了賈誼《過秦論》的大段文字。漢代立國以後,對於秦之速亡,歷歷在目,兩漢士人以秦亡爲諫者不在少數①。其中漢人評論秦亡最長文字,首推賈誼《過秦論》。《史記·秦始皇本紀》"太史公曰"以下,載錄了《過秦論》部分文字,《群書治要》對此加以採錄,其中有云:

> 且夫天下非小弱也,雍州之地,殽函之固自若。陳涉之位,非尊於齊、楚、韓、魏之君;鉏耰棘矜,非銛長鎩矛戟,適戍之衆,非抗於九國之師;深謀遠慮,行軍用兵之道,非及向時之士也。然而成敗異變,功業相反。試使山東之國與陳涉度長絜大,比權量力,則不可同年而語矣。然秦以區區之地,千乘之權,招八州而朝同列,百有餘年矣。然後以六合爲家,殽函爲宮,一夫作難而七廟墮,身死人手,爲天下笑者,仁義不施而攻守之勢異也。

賈誼指出,秦之天下偌大,而陳涉起義亦不過是農民事變而已。秦既能勝六國,一統天下,卻被農民起義軍大傷元氣。原因就是秦國不施行仁義,不懂攻打天下與安守天下是兩種完全不同的概念。因此,苛法只可治劇,而不可用以長治久安也。故賈誼倡禮樂,用儒家禮治思想根治飽經戰火後逐漸康復之西漢社會。《群書治要》引及此文,用意皎然,重點在於"仁義不施而攻守之勢異也"一句。

聆聽忠臣進諫,不爲讒諛之臣所動,亦是國家有道之方。《群書治要》

---

① 詳參拙著《從陸賈〈新語〉到揚雄〈劇秦美新〉——前漢士人以秦亡舊事進諫的研究》,載於《文學論衡》第二十八期(2016年8月),第50—67頁。

載有《史記·屈原賈生列傳》裏屈原之"信而見疑,忠而被謗"。《群書治要》卷一二引屈原之事如下:

> 屈原者,名平,楚之同姓也。爲楚懷王左徒,博聞強志,明於治亂,嫻於辭令。入則與王圖議國事,以出號令;出則接遇賓客,應對諸侯。王甚任之。上官大夫與之同列,而心害其能。懷王使平造爲憲令,平屬草藁未定。上官大夫見而欲奪之,平不與。因讒之曰:"王使屈平爲令,衆莫弗知,每一令出,屈平伐其功,以爲'非我莫能爲'也。"王怒而疎平。平疾王聽之不聰也,讒諂之蔽明也,邪曲之害公也,方正之不容也,故憂愁幽思而作《離騷》。平既絀,其後秦大破楚師。懷王入秦而不反。平雖放流,睠顧楚國,冀幸君之一悟,俗之一改也。令尹子蘭卒使上官大夫短原於頃襄王,頃襄王怒而遷之。遂自投汨羅以死。原既死之後,楚日以削,竟爲秦所滅。

屈原本爲楚懷王左徒,其人見聞廣博,記憶力強,深明國家治亂之道,擅長言語應對。受到楚懷王重用。可惜上官大夫嫉妒屈原的才能,多次向懷王進讒言,而懷王信以爲真,逐漸疏遠屈原。屈原痛心懷王受讒臣蒙蔽,邪道傷害公義,憤而寫下《離騷》。及後屈原遭貶謫,秦大敗楚兵,懷王更入秦不返。屈原雖流放在外,仍然眷戀楚國,繫心懷王。但令尹子蘭續在頃襄王前進讒,使頃襄王大怒,將屈原再放逐遠地,最終屈原自沉汨羅。屈原死後,楚國越見削弱,終爲秦所滅。《群書治要》節錄《史記》之文,關於屈原之死與楚之亡,《史記·屈原賈生列傳》原文:"屈原既死之後,楚有宋玉、唐勒、景差之徒者,皆好辭而以賦見稱;然皆祖屈原之從容辭令,終莫敢直諫。其後楚日以削,數十年竟爲秦所滅。"[1]而《群書治要》刪去枝節,突顯忠臣屈原不爲楚國重用的重要性,其文撮錄爲"原既死之後,楚日以削,竟爲秦所滅",寓論斷於敘事之中,將屈原之死與楚之滅亡反映爲因果關係。不用另加評論,而國家興亡之道可見矣。

(四) 歌頌美德,並勵忠節

有君道,亦有臣道,歌頌美德,獎勵忠節,亦是《群書治要》引《史記》的

---

[1]《史記》卷八四,第2491頁。

重點。《群書治要》卷一一載《史記》之"本紀"與"世家",卷一二所載則爲"列傳"。如以上下兩部爲分,則上部主言君道,下部主言臣道。唐太宗於貞觀二十二年(648)亦有《帝範》十二篇之作,旨在頒賜給太子李治,教戒太子,總結自己的政治經驗,並評述一生功過。及後,武則天於上元二年(675)引文學之士著作郎元萬頃、左史劉禕之等人,修撰《臣軌》一書,作爲臣僚之所借鑒。據《宋史·藝文志》所載,有魏徵《勵忠節》四卷①,則當時鼓勵忠節之風可以考見。

舉例而言,《群書治要》卷一二載有廉頗之事如下:

> 既罷歸國,以相如功大,拜爲上卿,位在廉頗之右。頗曰:"我爲趙將,有攻城野戰之功,而藺相如徒以口舌爲勞,而位居我上,且相如素賤人,吾羞,不忍爲之下。"宣言曰:"我見相如,必辱之。"相如聞,每朝,常稱病,已而相如出,望見廉頗,引車避匿。於是舍人相與諫曰:"臣所以去親戚而事君者,徒慕君之高義也。今君與廉君同列,廉君宣惡言,而君畏匿之,恐懼殊甚。且庸人尚羞,况於將相乎。臣等不肖,請辭去。"相如故止之。曰:"公之視廉將軍,孰與秦王。"曰:"不若也。"相如曰:"夫以秦王之威,而相如廷叱之,辱其羣臣,相如雖駑,獨何畏廉將軍哉? 顧吾念之,强秦之所以不敢加兵於趙者,徒以吾兩人在也。今兩虎鬥,其勢不俱生,吾所以爲此,先公家之急而後私讎也。"頗聞之,肉袒負荆,因賓客至相如門謝罪。曰:"鄙賤之人,不知將軍寬之至此也。"卒相與歡,爲刎頸之交。

此事原見《史記·廉頗藺相如列傳》。在完璧歸趙以後,原本僅爲繆賢舍人的藺相如一躍而位居上卿,在廉頗之上。廉頗對此甚感不滿,以爲藺相如徒以口舌爲功,與自己的攻城野戰大有差異。廉頗直言藺相如只是卑賤之人,更揚言如他日碰見藺相如,必加羞辱。藺相如知道廉頗的想法後,處處刻意避見之,家臣對此不解,以爲藺相如是懦弱之人。其實,藺相如深明秦之所以不敢加兵於趙,乃因自己與廉頗俱在。如果二人相爭,勢難兩全,故唯有自己稍加忍讓,先公而後私。廉頗知之,深感慚愧,遂負荆請罪。結果,二人終歸於好,成爲生死之交。對於廉頗的深明大義,藺相如的寬宏大

---

① 《宋史》卷二〇七,第 5294 頁。

量,能夠先國家之急然後私讎,皆予以讚賞。爲臣如此,能夠明白公與私之孰爲先後,亦是令國家可以長治久安之不二法門。

又《羣書治要》卷一二援引《史記·刺客列傳》,在原書五位刺客(曹沫、專諸、豫讓、聶政、荊軻)之中,僅取豫讓一人事跡加以載錄。其文如下:

> 豫讓者,晉人也。故嘗事范氏及中行氏,而無所知名,去而事智伯,智伯甚尊寵之。及智伯伐趙,趙襄子與韓、魏合謀滅智伯,三分其地。襄子漆智伯頭以爲飲器,豫讓遁逃山中,變名易姓爲刑人,入宮塗廁,欲以刺襄子。襄子如廁,心動,執問塗廁之刑人,豫讓内持刀兵。曰:"欲爲智伯報仇。"左右欲誅之。襄子曰:"彼義人也。吾謹避之耳。"釋去之。居頃之,豫讓又漆身爲厲,吞炭爲啞,行乞於市,其妻不識,行見其友。識之,曰:"以子之材,委質而臣事襄子,襄子必近幸子,近幸子乃爲所欲,顧不易邪?何乃殘身苦形,欲以求報襄子,不亦難乎?"豫讓曰:"既已委質臣事人而殺之,是懷二心以事君也。且吾所爲者,極難耳。然所以爲此者,將以愧天下後世之爲人臣懷二心以事其君也。"頃之,襄子當出,豫讓伏於所當過之橋下,襄子至橋,馬驚,曰:"此必是豫讓也。"使人問之,果豫讓也。於是趙襄子數豫讓曰:"子不嘗事范、中行氏乎?智伯盡滅之,而子不爲報讎,反委質臣於智伯,智伯亦已死矣。而子獨何以爲之報讎之深也?"豫讓曰:"臣事范、中行氏,范、中行氏皆衆人遇我,我故衆人報之。至於智伯,國士遇我,我國士報之。"

豫讓嘗事奉范氏和中行氏,不受重用,轉而事奉智伯,而智伯對其尊寵有加。後來智伯爲趙、韓、魏三家所滅,趙襄子更將智伯的頭顱製爲飲器。豫讓遁逃山林,伺機服讎。豫讓吞炭爲啞,漆身爲厲,多次欲刺殺趙襄子以報智伯之讎。然屢次刺殺,屢次失敗。趙襄子不解,以爲豫讓過去嘗事奉范氏、中行氏,何必只爲智伯報讎。豫讓指出范氏、中行氏只以一般人的程度對待自己,故亦以一般人的方法作爲回報;可是智伯以國士的等級對待自己,自當以此爲報。《羣書治要》所引,未有及於豫讓之下場,據《史記·刺客列傳》後文,豫讓最終刺殺不成,自刎而死。史遷論刺客,不以成敗論英雄。如以所刺殺目標成功與否爲論,豫讓最爲失敗,然而《羣書治要》卻獨載豫讓事跡,特嘉勵其"士爲知己者死"之忠義精神。

（五）投其所好，攻城野戰

唐太宗雖爲唐代第二位君主，然在統一全國，建立唐朝的過程中，立下汗馬之功。在作戰的過程中，有六匹馬曾經隨唐太宗出生入死，戰功彪炳。爲紀念這六匹戰馬，李世民令工藝家閻立德和畫家閻立本（閻立德之弟），用浮雕描繪六匹戰馬列置於陵前，謂之"昭陵六駿"。此六駿分別名爲拳毛䯄、什伐赤、白蹄烏、特勒驃、青騅、颯露紫。在《群書治要》援引《史記》之篇章中，包括許多攻城野戰之將軍，此亦可見魏徵等在編撰《群書治要》時，投其所好，摘取將領作戰時之取勝關鍵。

舉例而言，《群書治要》卷一二載有司馬穰苴爲齊國擊退晉、燕二軍之事。其文如下：

> 賈素驕貴，親戚左右送之，留飲。夕時，乃至。穰苴曰："何後期爲?"賈謝曰："大夫親戚送之，故留。"穰曰："將苴受命之日則忘其家，臨軍約束則忘其親，援枹鼓之急則忘其身。今敵深侵，邦內騷動，士卒暴露於境，君不安席，百姓之命皆懸於君，何謂相送乎!"於是遂斬莊賈以徇。三軍之士皆振慄。然後行。士卒次舍井竈飲食問疾醫藥，身自拊循之。悉取將軍之資糧享士卒，平分糧食。最比其羸弱者，三日而後勒兵。病者求行，爭奮赴戰。晉師聞之，爲罷去。燕師聞之，渡易水而解。於是追擊之，遂取所亡故境而歸。立爲大司馬。

此事原見《史記·司馬穰苴列傳》。莊賈乃齊景公寵臣，作爲司馬穰苴軍隊的監軍。原本約定在中午時候到達軍營，莊賈向來驕貴，故謂因眾多親友送行，飲酒而導致在傍晚纔到達軍營。穰苴指出，從受命出兵一刻開始，便應該已忘記親友，以至己身，遂斬莊賈以示眾。三軍知之，大爲振驚。在行軍期間，穰苴又將專用物資與士卒分享，深得民心，軍心大振。晉軍知之，尚未開戰便已撤軍；燕軍亦然。齊軍乘勢追擊，收復了過去喪失的土地，而穰苴亦因而獲封爲大司馬。《群書治書》刻意挑選立斬權貴、軍令如山、與士卒同甘共苦等加以敘述，唐太宗久經戎馬生涯，想必深有體會。《群書治要》欲以舊籍所載作爲唐太宗的治國參考，如悉數爲沉悶說理，未必能收治國藍本之效。能夠從讀者角度出之，秉筆爲文，自必事半功倍。

再舉一例，《群書治要》卷一二載有吳起之事，其文如下：

> 吳起者，衛人也。魏文侯以爲將，與士卒最下者同衣食。臥不設席，行不騎乘，親裹糧，與士卒分勞。卒有病疽者，吳起爲吮之。卒母哭之。人曰母："子卒也，而將軍自吮其疽，何哭爲？"母曰："不然也。往年吳公吮其父，其父戰不旋踵，而遂死於敵。今又吮此子，妾不知其死處矣。是以哭之。"

此事原見《史記·孫子吳起列傳》。吳起乃魏將，領兵時常與最下等的士兵穿吃相同，又會親自背負糧食，與士卒同甘共苦。有一個士兵長了毒瘡，吳起更親自吸吮膿血。士兵母親知之，哭了起來。旁人不解，母釋之謂過去吳起亦嘗爲士兵之父親吸吮膿血，結果戰爭之時勇往直前，戰死沙場。今吳起又再爲之，士兵母親恐怕孩子又要戰死了。在這裏，可見吳起懂得收買人心，故能得士兵之死力。唐太宗在掃平各地亂事，統一天下的過程中，率部平定了薛仁杲、劉武周、竇建德、王世充等隋末群雄，立下赫赫戰功。《群書治要》載錄此事，必能觸動唐太宗之心。

四、結　語

魏徵等奉唐太宗之命編撰《群書治要》五十卷，其中只有不及兩卷屬《史記》之文，然當中去取之道，不自加評論，在敘事之中已能論斷是非，可收以史爲鑒之效。據上文分析，全篇可總之如下：

1. 《群書治要》全書五十卷，其中引用史部典籍二十卷，其數量雖與子部典籍相仿。然而引用子書四十七種，引史書只有六種，高度集中，乃全書之所重。且作爲帝王之參考書，史書事例最爲詳審，最能體現《群書治要》以此書作諫書的特質。

2. 《群書治要》所引史籍之中，以《漢書》最夥，有八卷之多；《史記》不足兩卷。惟《群書治要》在史籍中述及漢以前史事者，悉數出自《史記》，故《史記》之文雖少，其重要性可見一斑。考《群書治要》史部典籍所載史事以時間爲序，而漢以前歷史唯有《史記》最爲可靠，故採之如此。

3. 《群書治要》採用《史記》，只有"本紀""世家""列傳"，不及"表"與"書"。其中載錄"本紀""世家"時特重反映君道，載錄"列傳"時則以臣道作爲摘錄之旨趣所在。

4.《群書治要》摘録《史記》,只録原文,偶有改寫,但絶不加添任何評論。在敘事過程中已寓有襃貶,論斷已在無形之中可見。立國少有言之,亡國之道比比皆是,觀之而可避免重蹈前人覆轍,遠離禍害。

5. 本文以"以《治要》作諫書,虚懷納諫""以史爲鑒,申以君道""防微杜漸,慎防敗亡""歌頌美德,並勵忠節""投其所好,攻城野戰"等五個主題作爲分析《群書治要》摘録《史記》文字之敘事原則,乃試驗之筆。事實上,《群書治要》引《史記》尚可從校勘學的角度作分析,本文礙於篇幅所限,只能割愛,待日後另文討論。

(作者單位:香港中文大學中國語言及文學系)

On the Narrative Principles of *Qunshu zhiyao*'s Selection of *Shiji*

Poon Ming Kay

Qunshu zhiyao (The Governing Principles of Ancient China), compiled by Wei Zheng and others under the order of Emperor Taizong of the Tang dynasty, aimed to exhort virtues and punish vice. *Qunshu zhiyao* was only able to include those that were helpful to the regime. The texts as admonitions to later generations included in *Qunshu zhiyao* were the Confucius classics or written by ancient sages, covering the period from the Five Emperors to the Jin dynasty. "Zhiyao" in its title emphasizes the purpose of this book. Among the sixty-five classics selected into *Qunshu zhiyao*, Volume Eleven to Thirty are records of history, including six books of history: one and a half volumes of *Shiji* (Record of the Grand Historian), half of a volume of *Wu-Yue Chunqiu* (Spring and Autumn Annals of Wu and Yue), eight volumes of *Hanshu* (Book of Han), four volumes of *Houhanshu* (Book of the Later Han), four volumes of *Sanguo zhi* (Records of the Three Kingdoms) and two volumes of *Jinshu* (Book of Jin). Two out of the six surviving volumes of the eight-volume *Hanshu* were among the lost volumes of *Qunshu zhiyao*. *Shiji*, a record of five hundred and twenty-six thousand five hundred words, covers three thousand years of history from the Yellow Emperor to Emperor Wu of the Han dynasty, while the eight-hundred-thousand-word *Hanshu* only records the history of two hundred years of the Western Han dynasty. The conspicuous contrast between the quantities of texts of *Shiji* and *Hanshu* selected into *Qunshu zhiyao* is the focus of this paper, which discusses *Qunshu zhiyao*'s principles and spirit in including and excluding the volumes of *Shiji* and how they demonstrate the *Qunshu zhiyao*'s aims to exhort virtues and punish vice.

Keywords: *Qunshu zhiyao* (The Governing Principles of Ancient China), *Shiji* (Record of the Grand Historian), parallel passages, *leishu* (category book), governmentality

徵引書目

1. M. Thompson, *The Shen Tzu Fragments*, Oxford: Oxford University Press, 1979.
2. 王應麟:《玉海》,臺北:華文書局,1964 年版。
3. 司馬光:《資治通鑑》,北京:中華書局,1956 年版。
4. 司馬遷:《史記》,北京:中華書局,1982 年第 2 版。
5. 本田成之著,江俠菴譯:《經學史論》,上海:商務印書館,1934 年版。
6. 皮錫瑞:《經學歷史》,香港:中華書局,1961 年版。
7. 李長之:《司馬遷之人格與風格》,北京:三聯書店,1984 年版。
8. 阮元:《揅經室集》,北京:中華書局,1993 年版。
9. 范曄:《後漢書》,北京:中華書局,1965 年版。
10. 班固:《漢書》,北京:中華書局,1962 年版。
11. 脫脫等:《宋史》,北京:中華書局,1977 年版。
12. 陳壽:《三國志》,北京:中華書局,1959 年版。
13. 葛洪:《西京雜記》,西安:三秦出版社,2006 年版。
14. 趙翼撰,王樹民校證:《廿二史劄記校證》,北京:中華書局,1984 年版。
15. 劉知幾:《史通》,北京:中華書局,1961 年版。
16. 潘定武:《漢書文學論稿》,合肥:安徽大學出版社,2008 年版。
17. 潘銘基:《日藏平安時代九條家本〈群書治要〉研究》,《中國文化研究所學報》第 65 期(2018 年 8 月),第 1—40 頁。
18. 潘銘基:《從陸賈〈新語〉到揚雄〈劇秦美新〉——前漢士人以秦亡舊事進諫的研究》,《文學論衡》第 28 期(2016 年 8 月),第 50—67 頁。
19. 魏徵奉敕撰,尾崎康、小林芳規解題:《群書治要》,東京:汲古書院,1989 年版。
20. 魏徵等:《隋書》,北京:中華書局,1973 年版。
21. 顧炎武撰,黃汝成集釋:《日知錄集釋》,上海:上海古籍出版社,2006 年版。

唐代比興觀辨析
——以詩格爲中心*

張万民

【摘　要】比興是一個本義和衍生義層疊交織而形成的觀念。唐代的比興觀，除了陳子昂、殷璠等人的論述之外，詩格中有更爲豐富的呈現；詩格之中，除了"物象比興"之外，還可見到起興、感興等議題。本文以詩格爲中心，力圖避免以後來的視角解釋古人的觀念，希望回到唐代詩格文本的脈絡，分析唐人如何看待詩歌發端之"興"、尤其是如何看待現代學者重視的原始歌謠式"起興"，又如何看待感興中的心物關係、尤其是現代學者重視的由物及心式"感興"。

【關鍵詞】唐代　詩格　比興　感興　起興

一、興寄、起興、感興

比興是中國詩學的核心範疇之一。唐代的比興觀，以陳子昂的"興寄"、殷璠的"興象"、白居易的"風雅比興"等論述最爲後人關注，學界已多有研究。

王運熙指出：六朝的鍾嶸、劉勰論述比興"重藝術性""析言比興"；相比之下，唐人陳子昂、白居易論述比興"重思想内容""渾言比興"，並且"著

---

* 本文的研究受到香港研究資助局"優配研究金"（General Research Fund）的資助（項目號：CityU 11602215）。

重通篇寓意",因而"後代作家、評論家談比興,大抵祖述唐人之説"①。這個總結,雖然概括出唐代詩學比興觀的主要趨勢,但還是有所遺漏——比如"興象"。

張伯偉則認爲,唐人對"興"的理解,有兩條路線:"一是以陳子昂、杜甫、白居易爲代表的'興寄'説;一是以殷璠、皎然、司空圖爲代表的'興象'説。"不過,"在皎然《詩式》中,已經透露出融合二者的端倪","而晚唐五代詩格中所論的'物象',就完全是'興寄'和'興象'的合流,其特點是通過'象'來表達'寄'。"②所謂的"興寄""興象"合流,即舊題白居易《金鍼詩格》的"物象比"、舊題賈島《二南密旨》的"總例物象"、僧虛中《流類手鑑》的"物象流類"、徐夤《雅道機要》的"明物象"之類,羅根澤稱之爲"微妙的比興"③。唐代詩格的"物象比興",主要總結了各類物象的寄託寓意,多有機械僵化之弊④。

張伯偉的總結,清晰簡潔,注意到唐代比興觀在詩格中的複雜面貌。然而,這個總結仍有可商榷之處。"興寄"是比興寄託,重視寓意的深婉,但同時也需以"象"爲依憑。"興寄"與"興象",本就有重合之處。朱自清曾將中國文論分爲六個流別,即比興論、道德論、淵源論、才性論、興象論、文章論⑤。這是以比興、興象爲兩個不同的概念。他又按此設想,將中國文評分爲六大類:比興、教化、興趣(此處用興趣代替了興象)、淵源、體性、字句。不過,朱自清指出:"興趣的興是比興的興的引申義,都是託事於物,不過所託的一個是教化,一個是情趣罷了。"⑥可見,"興寄""興象""興趣"本來就是相通的,問題在於:比興觀念的各種義項——原始義與衍生義——如何各自發展、如何組合概念、又如何熔鑄新義。

---

① 王運熙《中國古代文論中的比興説》,《中國古代文論管窺》,上海:上海古籍出版社 2014 年版,第 75—76 頁。此文原載《文藝論叢》第四輯(1978)。
② 張伯偉《詩格論》,《全唐五代詩格彙考》,南京:鳳凰出版社 2002 年版,第 33—34 頁。
③ 羅根澤《中國文學批評史》,上海:上海人民出版社 2015 年版,第 486 頁。
④ 劉寧指出:"唐末詩格著作講比興主要是一種生硬機械的比附,而且主觀隨意性比較大。"見劉寧《唐宋之際詩歌演變研究》,北京:北京師範大學出版社 2002 年版,第 251 頁。
⑤ 朱自清《朱自清全集》第九卷《日記編》1933 年 10 月 19 日,南京:江蘇教育出版社 1998 年版,第 258 頁。
⑥ 朱自清《中國文評流別述略》,《朱自清古典文學論文集》,上海:上海古籍出版社 2009 年版,第 20 頁。

比興,可渾言合論、亦可析言分論,而兩種情形常互相交織滲透。比興渾言合論時,指意在言外的寄託或寓意;比興析言分論時,指詩歌的兩種表現手法,更可指詩歌的兩種創作思維①。

在發展過程中,比興的側重點,又常集中在"興"字。"興寄"接近渾言的比興②,"興象"則是析言的興法,而單純的作爲一種表現手法的比法,並不受重視。"興寄"與"興象"的合流或相通,既因爲寄託需要依憑意象,也因爲"興"的不同涵義之間的互通。可見,比興的多義與纏夾,主要在於"興"的多義。

其實,在唐代的詩學觀念中,除了"興寄""興象",或是所謂合流的"物象比興"之外,還有關於創作感興、發端起興等問題的論述,呈現出比興觀在不同義項上的發展。

"興"涉及到民間歌謠的基本技法、詩性思維的藝術本質等問題,尤爲現代學者所關注。按照流行的看法,"興"是以自然物象起首發端的表現手法,可追溯至民間歌謠中那種與正文没有直接意義關聯的趁韻"起興"。蔣寅在討論中國詩學傳統時甚至説:"'興'到唐代就死了,因爲唐人已不用'興'的方式寫詩,偶一爲之不過是模仿古詩。"蔣寅心目中的"興",正是民間歌謠式的"起興",因此他又説:"'興'也許至今還活在陝北'信天游'裏。"③從詩歌創作手法的演進來説,蔣寅之論有一定道理。但是,從詩學觀念本身的演進來説,古人心目中的"興"是否完全等於民謠的"起興",其中有很大的討論餘地。那麽,唐人對詩歌發端的"起興",尤其是現代學者重視的歌謠式、不取義的"起興",有何種看法?

"興"既指以自然物象來起首發端的表現手法,又指觸物感興的藝術思維。發端的藝術手法,與感物的藝術思維,本爲表裏關係。這種起情感物的"感興",又演變爲興象、興趣、興會等概念。現代學者對於觸物起情、由

---

① 劉勰在《文心雕龍·比興》中已用"附理"和"起情"來分别概括比、興,現代學者多由此強調比、興分别對應理性思維和感性思維,可參見徐復觀《釋詩的比興——重新奠定中國詩的欣賞基礎》,《中國文學論集》,北京:九州出版社2014年版,第85—108頁。
② 王逸《離騷序》用"取興"表示比興寄託之意:"《離騷》之文,依《詩》取興,引類譬喻。故善鳥香草,以配忠貞;惡禽臭物,以比讒佞;靈修美人,以媲於君;宓妃佚女,以譬賢臣;虬龍鸞鳳,以托君子;飄風雲霓,以爲小人。"見洪興祖撰,白化文、許德楠、李如鸞、方進點校《楚辭補注》,北京:中華書局2006年版,第2—3頁。
③ 蔣寅《古典詩學的現代詮釋(增訂本)》,北京:中華書局2009年版,第4頁。

物及心的創作心理過程,尤爲感興趣①。那麽,唐人對於現代學者重視的由物及心的"感興",又有何種看法?

唐代詩格,對於詩歌創作的很多環節都有細緻的探討,對於比興觀的各種義項都有豐富的呈現。本文不擬討論學界已多有研究的陳子昂、白居易、殷璠等人的論述,而是以詩格爲中心觀察唐代比興觀。本文堅持的原則是:比興觀是一個本義和衍生義層疊交織而形成的觀念,現代學者常以後來的視角解釋古人的觀念,本文則希望回到唐代詩格文本的脈絡,揭示唐代比興觀發展的真實情境。

二、原始歌謡修辭手法的"興"與 詩學概念的"興"

本文要討論的第一個問題是:現代學者津津樂道的原始歌謡式的"起興",和詩學理論中的"興",是否完全相同?唐人如何看待"起興"?

錢志熙在近期一篇研究唐人比興觀的文章中,採用了追本溯源的方式指出:"從本質上説,比興是來自於歌謡的原始性的修辭方法",這種修辭方法"隨意興發,隨韻宛轉","存在著一種明顯的無意識性","這種情況在兒歌、童謡中表現得最爲突出"。他繼續從文學史的角度指出:"從藝術的發展歷史來看,漢魏以降的詩歌創作中,《詩經》中的那種歌謡之興的古法是消歇了。這是因爲興這種古老的修辭方法,是與原始性的思維方式聯繫在一起的。它在文學的自覺時代,文人詩歌創作無法以其原生態的方式繼續使用。但作爲一種藝術傳統的六義中的興義,不是消失了,而是其意藴被擴大了。在文人詩的時代,興更多地被用來揭示詩歌藝術的本質屬性。"②

錢志熙之論有一定的道理。然而,唐人是否用"興"來指示過《詩經》或樂府民歌中那種"歌謡之興的古法"呢?爲了清晰地論述這個問題,本小節先從源流上辨析原始歌謡修辭手法的"興"與詩學理論概念的"興"之區別,

---

① 參見葉嘉瑩《中國古典詩歌中形象與情意之關係例説——從形象與情意之關係看"賦、比、興"説》,《迦陵論詩叢稿》,石家莊:河北教育出版社1997年版,第8—38頁。汪湧豪也指出,對於"興"的強調"代表了古人對感物和緣情如何啓動創作活動的最根本認識"。見汪湧豪《中國文學批評範疇及體系》,上海:復旦大學出版社2007年版,第628頁。
② 錢志熙《唐人比興觀及其詩學實踐》,載於《文學遺産》2015年第6期,第60、61頁。

以及先秦至唐代比興觀的主流意見。

比興作爲詩歌技法,最早來自《詩經》及上古歌謠。毛傳在《詩經》中獨標"興"體,朱自清總結毛傳標"興"的原則,是發端加譬喻。毛傳論"興"暗含了詩歌發端之意,可能源自對於歌謠式"起興"的朦朧認識。但是,很多學者都沒有意識到,毛傳標示"興",與後人從《詩經》中總結的歌謠式趁韻"起興",有著本質的不同,毛傳並非意在總結來自於歌謠的原始性的修辭方法,而是在闡發"興"的政治倫理寓意①。到了鄭衆、鄭玄論"興",更加重譬喻,基本不重所謂"發端"之義項。漢儒理解的"興",不僅僅是修辭手法的譬喻,更是政治教化意義上的寄託②。

因此,我們必須區分兩個概念:一是作爲歌謠原始修辭方法的"起興",一是作爲詩學理論概念的"興"。作爲歌謠修辭方法的"起興",早已存在於上古歌謠中,在後世的樂府中亦可見到,這是不爭的事實,但是,詩學理論史中的"興"概念,是否從先秦時代已明確指向這種民間歌謠式的"起興"? 先秦的"六詩""六義"實指何物,直到今天還有不同的看法,很難說周代的樂官已經總結出了原始歌謠的趁韻"起興"原則。從傳世文獻來看,詩學概念的"興"或比興,獲得明確的定義和運用,始自漢代的儒生③。漢儒理解"興",除了譬喻,確實有發端之義。但是,這種發端,只是重視詩歌開端的寓意,還是發現了原始歌謠的"起興"? 恐怕漢儒所想所論多在前者。由於過於重視政治倫理的譬喻之義,經學家們甚至覺得"興"的發端之義可有可無了④。

重新關注"興"的發端之義,尤其對歌謠式的、不取義的"起興"手法進

---

① 葛曉音認爲毛傳所標之"興",不僅僅是比喻,還有即景興人興情、即事而興、句法相因,並認爲"以上三類其實與今人判斷興體的部分標準是一致的"。見葛曉音《"毛公獨標興體"析論》,《先秦漢魏六朝詩歌體式研究》,北京:北京大學出版社 2011 年版,第 70—73 頁。然而,上述很多"興"例,毛傳其實並未有任何解說,葛曉音的詮釋,大多參照了胡承珙等清人的解說。
② 朱自清說:"比興有'風化''風刺'的作用,所謂'譬喻',不止是修辭,而且是'譎諫'了。溫柔敦厚的詩教便指的這種作用。比興的纏夾在此,重要也在此。"他接著說:"論詩尊'比''興',所尊的並不完全在'比''興'本身價值,而是在'詩以言志',詩以明道的作用上了。"朱自清《詩言志辨》,《朱自清古典文學論文集》,上海:上海古籍出版社 2009 年版,第 236、283 頁。
③ 胡曉明說:"比興之名,雖屬先秦之舊說,比興之實,則由漢儒而界定。"見《中國詩學之精神》,南昌:江西人民出版社 2001 年版,第 3 頁。
④ 鄭玄箋注在毛傳之外增補了"興"例,很多不在詩歌開端處,後來的《毛詩正義》、《詩毛氏傳疏》也大多以爲《詩經》處處可"興"、不必發端。參見檀作文《朱熹詩經學研究》,北京:學苑出版社 2003 年版,第 179—180 頁。

行辨析,主要始於宋人。鄭樵《六經奧論》認爲興是"不可以事類推,不可以義理求",《朱子語類》記載朱熹與弟子的討論:"《詩》之興全無巴鼻(振録云:多是假他物舉起,全不取其義),後人詩猶有此體。如'青青陵上柏,磊磊澗中石,人生天地間,忽如遠行客',又如'高山有涯,林木有枝,憂來無端,人莫之知'、'青青河畔草,綿綿思遠道',皆是此體。"① 這裏明確指出"興"不取義,並指出後世樂府詩保留了這種原始的歌謠技法。到了明代的徐渭,更明確地指出這種不取義的興源自民間歌謠:"詩之興體起句,絶無意味,自古樂府亦已然。樂府蓋取民俗之謠,正與古《國風》一類。今之南北東西雖殊方,而婦女兒童、耕夫舟子、塞曲征吟、市歌巷引,若所謂《竹枝詞》,無不皆然。此真天機自動,觸物發聲,以啟其下段欲寫之情,默會亦自有妙處,決不可以意義説者。"②

五四時代的學者,在蒐集大量民歌的基礎上,進一步總結了"起興"源自民間歌謠、不取義這兩個基本特徵。顧頡剛説自己是從民歌的形式中,突然領悟到《詩經》的興句、應句的結尾"同韻",興句起著"陪襯"的作用,興的作用就是一個"協韻"的發端③。鍾敬文則將興稱爲"湊韻",何定生稱之爲"趁聲"④。錢鍾書亦用兒歌之例來證明這種"有聲無義"的"發端之起興"⑤。當然,只以"湊韻""趁聲"式的"起興"來概括《詩經》中的興體,難免有以偏概全之嫌⑥。更重要的是,"興"之所以在《詩經》學史和詩學理論史上如此重要,並不是因爲它源自民謠的"湊韻""趁聲"。朱自清指出:歌謠式"起興"這種手法,"可以證明一般民衆思想力的薄弱,在藝術上是很幼稚的。所以後來詩歌裏漸少此種,六朝以來,除擬樂府外,簡直可説没有興。而論詩者仍然推尊比興,以爲詩體正宗,那一面是因傳統的勢力,一面他們所謂興實即是一種比,即今語所謂象徵。"⑦

---

① 黎靖德編《朱子語類》卷八〇,北京:中華書局 1986 年版,第 2070 頁。
② 徐渭《奉師季先生書》,《徐渭集》卷一六《書》,北京:中華書局 1983 年版,第 458 頁。
③ 顧頡剛《起興》,《古史辨》第三册,上海:上海古籍出版社 1982 年重印版,第 675—676 頁。
④ 鍾敬文《談談興詩》,《古史辨》第三册,第 679 頁;何定生《關於詩的起興》,《古史辨》第三册,第 702 頁。
⑤ 錢鍾書《管錐編》,北京:中華書局 1986 年版,第 64 頁。
⑥ 葛曉音指出:"這種説法畢竟過於簡單和絶對化,無法解釋《詩經》的全部文本内容。"她將《詩經》中的興體分爲聯想起興、句法相因起興、即事即景起興等幾類。見葛曉音《論〈詩經〉比興的聯想方式及其與四言體式的關係》,載於《先秦漢魏六朝詩歌體式研究》,第 44—45 頁。
⑦ 朱自清《中國歌謠》,《朱自清全集》第六卷,南京:江蘇教育出版社 1998 年版,第 541 頁。

也有人將歌謠式"起興"的範圍,擴大爲詩人即目所見之物,不限於湊韻、趁聲或句法相因。劉大白曾説:"興就是起一個頭,藉着合詩人底眼耳鼻舌身意相接構的色聲香味觸法起一個頭,這個借來起頭的事物是詩人底一個實感而曾經打動詩人底心靈的。"①錢志熙則用"隨意興發,隨韻宛轉"兩點來概括"興"的特徵,更爲圓融。從"隨意興發"加以引申,就能直接聯繫到詩歌的藝術思維,而不僅僅限於湊韻、趁聲的手法②。

可以看出,歌謠式"起興"雖是一種原始的手法,但是論者往往將其引申至即目所見、隨意興發、興感無端的藝術思維,這正是明人徐渭等人、以及現代學界論"興"常從原始歌謠"起興"入手的原因。

然而,在先唐時期,幾乎無人在理論層面上對"隨韻宛轉"的歌謠式"起興"有清晰的認識。先唐比興觀的主流,是從譎諫譬喻、政治風化的角度來理解"興"或比興,這成了比興可合可分、兩説皆可的主要原因。如《淮南子・泰族訓》:"《關雎》興於鳥,而君子美之,爲其雌雄之不乖居。《鹿鳴》興於獸,君子大之,取其見食而相呼也。"這裏雖説"興於鳥""興於獸",其實所重的並不是"起興"發端,而是其中的譬喻寄託之意。到了六朝,出現了從起情感物解説"興"的新趨勢,成爲後世理解"興"的另一主流。但是,劉勰《文心雕龍・比興》雖用"起情"解釋興,同時又強調興是"環譬以託諷",認爲漢代"諷刺道喪,故興義銷亡"。劉勰既分論比興,亦合論比興,如"虬龍以喻君子,雲蜺以譬讒邪,比興之義也"(《文心雕龍・辨騷》)。可見,寄託諷諭作爲"興"的原則,已根深蒂固。

作爲歌謠原始修辭方法的"起興",一直在後代的民歌、樂府中延續。但是,作爲詩學概念的"興",在先唐時期幾乎從未被解釋爲歌謠式的、不取義的"起興"。或者説,作爲歌謠原始修辭方法的"起興",以及作爲詩學概念的"興",在唐代以前基本按照各自的線索發展,詩論者很少關注"興"作爲發端的語言形式特徵,更鮮有討論作爲歌謠原始修辭方法的"起興"。

唐代比興觀的主流,依然重視寄託諷諭,學界已多有討論。如劉知幾《史通・叙事》:"昔文章既作,比興由生,鳥獸以媲賢愚,草木以方男女,詩人騷客,言之備矣。"皎然《詩式》:"取象曰比,取義曰興。義即象下之意。

---

① 劉大白《六義》,《古史辨》第三册,第 686 頁。
② 錢志熙説:"興義雖然隱約難明,但它更能體現詩歌藝術興感無端的表現性特點。"錢志熙《唐人比興觀及其詩學實踐》,載於《文學遺產》2015 年第 6 期,第 60 頁。

凡禽魚、草木、人物、名數,萬象之中義類同者,盡入比興。"①在唐代詩格中,也常常見到這種比興寄託的論述。王昌齡《詩格》解釋比興正是從此入手:"三曰比。比者,真比其身,謂之比假,如'關關雎鳩'之類是也。四曰興。興者,指物及比其身説之爲興,蓋託喻謂之興也。"《詩格》中的"詩有三宗旨"其一爲"興寄",舉王仲宣詩"猿猴臨岸吟",説"此一句譏小人用事也",正是按照漢儒的解詩模式來理解"興"②。

唐人從寄託諷諭的基本原則,演變出興刺、興諷、興寄等概念,如皎然《詩議》、高仲武《中興間氣集》論"諷興",另還有"美刺比興"(白居易《與元九書》)、"興諭規刺"(白居易《采詩官》)、"諷諫比興"(杜確《岑嘉州詩集序》)等。即使論及樂府與民歌,如元稹《進詩狀》的"自古風詩至古今樂府,稍存寄興,頗進謳謠",依然重視美刺比興。比興在唐代甚至成了詩歌的代稱,如柳宗元《楊評事文集後序》以"比興者"與"著述者"並稱,權德輿《戴叔倫墓志銘》稱戴"長於比興",温庭筠《上鹽鐵侍郎啟》"常耽比興"。這都暗含著要繼承《詩經》的風雅比興傳統之意。

唐人看重寄託諷諭的原則,遠遠超過比興具體手法的區分,因此傾向比興合論。杜甫稱讚元結《舂陵行》有"比興體制"(《同元使君〈舂陵行〉序》),白居易的新樂府重"風雅比興""美刺比興"(《與元九書》)。但是,他們討論的詩,大多採用了直賦的手法。他們完全不考慮"興"的發端之義,甚至連自然物象譬喻人事的原則也不考慮了。因此,他們完全無視具體的比興手法,只注重比興的寄託精神了。錢志熙指出,"唐人論比興的重點,在於詩之有無感發,有無寄託",同時他又特别突出了寄託的重要性:"唐人對於'興'的理解,其義不重在自由聯想、引起歌詞的節奏諧和等特質,而在於寄託之義、美刺之風。"③這都是看到了寄託諷諭在唐人比興論中的決定性作用。

可以看出,對於毛傳指示的發端加譬喻的原則,從漢儒直到唐人,似乎

---

① 張伯偉《全唐五代詩格彙考》,第230頁。
② 張伯偉《全唐五代詩格彙考》,第159、182頁。《詩格》一書,張伯偉定爲"舊題王昌齡"。不過,王夢鷗《王昌齡生平及詩論》(載於《古典文學論探索》,臺北:正中書局1984年版)、李珍華和傅璇琮的《談王昌齡的詩格》(載於《文學遺產》1988年第6期)等文章,都確認王昌齡撰有《詩格》,《文鏡秘府論》所引王昌齡語確出自其《詩格》。張伯偉由此將《詩格》釐爲二卷,上卷爲《文鏡秘府論》所引者,下卷爲真僞混雜的《吟窗雜録》所刊者。
③ 錢志熙《唐人比興觀及其詩學實踐》,載於《文學遺產》2015年第6期,第61、62頁。

只重政治譬喻,大部分時候忽視了發端這個詩歌形式上的特徵,更遑論歌謠式的"起興"。

甚至在唐代的《詩經》詮釋中,亦不重視發端之義。如《毛詩正義》載陸德明曰:"興是譬諭之名,意有不盡,故題曰興。"孔穎達則説:"取譬引類,起發己心,詩文諸舉草木鳥獸以見意者,皆興辭也。"雖然提及"起發己心",但是孔穎達又説"比顯而興隱",還是側重"興"的寄託之意①。

三、唐人所認識的詩歌發端之"起興"

我們需要追問的是:唐人對於"興"的發端之義,或者歌謠式的原始"起興"手法,是否有進一步的認識?具體來説,唐人詩格最重詩歌形式的細緻分析,詩格在討論《詩經》及樂府時,是否指出"興"作爲發端的形式特徵,甚至進一步指出其源頭爲民間歌謠的原始修辭手法?

王昌齡《詩格》中的"十七勢",提出了六種"入作勢",第六爲"比興入作勢",其解釋爲:

> 比興入作勢者,遇物如本立文之意,便直樹兩三句物,然後以本意入作比興是也。②

此處的解釋,看起來很像歌謠式的"起興"修辭法。但是,此處的"興"並沒有發端的意思。羅根澤認爲,"入作"纔有"發端"之意。那麽,以"比興"來發端,是否即"起興"發端呢?羅根澤説,"比興入作勢"其實"與賦比興的比體相像",因爲"後人往往僅以量的差別分析比與興,由是比與興没有多大的區分,而王昌齡遂以比興同爲一種方法了"③。可見,"比興入作勢"雖然包含了"發端"與"興"兩個因素,但是此處的"興"與比合爲一體,應是偏重譬喻之意。

在"十七勢"中,還有第七"謎比勢"、第十三"一句直比勢",羅根澤認

---

① 毛亨傳,鄭玄箋,孔穎達疏,陸德明音釋,朱傑人、李慧玲整理《毛詩注疏》卷一之一,上海:上海古籍出版社 2013 年版,第 14—15 頁。
② 張伯偉《全唐五代詩格彙考》,第 154 頁。
③ 羅根澤《中國文學批評史》,第 320、321 頁。

爲前者"始終僅是暗示題意,而不明言題意",相比之下,上述的"比興入作勢"最後需要"以本意入作",即是"要鮮明地説出題意"。① 總之,這些分析,都是側重譬喻的手法。("十七勢"還有"感興勢",分析詳見下節。)

《詩格》還提出了十四種"起首入興體",又包含了"起首發端"與"興"兩個因素,然而這裏的"興"也不是"起興"發端之意,而是指詩興或詩歌的創作主旨。"起首入興體"第七爲"直入比興",《詩格》對其解説爲:

> 左太沖詩:"鬱鬱澗下松,離離山上苗。以彼徑寸莖,陰此百尺條。"此詩頭兩句比入興也。潘安仁詩:"微身輕蟬翼,弱冠忝嘉招。"此詩一句比入興也。

《詩格》第八爲"直入興",其解説爲:

> 陸士衡詩:"顏侯體明德,清風肅已邁。"此入頭直敍題中之意。②

張伯偉認爲,"直入比興"是用"比"的手段達到"入興",而"直入興"是用"賦"的手段達到"入興"③。張伯偉認爲《詩格》是在總結漢魏以來五言詩中"興"的方式與位置,他將這裏的"入興"等同於比興的"興",卻是混淆了"興"在不同上下文中的不同意義。其實,"入興"就是"入作","興"就是"作",其中一個證據:此處的"直入興",就是前述"十七勢"中的"直把入作勢",兩處所舉詩例一樣,都是陸機的"顏侯體明德,清風肅已邁"④。所謂"入興""入作",就是指入題、入意,"起首入興"是指如何在詩歌開端就入題、入意。

那麼,"起首入興體"第七"直入比興",其實就是詩歌開端用譬喻來入題;"起首入興體"第八"直入興",就是詩歌開端徑直用本事來入題。前者爲比,後者爲賦,是詩歌的兩種開端方式。因此,"入興"只有入題之意,"起首"纔是發端之意。

值得注意的是,"起首入興體"第九是"託興入興",《詩格》中的解説爲:

---

① 羅根澤《中國文學批評史》,第 321 頁。羅根澤引其爲"譖比勢"。
② 張伯偉《全唐五代詩格彙考》,第 175—176 頁。
③ 張伯偉《鍾嶸詩品研究》,南京:南京大學出版社 1999 年版,第 106 頁。
④ 張伯偉《全唐五代詩格彙考》,第 175—176 頁。

> 古詩:"青青河畔草,綿綿思遠道。"此起於《毛詩·國風》之體。①

此處所論,最接近"興"的發端之義,或是歌謠式的"起興"之義。因爲它既論及《國風》之體,又引用了"青青河畔草"之例,而此詩正是後人常引爲歌謠式"起興"的例證。但是,《詩格》此處用"詑興"一詞,卻又是唐人常用來表達寄託之意的詞彙。因此,"詑興入興"亦可解釋爲:詩歌開首用比興寄託來入題。

《詩格》"起首入興體"中還有"衣帶入興"的説法,第四爲"先衣帶,後敘事入興",第五爲"先敘事,後衣帶入興"。後者舉例爲《古詩十九首》其一"行行重行行",詩中七、八二句忽然插入"胡馬依北風,越鳥巢南枝",《詩格》認爲這是"六句敘事,兩句衣帶"②。"胡馬依北風,越鳥巢南枝"雖然不是詩歌的發端,但是它與上下文没有明顯的意義關聯,算是歌謠式"起興"的變體③。清人吴淇《古詩十九首定論》曾説此詩"第七八句忽插入一比興語",但是吴淇最終把它解爲比喻,因爲他接著説:"忽用七句、八句作二比頓住。"④《詩格》認爲七、八二句是"衣帶",應該是注意到這兩句與上下文没有明顯的意義關聯,其關注之處與吴淇不同,似乎認識到歌謠式"起興"的特徵。但是,王昌齡稱其爲"衣帶",而没有用"興"來概括它。"衣帶"之後的"入興"一詞,如前所説,只是"入作"、入題的意思。

再看《詩格》"常用體十四"中的"象外比體",舉曹丕詩"高山有崖,林木有枝。憂來無方,人莫知之"爲例⑤。其實,曹丕此處所用的手法,正是歌謠式"起興",類同於《詩經》中"×有×"式的反興。但是,王昌齡似乎對此没有清晰的認識,只是將其稱爲"比體"。

由此可見,王昌齡在對各類詩歌的細緻分析中,已經觸及譬喻式的發端、甚至是無明顯譬喻意義的歌謠式發端,但是,他既没有明確地總結"興"作爲發端的形式特徵,也没有如宋代以後的批評家那樣將"興"明確解爲歌謠式"起興",而是將入題、寄託等各種意義都溶進了"興"這個概念。可能

---

① 張伯偉《全唐五代詩格彙考》,第 176 頁。
② 張伯偉《全唐五代詩格彙考》,第 174 頁。
③ 《詩經》中也有這種歌謠式"起興"的變體,即與上下文没有明顯的意義關聯,但又不處於發端的位置,徐復觀在《釋詩的比興——重新奠定中國詩的欣賞基礎》一文中稱其爲"中興"或"尾興"。
④ 隋樹森編著《古詩十九首集釋》,北京:中華書局 1955 年版,卷三第 9 頁。
⑤ 張伯偉《全唐五代詩格彙考》,第 179 頁。

因爲糾結於各種義項的雜糅,王昌齡在分析真正的歌謠式"起興"時,反而稱其爲"比體"了。

舊題王昌齡《詩中密旨》的"九格"中,有兩處"立興"之説①。其二爲"上句立興,下句是意格",舉例爲曹植《七哀詩》開端兩句"明月照高樓,孤(《文選》作"流")光正徘徊"。曹植此詩的開端兩句之間,意義連貫,不是一般所説的興句、應句的關係。可見,《詩中密旨》以上句"明月照高樓"爲"立興",這和後人理解的"興"不同。

"立興"其三爲"上句立興,下句是比格",舉例爲《古詩十九首》其三的開端四句"青青陵上柏,磊磊澗中石。人生天地間,猶(《文選》作"忽")如遠行客"。《古詩十九首》此詩以"青青陵上柏"開端,是典型的"興"的手法,如清人吴淇《古詩十九首定論》曰:"首二句以'柏''石'興起'遠行客',喻人生行役之苦。"張庚《古詩十九首選》曰:"'陵上柏''澗中石',物之可久者,反興人生之不久。"張玉穀《古詩十九首賞析》曰:"首四以柏石常存,反興人生如遠行之客,不可久留,即引起及時行樂之意。"②一般認爲"興"中常常兼有比意,正如張玉穀所解,此詩開端以柏石常存來反興人生不久。但是,《詩中密旨》只以前兩句"青青陵上柏,磊磊澗中石"爲"立興",又以後兩句爲比,這也和後人理解的"興"略有不同。

《詩中密旨》一書雜鈔王昌齡《詩格》、皎然《詩議》諸書拼湊而成。我們再看皎然《詩議》原文,其中"詩有十五例"説:

> 立興以意成之例,詩云:"明月照高樓,流光正徘徊。上有愁思婦,悲歎有餘哀。"
>
> 雙立興以意成之例,詩云:"青青陵上柏,磊磊澗中石。人生天地間,忽如遠行客。"

這些論述,與《詩中密旨》略有不同。其中"立興以意成之例",完整引出曹植《七哀詩》開端四句,似乎是以開端兩句爲興句、後兩句爲應句,與《詩中密旨》所論相比,更接近一般所説的"興"。但是,此詩開端兩句提到了"樓",後兩句從"上有"(即"樓上有")説起,字面意義連貫緊密,其實並

---

① 張伯偉《全唐五代詩格彙考》,第197頁。
② 隋樹森編著《古詩十九首集釋》卷三,第12、26頁。

不符合"興"的典型特徵。其後的"雙立興以意成之例"所引《古詩十九首》是常見的"興"例,皎然認爲開端四句是"雙立興",應是以柏、石二句每一句俱爲一"立興",非常接近張庚、張玉穀等人的説法。

皎然《詩議》曾從形式上總結"興"的特點,他指出:

> 興者,立象於前,後以人事諭之,《關雎》之類是也。①

可以説,"興"不僅是通過物象比喻人事,其特殊之處更在於形式,即物象在前,引出後面的人事主題。皎然在《詩議》中還説:"其詩曰:'終朝采菉,不盈一掬。'又詩曰:'采采卷耳,不盈頃筐。'興雖别而勢同。"②此處"興"爲何義,雖未明言,但從舉例來看,應是前述的"立象於前,後以人事諭之"。皎然的總結,符合"興"作爲發端的形式特徵。至於前面的物象與後面緊接的人事,是有明確的意義關聯,還是歌謡式無意義關聯的"起興",皎然在此處並未分辨。

不過,皎然《詩議》曾説:"比者,全取外象以興之,'西北有浮雲'之類是也。"③再聯繫到他《詩式》中所説的"取象曰比,取義曰興,義即象下之意",綜合可見,皎然與大部分批評家一樣,依然更看重"興"的譬喻寄託之義。皎然又在《詩式》中説:"且如'池塘生春草',情在言外;'明月照積雪',旨冥句中。風力雖齊,取興各别。"以及"意有盤礴者,謂一篇之中,雖詞歸一旨,而興乃多端。"④此處整節都是在討論情、意如何安排,因此這裏的"興"又偏重如何取景達情。《詩式》還評江淹《雜體詩》之《班婕妤詠扇》"畫作秦王女,乘鸞向煙霧"兩句曰:"興生於中,無有古事。"⑤這兩句並非處於詩歌發端,並且上下文的字面意義連貫,不符合"立象於前,後以人事諭之"的原則。皎然此處所偏重者,仍是詩歌如何取景達情、假象見意,而不是詩歌如何發端。可見,漢儒的寄託説、六朝的起情説,主宰著皎然的比興觀念。

可見,即使是在討論詩歌形式最爲細緻的詩格中,對於"興"的發端之

---

① 張伯偉《全唐五代詩格彙考》,第219頁。
② 張伯偉《全唐五代詩格彙考》,第205頁。
③ 張伯偉《全唐五代詩格彙考》,第219頁。
④ 張伯偉《全唐五代詩格彙考》,第261頁。
⑤ 張伯偉《全唐五代詩格彙考》,第245頁。

義,雖有一定的認識,但依然没有清晰的總結。至於歌謡式的、不取義的"起興",基本上没有成爲唐人討論"興"概念時的關注點。

需要補充的是,有所謂"上句一語,用下句釋之成文"的"風人詩",這種形式最常見於六朝至唐代的樂府民歌。宋人曾慥《類説》卷五一有"風人詩"條:"梁簡文風人詩,上句一語,用下句釋之成文,'圍棋燒敗襖,著子知然衣'。"王運熙以爲,《類説》對於這種詩歌形式的總結,是唐人王叡《炙轂子録》鈔録自唐人元兢《樂府解題》而來①。宋人洪邁曾用"比興引喻"來稱呼這種詩歌手法:"自齊、梁以來,詩人作樂府《子夜四時歌》之類,每以前句比興引喻,而後句實言以證之。至唐張祜、李商隱、温庭筠、陸龜蒙,亦多此體。"②王運熙根據洪邁的説法,指出《子夜歌》"見娘善容媚,願得結金蘭,空織無經緯,求匹理自難"中的"空織無經緯"近於比,《讀曲歌》"石闕生口中,銜碑不得語"中的"石闕生口中"近於興③。因此,王運熙認爲,這種諧音雙關語,是"比興的一種特殊手段"④。然而,即使是"比興的特殊手段",這種諧音雙關語仍然和常見的"興"有很大的區别。

四、唐人所認識的觸物起情之"感興"

今人重視"興",更重要的原因,是因爲"興"有觸物起情之義,這與現代的藝術觀念有最直接的契合。正如錢志熙所説:"從廣義上説,抒情活動中人心向自然萬物的自由開放,都可被視爲興的藝術……興的本質,在於由外物的觸發而引起主觀感情的一種連動,即所謂感物興思。"作爲民間歌謡的原始修辭手法的"起興",與觸物起情之"興"又有内在的相通之處,因此,"作爲古老的歌謡修辭藝術之狹義的'興'法雖然較少被文人詩作者繼承,但興的藝術精神卻得以充分地發展。"⑤

對"興的藝術精神"的闡發,肇始於魏晉六朝以來的感物起情論,但對

---

① 參見王運熙《論吳聲西曲與諧音雙關語》,《樂府詩述論》,上海:上海古籍出版社1996年版,第112頁。
② 洪邁《容齋隨筆》卷一六"樂府詩引喻"條,北京:中華書局2005年版,第625頁。
③ 王運熙《論吳聲西曲與諧音雙關語》,《樂府詩述論》,第112頁。
④ 王運熙《中國古代文論中的比興説》,《中國古代文論管窺》,第70頁。
⑤ 錢志熙《唐人比興觀及其詩學實踐》,載於《文學遺産》2015年第6期,第60、61頁。

今人影響最大的卻是宋人李仲蒙之説:"索物以託情謂之比,情附物者也;觸物以起情謂之興,物動情者也。"①劉勰只是從"附理"和"起情"來區分比、興,李仲蒙則從情物關係的先後次序來區分比、興。宋人強調觸物起情、物在情先的先後次序,是因爲當時好談自然成文的創作原則,楊萬里就説:"我初無意於作是詩,而是物是事適然觸乎我,我之意亦適然感乎是物是事,觸生焉,感隨焉,而是詩出焉,我何與哉? 天也,斯之謂興。"②

今人葉嘉瑩,更進一步將"興"定義爲"物的觸引在先""由物及心",並將之與西方文論相對比,以此突出中國詩學的獨特性③。正是這個觸物起情、物在情先、由物及心的定義,既符合了歌謠式"起興"的特徵,又符合了今人對中國詩學傳統的期待,因此成爲最流行、最有影響的定義。很多學者利用這個定義,回溯和整理中國詩學史。

然而,我們要追問的是:唐人是否已如宋人一般,明確認識到"興"中含有物在情先、由物及心的先後次序?

唐人詩學,同時承繼漢代《詩經》學、六朝詩學兩個傳統,論"興"時常常同時強調感物、寄託兩個因素。舊題賈島《二南密旨》曰:"比者,類也,妍媸相類、相顯之理,或君臣昏佞,則物象比而刺之;或君臣賢明,亦取物比而象之。"這完全是從政治寄託的角度論"比"。又曰:"興者,情也。謂外感於物,内動於情。情不可遏,故曰興。感君臣之德政、廢興,而形於言。"這是同時從感物興情與比興寄託兩個因素來解釋"興"了。

雖然六朝已有感物、寄託兩種論述的合流,但更常見的是完全不涉及政治寄託的"興"論。常見的組合有興感、興致或致興,如孫綽《三月三日蘭亭詩序》:"情因所習而遷移,物觸所遇而興感……原詩人之致興,諒歌咏之有由。"或是乘興、觸興,如曹植《與丁敬禮書》:"故乘興爲書,含欣而秉筆,大笑而吐辭,亦歡之極也。"蕭統《答晉安王》:"觸興自高,睹物興情,更向篇什。"此處的"興",大多指一種作詩的興致或靈感。

唐人從感物角度理解"興",主要著眼"興"的這種意義,即指一種興趣、興致、意興甚至是靈感。這種興致,未必要落實成爲具體的詩歌創作,如王

---

① 胡寅《與李叔易書》,《斐然集》卷一八,《文淵閣四庫全書》本。
② 楊萬里《答建康府大軍庫軍門徐達書》,辛更儒箋校《楊萬里集箋校》,北京:中華書局 2007 年版,卷六七,第 2841 頁。
③ 葉嘉瑩《中國古典詩歌中形象與情意之關係例説——從形象與情意之關係看"賦、比、興"説》,《迦陵論詩叢稿》,第 21、33 頁。

維"興闌啼鳥換,坐久落花多"(《從岐王過楊氏別業應教》),杜甫"老去悲秋强自寬,興來今日盡君歡"(《九日藍田崔氏莊》)。當然,更多的時候,這種興致是與詩歌創作聯繫在一起,如李白"興酣落筆搖五嶽,詩成笑傲凌滄州"(《江上吟》),後來直接變爲"詩興",如李白"詩興生我衣"(《酬殷明佐見贈五雲裘歌》)、杜甫"東閣觀梅動詩興"(《和裴迪登蜀州東亭送客逢早梅》)、韓翃"共憐詩興轉清新"(《送萬巨》)。

這種詩歌創作的興致與靈感,是從"興"本身的興致之意而來,與漢儒的比興傳統本没有直接的關係。唐代的詩格,常從這個角度討論"興"。

如前所述,王昌齡《詩格》中有"起首入興體"十四種,"入興"就是"入作","興"就是"作",而"入興""入作"就是指入題、入意。進一步來説,"入興""入作"已經暗含了如何進入一種創作的興致、創作的狀態。

《詩格》還用"意興"來描述這種創作狀態:

> 詩有平(王利器疑作"憑")意興來者:"願子勵風規,歸來振羽儀。嗟余今老病,此别恐長辭。"蓋無比興,一時之能也。①

此節前半段有"意興",明確地指向一種創作的興致和靈感②。但是,此節後半段又有"比興"。此節可作兩種解讀:一是將意興、比興視爲兩種不同的創作方式,依憑一時的意興作詩,可以無比興;二是將意興、比興視爲可以替換的近義詞,如果没有比興,只是逞一時之能,也就没有意興了。兩種解讀,似以前者爲佳。

《詩格》中關於"發興"之法的幾節文字,最清楚地描述了作爲詩歌興致和靈感的"興"的運作方式:

> 凡詩人,夜間床頭,明置一盞燈。若睡來任睡,睡覺即起,興發意生,精神清爽,了了明白。……凡作詩之人,皆自抄古人詩語精妙之處,名爲隨身卷子,以防苦思。作文興若不來,即須看隨身卷子,以發興也。

---

① 張伯偉《全唐五代詩格彙考》,第169頁。
② 李珍華就用 inspiration(靈感)來翻譯王昌齡所説的"興"。見李珍華《王昌齡研究》,西安:太白文藝出版社1994年版,第39頁。

> 春夏秋冬氣色,隨時生意。取用之意,用之時,必須安神淨慮,目睹其物,即入於心;心通於物,物通即言。言其狀,須似其景。語須天海之內,皆入納於方寸。至清曉,所覺遠近景物及幽所奇勝,概皆須任意自起。意欲作文,乘興便作,若似煩即止,無令心倦。常如此運之,即興無休歇,神終不疲。
>
> 凡神不安,令人不暢無興,無興即任睡,睡大養神。常須夜停燈任自覺,不須強起。強起即昏迷,所覽無益。紙筆墨常須隨身,興來即錄。若無紙筆,羈旅之間,意多草草。舟行之後,即須安眠。眠足之後,固多清景,江山滿懷,合而生興。須屏絕事務,專任情興。因此,若有製作,皆奇逸。看興稍歇,且如詩未成,待後有興成,卻必不得強傷神。①

王昌齡細緻地描述了各種"發興"之法,包括安神淨慮、睡養精神、抄古人詩句等等。很明顯,這裏的"興"就是詩歌創作的興致和靈感,指一種創作狀態。然而,需要注意的是,即使文中說到了"江山滿懷,合而生興",王昌齡論"興"並不局限在觸物起情之意,而是論述了所有能引發興致和靈感的因素。也就是說,此處並沒有規定"興"含有物在情先、由物及心的先後次序,以及天然成文、無意成文的原則。此處甚至提出了與楊萬里等宋人相反的意見,非常強調有意地培養詩興,如抄錄古人精妙詩句隨身攜帶,沒有詩興的時候就參看古人妙語,以刺激詩興。

王昌齡《詩格》"十七勢"中還有"感興勢",其解說爲:

> 感興勢者,人心至感,必有應說,物色萬象,爽然有如感會。②

這裏所論"感興",亦是從感物以及創作興致的角度出發,非常接近李仲蒙、楊萬里等人的論述。但是,羅根澤曾指出:"這種感興是由內及外的心靈感應,而不是由外及內的景物感興。"③可以說,宋人李仲蒙用"觸物起情"、今人葉嘉瑩用"由物及心"來解釋"興",都是強調由外及內的景物感

---

① 張伯偉《全唐五代詩格彙考》,第164、170頁。
② 張伯偉《全唐五代詩格彙考》,第156頁。
③ 羅根澤《中國文學批評史》,第322頁。

興;而李仲蒙用"索物託情"、葉嘉瑩用"由心及物"來解釋"比",纔是一種由內及外的心靈感應。王昌齡論"感興",是指由內及外的心靈感應,恰恰與李仲蒙論"興"的意見是相反的。不論羅根澤對《詩格》的解釋是否準確,我們在王昌齡的"感興勢"中,看到的是先有"人心至感",後有"物色萬象",這確實與今人認爲"興"的本質在於由物及心、物在情先,正好相反。

可見,唐人好談興寄、興託,亦好談意興、感興,但是,在唐人的理解中,"興"概念的義項,還未清晰地發展出由物及心、物在情先這樣的創作心理順序。

當然,我們必須看到,並非唐人不重視自然天成的創作原則,問題在於:在創作實踐與詩學理論之間,總是存在著一定的距離與張力,這影響到唐人對"興"的總結,並未觸及由物及心這些義項。其實,六朝鍾嶸提出的"直尋",即《詩品序》所論的"至於吟詠情性,亦何貴於用事?'思君如流水',既是即目;'高台多悲風',亦惟所見",已經隱含了由物及心、自然成文的原則。唐人在實際的創作經驗中,也推崇這種原則。甚至王昌齡在論"發興"時提到的"春夏秋冬氣色,隨時生意""目睹其物,即入於心",也隱含了由物及心、自然成文的原則。但是,王昌齡畢竟沒有如宋人那樣,從理論上明確地將"興"的本質規定爲由物及心式的無意觸感。其中的原因,一方面是由於宋人反思黃庭堅提出的"點鐵成金""奪胎換骨"等創作原則,激發了他們強調由物及心先後次序的意義,而唐人詩論並不需要面對這樣的理論語境;另一方面是由於唐代詩格面對的讀者常常是初學寫詩者,因此談論創作問題比較平實,會提出將古人妙句隨身攜帶以助"發興"之類的建議,而宋人詩論大多是詩學修養較高者之間的莫逆於心,論述比較高蹈超遠,可以完全不顧由物及心、自然成文之前的準備環節。

五、結　語

由以上分析可見,在唐代詩格中,除了物象比興之外,對於詩歌發端起興、創作感興,都有一定的論述。但是,在這些論述中,幾乎見不到今人所重視的原始歌謠式"起興"、由物及心式"感興"等義項。

王昌齡、皎然等人的詩格作品,在對各類詩歌的細緻分析中,已經觸及譬喻式的發端、甚至是無明顯譬喻意義的歌謠式發端,但是,他們既沒有明確地總結"興"作爲發端的形式特徵,也沒有如宋代以後的批評家那樣將"興"解爲歌謠式"起興",而是將入題、發端、寄託等各種意義都溶進了"興"這個概念。他們在論述"感興"之時,也沒有將其規定爲由物及心的先後次序,甚至提出先有"人心至感"、後有"物色萬象",這與宋人對"興"的定義正好相反。

因此,本文以唐代詩格對起興、感興的具體論述爲例,建議如要研究唐代的比興觀,必須回到唐代文本本身和當時的語境脈絡,而不能輕易地將比興觀的後起義項、尤其是今人熱衷討論的義項,強加於唐人的論述。

(作者單位:香港城市大學中文及歷史學系)

On the Development of the Concept of *Bi xing* in the Tang Dynasty: With *Shige* as the Focus

Zhang Wanmin

The concept of *bi xing* (analogical and affective image) evolves with the dynamic relation between the original meaning and the derived meaning. Its development in the Tang dynasty could be examined better in *Shige* (Rules of Poetry), then prevailing poetic manual, than in the writings of Chen Zi'ang, Yin Fan, and others which have attracted most attention, as the former contains the discussions of different types of *xing* such as *qi xing* (image that raises the affect) and *gan xing* (image that stirs the affect). This article avoids explaining the early concept in terms of later usage and modern understanding. By situating the concept in its context in the Tang dynasty, the article analyzes how Tang poets viewed *xing* (affective image) as the beginning of poetry, more importantly, the original balladic *qi xing* and the relation between heart and thing, especially the type of *gan xing* where the thing stirs the heart, as considerably emphasized by modern scholars.

Keywords: Tang dynasty, *Shige* (Rules of Poetry), *bi xing* (analogical and affective image), *gan xing* (image that stirs the affect), *qi xing* (image that raises the affect)

徵引書目

1. 毛亨傳,鄭玄箋,孔穎達疏,陸德明音釋,朱傑人、李慧玲整理:《毛詩注疏》,上海:上海古籍出版社,2013年版。
2. 王運熙:《中國古代文論管窺》,上海:上海古籍出版社,2014年版。
3. 王運熙:《樂府詩述論》,上海:上海古籍出版社,1996年版。
4. 王夢鷗:《古典文學論探索》,臺北:正中書局,1984年版。
5. 朱自清:《朱自清古典文學論文集》,上海:上海古籍出版社,2009年版。
6. 朱自清:《朱自清全集》,南京:江蘇教育出版社,1998年版。
7. 李珍華、傅璇琮:《談王昌齡的詩格》,《文學遺產》1988年第6期。
8. 李珍華:《王昌齡研究》,西安:太白文藝出版社,1994年版。
9. 汪湧豪:《中國文學批評範疇及體系》,上海:復旦大學出版社,2007年版。
10. 洪興祖撰,白化文、許德楠、李如鸞、方進點校:《楚辭補注》,北京:中華書局,2006年版。
11. 洪邁:《容齋隨筆》,北京:中華書局,2005年版。
12. 胡寅:《斐然集》,《文淵閣四庫全書》本。
13. 胡曉明:《中國詩學之精神》,南昌:江西人民出版社,2001年版。
14. 徐復觀:《中國文學論集》,北京:九州出版社,2014年版。
15. 徐渭:《徐渭集》,北京:中華書局,1983年版。
16. 張伯偉:《全唐五代詩格彙考》,南京:鳳凰出版社,2002年版。
17. 張伯偉:《鍾嶸詩品研究》,南京:南京大學出版社,1999年版。
18. 隋樹森編著:《古詩十九首集釋》,北京:中華書局,1955年版。
19. 楊萬里著,辛更儒校箋:《楊萬里集箋校》,北京:中華書局,2007年版。
20. 葉嘉瑩:《迦陵論詩叢稿》,石家莊:河北教育出版社,1997年版。
21. 葛曉音:《先秦漢魏六朝詩歌體式研究》,北京:北京大學出版社,2011年版。
22. 劉寧:《唐宋之際詩歌演變研究》,北京:北京師範大學出版社,2002年版。
23. 蔣寅:《古典詩學的現代詮釋》(增訂本),北京:中華書局,2009年版。
24. 黎靖德編:《朱子語類》,北京:中華書局,1986年版。
25. 錢志熙:《唐人比興觀及其詩學實踐》,《文學遺產》2015年第6期。
26. 錢鍾書:《管錐編》,北京:中華書局,1986年版。
27. 檀作文:《朱熹詩經學研究》,北京:學苑出版社,2003年版。
28. 羅根澤:《中國文學批評史》,上海:上海人民出版社,2015年版。
29. 顧頡剛等:《古史辨》第三冊,上海:上海古籍出版社,1982年重印版。

葉清臣行年攷（上）

陳才智

【摘　要】葉清臣既是北宋文學家,也是高節莫屈的一代名臣,然其生卒年與籍貫説法不一,行年亦有待詳攷。經梳理原始史料,比對有關記載,攷得葉清臣卒於宋仁宗皇祐元年(1049)四、五月之際,享年五十歲,逆推當生於宋真宗咸平三年(1000)。其郡望爲南陽,籍貫當爲湖州烏程,後徙寓蘇州長洲。其他行年及撰述等亦多有詳攷。

【關鍵詞】葉清臣　文學家　名臣　行年　籍貫

宋真宗咸平三年(1000)　一歲

葉清臣,字道卿,號卞山(一作弁山)居士。

范成大《(紹定)吳郡志》卷一四載:"小隱堂、秀野亭在城北。蔣堂嘗有《過葉道卿侍讀小園》詩云:'秀野亭連小隱堂,紅蕖緑蒢媚滄浪。卞山居士(道卿自號也)無歸意,卻借吳儂作醉鄉。'蘇人多游飲於此園。"明董斯張《(崇禎)吳興備志》卷十一云:"張按:范成大《吳郡志》云,葉參少卿嘗守吳,既謝事因居焉,作九檜堂以佚老。然則東吳寓公自參始。又按《吳郡志》,蔣堂《過葉道卿小園》詩云:'秀野亭連小隱堂,紅葉緑篠媚滄浪。弁山居士無歸意,卻借吳儂作醉鄉。'自注云:'弁山居士,道卿自號。'觀此則清臣本苕產,信矣。"按,弁山在浙江湖州城北,葉氏祖籍湖州烏程,其號即由此而來。

咸平三年生。

按,據范仲淹《范文正公文集》卷一一《祭葉翰林文》、《續資治通鑑長編》卷一六六,葉清臣卒於皇祐元年(1049),又《隆平集》卷一四葉清臣傳載其卒年五十,逆推之,葉清臣當生於宋真宗咸平三年(1000)。

清臣祖父葉逵。

葉逵,字造玄,後世稱逵公或造玄公,爲吳中葉氏始祖。原仕吳越,北宋初年隨吳越王錢俶歸順新朝,以功授刑部侍郎。葉逵娶浙江烏程羊氏永嘉侯女,封永安郡太君,卒後葬湖州弁山。葉逵遠祖仕晉,爲括蒼太守,世居松陽、縉雲等地。葉逵仕吳越,始遷湖州,時太湖東山屬湖州府轄地,葉逵因事常到東山,愛其山水之美而建宅於東山。生元穎、元輔、元參三子。元輔,字應鳳,宋淳化三年(992)進士,官光禄寺卿,致仕後居陸巷嵩山之南,爲吳中葉氏"南葉"始祖。

清臣父葉參。

葉參(964—1043),族名元參,字次公。按,宋祁《故光禄卿葉府君墓誌銘》:"名參,字次公。"(《景文集》卷五九)談鑰《(嘉泰)吳興志》卷一七:"葉參,字次公。……咸平中登第。"宋人劉夔《朝賢送葉宣城詩序》云:"南陽葉公參,字次公。"林逋(968~1028)有《夏日寺居和酬葉次公》:"午日猛如焚,清涼愛寺軒。鶴毛横蘚陣,蟻穴入莎根。社信題茶角,樓衣笮酒痕。中餐不勞問,筍菊净盤鐏。"(《林和靖詩集》卷一)清陸心源《宋詩紀事補遺》卷五:"葉參,字次清,縉雲人。清臣父,咸平四年登第。景祐中,以兵部郎中出守湖州。歷光禄卿。"《宋人傳記資料索引》:"葉參,字廷瑞,號次公。"(臺北:鼎文書局1974年版,第3233頁)不詳何據。或云葉參字少卿,如乾隆間孫濤《全宋詩話》卷二引《中吳紀聞》云,葉參字少卿(見閔定慶整理《孫濤詩話二種》,福州:福建人民出版社2016年版,第125頁)。楊維忠、金木福編著《東山進士》亦稱葉參字少卿(揚州:廣陵書社2011年版,第132頁)。此蓋誤以其官職(太常少卿)稱呼(葉少卿)爲字,不確。《中吳紀聞》載:"葉清臣字道卿,少列之子。"《(元豐)吳郡圖經續記》卷中亦云:"葉少列參。"《百城烟水》卷一載:"葉少列祠。祀宋知州葉參。祠在千頃雲之東。嘉靖初胡纘宗重建。"以上所少列,疑爲與"少卿"之形近而訛。

咸平四年(1001)登第。調和州(今安徽和縣)歷陽主簿,歷澤州、清海軍軍事、節度二推官。監司最其課,乃改秘書省著作佐郎,留爲大理寺詳斷官。未幾,監建安軍榷茶務,移知遂州小溪縣,授永康軍青城令。以檢書丞知光州固始縣,以太常博士通判宣州軍州事,以屯田員外郎通判揚州。還朝,以都官員外郎通判濠州,歲中即授廣南路提點刑獄勸農使。天聖六年(1028),以司封員外郎判三司開拆司,天聖七年(1029)夏,出知宣州。入爲户部判官,改工部、刑部二郎中,以刑部郎中任蘇州知府三年。繼遷廣西提刑,負責修理石塘工程,勤於職守,事畢,受到朝廷褒諭。明道二年(1033),以刑部郎中再知蘇州。景祐元年(1034)十月,以刑部郎中知越州。次年七月,還判度支勾院,移判尚書刑部,景祐三年(1036)六月,以兵部郎中改知湖州。因年老厭吏事,上章請散秩,景祐四年(1037)十月,以本官分司南京,即日還姑蘇。景祐五年(1038),遷太常少卿。居官無毫髮咎譴,專務爲陰德,所去民輒思之。又六年,遂老事真宗及上,始終四十五年,凡階爵皆五品,服三品,勳二品。以光禄卿致仕後,携家定居太湖東山,遂爲洞庭東山人。子孫散居陸巷山嘴之北,稱"北葉",葉參爲吳中葉氏"北葉"始祖。慶曆三年(1043)七月十二日,卒於京師開封,享年八十歲。終贈光禄寺卿、朝散大夫。妻關西楊氏封永安郡太君,天聖十年(1032)前後,先葉參十三年而終,歸葬湖州弁山。子二:清臣、清甫。

清臣郡望南陽,籍貫湖州烏程,後徙寓蘇州長洲。

據宋祁爲葉清臣父葉參所撰墓志《故光禄卿葉府君(參)墓志銘》,稱:"慶曆三年,歲舍鶉首,秋七月丁丑,光禄卿致仕南陽葉君齊終于京師,享年八十。其孤翰林學士清臣奉柩自京師歸湖州,卜之,得九月庚寅吉,乃克襄竁于烏程縣澄靜鄉吳里之先塋。"(《景文集》卷五九)齊終,猶正終,謂壽終正寢。又載清臣爲鹽鐵判官時,其父曾"乞爲湖州。州本君再世所貫,墳墓親戚咸在焉"。蓋南陽葉縣乃葉姓始祖沈諸梁之封地也。宋人劉攽《朝賢送葉宣城詩序》亦云:"己巳歲六月,南陽葉公參,字次公。"宋祁《秀州重修鼓角樓記》與《泗州重修水竇(水道上所設木柵欄)窗記》亦稱"南陽葉君道卿"(《景文集》卷四六),胡宿《文恭集》卷二有《翰林南陽葉公挽詞三首》;《桂林重刻石曼卿題名跋》云:"餞南陽道卿出守嘉興,于鉅鹿介之北軒。"(《(嘉慶)廣西通志》卷二二四《金石略十·朱晞顏刻石曼卿書》,南寧:廣西人民出版社1988年版,第9册第5784頁)"南陽道卿"即葉清臣。可知南陽爲葉氏郡望。

至於葉清臣之籍貫,《宋史·葉清臣傳》載:"葉清臣,字道卿,蘇州長洲人。"《東都事略·葉清臣傳》:"葉清臣,字道卿,蘇州長洲人也。"《續資治通鑑長編》卷一〇二天聖二年(1024):"清臣,長洲人。"《隆平集》卷一四載:"葉清臣,字道卿,蘇州人。"諸書所記均爲蘇州長洲,今屬江蘇蘇州,但是,據宋祁爲葉清臣父葉參所撰墓志,及葉清臣曾孫葉夢得(1077~1148)《湖州葉氏族譜叙》,應爲湖州烏程。《(萬曆)湖州府志》卷六:"葉參,烏程人。"《吴興掌故集》卷四:"葉清臣,烏程人。"

宋真宗咸平四年(1001)　二歲

其父葉參登第。

見明栗祁《(萬曆)湖州府志》卷六、清陸心源《宋詩紀事補遺》卷五、《宋人傳記資料索引》(臺北:鼎文書局1974年版,第3233頁)。《(雍正)浙江通志》卷一二三則云,葉參爲宋咸平三年(1000)庚子科陳堯咨榜進士。同登進士第者周起、胡用、宋巽、李穎、姜遵、方仲荀、李庶幾、歐陽曄、方慎言、許洞、許式、聶致堯、吴世范、梁顥、周熏、刁湛、吕夷簡、李繹、齊革、范雍、崔立、歐陽穎、歐陽觀、王貫之等。傅璇琮主編、龔延明等撰《宋登科記考》卷三(南京:江蘇教育出版社2005年版,第69頁)編葉參於咸平五年(1002),而正文云咸平三年登高第。

宋真宗大中祥符元年(1010)　九歲

幼敏異,好學,善屬文。

范仲淹《祭葉翰林文》:"潛學偉文,發于妙齡。"《東都事略》卷六四《葉清臣傳》:"少好學,善屬文。"《宋史·葉清臣傳》:"清臣幼敏異,好學,善屬文。"

宋仁宗天聖二年(1024)　二十五歲

三月,中進士第二。

三月十六日(癸卯),禮部上合格進士姓名,十八日(乙巳),仁宗御崇政殿策士,試《雲瑞紀官賦》,賜宋郊(996~1066)、葉清臣(1000~1049)、鄭戩等一百五十四人及第,四十六人同出身。郊弟宋祁(998~1061)奏名第一,太后不欲弟先兄,乃擢郊第一,祁第十。劉筠權知貢舉,得清臣所對策,奇之,故擢置進士第二。國朝以策擢高第,自清臣始。是科進士知名者頗多,尹洙(1001~1047)、余靖(1000~1064)、張先(990~1078)、胡宿(996~1067)、高若訥(997~1055)、王洙(997~1057)、江休復(1005~1060)、曾公亮(999~1078)、謝伯初、宋咸及蘇軾伯父蘇渙(1002~1062),皆是科及第。十八日(丙午),又賜諸科一百九十六人及第,八十一人同出身。

《續資治通鑑長編》卷一○二:天聖二年三月乙巳,"御崇政殿,賜宋郊、葉清臣、鄭戩等一百五十四人及第,四十六人同出身。""劉筠得清臣所對策,奇之,故推第二。國朝以策擢高第,自清臣始。"《中吳紀聞》卷三:"國朝以來,以策擢高第,自清臣始。"(孫菊園校點本,上海:上海古籍出版社1986年版,第52頁)《宋史·葉清臣傳》:"宋進士以策擢高第,自清臣始。"參見歐陽脩《與高司諫書》、田況《儒林公議》卷下、龔明之《中吳紀聞》卷三、葉夢得《石林燕語》卷八、洪邁《容齋隨筆》卷九、范成大《吳郡志》卷二八等。

四月七日,以新及第進士之名,赴宴瓊林苑。

《宋會要輯稿》選舉二之六:"仁宗天聖二年四月,宴新及第進士于瓊林苑。"(參見陳智超整理《宋會要輯稿補編》"進士"條,北京:全國圖書館文獻縮微複製中心1988年版,第337頁)

八月,授太常寺奉禮郎、簽書蘇州觀察判官事。

《宋會要輯稿》選舉二之六:"八月詔新及第進士……第二人葉清臣、第三人鄭戩爲奉禮郎、簽書諸州兩使判官公事。"又《宋史》卷二九五《葉清臣傳》:"授太常寺奉禮郎、簽書蘇州觀察判官事。"

是時,擢宋郊(庠)大理評事、同(通)判襄州,授鄭戩奉禮郎、簽書寧國軍節度判官事,宋祁復州軍事推官,胡宿等人各有授職。按,宋庠(996~1066),字公序,原名郊,後改名庠。開封雍丘(今河南杞縣)人,後徙安州之安陸(今屬湖北)。仁宗天聖二年(1024)進士,初仕襄州通判,召直史館,歷三司戶部判官、同修起居注、左正言、翰林學士、參知政事、樞密使,官至同中書門下平章事,深爲仁宗親信。慶曆三年(1043)因其子與匪人交結,出知河南府,徙知許州、河陽。不久召回任樞密使,與副使程戡不協,再出知鄭州、相州。英宗即位,改知亳州,以司空致仕。治平三年卒,年七十一。謚元獻。鄭戩,字天休,吳縣(今江蘇蘇州)人。天聖二年(1024)進士。授簽書甯國軍節度判官,歷越州通判、三司戶部判官、知制誥,遷權知開封府、三司使,累官至樞密副使。慶曆元年(1041)罷知杭州。二年,知并州。卒謚文肅。宋祁(998~1061),字子京,安陸(今屬湖北)人,後遷開封雍丘(今河南杞縣)。天聖二年(1024)進士。歷官翰林學士、史館修撰。與歐陽脩等合修《新唐書》。書成,進工部尚書,拜翰林學士承旨。謚景文。胡宿(996~1067),字武平,常州晉陵(今江蘇常州)人。天聖二年(1024)進士。歷官揚子尉、通判宣州、知湖州、兩浙轉運使、修起居注、知制誥、翰林學士、樞密副使。英宗治平三年(1066)以尚書吏部侍郎、觀文殿學士知杭州。四年,除太子少師致仕,命未至已病逝,年七十三(《歐陽文忠公文集》卷三四

《胡公墓誌銘》)。諡文恭。

孟冬,赴任途中,舟行經潤州、常州,抵蘇州任所,途中撰《憫農》。

《宋文鑑》卷一五録葉清臣《憫農》一詩,詩序云:"甲子孟冬,予隨牒之吳郡,泛舟丹陽、毗陵間。徐步野次,周視民田,其苗甚豐,而穀皆秕,問諸穫者,則曰:是春無雨,中夏始布,秋未及實,霜降而秕。奔訴諸縣,已更季旦。吏曰:農田之制,不是過也,子姑輸之。雖然,予卒歲不粒矣。聞之有感,故作是詩。"詩云:"五月雨未沛,吾民耕固遲。中秋霜早至,我稼颯其萎。膏澤歎苦晚,芃苗惜遽衰。盈疇皆秕稗,卒歲誤京坻。國謝三年蓄,人悲一頃萁。編齊陳牒訴,奔走失程期。縣籍拘彝制,官征有定規。勞歌不可繼,爲作憫農詩。"(《吕祖謙全集》第一二册《皇朝文鑑(一)》卷一五,杭州:浙江古籍出版社2008年版,第259頁)

宋仁宗天聖三年(1025)　二十六歲
在蘇州觀察判官任上。

宋仁宗天聖四年(1026)　二十七歲
三月甲申,在蘇州觀察判官任上,撰有《越州蕭山縣昭慶寺夢筆橋記》。
葉清臣《越州蕭山縣昭慶寺夢筆橋記》云:"昔者昭明綴集,里巷開于東府;子雲著書,亭構楬乎西蜀。席前修之能事,崇近古之殊稱。此賢者所以飛令聲、布嘉躅也。若夫經星著象,牽牛列于關梁;周官分職,司險達于川澤。觀天根而庀事,聽輿謀而順圖。此作者所以啓上功、廣成務也。其或流風可挹,遂泯滅而無聞;陳迹有基,忽廢墜而不舉。斯亦平津之館,永歎於屈氂;宛丘之道,深譏於單子者已。淛河之東偏,會稽爲右郡。伯禹啓書而興夏,勾踐保楯而霸越。青巖交映,佳山水之秀奇;茂林森蔚,美竹箭之滋殖。地方百里者八,而蕭山居其一焉;縣目伽藍者五,而昭慶寺爲甲焉。夢筆橋者,乃直寺門、絶河流而建之也。初,齊建元中,左衛江公歸依法乘,脱略塵境,捨所居宅,爲大福田,則斯橋之興,與寺偕始,其賦名索義,亦繇此物也。自會昌流禍,池臺起傾平之愴;大中再造,土木乏文繡之華。唯造舟之制,曠日不復。物豈終否,有時而傾。天聖紀號之二年,冬十有二月,隴西李君以廷尉評實宰是邑。君明習吏事,詳練理體。牽絲沿牒,至必連最;枇卻導窾,居多餘地。其始至也,去害吏,撫瘵民,激揚積弊,慢振紘領。越明年,政以凝,民用寧,訟無留牘,漁不改夜,於是以成法視文奏,以暇刻起隳圮，位署必葺，邑居惟新。一日，周爰井疆，鋪觀圖籍，感釋子之能誌，惜二氏之寖微；且懼乎褰裳厲深，爲斯民病，漸帷涉難，貽來者羞。乃諭居僧，俾募信施，其坐堂上之客，必得邑中之豪。寺僧智朋，利真有邦，德成有章，自南同與是謀，式幹斯蠹，三四佛之攸種，咸植善根；百千金之所直，悉歸寶塔。府帑不費，里旅不煩。山虞致木而叢倚，郢人運斤而風集。經始不日，而功用有成。晴虹倚空而半環，浮黿跨波而欲渡。雕楹蠹而端聳，鉤楯繚而橫絶。肩摩轂擊，控夷路而下馳；飛艎鳴艫，貫清流而直逝。以材之豐羨，稽工之簡隙。又作駐楫亭于橋之北涘。艇子兩槳，足以憩行者之勤；傳車一封，可以勞使臣之集。是知創橋以表寺，先賢之遺懿益光；由亭而視橋，仁人之用心兼至。建一物而二美具，故君子謂李君爲能。若乃度群迷，超彼岸，演竺乾之筏喻；從善政，均大惠，易國僑之輈濟。又豈止題柱伸馬卿之志，墮履紀黃石之書，臨清水以締材，徒言呂毋，架渭河而建利，止號崔公而已哉！李君謂予《春秋》之流，可謹歲月之實，折簡馳問，託辭傳信。愧無馬遷之善敘，聊傳丘明之新作云爾。時巨宋天聖四年春三月甲申日記。東越吳則之書幷篆額。錢塘趙世明鑴。文林郎、守縣尉兼主簿王式。朝奉郎、行大理評事知縣事飛騎尉李宋卿。景祐五年冬十一月既望，承奉郎、守大理寺丞、知縣事苗振重立。"文題下署"承奉郎、守太常寺奉禮郎、簽署蘇州觀察判官廳公事葉清臣撰"。（《會稽掇英總集》卷一九；《全宋文》卷五七七，2006年版，第27冊第188頁。又見《八瓊室金石補正》卷九四；《越中金石記》卷二；《兩浙金石志》卷五"宋昭慶寺夢筆橋碑"；《（雍正）浙江通志》卷三六；《（乾隆）紹興府志》卷八；《（乾隆）蕭山縣志》卷三八；《（民國）蕭山縣志稿》卷三一）《兩浙金石志》卷五跋云："右碑文二十二行，正書，在蕭山縣。按《嘉泰會稽志》，蕭山縣有江淹故宅，今爲覺苑寺。寺前有夢筆驛，亦以文通得名。讀此文，知北宋已有是說。毛奇齡《蕭山縣志刊誤》歷駁文通未嘗至越，累千百言，以爲江總捨宅爲寺，是也。《通志》從之，李君以善政之暇，繕寺築橋，又有駐楫亭傳車之舉，可謂惠而知政體，克副清臣之掾筆矣。隴西李君，即後題名李宋卿也。"（《兩浙金石志》卷五，杭州：浙江古籍出版社2012年版，第110頁）夢筆橋，在今浙江蕭山。

宋仁宗天聖六年（1028） 二十九歲

七月十六日，因學士院召試，成績優異，詔爲光祿寺丞，充集賢校理。是時，宋郊、宋祁、鄭戩等人同詔試，各授職有差。

《宋會要輯稿》選舉三一之二七:"(天聖六年)七月十六日,學士院試奉禮郎葉清臣、鄭戩,策、頌稍優,並詔爲光禄寺丞,充集賢校理。以上所業命試。"(劉琳、刁忠民、舒大剛校點本,上海:上海古籍出版社 2014 年版,第 10 册第 5855 頁)《宋史·鄭戩傳》亦載:"授太常寺奉禮郎、簽書寧國軍節度判官事,召試學士院,爲光禄寺丞、集賢校理。"《東都事略·葉清臣傳略》云:"召試,爲集賢校理、直史館。"宗古《張學士送李君南歸序》:"竭來京師,摯見時彦,若李宋二紫微、左史聶長孺、集賢葉道卿,皆旰衡接納,鄭重推許可。"(李覯《旴江外集·直講李先生外集》卷三,四部叢刊景明成化本)

七月十六日,因學士院召試,成績優異,詔爲光禄寺丞,充集賢校理。

宋仁宗天聖七年(1029)　三十歲

春,與章得象、錢惟演、宋庠、宋祁、蔣堂、胡宿等爲釋長吉(梵才大師)歸天台送行。

葉清臣《送梵才大師歸天台》:"江水望不極,楊花江面飛。春風自無定,遠客又言歸。景勝詩逾老,心冥語亦稀。從來林下意,爲謝北山薇。"(《全宋詩》第 4 册第 2650 頁)釋長吉,台州臨海人,住持臨海北固山淨名庵(後改嘉祐院)。天聖(1023~1032)中,游京師,詔入譯經館,預編《釋教總録》三十卷,七年書成,賜紫方袍,號梵才大師。長吉素有詩名,與章得象、錢惟演、范仲淹、葉清臣、宋庠、宋祁、蔣堂、胡宿等名公顯宦交游,其歸天台時,釋契嵩(1007~1072)有《送梵才吉師還天台詞叙》(《鐔津文集》卷一三)。錢惟演(962~1034)、吴遵路(?~1043)、章得象(978~1048)、蔣堂(980~1054)、刁約(994~1077)、趙概(996~1083)、宋庠(996~1066)、宋祁(998~1061)、梅堯臣(1002~1060)、吴育(1004~1073)、張瓌(1004~1073)、元絳(1009~1084)、徐舜俞(景德二年 1005 進士)、傅瑩(天禧三年 1019 進士)、許懋(慶曆六年 1046 進士)、高竦、黄鑑、張有道、章珉、楊大雅、余良儒、孔陶、皇甫泌等人送行詩達數十首之多。(見《天台集》續集卷上)事蹟見《嘉定赤城志》卷二七、三五及《元憲集》卷三六《台州嘉祐院記》、《文恭集》卷二九《梵才大師真贊》。

六月,清臣父葉參出知宣州(今安徽宣城),清臣隨侍。相國錢公等送行,撰詩四十六首。

宋人劉夔有《朝賢送葉宣城詩序》:"漢宣帝嘗稱:'與我共天下者,惟良二千石乎？'《詩緯》曰：'詩，天地之心，羣德之祖，百福之宗，萬物之户。'是知上聖之命牧，羣公之贈言，豈徒然哉！己巳歲六月，南陽葉公參字次公，由文昌前列之資，領黃門劇郡之勝。公器識淹邵，墙宇凝曠，吏幹修舉，才章秀贍。故入辭陛砌，天子賜其紫綬；坐延霞舟，朝賢頌其行色。自相國錢公而下，總得詩四十六首。鮑革具奏，藍朱成采，彰天地之表，發蛟龍之氣。雖楚漢之製，殆非一骨；在鍾嶸之評，尤多上品。固亦宣暢皇範，敷贊循政，豈直雕章綷句而已。彼'南浦''城東'之篇，'離神''銷魂'之賦，鬱悒感慨，何足擬倫。加以令子有文，交隸仙館，以公守此巨屏，乞倅姑孰，聖心順其懇請，朝議嘉其慶侍。故褒揚戲綵，或見乎辭；麋鹽公堂，不違于養，忠孝于是見矣。今公涖政多暇，發篋視詩，懼泯雅言，並刊木石，置于便廳之東堂。後來之人，想見風采，則予知王子淵《中和》、《宣布》之音，不獨傳于古也。"（《（光緒）宣城縣志》卷三一，南京：江蘇古籍出版社 1998 年版，第 739—740 頁；《全宋文》卷三六〇，成都：巴蜀書社 1990 年版，第 9 册第 291 頁；2006 年版，第 17 册第 316 頁）

宋祁有《葉司封知宣州（對日改三品服）》："歲久中臺鵠領垂，牢盆罷計擁藩麾。新加綬艾天香襲，密對簾鬚禁刻移。青舸信潮隨早暮，赤轓靈雨徧公私。樹猶如此成前感，重蔭當年蔽芾枝。（司封昔監此郡，距今一紀）"（《景文集》卷一六）

九月丙子（二十一日），在宣州之高齋，撰《宣城留題詩自序》。

是時，其父葉參知宣州，葉清臣先隨父抵宣州任所，撰有《宣城留題詩自序》："宛陵，故郡也。溪山甚佳，土風甚樂。次署高明皆樓居，巖居深遠多仙遊。丘塍界棋，竹樹如繪。司馬氏渡江以還，於帝王之都爲近輔，得符戟之守爲名臣，代有良牧，倬稱右地。天禧末，門中監州，膝下躬膳，唯是嘗託，頗熟遊覽。後此八年，家君出自計曹，復分臺契。予束簡書殿，伏奏宸闈，得官鄰圻，侍行所理。人郭皆是，風物依然。獨恨平時羈牽私務，未能盡著於聲詠。因感古人衛風韓土之義，悉索圖誌，得三十首。心遊目想，格卑韻俗，聊記所得，僅同實錄。緬謝公之遺響，敢承先誦；庶江南之聞境，或載風謡云爾。天聖己巳秋九月丙子高齋序。"（《（光緒）宣城縣志》卷三一；《全宋文》卷五七七，2006 年版，第 27 册第 186 頁）

隨後赴任太平州（今安徽當塗）通判。

宋祁有《葉道卿監太平州》詩，其自注云："道卿先侍司封之莅宣城，而後赴當塗。"（《景文集》卷二五）

宋仁宗天聖八年(1030)　三十一歲

在太平州通判任上。

宋仁宗天聖九年(1031)　三十二歲

在太平州通判任上。

宋仁宗天聖十年、明道元年(1032)　三十三歲

在太平州通判任上。

宋祁任國子監直講、直史館。

按,葉清臣在太平州任上,與同年宋祁有詩文往來。宋祁有《喜得當塗葉學士手筆》一詩:"隨岸秋風慘別袪,崢嶸歲晏得雙魚。定因南浦傳能賦,郤到西河問索居。夜月連江金液動,曉山圍國鈿螺疎。端倪欲報懷人恨,滴盡瑤蟾尚有餘。"(《景文集》卷一四)據詩中"秋風",知作於葉清臣通判太平州期間的某年秋季。

宋仁宗明道二年(1033)　三十四歲

先在太平州通判任上,秩滿,有知秀州(今浙江嘉興)之命。

本年,父葉參以刑部郎中再知蘇州。宋庠有《送刑部葉郎中出牧姑蘇》:"星紀吳開國,雲司漢望郎。新陪豹尾乘(詔恩同陪大禮後遣),便襲虎頭囊。竹箭分兵契,鍾官辦使裝(賜裝錢二十萬,始爲恩例)。苑鶯留祖席,江鶴避歸檣。世往高臺露,春餘野徑香。欲知民樂意,訟樹接維桑(公先墅在雪溪,與蘇臺接境)。"(《元憲集》卷九)或謂明人董斯張《吳興備志》載葉參以兵部郎中出守蘇州,而宋庠謂爲"刑部郎中"。宋祁《寄葉兵部》以"兵部"稱葉參,與《吳興備志》同,則宋庠所稱爲誤。(見祁琛雲《同年關係與北宋"慶曆同年黨"事件》,載於《西南大學學報》2010年第2期)非也。蓋非在同一年也,宋庠詩題無誤。

葉參有《遊虎丘寺》詩,云:"騑騑五馬扣禪扉,十里臨流陟翠微。貝葉藏深秋日靜,御書樓迥溟雲飛。縱逢野叟渾無語,願見真僧更息機。試問此山移得否,没人酬答獨依依。"(明董斯張《吳興藝文補》卷四七)

三月,劉太后崩,仁宗親政。

四月,范仲淹從陳州通判任上被召回朝廷,任右司諫。

范仲淹《祭葉翰林文》追憶:"僕與公知,則相知心。蓬瀛共舍,切瑳規

箴。"(《范文正公文集》卷一一)蓬瀛,指蓬萊和瀛洲,神山名,相傳爲仙人所居之處,亦泛指仙境。晉葛洪《抱樸子·對俗》:"(得道之士)或委華駟而轡蛟龍,或棄神州而宅蓬瀛。"唐許敬宗《遊清都觀尋沈道士得清字》詩:"幽人蹈箕潁,方士訪蓬瀛。"

六月十七日,石延年、范仲淹、韓琦、宋祁、鄭戩等 16 人,集於鉅鹿魏介開封府第之北軒,爲葉清臣出守秀州餞行。

酒酣之際,號稱顏筋柳骨的石延年將此事書寫記録,南宋慶元元年(1195)正月,廣西經略安撫使朱晞顔刻石於廣西桂林龍隱岩,即《桂林重刻石曼卿題名跋》:

> 長城葆光、高平希文、師古,潁川天經、太原子融、子野,陳留商叟、天水元甫、子淵,滎陽天休,清河子思,昌黎稚圭,廣平子京,河東伯垂,餞南陽道卿出守嘉興,于鉅鹿介之北軒。明道二年六月十七日,曼卿書。

其中所稱"南陽道卿",即葉清臣。"長城葆光"者,石延年(994~1041)也,字曼卿,號葆光子,宋城(今河南商丘)人。"高平希文",范仲淹(989~1052)也。"太原子融",王曾之弟皞。太原子野,王質也。"天水元甫",趙安仁之子趙良規也,宰相張知白(？~1028)曾薦之召試,賜進士及第。天水子淵,趙宗道也。"滎陽天休",鄭戩也。"清河子思",張知白之嗣子,"昌黎稚圭",韓琦(1008~1075)也。"廣平子京",宋祁(998~1061)也。"鉅鹿介之",魏介也。以上留名者,皆一時之俊彦,與葉清臣所相交相善者也。十六人中,范仲淹、宋祁、韓琦、石曼卿、趙宗道等五人,彼時宋祁直史館,其他人則任官或居住於京師開封。參見錢大昕《潛研堂金石文跋尾》卷一二(陳文和主編《嘉定錢大昕全集(增訂本)》,南京:鳳凰出版社 2016 年版,第 6 册第 293 頁);謝啓昆修,胡虔纂《(嘉慶)廣西通志》卷二二四《金石略十·朱晞顔刻石曼卿書》(南寧:廣西人民出版社 1988 年版,第 9 册第 5784 頁);《沙孟海論書叢稿·桂林重刻石曼卿題名跋》(上海:上海書畫出版社 1987 年版,第 68 頁);曾燕娟《〈石曼卿、范希文等十六人餞葉道卿題名〉芻論》(載於《桂林文博》2012 年第 2 期,又收入《桂林文博研究文集》,桂林:廣西師範大學出版社 2014 年版,第 212—217 頁);吴文燕《宋石曼卿〈餞葉道卿題名〉簡述》(收入許華新主編《桂林摩崖石刻文化生態發展研究文獻集》，南昌：江西美術出版社 2014 年版，第 131—138 頁）。

宋仁宗景祐元年（1034）　三十五歲

四月，在秀州知州任上。

宋龔鼎臣《東原録》："葉道卿嘗帶貼職知秀州，時狀元宋公序及同榜鄭天休已修起居注，道卿有詩寄二公曰：'相先一龍首，對立兩螭頭。'世稱爲警句。"（清十萬卷樓叢書本）

時范仲淹在睦州任上，與葉清臣有詩歌唱酬。范詩《酬葉道卿學士見寄》云："世傳學中禄，小子廼逢辰。一入諫諍司，鴻毛忽其身。可負萬乘主，甘爲三黜人。豈量堯舜心，如日照孤臣。薄責落善地，雅尚過朝倫。僅同龜在泥，敢冀蠖求伸。朱樓逼清江，下睨百丈鱗。羨此南魚樂，不忍持鈎輪。爲郡良優優，乏才止循循。恬愉弗擾外，何以慰遠民。拙可存吾樸，静可逸吾神。漸得疏懶味，下車將四旬。嘉興風雅來，觀對如天賓。感茲韶夏音，佐我臺上春。"（《范文正公文集》卷二；《范仲淹全集》，南京：鳳凰出版社 2004 年版，第 42 頁）董弅編《嚴陵集》卷三題爲《嘉興道卿學士不以仲淹補責在遠寄遺佳什日以諷味如清廟之瑟一唱三歎蓋有以動神感物者焉桐廬郡溪山秀妙陸魯望所謂清涼國者茲無敢讓又得葉道卿詩詠歌其間雅復增氣因依韻以和庶幾元白之風同希闊於江山矣》。

宋祁《秀州重修鼓角樓記》："景祐元年夏四月，嘉興郡新作臺門，書時，且言功也。越翌日，掾屬邦人從二千石南陽葉君道卿，陟降而達觀之，釃酒大會以修釁。……太守九江龐君醇之……入視行馬内事，而以君（葉清臣）代之。"（《景文集》卷四六）

宋沈與求《龜溪集》卷一一《披雲樓記》："宣和四年春，祕閣曾侯自山陽移守嘉禾。嘉禾在三吳爲支郡，封域儉狹而物產饒衍……先是，内相葉公道卿於子城西北築亭，榜曰披雲，後人更名樓，其實亭也。"

十月，清臣父葉參自蘇州以刑部郎中爲越州知府，次年七月替。（《北宋經撫年表·南宋制撫年表》，北京：中華書局 1984 年版，第 273 頁）

十月，趙元昊寇環慶。

宋仁宗景祐二年（1035）　三十六歲

先是在秀州知州任上，後回朝任職。

釋契嵩（1007~1072）《秀州資聖禪院故遑禪師影堂記》云："逮故翰林

學士葉公道卿以中允領郡,見而益喜,遂尊(慶暹禪師)爲長老,命傳其法,垂二十年,竟以此物故。……先時,吳中僧之坐法失序,輒以勢高下,不復以戒德論。禪師慨然,嘗數以書求理于官。世人雖皆不顧其說,而禪師未始自沮。及葉公道卿轉運吳越,而禪師復致其書,而葉公然之,遂正其事于所部。既而秀眾果推禪師于高座。方再會,即謝絕,踵不入俗殆十五年,然亦天性公正,切于護法耳。……禪師之遷化也,至是皇祐之己亥,實五載矣。"(《鐔津文集》卷一五)

十二月,趙元昊舉兵攻唃廝囉,唃廝囉大敗元昊於河湟。

宋仁宗景祐三年(1036)　三十七歲

正月戊子,命知樞密院事李諮、參知政事蔡齊、三司使程琳、御史中丞杜衍、知制誥丁度同議茶法。

二月,權判戶部勾院,上疏言九事。

《太平治迹統類》卷二九:"(景祐)三年二月,權判戶部勾院葉清臣言:請遣使循行天下,知民疾苦,察吏能否;興太學,選置博士,許公卿大臣子弟補學生;重縣令;諸科舉人取明大義,責以義問;省流外官,無得入仕;聽武臣終三年之喪;罷度僧;廢讀經一業;訓兵練將,謹出令,簡條約。凡九事。"

三月丙午,權判戶部勾院,上疏請弛茶禁,詔三司與詳定所相度以聞,皆以爲不可行。

《續資治通鑑長編》卷一一八:"權判戶部勾院葉清臣請弛茶禁,以歲所課均賦城郭、鄉村人戶。"並載其疏文。其略曰:議者謂榷賣有定率,徵稅無彝準,通商之後,必虧歲計。臣案管氏鹽鐵法,計口受賦,茶爲人用,與鹽鐵均,必令天下通行以口定賦,民獲善利,又去嚴刑。口出數錢,人不厭取,比于官自榷易,驅民就刑,利病相須,炳然可察。"詔三司與詳定所相度以聞,皆以爲不可行。"葉清臣《請弛茶禁疏》,見《全宋文》卷五七七,2006年版,第27冊第173頁。

是時,國家現行茶法早已敗壞,李諮、程琳等主張施行"見錢法"。

改任三司鹽鐵判官。

《宋史·葉清臣傳》云:"入判三司戶部勾院,改鹽鐵判官。"

按,《宋史·葉清臣傳》先云"入判三司戶部勾院",次云"改鹽鐵判官",不知何時改判此職,姑置之於"判三司戶部勾院"之後,五月與歐陽脩等會飲之前。

李覯向葉清臣投遞文章，上書尋求指點貢舉考試。

按，李覯《旴江集》卷二七《上葉學士書》言，清臣"達權利之變"，所論誠爲"今日之急務"，又稱清臣文"辭典而贍，其意正而通，洋洋乎古人之風"。李覯(1009~1059)，字泰伯，建昌軍南城(今屬江西)人。曾舉茂才異等不第，創建旴江書院(旴江在南城)，教授生徒，學者稱旴江先生。仁宗皇祐初，由范仲淹等薦，試太學助教，後爲直講。嘉祐中，爲海門主簿、太學説書。四年卒，年五十一。有《退居類稿》十二卷，《皇祐續稿》八卷。明成化間南城左贊編爲《旴江集》(亦作《直講李先生文集》)三十七卷，外集三卷。事見《旴江集》卷首宋魏峙《李直講年譜》，《宋史》卷四三二有傳。《旴江外集·直講李先生外集》卷三收有《葉内翰詩》(《李覯集》，北京：中華書局1981年版，第482頁)，詩序："清臣啓：累日前伏，蒙袖書臨訪，并小文編及《明堂圖》，披玩尋繹，彌增景服。偶書二百四十言，以伸謝臆，伏惟采覽。"詩云："進士不讀書，明經不根義。訽病君子儒，于今作文弊。禮部右詞賦，諸生竊科第。從道不違人，追趨斯近利。李生何爲者，力學務遜志。羞恥事章句，深湛刺經藝。常惟天子貴，無大明堂位。邈焉三代風，尠矣百世繼。去聖日逾遠，攻端非其致。公玉既妄圖，戴德亦繆記。漢唐盛容典，規畫不足示。其間區區者，何暇盛德事。確論無甚高，闊講寖而墜。披文會今古，援筆攷同異。面勢本周官，纖悉探吕氏。挽拾林甫長，仰擿康成盩。昭發老生矇，冥符作者意。聖期接千統，縟禮恢萬祀。無文既已秩，同節此云備。寧當總章法，未擎雲臺議。廢興有時合，聰明自民視。成廈繄衆材，至理豈一士。南闕朝奏書，中朝夕鳴佩。行矣無自遺，日中今可賁。"(《全宋詩》第4册第2652頁)

五月九日丙戌，范仲淹因上疏譏刺時政，被宰相吕夷簡藉故反擊，落職知饒州(今江西饒陽)，朝廷藉此戒百官越職言事。是月，余靖、尹洙、歐陽脩等人因營救等事宜，相繼落職補外。

五月戊戌(二十一日)，葉清臣與歐陽脩及同年好友等人會飲於京師固子橋西興教寺。癸卯(二十六日)，會飲於京師祥源觀東園之亭。

歐陽脩《于役志》："景祐三年丙子歲，五月九日丙戌，希文出知饒州。戊子(十一日)，送希文，飲于祥源之東園。壬辰(十五日)，安道貶筠州。甲午(十七日)，師魯貶郢州。乙未(十八日)，安道東行，不及送，余與君貺追之，不克，還，過君貺家，遂召穆之、公期、道滋、景純夜飲。丁酉(二十日)，與損之送師魯于固子橋西興教寺，余留宿。明日(二十一日)，道卿、損之、公期、君貺、君謨、武平、源叔、仲輝皆來會飲,晚乃歸。余貶夷陵。……庚子(二十三日),夜飲君貺家,會者公期、君謨、武平、秀才范鎮,道滋飲婦家,不來。辛丑(二十四日),舟次宋門,夜至公期家飲,會者君謨、君貺、景純、穆之,道滋飲婦家,不來。壬寅(二十五日),出東水門,泊舟,不得岸,水激,舟橫于河,幾敗。家人驚走登岸而避,遂泊亭子下。損之來,奕棋,飲酒,暮乃歸。癸卯(二十六日),君貺、公期、道滋先來,登祥源東園之亭。公期烹茶,道滋鼓琴,余與君貺奕。已而,君謨來。景純、穆之、武平、源叔、仲輝、損之、壽昌、天休、道卿,皆來會飲。君謨、景純、穆之、壽昌遂留宿。"(《歐陽脩全集》卷一二五)按,希文,指范仲淹(989~1052)。安道,指余靖(1000~1064)。君貺,指王拱辰(1012~1085)。穆之,指燕肅(961~1040)。源叔(一作原叔),指王洙(997~1057)。景純,指刁約(994~1077)。君謨,指蔡襄(1012~1067)。武平,指胡宿(996~1067)。師魯,指尹洙(1001~1047)。損之,指馮信可(985~1075)。天休,指鄭戩。公期,指參知政事薛奎(967~1034)继子、歐陽脩内兄薛仲孺。祥源,即醴泉觀。《汴京遺迹志》卷一〇:"醴泉觀,本拱聖營地也。天禧二年閏四月,詔拱聖營醴泉所宜立觀,以祥源爲名。仁宗時,觀火,既重建,改名曰醴泉。"

景祐三年五月,歐陽脩《與高司諫書》:"但聞今宋舍人兄弟與葉道卿、鄭天休數人者,以文學大有名,號稱得人。"(《歐陽脩全集》卷六八《居士外集》卷一八)高司諫,高若訥(997~1055),時任右司諫。

六月,清臣父葉參以兵部郎中改知湖州。

《(嘉泰)吳興志》卷一七載:"葉參,字次公,國初州人業儒者寡,參卓然自立。咸平中登第。爲舉子倡。景祐中,自兵部郎中出守鄉郡,金部尚書王惟正作詩送之。三司度支韓琦、太常丞吕公綽、薛紳、祕書丞余靖、曾公亮皆有詩餞其行。今刻石郡庠。"王惟正《送葉參知鄉郡》詩曰:"苕霅水雲鄉。"(宋談鑰《(嘉泰)吳興志》卷一三;宋王象之《輿地紀勝》卷四;清陸心源《吳興金石記》卷六)韓琦《葉參兵部知湖州》:"鄉郡分符兔刻銀,彰綬清曉別楓宸。馴車歸邸夸新綬,鶴表還家謝故人。度日客樽盈若酒,經春詩筆賦汀蘋。編民應久歌來暮,棠樹成陰即舊隣。"(《安陽集》卷四,明正德九年張士隆刻本;李之亮、徐正英《安陽集編年箋注》上册,成都:巴蜀書社2000年版,第143頁)

是年秋,奏請知宣州。撰《得請宣城府》一詩。

葉清臣《得請宣城府》詩云:"理劇慚心計,承顔念遠游。時情自輕外,天幸復臨州。霜館殘梨曉,風淮水桂秋。官勤詩意減,先愧謝公樓。"(《全宋詩》第 4 册第 2652 頁)可知是年秋季,葉清臣有知宣州之命。

宋仁宗景祐四年(1037)　三十八歲

四月,吕夷簡、王曾、宋綬、蔡齊等宰執因派系矛盾激化,被群體罷職補外。

王隨、陳堯佐、韓億、石中立等組成宰執群體。

閏四月壬午之前,任太常丞、集賢校理、知宣州,召同修起居注,未至。

《續資治通鑑長編》卷一二○:"(閏四月)壬午,命刑部員外郎、直史館宋祁權同修起居注。先是,召用太常丞、集賢校理、知宣州葉清臣,而清臣未至。"

十月,父葉參以兵部郎中分司南京。(《(嘉泰)吴興志》卷一四)

十一月,爲太常丞、集賢校理、判鹽鐵勾院、同修起居注,上《升平舉要》十篇。

《續資治通鑑長編》卷一二○:"(十一月)太常丞、集賢校理、判鹽鐵勾院、同修起居注葉清臣上所著《升平舉要》十篇,壬子,命爲直史館。"

韓琦《寄葉參兵部》:"向宦心難止,遺榮世所稀。誰知懷綬去,便作掛冠歸。行錦方爲寵,裝金已盡揮。官閒同吏隱,身逸晦塵幾。山鶴來無怨,江鷗淨不飛。雨晴峯障活,秋老鱠絲肥。庭玉名方遠,陔蘭志暫違。倚門休結戀,史筆借光輝。"自注云:"子清臣時修注。"(《安陽集》卷四,明正德九年張士隆刻本;李之亮、徐正英《安陽集編年箋注》上册,成都:巴蜀書社 2000 年版,第 143 頁)

十一月壬子,命爲直史館。

十二月,在直史館任上。上《以地震言事疏》。

是月,京師、定、襄、并、代、忻州多地地震,葉清臣借地震之事上疏言事,亟論朝政闕失,言路阻塞。范仲淹等因此疏而得以近徙,詔移范仲淹知潤州,余靖監泰州税,歐陽脩爲光化縣令。《續資治通鑑長編》卷一二○:"(十二月壬辰)先是,京師地震,直史館葉清臣上疏曰:'……陛下憂勤庶政,方夏泰寧,而一歲之中,災變仍見,必有下失民望,上戾天意,故垂戒以啓迪清衷。而陛下泰然,不以爲異,徒使内侍走四方,治佛事,治道科,非所謂消伏之實也。頃范仲淹、余靖以言事被黜,天下之人,齰舌不敢議朝政者,行將二年。願陛下深自咎責,詳延忠直敢言之士,庶幾明威降鑒,而善應來集也。'書奏數日,仲淹等皆得近徙。"葉清臣《以地震言事疏》見《全宋文》卷五七七(2006年版,第27冊第174頁)。

宋仁宗景祐五年、寶元元年(1038)　三十九歲

正月丙午,以災異屢見,下詔求直言。

正月,在直史館任上,上《言大臣專政疏》,指責大臣"專制刑爵"、皇帝"不親政事"。

《續資治通鑑長編》卷一二一:"直史館葉清臣上疏曰:'……獨大臣秉政,專制刑爵,陛下馭臣之術,未合治體,臣謂此正臣之陰爲沴爾。……若此,何懼災患之不消,福慶之不臻哉!'"葉清臣《言大臣專政疏》見《全宋文》卷五七七(2006年版,第27冊第175頁)。

正月二十三日,直史館、同修起居注。

《宋會要輯稿》選舉一九之一〇:"(景祐五年正月)二十三日,命集賢校理郭稹、直史館同修起居注葉清臣考試親戚舉人。"

二月,右司諫韓琦上疏抨擊宰執大臣。

三月,王隨、陳堯佐、韓億、石中立等宰執被罷。

本年,父葉參遷太常少卿。

五月,父葉參知蘇州致仕,與徐祐等爲九老會。清臣時任太常丞、直史館、判鹽鐵勾院、同修起居注。

《續資治通鑑長編》卷一二二:"(寶元元年五月戊申)太常丞、直史館、判鹽鐵勾院、同修起居注葉清臣父參知蘇州致其仕。清臣請外以便養,壬子,授兩浙轉運副使。"

葉參知蘇州,同僚多以詩送行,以葉參衣錦還鄉爲榮。范仲淹(989~1052)有《贈葉少卿》詩云:"退也天之道,東南事了人。風波拋舊路,花月伴閑身。湖外扁舟遠,門中駟馬新。心從今日泰,家似昔時貧。見子登西掖,攜孫過北隣。白雲高閣曙,渌水後池春。尊酒呼前輩,爐香叩上真。只應陰德在,八十富精神。"(《范文正公文集》卷四;又見清厲鶚《宋詩紀事》卷八)《吳都文粹》卷四題爲《七檜堂》,並云:"七檜堂在天慶觀之東。葉參少卿嘗守吳,既謝事,因居焉。作此堂以佚老。"(又見《(紹定)吳郡志》卷一四)宋祁(998~1061)《送葉蘇州》:"卧錦簪花飄夕棹,雨吳芳樹隱春旗。爲尋劉白高吟地,酒熟螯香左右持。"(《景文集》卷二四)《寄葉兵部》:"吳門練影逐金羈,共羨潛郎得請歸。殖產舊封千户橘,去臺初襆五時衣。晨杯

鬭敗江蓴滑,夕俎供糠渚蟹肥。分籍未容妨隱趣,海鷗汀鷺對忘機。"(《景文集》卷一七)按,"潛郎"指葉清臣請外以便養獲得恩准,"去臺"指葉參初致仕。五時衣,謂在五個時節所穿五種不同顏色衣服。《後漢書·東平憲王蒼傳》:"乃閲陰太后舊時器服,愴然動容,乃命留五時衣各一襲。"李賢注:"五時衣謂春青、夏朱、季夏黄、秋白、冬黑也。"《宋書·百官志上》:"乃出天子所服五時衣,以賜尚書令僕。"

龔明之《中吳紀聞》卷二:"葉參字少列,嘗守此郡,既謝事,因居焉。其子清臣,登禁從,少列猶及見之。范文正公嘗贈之詩云……其居第在天慶之東,中有七檜堂。内翰道卿嘗持本路漕節侍養,道卿之子公秉又嘗守鄉郡,搢紳榮之。善卷寺丞乃内翰之孫,長於詩,與祠部叔父唱和甚多。其姪主簿公娶叔祖四朝議之女。"同卷又云:"徐祜字受天,擢進士第,爲吏以清白著聲。慶歷中屏居於吳,日涉園廬以自適。時葉公參亦退老于家,同爲九老會。晏元獻、杜正獻皆寓詩以高其趣,晏之首題云:買得梧宫數畝秋,便追黄綺作朋儔。杜之卒章云:如何九老人猶少,應許東歸伴醉吟。時與會者纔五人,故杜詩及之。享年七十有五。終都官員外郎。子中謀屢把麾持節,女適樞密直學士施昌言。"《(同治)蘇州府志》卷一一一引《盧志》:"徐祜字受天,擢進士第,居官以清白稱。官至左司員外郎。以都官郎中致仕。慶歷中,屏居蘇州,作山亭胥門外,爲登臨之地,與少卿葉參爲九老會。卒年七十五。子仲謀,典郡持節,以職方郎中致仕。祜,通州靜海人也。"(清光緒九年刊本)

五月壬子,授兩浙轉運副使。

宋庠作《送兩浙轉運道卿學士二首》詩送清臣,詩云:"彼美閩臺彦,胡爲江海行。真貪子舍養,不厭使軺輕。茂草姑蘇苑,蒼山越絶城。莫因羊酪味,終擬笑諸傖。""新歲郵中問,殘冬湖外書。歡同烹鯉日,情是斷金餘。澤節行臺峻,天垣右席虛。不應周吏課,朝紱企歸歟。"(《元憲集》卷四,《叢書集成初編》第1868册第38頁;《全宋詩》卷一九〇,第4册第2180頁)

司馬光《辭知制誥第五狀》:"臣竊觀先朝以來,修起居注不因罪累譴黜,及親嫌相避而去爲他官者,劉騭知衡州,潘慎修遷考功郎中,許衮判吏部南曹,劉燁改工部員外郎兼侍御史知雜事,丘雍充淮南都大制置發運使,徐奭充兩浙轉運使,蔡齊改禮部員外郎兼侍御史知雜事,鄭向充兩浙轉運副使,高鍊罷守本官,陳詁充三司户部副使,葉清臣充兩浙轉運副使……"(《温國文正公文集》卷二二,四部叢刊景宋紹興本)

八月十五日,在兩浙路轉運副使任上。巡行至潤州,與范仲淹有詩歌唱和。

范仲淹於景祐四年十二月壬辰徙知潤州,葉清臣於景祐五年八月巡行至潤州,二人相會,時值中秋,范仲淹有《依韻酬葉道卿中秋對月二首》:"天遣今宵無寸雲,故開秋碧掛冰輪。詩人不悔衣霑露,爲惜清光豈易親。""孤光千里與君逢,最愛無雲四望通。處處樓臺競歌宴,的能愛月幾人同。"(《范文正公文集》卷四)

十月七日,在兩浙路轉運副使任上,撰有《御書閣碑》。

葉清臣《御書閣碑》:"真宗文明武定章聖元孝皇帝光宅天下二十有五年,武威夷裔,文經覆載,禮修樂侈,刑平政一,天地并況,震於珍物。乃東登泰山,降禪社首,西奠汾脽,南游苦縣。……景祐五年十月七日,兩浙諸州水陸計度轉運副使、提點市舶司、本路勸農使及管勾茶鹽礬稅、朝奉郎、守太常丞、直史館、騎都尉、賜紫金魚袋臣葉清臣撰。"見《吳都文粹》卷八;《(紹定)吳郡志》卷三二;《(正德)姑蘇志》卷二九,《(道光)蘇州府志》卷四二,《虎丘山志》卷二二;《全宋文》卷五七七(2006年版,第27冊第191—193頁)。

十月甲戌,趙元昊築壇受冊,建國號爲大夏,自稱大夏皇帝。

疏太湖、鑿松江盤龍匯、滬瀆港入於海,民賴其利。時吳淞江水流緩慢,淤積嚴重,太湖民田爲豪強占據,上游來水不得宣泄,經常成災。清臣親勘形勢,上疏請求裁直介於華亭、昆山間盤龍之匯,使吳淞江段"道直流速",爲吳淞江有史以來首次裁彎取直工程。

《續資治通鑑長編》卷一二二:"時太湖有民田,豪右據上游,水不得泄,民不敢訴。清臣建言疏盤龍匯、滬瀆港入於海,民賴其利。"

十一月癸巳朔五日,撰《祭滬瀆龍王文》,祭祀滬瀆龍王,時任兩浙諸州水陸計度轉運副使,兼提點市舶司、本路勸農使及勾管茶鹽礬稅、朝散大夫、太常丞直史館。

葉清臣《祭滬瀆龍王文》云:"維景祐五年,歲次戊寅,十一月癸巳朔五日,兩浙諸州水陸計度轉運副使兼提點市舶司、本路勸農使及勾管茶鹽礬稅、朝散大夫、太常丞、直史館、騎都尉、賜紫金魚袋葉清臣,謹遣供奉官、商量灣巡檢劉迪,以清酌庶羞之奠,致祭於滬瀆大王之神。清臣叨被朝恩,出持使斧,觀采風俗,詢究利病,上分天子之寄,下救斯民之瘼,職思其守,靡敢怠遑。眷惟全吳,舊多積水,加以夏秋霖潦,田疇污没,浩浩罔濟,人無聊生。聞諸鄉老之言,患在盤龍之匯,但陵谷遷變,枉直倍差,水道迴遏,湖波壅滯。自乾興以來,屢經疏決,未得其要,不免爲沴。蘇秀之人皆云,神故有廟在江涘,錢氏有土,祀典惟黌。霜星貿移,棟宇崩壞,官失檢校,民無尊奉。自時厥後,歲亦多水。且謂神不血食,降災下民。清臣躬行按視,狥人所欲,乘乎農隙,釃此江流,神果有靈,主斯蓄洩,敢告無風雪,無瘥癘,舉畚而土潰,決渠而水降,改昔沮澤,化爲壤田。即當嚴督郡縣,脩復祠貌,春秋致饗,蘋藻如故。若疲吾役夫,不能弭患,則我躬不閲,遑邺於神?惟神聰明,昭鑒無忽。尚饗!"(《嘉禾金石志》卷二一;《(紹熙)雲間志》卷下;《(嘉慶)松江府志》卷一八;《(同治)上海縣志》卷一〇;《吳中水利全書》卷二七;《全宋文》卷五七七,2006年版,第27册第194頁)

是月,范仲淹有移知越州任命。

作《松江秋泛賦》。

葉清臣今存駢體《松江秋泛賦》,當爲兩浙路轉運副使任上所作。文云:"澤國秋晴,天高水平。遥山晚碧,別浦寒清。循遊具區之野,縱泛吳松之濡。東瞰滄海,西瞻洞庭。槁葉微下,斜陽半明。樵風歸兮自朝暮,汐溜滿兮誰送迎。浩霜空兮一色,橫霽色兮千名。於是積潦未收,長干無際。澄瀾萬頃,扁舟獨詣。社橘初黄,汀葭餘翠。鷺鷥朋飛,別鵠孤唳。聽漁根之遞響,聞牧笛之長吹。既覽物以放懷,亦思人而結欷。若夫敵寇初平,霸圖方盛。均憂待濟,同安則病。魚貪餌而登鈎,鹿走險而忘命。一旦辭禄,揚舲高泳。功崇不居,名存斯令。達識先明,孤風孰競。又若金耀不融,洛塵其蒙。宗城寡扞,王國爭雄。拂衣客右,振耀江東。拖翠綸兮波上,膾蟬翼兮樣中。儻即時之有適,遑我後之爲恫。至如著書笠澤,端居甫里。兩槳汀洲,片帆煙水。夕醉酒壚,朝盤魚市。浮游塵外之物,嘯傲人間之世。富詞客之多才,劇騷人之清思。緬三子之芳徽,諒隨時之有宜。非才高見棄於榮路,乃道大不容於禍機。申屠臨河而蹈甕,伯夷登山而食薇。皆有謂而然爾,豈得已而用之。別有執簡仙瀛,持荷帝柱,晨韜史氏之筆,暮握使臣之斧。登覽有澄清之心,臨遣動光華之賦。荷從欲之流慈,慰遠游之以懼。肇提封之所履,屬方割之此憂。將濬疏於匯川,期拯濟乎沴疇。轉白鶴之新渚,據青龍之上游。濯埃垢於緇袂,刮病膜乎昏眸。左引任公之釣,右援仲由之桴。思勤官而裕民,廼善利之遠猷。彼全身以遠害,蓋孔臧於自謀。鮮鱗在俎,真茶滿甌。少廻俗士之駕,亦未可爲茲江之羞。"(《宋文鑑》卷三,四部叢刊景宋刊本;《全宋文》卷五七七,2006年版,第27册第

171頁)屬對嚴整,詞意清奇。寫景清麗,敘事曉暢,抒情自然,並將三者熔於一體,以范蠡、張翰、陸龜蒙避世隱居與自己"思勤官而裕民"相對照,既表現出對前人的理解,又展示出自家的心胸和抱負,思想意境頗高,乃宋人游覽賦作中不可多得之佳作。

十二月,宋郊更名爲宋庠,以新名移書葉清臣,清臣戲之。宋庠以一絶句自解。

宋庠原名郊,後因李淑之譖改名爲庠,清臣時任浙漕,作書以戲曰:"清臣,宋郊榜第六人(實爲第二人)登第,遍閱小録,無宋庠者,不知何許人?"宋庠《答葉清臣》:"紙尾何勞問姓名,禁林依舊玷華纓。欲知七署稱臣向,便是當年劉更生。"(《兩宋名賢小集》卷二四《西州猥稿》,文淵閣四庫全書本;《全宋詩》第4册第2303頁)

宋魏泰《東軒筆録》卷三載,李淑爲翰林學士,少許可與,爲人高亢,文章尤尚奇澀,奉詔撰陳堯佐神道碑,殊不稱堯佐之功烈、文章,但云平生能爲二韻小詩而已。陳堯佐之子述古等懇乞改去二韻等字,答以已經進呈,不可刊削。於是述古等羅織李淑罪名,以其詩中有訕上之語聞於朝廷,仁宗以詩送翰林學士葉清臣等議之,清臣稱,本朝以揖遜得天下,而李淑誣以干戈,且臣子非所宜言。仁宗亦深惡之,於是李淑落職,自是連蹇爲侍從垂二十年,竟不能用而卒。(又見《苕溪漁隱叢話前集》卷二七)《苕溪漁隱叢話前集》卷二六引《西清詩話》云:"宋元憲爲內相,望臨一時,且大用矣;同列有譖其姓宋名郊,非便。公奉詔,更名庠,意殊怏怏。會用新名移書與葉清臣,仍呼同年。葉戲答云:'清臣是宋郊第六中選,遍閱《小録》,無宋庠,不知何許人。'公因寄一絶自解云:'紙尾勤勤問姓名,禁林依舊玷華纓。莫驚書録題臣向,即是當時劉更生。'"

十二月,趙元昊起兵反宋,宋廷以夏竦、范雍等人經略西北,宋夏戰爭序幕正式揭開。

宋仁宗寶元二年(1039)　四十歲

正月十五日,在兩浙路轉運副使任上。巡行至處州,與括蒼守孫沔於南明山高陽洞留有石刻題名。

《括蒼金石志》卷三《葉道卿孫元規南明山高陽洞題名》:"寶元己卯初庚後五日,道卿、元規同來。高陽洞。""時孫元規爲括蒼守。"按,《八瓊室金石補正續編》卷四五著録,題爲《葉清臣等題名》。孫沔(996~1066),字元規。越州會稽（今浙江紹興）人，天禧朝進士。時孫沔知處州，葉清臣爲兩浙轉運副巡行來括蒼，二人相與留題。題名在今麗水市區南明山高陽洞，自左而右，直書3行，楷書，字徑13厘米（末三字較小）。參見李之亮《宋兩浙路郡守年表》（成都：巴蜀書社2001年版，第438頁）、徐文平《處州摩崖石刻研究》（杭州：浙江人民出版社2010年版）、《浙南摩崖石刻研究》（第130頁）。

巡行至處州，於仙都山留有石刻及題名《仙都山銘并序》，一名《處州獨峰山銘銘刻》。

葉清臣《仙都山銘并序》（《全宋文》卷五七七，2006年版，第27册第191頁）云：

> 黃帝車轍馬跡，周遍萬國，丹成雲起，因瑞名山。則獨峰之登，固宜有是。會將漕二浙，行部括蒼，道由仙都，親訪靈跡，慨然感秦漢之不自度也。駐馬溪上，勒銘山陰。
> 於皇顯恩，道崇帝先。隆三邁五，功豐德全。脫屨厭世，乘雲上仙。緬彼飛龍，格於皇天。虐秦侈□，漢兵事邊。流痛刻下，溺作窮處。昭是古訓，跂於岩巓，宜爾靈仙，孤風歸然。
> 寶元己卯轉運副使葉清臣。

元至正《仙都志》卷下題爲《仙都山銘》（又見光緒《縉雲縣志》卷一二，光緒七年刻本）。流痛，《仙都志》作"流痌"。《全宋文補》卷四重出，據徐文平《處州摩崖石刻研究》，又題爲《處州獨峰山銘銘刻》。葉清臣《獨峰山銘》摩崖，原載元至正《仙都志》，具體地點早已失傳。1994年9月在縉雲仙都鼎湖峰下北側荊棘草叢中被發現，經清理，筆畫完好。自右而左，直書14行，首行6字，7行7字，13行9字，其餘每行11字，共140個字，楷書，長165厘米，寬190厘米。參見徐文平《浙南摩崖石刻研究》（第128頁）。

五月十八日，在兩浙路轉運副使任上。撰有《近遣帖》（又稱《與人書》、《與某公書帖》、《錄覽帖》），致鄭戩。

明汪珂玉《汪氏珊瑚網·法書題跋》卷六《宋賢札子十七帖》："清臣啓：近遣一幹，隨府忼持書，並《錄》、《覽》二書，同詣鈐下，計已呈露。數日前追胥自彼還，辱手教。歲不我與，忽焉隆夏，言念出處，光景載環，夷險均之，政如宿昔。天休蹈道深篤，報上忠純，樂職裕人，無有内外。顧有簡書所縛,不得車騎相過,此可恨耳! 生拙守退伏,盍族尸飡,閑齋晝眠,後池晚飲,惟性所適,頗無羈牽。長杜櫟之扶疏,同海鷗之放逸,故人不爲念也。清臣頓首。五月十八日。"又見《三希堂法帖》第八册;《書畫題跋記》卷一;《六藝之一録》卷三九四。同詣鈐下,當爲同詣鈐下,鈐即鈐轄,一種軍職,"鈐下"此處泛指軍營,由此可知鄭戩時任軍職,坐鎮西北。《宋史》載,鄭戩嘗爲"陝西四路都總管兼經略、安撫、招討使,駐涇州,聽便宜從事"。且曾兩度知永興軍,長期任西北軍職。葉清臣《近遣帖》見《全宋文》卷五七七(2006年版,第27册第185頁)。

六月,於處州石門洞留有石刻題名。

《括蒼金石志》卷三《葉清臣石門洞題名》:"葉清臣來。寶元二年六月□□日"。葉清臣石門洞題名在郭密之詩刻下,自右而左,直書2行,前一行4字,字徑13厘米,後年月7字,字徑3厘米,皆楷書。末行"六月"二字爲明嘉靖間處州府同知王倖題名"吉旦"二字蓋之,然依稀尚可辨。

葉清臣石門洞題名,另有"道卿獨來"一則題名,在青田石門洞張子經摹崖之右上。自右而左,直書2行,楷書。《括蒼金石志》卷三著録,與上則一道,統題爲《葉清臣石門洞題名》;《八瓊室金石補正續編》卷四五著録,題爲《葉清臣題名》。此當與前段一塊或前後時期所勒,即寶元二年(1039)六月前後。葉清臣另有溫州雁蕩山雪洞"葉道卿"題名,亦當爲同期所勒。參見徐文平《浙南摩崖石刻研究》(第128頁)。

七月,范仲淹抵達知越州任上。

卸任回京途中,於泗水畔,撰有《與鄭運使(戩)帖》。

葉清臣《與鄭運使(戩)帖》云:"睽索以來,凝想何極。郡務繁冗,德履康靖。自吳郡泊南徐,並維揚,三曾寓簡,必冀悉達淨幾。舟行今日抵泗濱,皆平善,勿憂軫也。沿路州縣並借及兵士相送,知幸知幸! 後月半必至輦下。司封雅候無恙? 應時常相見,切宜勸勉,寬中加愛是禱。"葉清臣《與鄭運使帖》見宋刻本《聖宋五百家播芳大全文粹》卷五五;《全宋文》卷五七七(2006年版,第27册第185頁)。

按,兩浙轉運副使任上,葉清臣與宋祁、韓琦、余靖等多有詩書往來。如宋祁《葉道卿書》:"上春獲故年仲冬賜教一函,續於遞中奉季冬親筆及和章一解。穷縄發視,歡無有量。非寄通遺迹,久要不忘者,疇逮此耶? 申詠來什,尤爲傑思,褒愛之外,自存清警,敢拂簦笥之塵,藏弃永爲至珍。追訟所獻,通昔憖疚,唱者虛往,和者實歸。永言恭佩,期於無斁矣。承行臺按察之餘,調甘煬和,兩荷繁祉,蓋光亨之有聞也。輒因遠客持信,咨此日動止。"宋代監司號爲"外臺",轉運使副巡視部內爲行臺,可見清臣時在轉運副使任上。又有《上葉道卿書》:"別日如馳,行復三晦,乃心凝黯,譬枵飢然,茲固不一二述也。惟行臺止部,必驅按屬城,上班條詔,次卹民瘼,威與愛克,斯人大和,則福咸宜,而神所樂矣。祁仲秋胐勉與朝条,寖及霜序,積完筋力。每念病者,宜藏山藪賢者,當服王庭。僕之與君,反此留去,茲又愧於珥筆,惡乎續貂也。雖然,代言須才,正應朝闕暮召,惟千萬良歸,爲吾道寵光。虔企虔止。"(《景文集》卷五一)均爲寶元間清臣任兩浙轉運副使時所作。

韓琦《道卿學士領二浙漕賦得酒》詩云:"傾釀留佳客,秋亭弭使旄。奉觴歸養切,行箏別魂勞。上若名鄉近,長安美價高。清懷思酌水,惠政憶投醪。論德堪成頌,評詩更助毫。行聞趨節觀,同我怨持螯。(琦往年不遂龍舒之行,道卿以不嘗蟹形于嘲戲)"按,韓琦(1008~1075),字稚圭,相州安陽(今屬河南)人。天聖五年(1027)進士。初授將作監丞、通判淄州,不久入直集賢院、監左藏庫,歷開封府推官、三司度支判官、右司諫。寶元初西夏事起,爲陝西安撫使,久在兵間,功績卓著,與范仲淹並稱"韓范"。慶曆三年(1043)爲樞密副使,與范仲淹、杜衍共主持新政,慶曆五年新政失敗,出知揚州,徙鄆州、成德軍、定州、并州。嘉祐元年(1056)爲樞密使,三年拜同中書門下平章事。英宗即位,仍爲相,封魏國公。神宗立,琦堅辭相位,出判相州,建晝錦堂。不久再次經略陝西。神宗熙寧元年(1068),復請歸相州。河北地震、黃河決口,徙判大名府,充安撫使。後因反對青苗法,與王安石不合,熙寧六年還判相州。八年卒,年六十八,諡忠獻。

余靖《回兩浙轉運葉學士啓》:"右,某啓:生於遠方,不達時務,疏網在上,自觸機關。孤根立朝,翻坐朋黨,罹此重辟,誰爲明之?雖蒙聖恩,追還近郡,而二親垂白,僻在嶠南,晨昏既遙,甘脆仍闕。負罪未釋,靡敢自陳,涉江踰嶺,因得私覲,間關往還,七千餘里,近於秋首,方抵所局。斗筲祿微,管庫員冗,智力俱困,正在此時,常所友厚,悉欲委棄。同年道卿學士靡沿物態,再睨手幅,交情不移於貴賤,善導如接於風儀,感愧已還,仰覽無斁。仍聆乞閣史筆,歸竭詩庭,借聞三釜之樂,有逾萬鍾之貴。自非淡於榮味,篤在孝愛者,孰能與於此哉?某親衰蒲柳,身陷罻羅,寸心惶惶,瞬息增懼,儻逢渙汗,幸脱羈縶,當圖南還,以潔羞膳。久服高義,願附子臧,自誓此誠,有如白水。未由覿覿,言不盡意。"(《武溪集》卷一七)余靖(1000~

1064),字安道,韶州曲江(今廣東韶關)人。天聖二年(1024)進士。初爲贛縣尉,累擢集賢校理。景祐三年(1036)以上疏論范仲淹謫官事,貶監筠州酒税。遷知英州。慶曆間爲右正言。三使契丹,以作蕃語詩出知吉州。皇祐四年(1052),知潭州,改桂州。後加集賢院學士。嘉祐六年(1061),知廣州。官至工部尚書。英宗治平元年卒,年六十五。諡襄。

十一月,翰林學士、知制誥宋庠除右諫議大夫、參知政事。

閏十二月,任知制誥,上《論陝西形勢疏》。

《續資治通鑑長編》卷一二五:"知制誥葉清臣上言:'當今將不素蓄,兵不素練,財無久積,小有邊警,外無重兵。舉西北二隅觀之,若瀌落大瓠,外示雄壯,而中間空洞,了無一物。脱不幸戎馬猖突,腹内諸城非可以計術守也。自元昊僭竊,因循至於延州之寇,中間一歲矣,而屯戍無術,資糧不充,窮年畜兵,了不足用,連監牧馬,未幾已虛。使蚩蚩之氓,無所倚而安者,此臣所以孜孜憂大瓠之穿也。今羌戎稍卻,變詐無窮,豈宜乘即時之小安,忘前日之大辱?又將泰然自處,則後日之視今,猶今之視前也。'"(參見《宋史》卷二九五《葉清臣傳》,《歷代名臣奏議》卷三二八)考異云:"延州之寇,當即是范雍所言五頭項者,然則清臣此奏未必在今年也。"按,葉清臣該疏當上於康定元年(1040)正月延州戰敗結果傳至京師之後。葉清臣《論陝西形勢疏》,見《全宋文》卷五七七(2006年版,第27册第176頁)。

(待續)

(作者單位:中國社會科學院文學研究所)

Biographical Chronology of Ye Qingchen (Part 1)
Chen Caizhi

Ye Qingchen, an official of esteemed integrity, was a respected literatus in the Northern Song dynasty. There are variant records of the years of his birth and death as well as of his place of birth. This article compares these records and concludes that Ye Qingchen died at the age of fifty and between April and May 1049 CE which is the first year of the Huangyou era during the reign of Emperor Renzong of Song, and was born in 1000 CE which is the third year of the Xianping era during the reign of Emperor Zhenzong of Song. His choronym was Nanyang. His domicile of original was Wucheng, Huzhou, and he migrated to Changzhou, Suzhou. The article also presents Ye Qingchen's biographical chronology.

Keywords: Ye Qingchen, literatus, official, biographical chronology, domicile of origin

徵引書目

1. (宋)李燾:《續資治通鑑長編》,北京:中華書局,1985年版。
2. (元)脫脫等:《宋史》,北京:中華書局,1977年版。
3. (清)徐松輯,劉琳、刁忠民、舒大剛校點:《宋會要輯稿》,上海:上海古籍出版社,2014年版。
4. 陳智超整理:《宋會要輯稿補編》,北京:全國圖書館文獻縮微複製中心,1988年版。
5. 傅璇琮主編,龔延明等撰:《宋登科記考》,南京:江蘇教育出版社,2005年版。
6. 吳廷燮:《北宋經撫年表·南宋制撫年表》,北京:中華書局,1984年版。
7. (宋)田況:《儒林公議》,傅璇琮主編《全宋筆記》第1編第5冊,鄭州:大象出版社,2003年版。
8. (宋)龔明之撰,孫菊園校點:《中吳紀聞》,清知不足齋叢書本,上海:上海古籍出版社,1986年版。
9. (宋)曾鞏:《隆平集》,文淵閣四庫全書本;《宋史資料萃編》第一輯,臺北:文海出版社,1967年版。
10. 王瑞來:《隆平集校證》,北京:中華書局,2012年版。
11. (宋)王偁:《東都事略》,文淵閣四庫全書本;《宋史資料萃編》第一輯,臺北:文海出版社,1967年版。
12. (明)彭百川:《太平治迹統類》,文淵閣四庫全書本。
13. (宋)王象之:《輿地紀勝》,清影宋鈔本。
14. (宋)楊潛修,朱端常、林至、胡林卿纂:《(紹熙)雲間志》,清嘉慶十九年華亭沈氏古倪園刊本。
15. (宋)李庚輯,林師蒧、林表民增修:《天台集》,文淵閣四庫全書本。
16. (宋)范成大纂修,汪泰亨等增訂:《(紹定)吳郡志》,民國十五年吳興張氏擇是居叢書景宋刻本。
17. (宋)朱長文:《(元豐)吳郡圖經續記》,民國十三年烏程蔣氏景宋刻本影印。
18. (宋)談鑰:《(嘉泰)吳興志》,民國吳興叢書本;《宋元方志叢刊》,北京:中華書局,1990年版。
19. (明)徐獻忠:《吳興掌故集》,《四庫全書存目叢書》影印明嘉靖三十九年范唯一等刻本,史部第188冊。
20. (明)董斯張:《(崇禎)吳興備志》,文淵閣四庫全書本。
21. (宋)董弅:《嚴陵集》,文淵閣四庫全書本。
22. (明)栗祁:《(萬曆)湖州府志》,明萬曆刻本。
23. (明)盧熊:《(洪武)蘇州府志》,《中國方志叢書》,臺北:成文出版社,1983年版。
24. 《(同治)蘇州府志》,清光緒九年刊本。
25. 《(雍正)浙江通志》,文淵閣四庫全書本。
26. 《(嘉慶)廣西通志》,南寧:廣西人民出版社,1988年版。
27. (清)章綬纂,李應泰等修:《(光緒)宣城縣志》,光緒十四年活字本;南京:江蘇古籍出版社,1998年版。

28.（清）徐崧、張大純：《百城烟水》，清康熙二十九年刻本。
29.（宋）孔延之：《會稽掇英總集》，文淵閣四庫全書本。
30.（明）董斯張：《吳興藝文補》，明崇禎六年刻本。
31.（清）陸心源：《吳興金石記》，清光緒刻潛園總集本。
32.（清）李遇孫：《括蒼金石志》，歷代碑誌叢書本。
33.（清）杜春生：《越中金石記》，清道光十年刻本。
34.（清）阮元：《兩浙金石志》，清道光四年李檉刻本；杭州：浙江古籍出版社，2012年版。
35. 楊維忠、金木福編著：《東山進士》，揚州：廣陵書社，2011年版。
36.（宋）洪邁：《容齋隨筆》，上海：上海古籍出版社，1978年版。
37.（清）厲鶚：《宋詩紀事》，文淵閣四庫全書本。
38.（清）陸心源：《宋詩紀事補遺》，清光緒刻本年版。
39.（宋）吕祖謙：《宋文鑑》，四部叢刊景宋刊本。
40. 傅璇琮等主編：《全宋詩》，北京：北京大學出版社，1991年版。
41. 曾棗莊、劉琳主編：《全宋文》，上海：上海辭書出版社、合肥：安徽教育出版社，2006年版。
42. 昌彼得等：《宋人傳記資料索引》，臺北：鼎文書局，1974年版。
43.（宋）林逋：《林和靖詩集》，四部叢刊景明鈔本。
44.（宋）歐陽修：《歐陽修全集》，北京：中華書局，2001年版。
45.（宋）尹洙：《河南先生文集》，四部叢刊景春岑閣鈔本。
46.（宋）釋契嵩：《鐔津文集》，四部叢刊三編景明弘治本。
47.（宋）余靖：《武溪集》，文淵閣四庫全書本。
48.（宋）韓琦：《安陽集》，明正德九年張士隆刻本。
49. 李之亮、徐正英：《安陽集編年箋注》，成都：巴蜀書社，2000年版。
50.（宋）范仲淹：《范文正公文集》，《古逸叢書三編》之五影印北宋刻本；《宋集珍本叢刊》第二册影印北宋刻本；《續修四庫全書》第1313册；四部叢刊景明翻元刊本。
51. 薛正興校點：《范仲淹全集》，南京：鳳凰出版社，2004年版。
52.（宋）宋庠：《元憲集》，清武英殿聚珍版叢書本；叢書集成初編據聚珍版叢書本排印本，北京：中華書局，1985年版。
53.（宋）宋祁：《景文集》，文淵閣四庫全書本；清武英殿聚珍版叢書本；叢書集成初編本，北京：中華書局，1985年版。
54.（宋）胡宿：《文恭集》，清武英殿聚珍版叢書本；叢書集成初編本，北京：中華書局，1985年版。
55.（宋）李覯撰，（明）左贊編：《旴江集》，文淵閣四庫全書本。
56.（宋）李覯撰，王國軒校點：《李覯集》，北京：中華書局，1981年版。
57.（宋）沈與求：《龜溪集》，四部叢刊續編景明本。
58. 陳文和主編：《嘉定錢大昕全集（增訂本）》，南京：鳳凰出版社，2016年版。
59. 閔定慶整理：《孫濤詩話二種》，福州：福建人民出版社，2016年版。
60. 沙孟海：《沙孟海論書叢稿》，上海：上海書畫出版社，1987年版。
61. 許華新主編：《桂林摩崖石刻文化生態發展文獻集》，南昌：江西美術出版社，2014年版。
62. 桂林市文物局編：《桂林文博研究文集》，桂林：廣西師範大學出版社，2014年版。

論潘之淙《書法離鈎》的書法美學中心思想

詹杭倫　黄淑鈴

【摘　要】明代學者潘之淙《書法離鈎》一書所表述的書法美學中心思想是"取法"與"離法"之間的辯證關係,潘之淙所描述的書法家從"得鈎"、"吞鈎"到"離鈎"的過程,展示出藝術修養的三段式規律:即立志取法→精通法則→離開法則,最後到達無法而法的高妙境地。這與禪學修養的三段式規律是密切相通的。

【關鍵詞】潘之淙　書法離鈎　書法　美學　禪學

明代書學家潘之淙(生卒不詳),字無聲,號達齋,錢塘人。其著《書法離鈎》十卷,收入《四庫全書》。四庫館臣評説:"是書薈萃舊説,各以類從。大旨謂書家筆筆有法,必深於法而後可與離法,又必超於法而後可與進法。俗學株守規繩,高明盡滅紀律,俱非作者。書中《知道》《從性》諸篇,皆言不法而法,法而不法之意。其名離鈎者,取禪家'垂絲千尺,意在深潭,離鈎三寸'語也。"[1]已經點明潘之淙這本書所表述的書法美學中心思想是論證"取法"與"離法"之間的辯證關係,并與禪學有深厚的淵源。本文即在四庫館臣評論的基礎上,對潘之淙《書法離鈎》一書所展現的書法美學中心思想及其與禪學的關聯作引申性的論述。鑒於《四庫全書》本的《書法離鈎》未載該書幾篇重要的序言,即葉秉敬序、王道焜序和潘之淙自序,本文引錄的《書法離鈎》的序言,以清光緒丙申(1896)七月重刊於長沙的《惜陰軒叢書》本爲主。

---

[1] (清)紀昀等《四庫全書總目提要》卷一一三《書法離鈎》,《文淵閣四庫全書》本,臺北:商務印書館1986年版,第3册,第445—446頁。

一、取法與離法

取法

潘之淙將"離鉤"的"鉤"作爲人生法則的比喻,認爲凡人凡事皆有"鉤",皆有法則。潘之淙的好友葉秉敬於此書的序中提到:"我知此一鉤也,千百世聖人同之,千百世賢人同之,千百世愚不肖人同之。釋迦三藏,性之鉤也;《道德》五千言,氣之鉤也;孔子《春秋》,救世之鉤也。他如《毛詩》鉤乎情,禮樂鉤乎傲,易卦鉤乎陰陽,貪夫鉤乎利,烈士鉤乎名。一任遊戲清波,總離不得這個鉤字。"①所有人類無論賢愚都離不開"鉤"字,釋家的《佛藏》是討論性空之學的鉤,道家的《道德經》是討論清氣之學的鉤,孔子的《春秋》是討論儒家救世之學的鉤。其它與此同理,總之,"鉤"即人生法則,凡人凡事皆有一定的法則,也就是各有其鉤。

"鉤"也是書法的規則。潘之淙認爲書法自有一定的法則,此法則是初學書法者必定要深入研究學習的。潘之淙於此書的序中闡明:"概自倉頡造書,山鬼夜哭,盜陰陽而鑿混沌,莫此若也。"②認爲没有什麽事比創造文字更能激動人心的了。"則人自具一肺腸時,自際一哀樂,而必繩以八法之功令,若矩矱之不可廢者何?蓋庖丁之神解,養由基之巧中,其游刃決拾之法自在也。"③中國漢字有八種筆劃,每種筆劃都有其書寫規則,所以可用"八法"來代指書法。當我們用書法來抒發感情時,一定要用書法的規則來約束,如匠人不能廢棄規矩,書家也不能廢棄法則。書法自古以來就蘊藏法則,各代書法的審美風格不一,但基本法則不變:"故論世,漢則古雅多質,晉則逸韻自賞,唐則清峭取險,宋則姿媚求工,世可殊而法不變也。"④潘之淙認爲,以時代而論,漢代的書法古雅多質,晉代的書法逸韻自賞,唐代的書法清峭取險,宋代的書法姿媚求工,時代不同但是法則不變。書法有不同的審美境界:"語境則醉墨濡頭者豪於致,敗毫成冢者勇於力,怒猊渴驥者奇於氣,驚沙舞劍者悟於神,綠蕉覆雲者博於趣,脱巾嘯傲者逸於姿,

---

① (明)葉秉敬《書法離鉤·序》,《書法離鉤》卷首,《惜陰軒叢書》本,第4頁。
② (明)潘之淙《書法離鉤·序》,《書法離鉤》卷首,《惜陰軒叢書》本,第10頁。
③ (明)潘之淙《書法離鉤·序》,《書法離鉤》卷首,《惜陰軒叢書》本,第10頁。
④ (明)潘之淙《書法離鉤·序》,《書法離鉤》卷首,《惜陰軒叢書》本,第10頁。

境可殊而法不變也。"①若以境界而論,醉墨濡頭的張旭豪於興致,敗毫成冢的懷素勇於力度,怒獅渴驥的徐浩奇於氣骨,驚沙舞劍的張旭悟於神明,綠蕉覆雲的廣主博於情趣,脱巾嘯傲的陳儲逸於姿態,境界不同,但是法則恒在。所以潘之淙認爲儘管書法存在時代審美風格或境界不同,但書法的基本法則卻是萬變不離其宗的。

離法

潘之淙認爲,在深入研究學習法則之後,達到精通法則的地步,但又不能拘於法則,没有新變,爲法則所束縛。只有精通法則後纔可"離法",所謂"離法"的比喻就是"離鈎"。想要離鈎應當先知道吞鈎,對善於吞鈎的書法家來說,有一個"自悦其鈎"的過程。葉秉敬指出:"故自漢魏而下,代有聞人,鍾(繇)、王(羲之)其最著也。彼鍾、王者,何嘗以法示人,不過自悦其鈎而已,自離其鈎而已。而天下之人,以爲此絲綫隨君弄者也,以爲此不犯清波者也,從而宗法之。自是其法傳,因是其鈎傳。然而人人自有其鈎,人人當自求離鈎,以我求我,開眼閉眼。皆是以我求彼,雖覿面不啻千里,况百世哉?"②葉秉敬所强調的是,學習前輩鍾繇、王羲之的書法,固然没錯,但需要明白,每個人都自有其鈎,鍾繇、王羲之經過他們自己的"吞鈎——離鈎"過程,纔成就爲"鍾王",後人也應當經歷自己的"吞鈎——離鈎"修煉,即深入研究精通法則,然後離法,最後纔能達到無法而法的神妙境界。

取法與離法之間的辯證關係

王道焜在《書法離鈎·序》中説:"書法首推晉,晉首推二王。夫陰陽、奇偶、左右、多少,爲法似莫嚴於書,而乃以風流相尚、放誕不羈之晉人當之,何哉?豈昔人所謂反經合禮,背水用奇,相馬遇以神,解牛遊乎虛者,非無法而正善用法也?"③王道焜認爲,書法推崇晉朝書家王羲之、王獻之的緣故,是因爲晉朝書家既注重書法,又風流不羈,具有反常合道、無法而法的辯證思維方式,這正是書道注重取法與離法辯證關係的要旨所在。

前引《四庫提要》指出:"作者書中《知道》、《從性》諸篇,皆言不法而

---

① (明)潘之淙《書法離鈎·序》,《書法離鈎》卷首,《惜陰軒叢書》本,第10—11頁。
② (明)葉秉敬《書法離鈎·序》,《書法離鈎》卷首,《惜陰軒叢書》本,第5頁。
③ (明)王道焜《書法離鈎·序》,《書法離鈎》卷首,《惜陰軒叢書》本,第8頁。

法,法而不法之意。"《知道》和《從性》都是《書法離鈎》卷二中的篇目。其實,不僅這兩篇,潘之淙在本卷第一的《取法》篇明確指出:"學貴取法,則可以見古人於寸楮而臻其妙。"此後諸篇再談不法而法或心手相應的辯證關係。

《知道》篇引譚景升云:"心不疑於手,手不疑於筆,然後知書之道,和暢非巧也。"這是將學書要得法,使心、手、筆三者和諧相應,逐漸瞭解書道。接下來又談到:"是故點策蓄血氣,顧盼含性情。無筆墨之迹,無機智之狀,無剛柔之容,無馳騁之象。若黄帝之道熙熙然,君子之風,穆穆然。"這是談書法成爲大家之後,其書法呈現的"不法而法,法而不法"狀態。譚景升即南唐人譚峭,這裏引録的文字,見其所著《化書》卷四。

又《從性》篇引虞世南云:"心正氣和則契於妙,心神不正,書則倚斜;志氣不和,字則顛仆。字雖有質,迹本無爲。本陰陽而動靜,體萬物以成形。必資神遇,不可力求也;必須心悟,不可力取也。"這段話談人心與書法的關係,個人的書法,要適合個人的性情。學書需要休養身心,明白所謂"心正則筆正"的道理。虞世南的這段話最早見於唐人韋續編纂《墨藪》卷二。

潘之淙之所以引録這些前人論書名言,是他深刻地認識到,首先,學習書法者,必須先從學習書法的法則入門,這是學習書法的基礎。然後,深入學習,達到精通法則的境界,即"吞鈎"。最後,不拘於法則,不被法則所束縛,加以創新變化,就像歷代偉大的書法家都有自己獨特的風格,而不一味地模仿前代書法家的風格,即由"吞鈎"而"離鈎",亦即達到"必深於法而後可與離法,又必超於法,而後可與進法"①的境界。可用下表列出取法與離法之間的辯證關係:

得　鈎	吞　鈎	離　鈎	境　界
立志取法	精通法則	離開法則	無法而法

二、"離鈎"思想溯源與比較

"離鈎"文獻

"離鈎"這個詞,最早見於北宋僧人惠洪(1071—1128)所著《冷齋夜

---

① (清)紀昀等《四庫全書總目提要》卷一一三《書法離鈎》,《文淵閣四庫全書》本,第3册,第445頁。

話》卷七所載:"華亭船子和尚偈曰:'千尺絲綸直下垂,一波纔動萬波隨。夜靜水寒魚不食,滿船空載月明歸。'叢林盛傳,想見其爲人。宜州倚曲音成長短句曰:'一波纔動萬波隨。蓑笠一鈎絲,金鱗正在深處,千尺也須垂。吞又吐,信還疑,上鈎遲。水寒江靜,滿目青山,載月明歸。'"①唐代僧人德誠寫了"千尺絲綸"偈詩,宋代詩人黃庭堅很喜歡此詩,將其改寫成一首詞。而"垂絲千尺,意在深潭,離鈎三寸"一語,是取自南宋淳祐十二年出版的禪宗史書《五燈會元》卷五《船子德誠禪師》,德誠禪師教誨夾山的一段公案:"師又問:'垂絲千尺,意在深潭。離鈎三寸,子何不道?'山擬開口,被師一橈打落水中。山才上船,師又曰:'道!道!'山擬開口,師又打。山豁然大悟,乃點頭三下。"②這段公案宣揚禪宗以心印心,不落言筌的妙旨。潘之淙體悟到此禪宗思想的精髓,并將其作爲書學思想的指導而撰成此書。

有關"離鈎"思想的源起,不僅來自船子德誠禪師。以下擬從道家思想、禪家思想和書學思想等三個方面來進一步加以探討。

道家思想:

《書法離鈎》的思想與莊子思想"得魚忘筌,得意忘言"有關,《莊子·外物》篇:"筌者所以在魚,得魚而忘筌;蹄者所以在兔,得兔而忘蹄;言者所以在意,得意而忘言。吾安得夫忘言之人而與之言哉!"③在這一段話中莊子主要表達以下三層意思:

(1)言只能表達物之粗,而意卻能致物之精,故言不盡意。

(2)言的重要在於表達意,而意又與道相關,道是不可言傳的,因此,言只能得之於表面,不能窮究於内裏。

(3)言意相較,意比言更重要,因此,得意便可忘言,甚至不忘言則不能得意。

莊子以筌魚關係來比喻"言""意"的關係,使用語言目的在於獲致"意",得意就可忘言,語言是得意的工具,這就如同學習書法的法則、規範,目的是要得到書法的真諦,得到書法真諦後,就可以不拘於書法的法則、規範。學習書法的法則、規範只是得到書法真諦的工具。

---

① (宋)惠洪《冷齋夜話》卷七,《景印文淵閣四庫全書》本,臺北:商務印書館1986年版,第863册第266頁。
② (宋)普濟《五燈會元》,北京:中華書局1984年版,第276頁。
③ (清)郭慶藩《莊子集釋》卷九,北京:中華書局1961年版,第944頁。

禪家思想：

《書法離鉤》的思想與"見山是山，見水是水"這種禪宗修行三段論類似。《五燈會元》卷一七中，有一則青原惟信禪師的語錄："老僧三十年前未參禪時，見山是山，見水是水。及至後來親見知識，有個入處，見山不是山，見水不是水。而今得個休歇處，依前見山只是山，見水只是水。"①禪師高論，頗具哲理，講的是悟道的過程。亦可將此哲理運用於學習書法的過程：

第一階段：見山是山，見水是水。就如同初學書法時，需要學習書法的基本法則，首先遵循法則，即取法。

第二階段：見山不是山，見水不是水。就如同在學習書法一段時間之後，精通於法則，對書法有獨特的領悟。爲人變得有些矜持，與初學者拉開距離。

第三階段：見山只是山，見水只是水。就如同學習書法的最高境界，即得到書法的真諦，對書法有更深一層領悟與看法，達到至高的書法藝術境界。爲人回歸常人常態，成爲雍容達觀的高人。

書家思想：

《書法離鉤》的思想受到唐代書法理論家孫過庭《書譜》學習書法的三階段的啓示，孫云："至如初學分布，但求平正；既知平正，務追險絶；既能險絶，復歸平正。初謂未及，中則過之，後乃通會。通會之際，人書俱老。"②

第一階段：初學分布，但求平正。

第二階段：既知平正，務追險絶。

第三階段：既能險絶，復歸平正。

開始的"平正"是學習書法藝術的"未及"階段，相當於潘之淙所説"得鉤"階段；中段是追求"險絶"的"過之"階段，相當於潘之淙所説"吞鉤"階段；最後的"平正"則是回歸平易，達到書法藝術的"通會"境界，相當於潘之淙所説"離鉤"階段。

明代書畫家董其昌（1555—1636）論書法説：

> 蓋書家妙在能會神，在能離所欲。離者非歐、虞、褚、薛諸名家伎

---

① （宋）普濟編《五燈會元》，第1135頁。
② 馮亦吾編著《書譜·續書譜解説》，北京：國際文化出版公司1992年版，第100頁。

倆,直欲脱去右軍老子習氣,所以難耳。那咤析骨還父,析肉還母。若別無骨肉,説甚虛空粉碎,始露全身？晉、唐以後,惟楊凝式解此竅耳,趙吳興未夢見在。余此語悟之《楞嚴》八還義,明還日月,暗還虛空,不汝還者,非汝而誰？然余解此意,筆不與意隨也。①

董其昌的意思是説,學習書法必然要師法前人,但是,師法前人之要義,在於吸取前代書家的精神("能會神"),而不在於模仿前代書家的外貌體像,最終還要歸還到自身本相,這就是董其昌論書的"能離所欲"。董其昌的"能會神——能離所欲"之説,與潘之淙的"得鈎——離鈎"之説,有異曲同工之妙。董其昌自謙地説,他心下雖然明白此意,但筆下尚未能與意相隨,尚未達到任意揮灑的地步。董其昌還説,他參透這層關捩是得自於《楞嚴》八還義。何謂《楞嚴》八還義？我們來看佛書的闡釋：

宋代釋道原《景德傳燈録》卷二五記載："文遂導師,杭州人……嘗究《首楞嚴經》十軸,甄分真妄緣起、本末精博,於是節科注釋、文句交絡。厥功既就,謁於淨慧禪師,述己所業,深符經旨。淨慧問曰：'《楞嚴》豈不是有八還義？'遂云：'是。'云：'明還甚麼？'師云：'明還日輪。'云：'日還甚麼？'師憮然無對。淨慧誡令其其焚所注之文。師自此服膺請益,始忘知解。"②文遂禪師在《楞嚴》的八還義理解上栽了跟斗,可見理解"八還義"的確有相當大的難度。不過,"八還義"并不是不可理解的。據《楞嚴經》記載,阿難不知"塵有生滅,見無動搖"之理,而妄認現象與本性無從分別。如來遂以"境"、"心"二法辨其真妄,若言"境",則謂"吾今各還本所因處";若言"心",則謂"今當示汝無所還地",用以顯示"所見之境可還,能悟之性不可還"之理,故以八種變化之相開示之。宋僧戒環《楞嚴經要解》卷三："阿難,汝咸看此諸變化相,吾今各還本所因處。云何本因？阿難,此諸變化,(1)明還日輪(把光明還給太陽),何以故？無日不明,明因屬日,是故還日。(2)暗還黑月(把黑暗還給黑月),(3)通還户牖(把通達還給門窗),(4)壅還墙宇(把堵塞還給墻壁),(5)緣還分别(把結緣還給分别),(6)頑虛還空(把虛無還給空間),(7)鬱悖還塵(把鬱悶還給塵埃),

---

① (明)董其昌《畫禪室隨筆》卷一,《景印文淵閣四庫全書》本,臺北：商務印書館1986年版,第867册第426頁。
② (日)大正一切經刊行會編《大正新修大藏經》,臺北：新文豐出版公司1983年版,第51册第411頁。

(8)清明還霽(把清明還給雨霽),則諸世間一切所有,不出斯類。"①一切外境俱可還,而"真如本性"不可還。《楞嚴經》"八還義"的核心思想與書法上的"能會神——能離所欲"思想在理路上一脉相通、圓融無礙,所以,董其昌可以由《楞嚴》"八還義"而直悟書法上的"能離所欲"之理。

三、書法家從"得鈎"到"離鈎"的修煉實例

張旭

唐代書法家張旭有"草聖"之稱,與懷素共同創造性地發展了自漢末以來四百年的草書藝術,世人以"顛張狂素"來形容他們臻於化境的草書藝術。張旭的書法,初學於他的堂舅陸彦遠,唐盧携《臨池妙訣》中轉録了一段張旭的學書自述:"吳郡張旭:自智永禪師過江,楷法隨渡。智永師乃羲、獻之孫,得其家法,以授虞世南。虞傳陸柬之,陸傳其子彦遠。彦遠,僕之堂舅,以授余。"這是説張旭繼承了二王以來的正統書法藝術,换言之,即張旭獲得了書法之"鈎"。

張旭不但有所繼承,而且更有所創新,有所"離鈎"。他學習書法不僅祖述二王,更注重參天地萬物之理,并廣泛地學習和借鑒其它技藝方法。《書法離鈎》卷二《解悟》:"張旭見擔夫與公主爭道及公孫大娘舞劍而悟草法。又曰:孤蓬自振,驚沙坐飛。余思而爲書,而得奇怪。"②張旭看公孫大娘舞劍而從中悟出道理,草書大有長進。其草法從"古法"中脱化出來,形成自己獨特的風格。其草書的特點爲"狂",表現在精神上是一種無拘無束的狂放自由,表現在書寫的用筆與結構上是出神入化,變幻萬端的奇麗雄壯之美。潘之淙引用蘇軾之説:"長史草書,頹然天放,略有點畫處,而意態自足,號稱神逸。"③張旭將漢字這種工具性、使用性的符號進一步發展爲一種純藝術,使這種抽象的綫條結構成爲表達其思想感情的一種手段,成爲

---

① (日)國書刊行會《卍新纂大日本續藏經》,東京:國書刊行會1975—1989年版,第11册第789頁。
② (明)潘之淙《書法離鈎》,《景印文淵閣四庫全書》本,臺北:商務印書館1986年版,第816册第352頁。
③ (宋)蘇軾《書唐氏六家書後》,《東坡全集》卷九三,《景印文淵閣四庫全書》本,臺北:商務印書館1986年版,第11頁。潘之淙《書法離鈎》卷七引録。

實踐"得鈎——離鈎"過程的書法大師。

懷素

懷素是盛唐至中唐時期的一位草書大家,戴叔倫所作的《懷素上人草書歌》云:

> 楚僧懷素工草書,古法盡能新有餘。神清骨竦意真率,醉來爲我揮健筆。始從破體變風姿,一一花開春景遲。忽爲壯麗就枯澀,龍蛇騰盤獸屹立。馳毫驟墨劇奔駟,滿坐失聲看不及。心手相師勢轉奇,詭形怪狀翻合宜。人人若問此中妙,懷素自言初不知。①

由這首詩的第一句"楚僧懷素工草書,古法盡能新有餘",可見懷素是以古代的書法法則爲基礎,而加以自我創新、自成一格。第二句"神清骨竦意率真",指懷素的書法是他"率真"的表現,解脫束縛,盡情發揮他充沛的創造力。懷素曾向大書法家顏真卿請教,顏真卿介紹了草聖張旭的成功秘訣:"長史雖恣性顛逸,超絕古今,而模楷精詳,特爲真正。"②這說明張旭的草書超絕古今,是潛心研習楷法爲基礎而造就的,有了楷書的基本功,纔有草書的成就。因此,懷素努力向當時的書法家學習,進步神速,在這個基礎上,運用連筆連字,突破章草和今草的格式,使綫條能夠恣意馳騁,并由此改變了運筆落墨的節奏,使草書藝術更加變化無窮。正如朱仁夫所説:"書家創新是藝術具有生命力的表現,但創新必須合規矩,中繩墨,得到大家的公認。《自叙》没有一個出格字。"③懷素的"得古法——新有餘"與潘之淙的"得鈎——離鈎"之説,也是息息相通的。

顔真卿

唐代書法家顔真卿,是盛中晚唐時期聲名顯赫的楷書大家,他的書法初學褚遂良,後又師從張旭,參透用筆之理。從他寫的《張長史十二意筆法意記》中可以看到顔真卿得到張旭的筆法傳授,對書法藝術的認識有一個

---

① (清)彭定求等編《全唐詩》,北京:中華書局1960年版,第4051頁。
② (唐)顔真卿《懷素上人草書歌序》,《顔魯公集》卷一二,《景印文淵閣四庫全書》本,臺北:商務印書館1986年版。
③ 朱仁夫《中國古代書法史》,北京:北京大學出版社出版1992年版,第303頁。

質的飛躍:"世之書者,宗二王(王羲之、王獻之)、元常(鍾繇)逸迹,曾不睥睨筆法之妙,遂爾雷同。獻之謂之古肥,旭謂之今瘦。古今既殊,肥瘦頗反,如自省覽,有異衆説。"①師法古代名家,需要認識其"筆法之妙",這是顏真卿的"得鈎";而"如自省覽,有异衆説",這是顏真卿的獨樹一幟,亦即"離鈎"。由於顏真卿實踐了這種"能得能離"的藝術修煉,所以真正能够體現顏真卿楷書特點的且被後人稱爲"顏體"的楷書,其實是他在六十歲以後完成的作品,包括《顏勤禮碑》《麻姑仙壇記》《大唐中興頌》《顏家廟碑》等一大批作品。他寫出了與漢末以來無論"南帖"還是"北碑"都不相同的,只屬他自己所獨有的、全面創新的顏體楷書。馬宗霍《書林藻鑑》云:"唐初脱晉爲胎息,終屬寄人籬下,未能自立。逮顏魯公出,納古法於新意之中,生新法於古意之外,陶鑄萬象,隸括衆長,與少陵之詩、昌黎之文,皆同爲能起八代之衰者,於是始卓然成爲唐代之書。"②這是從書法史的高度來評價顏真卿的書法作品,認爲顏體楷書是一種真正有别於他以前的書體,是能够體現大唐王朝的精神風貌和昌隆氣象的書法。

四、潘之淙對後世的影響舉隅

倪後瞻

倪後瞻是董其昌(1555—1636)的入室弟子,也是明末清初能够繼承董氏書學的獨特書論家。其著《書法秘訣》在坊間流傳甚廣,清王澍《論書賸語・臨古、榜書》、倪濤《六藝之一録》等書對倪文多有節録。羅福壽以《倪氏雜著筆法》寧鑒堂抄本爲主,廣羅異本,編著成《書法秘訣通考集注》一書,由江蘇美術出版社出版。其書起首講學書三階段云:

> 凡欲學書之人,工夫分作三段:初要專一,次要廣大,三要脱化,每段三五年火候方足。初取古人之大家一人以爲宗主。門庭一立,脚根牢把,朝夕沉酣其中,務使筆筆相似,使人望之便知是此種法嫡,繼有

---

① (唐)顔真卿《張長史十二意筆法意記》,《顔魯公集》卷一四,《景印文淵閣四庫全書》本,臺北:商務印書館1986年版,第14頁。
② 馬宗霍《書林藻鑑》,北京:文物出版社1984年版,第97頁。

諫我、謗我,我不爲之稍動,常有一筆一畫數十日不能合轍者,此際如觸墻壁,全無入路。他人到此,每每退步、灰心。我於此心愈堅,志愈猛,功愈勤,一往直前,久之則有少分相應,初段之難如此。

此後方做中段工夫,取魏、晉、唐、宋、元、明數十大家,逐字臨摹數十日,當其臨時,諸家形模,時時引入吾胸,又須步步回頭顧祖,將諸家之長默識歸源,庶幾不爲所誘,工夫到此,悠忽五六年矣。

至末段則無他法,只是守定一家,以爲宗主,又時出入各家,無古、無今、無人、無我寫個不休,到熟極處,忽然悟門大開,層層透入,洞見古人精奧,我之筆底迸出天機,變動揮灑,回想初時宗主不縛不脫之境,方可自成一家,到此又五六年。①

這裏所說的三段功夫,初段"專一",相當於潘之淙所說的"得鈎";中段"廣大",相當於潘之淙所說的"吞鈎";末段"脫化",相當於潘之淙所說的"離鈎"。倪後瞻作爲董其昌的嫡傳弟子,其是否參考潘之淙的書學,尚待考定,但其與潘氏所見略同,則是可以肯定的。

鄭燮

清鄭燮,字克柔,號板橋,擅畫蘭、竹、石、松、菊等,而畫蘭竹五十餘年,成就最爲突出。他晚年時曾在一幅《竹石圖》中題詩:

> 四十年來畫竹枝,日間揮筆夜間思。冗繁削盡留清瘦,畫到生時是熟時。②

鄭板橋畫了四十年竹子,終於悟出繪畫須去掉繁雜,提煉精髓的道理。"畫到生時是熟時"其實蘊涵了一段濃縮的繪畫經歷,提煉出繪畫"生"、"熟"之間的辯證關係。由生入熟,由熟返生。前一個"生"是生熟之生,必須通過"日間揮筆夜間思"的苦工,纔能由生入熟;後一個"生"是生新之生,需要"冗繁削盡留清瘦",讓四十年後所畫的竹枝呈現出生新活潑的狀態。這樣的"生"是豪華落盡見真淳的生,是絢爛之極歸平淡的生,是藝術上臻於爐

---

① 倪後瞻著,羅福壽校注《書法秘訣通考集注》,南京:江蘇美術出版社2013年版,第2頁。
② (清)鄭燮《鄭板橋集》,北京:中華書局1962年版,第216頁。

火純青之境的生。鄭板橋曾自述畫竹的情景:"江館清秋,晨起看竹,烟光、日影、霧氣,皆浮動於疏枝密葉之間。胸中勃勃,遂有畫意。其實胸中之竹,并不是眼中之竹也。因而磨墨、展紙、落筆,倏作變相,手中之竹,又不是胸中之竹也。"①這話道出了繪畫創作的公式:眼中之竹——胸中之竹——手中之竹,即看竹、思竹至畫竹。"眼中之竹"是自然實景,是對自然的觀察和從中體驗畫意;"胸中之竹"是藝術創作時的構思;"手中之竹"是藝術創作的實現。他把主觀與客觀,現象與想象,真實與藝術,有機地融爲一體,創造了師承自然,而又高於自然的境界。鄭板橋畫竹用了四十年的時間,從基礎開始學習,不斷的練習,在完全精熟竹的畫法後,超越繪畫的法則,得到繪畫的真諦,達至高妙的境界,這正與《書法離鈎》所提及的道理相同:先取法,在精通法則後離法,最後得到繪畫的真諦。

劉熙載

清劉熙載《藝概·書概》説:"學書者,始由不工求工,繼由工求不工,不工者,工之極也。"②這段話與唐孫過庭《書譜》所説的學習書法的三個階段是相同的意思:第一階段"初學分布,但求平正",第二階段"既知平正,務追險絶",第三階段"既能險絶,復歸平正"。開始的"不工"是學習書法藝術的開始,最後的"不工"則是更高的書法藝術境界。許多書法家的成功,也都是如此一路走來,纔邁向成功之路的,先學習書法的基本法則,當完全精通熟悉法則後,纔進入"不法而法",即潘之淙所謂"離鈎"的境界。這些道理與《書法離鈎》讀者超越法則是相通的。

總之,要成爲一個書法藝術上的成功者,在第一境界中,他必須選定目標,這是一個獨特的目標、高遠的目標。這個境界是學習書法的立志準備階段,相當於潘之淙所説的企圖"得鈎"的階段。

第二個境界是一種具體的、實質性的學習實踐階段。這個境界包含兩層涵義,一是苦學苦練,二是目標堅定。相當於潘之淙所説的"吞鈎"階段。

第三境界對所有成功的書法家來説都是最高的階段,春天努力耕耘的汗水換來秋天豐碩的收穫。書法家在踏破鐵鞋無處覓的困惑之中,突然頓

---

① (清)鄭燮《鄭板橋集》,第162頁。
② (清)劉熙載《藝概》,上海:上海古籍出版社1978年版,第168頁。

悟,到達了一個柳暗花明的境界,他會發現,原來以爲遥不可及的東西,離他卻是這麽近,苦苦追尋的東西,原來也是他可以信手拈來的。這個境界的最高階梯是大徹大悟,圓融無礙,即潘之淙所提及的"離鈎"階段。

結　　論

　　潘之淙《書法離鈎》一書所表達的書法美學中心思想是"取法"與"離法"之間的辯證關係,這一思想取自船子德誠禪師教誨夾山的一段公案,潘之淙體悟到此禪宗思想的精髓,并將其作爲書學思想的指導而撰成此書。

　　潘之淙所描述的"得鈎"、"吞鈎"、"離鈎"過程,展示出藝術修養的三段式規律:立志取法→精通法則→離開法則,最後到達無法而法的高妙境地。這與"忘言得意"的道家思想、禪宗修行的"見山是山"三段論、《楞嚴》八還義、詞家三境界等等,内在思維理路也是息息相通的。

　　著名書法家、繪畫家的修煉實例也可一再證明,藝術修養呈現出三段式進程的普遍規律。後世書法家、繪畫家、學問家、事業家體認到此一規律,對於提高人生藝術修養的自覺性實有莫大的好處。

（作者單位：馬來西亞新紀元大學中文系、馬來西亞南方大學中文系）

On the Thesis of Pan Zhicong's *Shufa ligou* (Calligraphy Aesthetics)

Zhan Hanglun, Huang Shuling

Ming-dynasty scholar Pan Zhicong's *Shufa ligou* (Calligraphy Off the Hook) emphasizes the dialectical relationship between *qufa* (acquire the rules) and *lifa* (desert the rules). Pan describes a caligrapher's three-step process from *degou* (on the hook), to *tungou* (master the hook), and to *ligou* (off the hook), which demonstrates the three phases of his artistic accomplishment: from adopt, to master, and to desert the rules and finally achieve the highest form of artistic freedom. This is closely related to the three stages of Zen Buddhist cultivation.

Keywords: Pan Zhicong, *Shufa ligou* (Calligraphy Off the Hook), Calligraphy, Aesthetics, Zen Buddhism

徵引書目

1. 大正一切經刊行會編:《大正新修大藏經》,臺北:新文豐出版公司影印,1983年版。
2. 朱仁夫:《中國古代書法史》,北京:北京大學出版社出版,1992年版。
3. 紀昀等:《四庫全書總目》,臺北:商務印書館,1986年版。
4. 倪後瞻著,羅福壽校注:《書法秘訣通考集注》,南京:江蘇美術出版社,2013年版。
5. 馬宗霍:《書林藻鑑》,北京:文物出版社,1984年版。
6. 國書刊行會:《卍新纂大日本續藏經》,東京:國書刊行會,1975—1989年版。
7. 郭慶藩:《莊子集釋》,北京:中華書局,1961年版。
8. 彭定求等編:《全唐詩》,北京:中華書局,1960年版。
9. 惠洪:《冷齋夜話》,《景印文淵閣四庫全書》本,臺北:商務印書館,1986年版。
10. 普濟:《五燈會元》,北京:中華書局,1984年版。
11. 馮亦吾編著:《書譜·續書譜解說》,北京:國際文化出版公司,1992年版。
12. 董其昌:《畫禪室隨筆》,《景印文淵閣四庫全書》本,臺北:商務印書館,1986年版。
13. 劉熙載:《藝概》,上海:上海古籍出版社,1978年版。
14. 潘之淙:《書法離鉤》,《景印文淵閣四庫全書》本,臺北:商務印書館,1986年版。
15. 潘之淙:《書法離鉤》,《惜陰軒叢書》本,1896年版。
16. 鄭燮:《鄭板橋集》,北京:中華書局,1962年版。
17. 顏真卿:《顏魯公集》,《景印文淵閣四庫全書》本,臺北:商務印書館,1986年版。
18. 蘇軾:《東坡全集》,《景印文淵閣四庫全書》本,臺北:商務印書館,1986年版。

隱士逸民與出處進退
——清儒論"隱"

鄭吉雄[*]

【摘　要】本文試論中國傳統隱士逸民,動機並非純粹的出世,而多牽纏於功名節操等世俗價值的考慮,終而產生矛盾掙扎的心情。隱逸始終擺脫不了士大夫靈魂中經世致用的宿命,故未出仕時因盼望帝王賞識而患得患失,改朝換代時則身不由己,藉隱退以保存名節。出處進退,多糾纏於世俗的政治取態與表態,造成了避世的不徹底、不純粹。他們退隱心情的主旋律,既非對山林自然的嚮往,亦非對生命價值的解放,而是出於世俗牽絆,帶有政治理想、動機、價值的曲折投射。有清一代儒者面對滿洲部族政治壓抑,提出貞隱、學隱、尊隱三種觀念,從不同角度作新詮解,部分印證了隱逸的世俗羈絆,同時亦有發前人所未發的意義新境。

【關鍵詞】隱士　逸民　出處進退　遺民　經世

一、前　　言

"隱逸"一直是受到漢學家注目的課題,尤其著名的隱逸代表陶淵明(潛,365—427),研究著作可謂汗牛充棟。學者或進而隱逸與中國文學的

---

[*] 現任香港教育大學文化歷史講座教授,曾任臺灣大學中文系教授、荷蘭萊頓大學亞洲研究院歐洲漢學講座、新加坡國立大學亞洲研究中心高級訪問研究學人。

關係,或聯想到中國出世的遊仙思想,到探討隱逸精神衍生的藝術創作等等①。

　　本文旨在推論中國傳統隱逸的主流,其動機並非純粹的出世、遊仙,而是牽涉文人面對祿仕時,思考"出處、進退"的抉擇、理由,並及於名節等世俗價值的考慮,因而所産生種種矛盾掙扎的心情。在政權遞嬗的轉變時刻,士大夫"忠君"思想的作用,催化其隱退以表達消極抗議;在太平盛世,隱士或出於對政權的不認同,或爲經營終南捷徑,各種動機,不一而足。質言之,中國"士"傳統中,固然有因宗教信仰而歸隱避世的案例,當事人或者未必全出政治考量②,但論其主流,則始終擺脱不了中國士大夫靈魂中經世致用、出將入相的欲望。因爲中國士大夫最高理想,是上希公侯,佐王致治,因而在面對進退、出處的抉擇之際,涉及能否被皇帝賞識拔擢,如何在弋取祿仕過程中保全名節等等,因而發生天人交戰。究其心志,雖不無超脱之想,而最後種種考慮及決定,多歸結於世俗的政治取態與表態。换言之,中國隱士的避世,大多是不徹底的,既非出於對山林自然的嚮往,亦非出於生命價值的解放,而是出於世俗的牽絆,帶有政治理想、動機、價值的曲折投射。他們或有詩畫藝術的創造,表現超逸世俗,迥出塵表的精神,豐富了中國傳統文化的内容。但讀者切不可誤以爲此即是中國隱士的本質,因爲回溯中國隱逸的源流,實情並不如此。這方面,舉清儒的談論,最足以説明中國隱士逸民的委曲。清儒面對滿洲部族政治壓抑,自清初迄清末,對於"隱"的詮釋,無論是唐甄(1630—1704)論"貞隱"、龔自珍(1792—1841)論"尊隱",或章太炎(1869—1936)論"學隱",所提出的政治解讀,均可證實"隱"這個觀念在中國士傳統中的政治意涵和世俗本質。而清儒對

---

① 這方面幾可謂汗牛充棟。略舉一隅,如 James Robert Hightower(海陶瑋 1915—2006)trans. & ed., *The poetry of T'ao Ch'ien*, Oxford: Clarenton, 1970;王國瓔《古今隱逸詩人之宗: 陶淵明論析》,臺北: 允晨出版社 2009 年版;李生龍《隱士與中國古代文學》,長沙: 湖南出版社 2003 年版;劉忠國《中國古代隱士與山水畫》,北京: 中國書籍出版社 2014 年版;Peter C. Sturman, Susan S. Tai ed., *The Artful Recluse: Painting, Poetry, and Politics in Seventeenth-century China*, Santa Barbara, CA: Santa Barbara Museum of Art; Munich: Delmonico Books/Prestel, 2012.
② 《宋書》記載陶淵明"不仕"是因爲"曾祖晉世宰輔,恥復屈身後代",然而據《晉書》本傳記其個性"少懷高尚,博學善屬文,穎脱不羈,任真自得",陶可能自身個性即傾慕遠離世務羈係,讀其詩文,其性格澹泊亦宛然可睹。此殆或與陶氏世代天師道的信仰,因而趨於道家思想? 至如《世説新語·棲逸》第一條記"阮步兵嘯"所遭遇在山林中作嘯"如數部鼓吹,林谷傳響"(劉義慶撰,劉孝標注,楊勇校箋《世説新語校箋》,北京: 中華書局 2006 年版,第 293 頁),此一類隱居山林的"真人",未審是否與出處進退的考慮有關。

"隱"的政治解讀,又必須上追先秦傳統,始能得其要旨。這是本文前半溯源先秦經史子典籍,後半直接轉入清代的原因。

中國隱逸思想上溯至周初,涉及的已是士大夫進退出處的問題,也是他們魂縈夢繞的難題。《易》《乾》卦初爻"潛龍勿用"喻指"龍德而隱",已透露退隱思想;所謂"遇主"、"利見大人",則喻指出仕的契機。出土簡帛,亦屢見此類論述。殷商遺民,是先秦道家的濫觴,其後在中國歷史上,遺民隱逸常與道家思想相糾纏。後世史書用語"隱逸"、"高士"一類,多寄寓政治異議人士。儒家以佐王致治爲最高理想,提出"道統"來對抗帝王的"政統"是積極的手段,用退隱來遠離政治則是消極的身段。這與道家由遺民避禍去殺,轉變爲養生長生的思想,頗不相同。明清易代之際,士大夫曾於明朝爲官者仕清則爲貳臣,不出仕者則或爲處士,或爲隱逸。唐甄《潛書·貞隱》篇即思考此一問題。有清一代,隱逸再度成爲士傳統思潮中的一股伏流,與上古中古時期儒道思想所論又略有不同,而"隱"的論述中充滿政治元素則無二致。本文擬略論中國士大夫出處進退問題,說明背景,進而討論清代唐甄"貞隱"、龔自珍"尊隱"、章太炎"學隱"三個觀念,除印證中國隱逸傳統出於世俗的動機,亦勾勒清代隱逸思想的發展。

二、"隱逸"溯源:《周易》的"隱"與"遇"

古老的中國早在殷周之際,出處進退,就成爲一個士大夫無法迴避的問題,爾後也成爲他們魂縈夢繞的難題。後世的正史,有些立《隱逸傳》①,有些立《逸民傳》②,有些立《遺逸傳》③,也有像皇甫謐(215—282)《高士傳》④,傳述《莊子》書所記的逃避社會、隱居山林之中的人。考察這些著作的標準,可知歷史上隱士逸民既有別於歐洲宗教上的隱士(hermit/eremite),也很少被視爲因嚮往大自然而隱居的超脫塵俗之悠遊避隱之人,卻常常被前人理解爲在政治立場上或忠於前朝、或不與當權派妥協的異議者。《論語·微子》記載"逸民"以及孔子(551BC—479BC)對他們的評價:

---

① 如《新唐書》《元史》。
② 如《後漢書》。
③ 如《清史稿》。
④ 見房玄齡等撰《晉書》卷五一本傳,北京:中華書局1997年版,第1418頁。

> 逸民：伯夷、叔齊、虞仲、夷逸、朱張、柳下惠、少連。子曰："不降其志，不辱其身，伯夷、叔齊與！"謂："柳下惠、少連，降志辱身矣。言中倫，行中慮，其斯而已矣。"謂："虞仲、夷逸，隱居放言。身中清，廢中權。""我則異於是，無可無不可。"①

孔子稱許的"逸民"，所說的"不降志"與"不辱身"，語調隱含政治色彩。據《史記·伯夷列傳》，伯夷、叔齊，正是在"天下宗周"之後"義不食周粟"而流芳千古的隱逸②，政治的不妥協成爲鮮明的旗幟。他們是司馬遷（145BC—?）《史記》立傳歌頌的義士，也是本文所論的政治異議者。司馬遷是第一位奮力見證隱士逸民史蹟的史家。在他的筆下，"堯讓天下於許由"的事蹟，被《尚書·堯典》所載堯遜位於舜"傳天下若斯之難"的記載所掩蓋③。隱逸既不爲《詩》《書》所載，復且"文辭不少概見"④，最後這些"巖穴之士"，"類名埋而不稱"，不爲後人所知。然而他說：

> 余登箕山，其上蓋有許由冢云。⑤

強調他親眼見過許由的墳墓，又説"由、光義至高"。顯然深信歷史上確實有過衆多甘於隱姓埋名，不見用於世的隱士逸民。歷史的鎂光燈，總是照耀著功成名遂的聖賢，但如黄庭堅（1045—1105）所説的"波濤萬頃珠沈海"（《千秋歲》），還有數不盡堅持不同立場的異議者，往往被埋藏在黑暗中，心志也難以被後人理解。這應該是司馬遷置"伯夷列傳"爲七十列傳之首的原因。

拙著《從遺民到隱逸：道家思想溯源——兼論孔子的身分認同》⑥一文

---

① 《論語·堯曰》則記："謹權量，審法度，修廢官，四方之政行焉。興滅國，繼絕世，舉逸民，天下之民歸心焉。"何晏集解，邢昺疏《論語注疏》卷二〇，李學勤主編《十三經注疏》整理本，北京：北京大學出版社 2000 年版，第 303 頁。"滅國、絕世、逸民"三者並列，講的都是滅亡的國家以及身上流著帝胄血統的政治難民。
② 《史記》卷六一，北京：中華書局 1960 年版，第 7 册第 2121—2129 頁。
③ 《史記·伯夷列傳》："堯讓天下於許由，許由不受，恥之逃隱。"（卷六一，第 2121 頁）而《莊子·逍遥遊》亦記"堯讓天下於許由"（郭慶藩《莊子集釋》，北京：中華書局 1982 年版，第 22 頁）。
④ 《詩》《書》雖缺，然虞夏之文可知也"，"余以所聞由、光義至高，其文辭不少概見"。
⑤ 《史記》，第 2121 頁。
⑥ 鄭吉雄《從遺民到隱逸：道家思想溯源——兼論孔子的身分認同》，載於《東海人文學報》第二十二期（2010 年 7 月），第 125—156 頁。

考論先秦道家源出自殷商遺民。老子、莊子所批判的,主要是西周立國時期奠立的歷史觀、天命論及有德者爲王的思想,但他們承繼政治遺民的傳統,逐漸將"避禍"轉變爲養生、長生的思想。我也考證了《坤》卦與《尚書·多士》《詩經·大雅》之間的内在關係,説明卦爻辭内容是一節又一節警告殷頑民接受新主、勿予反抗的宣言①。《坤》卦喻指殷商,《乾》卦則喻指周朝。按照《乾》卦初爻有《坤》象②,《坤》卦上爻有《乾》象③的内在關係④,《乾》卦初爻"潛龍勿用",爲尚未得位之時,那就是大人君子隱伏之際,在政治上藴積不發,不得位而行道,故而沈潛⑤。《周易》《小畜》卦卦辭"小畜,亨,密雲不雨,自我西郊",即是西伯(周文王)積畜懿德,而尚未施行其天子之德,時暫居西郊、蓄勢待發的象徵語言⑥。而《乾》卦《文言傳》以"隱逸"詮釋《乾》卦初九:

> 初九:"潛龍勿用",何謂也?子曰:"龍德而隱者也。不易乎世,不成乎名,遯世无悶,不見是而无悶,樂則行之,憂則違之,確乎其不可拔,'潛龍'也。"⑦

"龍德而隱",那就是可以得位行道卻隱伏而不出,故有"遯世无悶"之説。這裏講的很明顯不是後世一些嚮往山林、蕭然物外的避世者,而是有政治

---

① 説詳鄭吉雄《〈歸藏〉平議》,載於《文與哲》第二十九期(2016年12月),第64—66頁。
② "乾"初九"潛龍勿用"、九二"見龍在田",有土、川之象。
③ "坤"上六"龍戰于野,其血玄黄",即有"龍"象。
④ 説詳拙著《論乾坤之德與"一致而百慮"》,載於《清華學報》第三十二卷第一期(2002年6月),第145—166頁。朱熹説:"'群龍无首',即'坤'之'牝馬先迷'也。'坤'之'利永貞',即'乾'之'不言所利'也。"(《易學啓蒙》卷四,臺北:廣學社印書館1975年版,第78頁。)
⑤ 孔穎達《正義》亦引劉邦隱遯不出,爲"潛龍勿用"作注:"小人道盛,聖人雖有龍德,於此時唯宜潛藏,勿可施用,故言'勿用'。……若漢高祖生於暴秦之世,唯隱居爲泗水亭長,是'勿用'也。"又説:"聖人有龍德隱居者也。"(《周易注疏》,李學勤主編《十三經注疏》整理本,北京:北京大學出版社2000年版,第2、17頁。)
⑥ "亨"是對於此卦的判斷語,而"密雲不雨,自我西郊"則是對於"小畜"的抽象意旨的一個具象描述。《象傳》以"尚往"釋"密雲不雨",以"施未行"釋"自我西郊",過去屈萬里及高亨均以爲倒文(即認爲"施未行"應釋"密雲不雨","尚往"應釋"自我西郊"),恐怕只注意到文義的一致性。實則"小畜"的"懿文德"(《象傳》語)並非泛指一般君子的以文采德行自修,經文作者特別引周文王爲例,説明其"積善累德……陰行善"(《史記·周本紀》),終能"自西至東,自南至北,無思不服"(《詩·大雅·文王》)才是"小畜"真正寄託的意旨,也就是説:此卦所述文德的畜積,終可以讓有德者爲王。
⑦ 王弼、韓康伯《周易王韓注》,臺北:大安出版社1999年版,第4頁。

地位但隱伏未出的人①。所謂"樂則行之,憂則違之",也就是"出"(行之)和"處"(違之)兩種態度。

《周易·坤》卦記述周人警告遺民的戒令,《乾》卦初九騷括《坤》的意義討論"潛龍"的隱遯之境。這兩處所說的無論是隱逸抑或遺民,都與朝代遞嬗有關,尤其與被周朝消滅的殷朝有關。

自從周人滅殷,定鼎中原,《周易》作爲周人的政治典册,也載録了君主與士大夫一種相互索求的微妙關係——君主之理想在於得臣養賢,士大夫之理想在於能遇明主。前者載於《大畜》卦,爻辭"豶豕"、"童牛"、"良馬"都是體型大的牲畜,而以"豶豕之牙"一辭,可知此卦所述的牲畜非豢養於家中,而係自外捕獵而得,因其勇悍而易傷人,故爻辭稱"豶豕之牙"。其餘"童牛之牿"、"良馬逐",都清楚提示了獲得此類野獸的主人應設法駕馭並防範,避免受其傷害。以此譬諸養賢,賢士的能力強大者(不論文士或武士)亦容易傷害其主人,故古人有養士譬如養虎、養鷹的種種譬喻②。這一類的思維,即源出於《大畜》卦。卦辭所謂"不家食",就是不食於家之意,亦即獲之於野外的意思。天子求賢,多從宮廷以外求,傅說、呂尚等都如此(詳下)。士人亦以得遇明主,爲終身所望。《乾》卦由"潛龍"至"飛龍",喻

---

① 《周易》第三十三卦是《遯》。《遯》和"遁"相同,孔穎達《正義》:"遯者,隱退逃避之名。"(《周易注疏》,第 171 頁)等於是離羣索居,用孔子的話形容,就是"與鳥獸同羣"的人。《象傳》,解釋"遯"卦,説:"天下有山遯,君子以遠小人,不惡而嚴。"卦爻辭中也多次出現"君子"、"小人",意指統治者與平民,只有知識與智慧的高低之別,没有明顯的善惡道德之分;但《象傳》這裏講的正是後者,而且含有強烈的政治意味。王弼則進一步申引到義理方面。他注上九爻辭"肥遯,无不利"句,説:"最處外極,无應於内,超然絶志,心无疑顧,憂患不能累,矰繳不能及,是以肥遯无不利也。"(第 173 頁)矰繳之典,漢初已爲流行語,指政治迫害。《史記·留侯世家》:"戚夫人泣,上曰:'爲我楚舞,吾爲若楚歌。'歌曰:'鴻鵠高飛,一舉千里。羽翮已就,橫絶四海。橫絶四海,當可奈何! 雖有矰繳,尚安所施!'歌數闋,戚夫人噓唏流涕。"(《史記》,第 2047 頁)又陶淵明《歸鳥》:"晨風清興,好音時交,矰繳奚施? 已卷安勞。"(陶潛著,楊勇校箋《陶淵明集校箋》,上海:上海古籍出版社 2007 年版,第 41 頁)王弼"最處外極"指的是"上九","内"指的是"九三",由下往上數第三爻。由於《遯》卦是"乾上艮下",第三爻既是下半部"艮"的最上一爻,也處於《遯》六爻中的中間部位,與上半部"乾"的上九之間,有相應的關係。這兩爻屬一陰一陽的"應"的狀態是最好的;但《遯》卦的這兩爻都是陽爻,並不理想,故稱"无應"。

② 韓非子早已以虎喻力量強大的臣下:"弑其主,代其所,人莫不與,故謂之虎。……散其黨,收其餘,閉其門,奪其輔,國乃無虎。"(《韓非子·主道》)《後漢書·呂布傳》:"始,布因(陳)登求徐州牧,不得。登還,布怒,拔戟斫机曰:'卿父勸吾協同曹操,絶婚公路。今吾所求無獲,而卿父子並顯重。但爲卿所賣耳!'登不爲動容,徐對之曰:'登見曹公,言備待將軍譬如養虎,當飽其肉,不飽則將噬人。公曰:"不如卿言也。譬如養鷹,饑即爲用,飽則颺去。"其言如此。'布意乃解。"故杜甫《送高三十五書記》:"饑鷹未飽肉,側翅隨人飛。"

指士大夫遇得明主,故稱"利見大人",這就是得位行道了。《周易》常提到"利見大人",就是講君子如何能遇到明主(大人)而得位行道,心理上和"退隱"恰好相反。除《乾》卦中首次出現外,這四字亦在其他卦中多次出現。如《訟》卦卦辭"有孚,窒惕,中吉,終凶,利見大人,不利涉大川";《蹇》卦辭"利西南,不利東北;利見大人,貞吉"①及上六"往蹇來碩,吉,利見大人"②。《萃》卦卦辭"亨,王假有廟,利見大人。亨,利貞,用大牲,吉,利有攸往";《巽》卦卦辭"小亨,利攸往,利見大人"等,即係指利於與大人(天子、諸侯)相見的意思。故如《萃》卦辭的"大人"即前一句"王假有廟"的"王";又如《巽》卦辭"小亨,利攸往,利見大人",因能見大人,故利於攸往。在《周易》的語彙中,或稱爲"遇主"。如《睽》卦卦旨爲睽異、悖違,但全卦卻皆言"遇",九二"遇主于巷,无咎",因九二以陽爻(象徵君主)居陰位而與六五(陰爻象徵臣下)相遇,是臣遇君於巷之象。君臣相睽,身份相異,相遇於巷,其位不正,但畢竟遇見,故亦能无咎。《睽》卦以外,《豐》卦亦言"遇主",即初九"遇其配主"、九四"遇其夷主";甚或《小過》卦六二爻辭:

> 過其祖,遇其妣;不及其君,遇其臣,无咎。③

六二與六五爲相對,以陰遇陰,不與陽相應,故爻辭如此。遇其臣而不及於君,未必有利,亦未必不利,故稱"无咎"。

上述這種"遇主"的思想,早就發生在殷周之際,至後世傳爲佳話。《史記》記載的商湯遇"伊尹"。《史記·殷本紀》:

> 伊尹名阿衡。阿衡欲奸湯而無由,乃爲有莘氏媵臣,負鼎俎,以滋味說湯,致于王道。或曰,伊尹處士,湯使人聘迎之,五反然後肯往從湯,言素王及九主之事。湯舉任以國政。④

武丁遇傅説。《殷本紀》又載武丁夜夢得聖人,名曰"説":

---

① "利西南,不利東北"是《周易》常用語,或如"坤"卦謂"利西南得朋,東北喪朋","西南"指周人發源地,東北指殷人勢力根據地。
② 蹇道至於窮極,則至於不蹇,故上六而謂"來碩"("碩"指陽爻),即陰盡陽來。
③ 《周易注疏》,第289頁。
④ 《史記》,第94頁。

> 於是迺使百工營求之野,得説於傅險中。是時説爲胥靡,築於傅險。見於武丁,武丁曰是也,得而與之語,果聖人,舉以爲相,殷國大治。故遂以傅險姓之,號曰傅説。①

在西周初則有吕尚,即太公望,遇於文王。《史記·齊太公世家》:

> 吕尚蓋嘗窮困,年老矣,以漁釣奸周西伯。西伯將出獵,卜之,曰"所獲非龍非彲,非虎非羆;所獲霸王之輔"。於是周西伯獵,果遇太公於渭之陽,與語大説,曰:"自吾先君太公曰'當有聖人適周,周以興'。子真是邪? 吾太公望子久矣。"故號之曰"太公望",載與俱歸,立爲師。②

司馬遷所説的幾個故事,孟子(公元前372—公元前289)已提及過。《孟子·告子下》:

> 舜發於畎畝之中,傅説舉於版築之間,膠鬲舉於魚鹽之中,管夷吾舉於士,孫叔敖舉於海,百里奚舉於市。③

孟子提出上述幾個"天將降大任於斯人也……"的古代例子,重點不在於"遇"、"不遇",而是強調所"遇"的士大夫都必須先經過艱苦的歷練。司馬遷的重點在於陳述史實,但孟子卻有所寄託,對士君子有所勉勵。一是史家的立場,一是儒家的立場,側重點明顯不同。

三、《論語·微子》記載的隱逸

《論語·微子》記載之隱士逸民甚多,孔子所稱"殷之三仁"的微子、箕子、比干,比干在入周之前已死,箕子和微子也都嘗了暴政的苦頭。他們和

---

① 《史記》,第102頁。
② 《史記》,第1477—1478頁。
③ 《孟子注疏》卷一二下,李學勤主編《十三經注疏》整理本,北京:北京大學出版社2000年版,第407頁。

後文的柳下惠以及躬耕的隱士並列，可見《論語》編者將這些朝代遞嬗之際，失去故國的政治遺民，逕視爲避世的隱逸。政治上受到迫害，自願也好，被迫也罷，遠遠地離開了政治核心，就是屬於隱士逸民之流。

《論語·微子》記柳下惠而下，尚有楚狂接輿、長沮、桀溺、荷蓧丈人等三個小故事。他們都是默默躬耕的農夫。很不尋常地，他們對於提倡禮樂的孔子，不約而同地表示了冷漠甚至蔑視的態度，值得我們靜心想想，這究竟是爲什麽呢？

一是楚狂接輿經過孔子身邊而以歌曲諷刺"今之從政者"。顯然他知道孔子是誰，故意用絃外之音來表達諷喻。孔子"欲與之言"，他卻"趨而辟之"，結果孔子"不得與之言"①。

二是子路"問津"，長沮顯然認得孔子，故問："夫執輿者爲誰？"證實爲孔子後，冷漠地回答説："是知津矣。"竟不願指出津渡所在。桀溺則批評天下，嘲諷孔子：

    滔滔者天下皆是也，而誰以易之？且而與其從辟人之士也，豈若從辟世之士哉？②

説完後便"耰而不輟"，對孔子師徒不加理會。

第三則是廢棄"君臣之義"的荷蓧丈人，對著子路駡他的老師"四體不勤，五穀不分，孰爲夫子"，對子路卻異常客氣，"止子路宿，殺雞爲黍而食之，見其二子焉"③。

這四位躬耕的隱逸顯然都認識孔子，卻對他充滿了輕鄙。從隱士逸民源出殷遺民的歷史淵源看來，他們蔑視征服者所制訂的禮樂制度；那麽孔子以殷人貴胄遺裔，竟公然提倡周人禮樂，他們豈不更加鄙視？子路批評荷蓧丈人"君臣之義，如之何其廢之"，正指出這一輩隱士拒絶接納周民族綿延數百年的"君臣之義"。對於這些隱士的冷嘲熱諷，子路憤憤不平，孔子卻異常隱忍，唯有憮然而受，頂多説明自己不願意與鳥獸同群，説"天下有道，丘不與易也"，表達了對人類普遍命運的關懷。孔子對隱逸表達尊

---

① 何晏注，邢昺疏《論語注疏》卷一八，第283—284頁。
② 何晏注，邢昺疏《論語注疏》卷一八，第284—285頁。
③ 何晏注，邢昺疏《論語注疏》卷一八，第286—287頁。

重,對於殷遺民有更多的禮敬:

> 微子去之,箕子爲之奴,比干諫而死。孔子曰:"殷有三仁焉。"①

微子、箕子、比干都因紂王暴虐而付出慘重代價,標誌了易代之際殷王朝悲劇的序幕,故孔子以"三仁"稱許之。《論語·微子》記孔子評價殷商的隱逸,認爲他們都切中了某一特定的標準。孔子言"我則異於是",坦然將自己與隱逸放在一起做比較,説明他的立場是"無可無不可"。要知道孔子以殷人遺裔而提倡周朝禮樂,在周人立場而言,没有比這個更難能了;但在殷人立場而言,也没有比這個更難堪了!孔子有用世之心,既不願作隱逸,又歆慕隱逸"言中倫,行中慮"、"身中清,廢中權"的高尚行止,"無可無不可"一語②,那是説他作爲殷人,無論做隱士或倡禮樂,都有可以成立和不可以成立的理由,實在道出了他身處兩難而又無可奈何的情況下,模糊調和的處境。以此觀之,孔子稱讚"中庸之爲德也,其至矣乎,民鮮久矣"③,那種"尚中"的思想,是他從五味雜陳的人生中體驗出來的。"尚中"的觀念,早已存在於《周易》;孔子尚中,多少含有調和殷周法統的對立的意味;而《禮記·中庸》雖主要從德性講"中庸"的涵義,但追溯其用語的來源——《論語》,"中庸"二字最早從孔子口中道出,其歷史背景也不應忽視。

四、戰國以降儒者的窮達困遇之論

從西周文獻考察,天子欲有作爲,則必須求得大賢;君子要得位行道,則須遇於明主。後者尤爲後世儒家政治立場的張本。因爲儒者經世濟民,必以佐王致治爲最高理想,杜甫所謂"致君堯舜上,再使風俗淳",所希慕的並非天子之位(據《詩》《書》,"天命"爲天子所專有),而是宰輔之職。孔子棲棲皇皇,游説各國,不也是要求遇明主,以見用於世嗎?但天下士君子那麽多,能"遇天子"的少之又少,於是未"遇"之時就只能潛伏,像《詩經·陳

---

① 何晏注,邢昺疏《論語注疏》卷一八,第280頁。
② 何晏注,邢昺疏《論語注疏》卷一八,第288頁。
③ 《論語·雍也》,同前書卷六,第91頁。

風·衡門》或《衛風·考槃》講述的隱士一樣,或棲遲於衡門陋舍之下,或隱遯於山林水澗之間,獲得優游快樂①。當然這種快樂的背後,隱藏著多少寂寞失意的心境,外人是不可得而知的。正如阮籍(210—263)詩"獨坐空堂上,誰可與歡者"(《詠懷》),柳宗元(773—819)詩"來往不逢人,長歌楚天碧"(《溪居》),流露出滿溢胸臆的孤寂之感。如果說道家上承自遺民心曲,是一種自甘爲政治異議者的"隱逸",經典所載錄儒家的"隱",就僅是暫時隱伏、内心卻渴望見遇於明天子的"隱逸"。這種心情,常常反映在戰國儒家文獻中。《郭店楚簡·窮達以時》就說:

> 有天有人,天人有分。察天人之分,而知所行矣。有其人,無其世,雖賢弗行矣。苟有其世,何難之有哉?舜耕於歷山,陶埏於河濱,立而爲天子,遇堯也。邵繇衣枲蓋,冒經蒙僅,釋板築而佐天子,遇武丁也。呂望爲臧棘津,戰監門棘地,行年七十而屠牛於朝歌,舉而爲天子師,遇周文也。管夷吾拘繇束縛,釋械柙而爲諸侯相,遇齊桓也。百里轉鬻五羊,爲伯牧牛,釋板□而爲朝卿,遇秦穆。■孫叔三射恒思少司馬,出而爲令尹,遇楚莊也。初韜晦,後名揚,非其德加。子胥前多功,後戮死,非其智衰也。驥厄張山,騄塞於邵來,非無體狀也,窮四海,致千里,遇造故也。②

這裏講的"天人之分",不論和司馬遷所說的抑或後世儒者所講的"天人之際",都截然不同。《窮達以時》作者的意思是,"有其世"要先"有其人","時勢"有待於英雄創造;但"有其人,無其世,雖賢弗行",即使是英雄豪傑,也要得到時勢之助。士人要弄清楚,要成爲國家的賢士(所謂"有其人")完全在於自礪,這是"人",是可以砥礪自勉而成功的;但士人也要"遇"明主纔能做到"有其世",這是"天",機遇是勉強不來的。成事在天,但謀事在人,唯有士人自己做好準備,纔能有其人復有其世。"苟有其世",一旦"遇"到

---

① 《考槃》:"考槃在阿,碩人之薖。獨寐寤歌,永矢弗過。"毛亨傳,鄭玄箋,孔穎達疏《毛詩注疏》卷三,李學勤主編《十三經注疏》整理本,北京:北京大學出版社 2000 年版,第 4 册第 260 頁。《衡門》說:"衡門之下,可以棲遲;泌之洋洋,可以樂飢。豈其食魚,必河之魴;豈其取妻,必齊之姜。豈其食魚,必河之鯉;豈其取妻,必宋之子。"毛亨傳,鄭玄箋,孔穎達疏《毛詩注疏》,第 518—519 頁。
② 李零《郭店楚簡校讀記》,增訂本,北京:中國人民大學出版社 2007 年版,第 111—112 頁。

聖明的天子,要得位行道纔算是水到渠成。作者更進一步歸納説:

> 遇不遇,天也。動非爲達也,故窮而不[怨,隱非]爲名也,故莫之知而不吝。……嗅而不芳。無蓉堇,逾寶山,石不爲……善負己也。窮達以時,德行一也,譽毁在旁,聽之弋母。緇白不釐,窮達以時,幽明不再,故君子敦於反己。■①

"動非爲達",那就是勉勵士人不要老抱著一種"爲了謀求某一天得'遇'而隱"的心情——李零在第 12 簡前試補"怨,隱非"三字是很有道理的。《窮達以時》作者所講的"遇不遇,天也"既不是講述天道觀,也不是一般社會心理,而是提醒士人不要抱有終南捷徑的想法②。它針對的是士君子進退出處的不確定性,用現代話講就是:遇或不遇,要看老天爺眷顧。士君子得"遇",那纔能"達";一輩子"不遇",就應該貞定在"隱"之中。除了關鍵性的"遇"字和"天"字外,作者也以新觀點發揮了儒典常用的"時"字。先秦儒者講"時",原本強調宇宙人生變化運動常理中動態的變化準則③,這裏的"時"指偶然性——士人"遇"、"不遇"完全是偶然的,人生際遇決定了一切。"幽明不再",就像"生、死"是定局,已發生的是永遠追不回來了。作者用此以勉勵士人認清這種偶然性之後,"敦於反己",努力自我砥礪,不要懷抱著某一天能有"利見大人"之"遇"的心情。總之時機來了,士人當能"出"而不"處",反之,做一輩子"處士"也應設法讓自己處之泰然。

孔子説"天下有道則見,無道則隱"④,這樣的"隱"針對的是腐敗的政治,原就隱含"政治異議者"的意味。在這裏,聖人並未將"遇不遇"放在心上。不過後儒能上達於聖人之境的並不多。在《荀子·堯問》中,荀子後學就用"遇不遇"來評荀子:

---

① 李零《郭店楚簡校讀記》,第 112 頁。
② 李零説:"儒家的天道觀一種簡單而直白的表述,它和當時一般的社會心理並沒有太大的區别。"(第 117 頁)這樣比附並不恰當,因爲《窮達以時》所講述的天道觀直接討論士大夫進退出處的準則,並非一般的社會心理。
③ 譬如"仁義禮智"四者,《郭店楚簡·五行》提出要"時行之",那就是不要一成不變地堅守某一種準則,應該依照時勢變化而靈活交替運用。説詳鄭吉雄、楊秀芳、朱岐祥、劉承慧合著《先秦經典"行"字字義的原始與變遷——兼論"五行"》,載於《中國文哲研究集刊》第三十五期(2009 年 9 月),第 89—127 頁。
④《論語·泰伯》,《論語注疏》卷六,第 116 頁。

>天下不治,孫卿不遇,時也。①

"孫卿不遇",和"天下不治"一樣,都有時勢的客觀條件有以致之。《窮達以時》的意思完全相同。其實荀子自己也多次討論"遇"的問題,對於儒者遇不遇的問題,有深度的關懷。他站在儒家的立場,推極了"隱"的境界:

>彼大儒者,雖隱於窮閻漏屋,無置錐之地,而王公不能與之爭名。②

荀子所講"隱於窮閻漏屋"的大儒,首要條件是要像孔子那樣有"隱行"③。但雖"隱"卻"顯",反致王公不能與之爭名。這樣的"大儒"之境,縱觀歷史,畢竟難遇。《荀子·成相》說:

>堯讓賢,以爲民,汎利兼愛德施均。辨治上下,貴賤有等明君臣。堯授能,舜遇時,尚賢推德天下治。雖有賢聖,適不遇世孰知之?④

這段文字以下,歷數堯、舜以降至於成湯的尚賢推德之事,都可總歸一句"雖有聖賢,適不遇世,孰知之"。這樣的語調,隱含了儒者有德有能、但往往不遇於世的憮然自悲之情。"敦於反己"好得很,"隱非爲名"亦是難能,但都改變不了賢而不遇的事實。《宥坐》更借孔子教訓子路的話,說明了自己的思想:

>孔子南適楚,厄於陳蔡之閒,七日不火食,藜羹不糁,弟子皆有飢色。子路進問之曰:"由聞之:爲善者天報之以福,爲不善者天報之以禍。今夫子累德、積義、懷美,行之日久矣,奚居之隱也?"孔子曰:"由不識,吾語女。女以知者爲必用邪?王子比干不見剖心乎!女以忠者爲必用邪?關龍逢不見刑乎!女以諫者爲必用邪?吳子胥不磔姑蘇東門外乎!夫遇不遇者,時也;賢不肖者,材也。君子博學深謀,不遇

---

① 《荀子·堯問》,王先謙著《荀子集解》,北京:中華書局 1988 年版,下册第 553 頁。原文"孫卿不遇時也",雄按:"時也"爲句。
② 《荀子·儒效》,《荀子集解》,上册第 137 頁。
③ 《荀子·貴德》:"周室衰,禮義廢,孔子以三代之道,教導於後世,繼嗣至今不絕者,有隱行也。"
④ 《荀子·成相》,《荀子集解》,下册第 462 頁。

時者多矣！由是觀之，不遇世者眾矣，何獨丘也哉！"且夫芷蘭生於深林，非以無人而不芳。君子之學，非爲通也，爲窮而不困，憂而意不衰也，知禍福終始而心不惑也。夫賢不肖者，材也；爲不爲者，人也；遇不遇者，時也；死生者，命也。今有其人，不遇其時，雖賢，其能行乎？苟遇其時，何難之有？故君子博學、深謀、脩身、端行，以俟其時。①

"女以知者爲必用邪"、"女以忠者爲必用邪"、"女以諫者爲必用邪"三句話鏗鏘有力！荀子看得很透。"遇不遇者，時也；賢不肖者，材也；君子博學深謀，不遇時者多矣……不遇世者眾矣"。這樣講，後人讀史，不能只注目於"遇"而輝照千古的伊尹、傅説、呂尚等偉人，也應該看顧一下在燈火闌珊處尚有成千上萬不遇的才人。荀子和《窮達以時》的作者表達了相近的意思：芷蘭並不會因爲在深林中不遇於人，就減少芬芳；君子爲學，也不應只爲了"通"（也就是"遇"或"達"）於家國天下，而應該將"不通"（也就是"窮"）當成一種常態，讓自己"窮而不困，憂而意不衰，知禍福終始而心不惑"，那麼，荀子所謂"以俟其時"，意思就絶不是勸士人心裏繼續悠悠地等待哪天獲得明主知遇，而是勸儒者認清"遇"的偶然性，以"修身"爲終極境界，能遇則行，不遇亦不減芬芳。

漢代劉向（公元前77—公元前6）《説苑·尊賢》説：

> 人君之欲平治天下而垂榮名者，必尊賢而下士。《易》曰："自上下下，其道大光。"又曰："以貴下賤，大得民也。"夫明王之施德而下下也，將懷遠而致近也。夫朝無賢人，猶鴻鵠之無羽翼也，雖有千里之望，猶不能致其意之所欲至矣；是故游江海者託於船，致遠道者託於乘，欲霸王者託於賢；伊尹、呂尚、管夷吾、百里奚，此霸王之船乘也。釋父兄與子孫，非疏之也；任庖人、釣屠與仇讎、僕虜，非阿之也；持社稷、立功名之道，不得不然也。猶大匠之爲宫室也，量小大而知材木矣，比功效而知人數矣。是故呂尚聘而天下知商將亡，而周之王也；管夷吾、百里奚任，而天下知齊、秦之必霸也，豈特船乘哉！夫成王霸固有人，亡國破家亦固有人；桀用于莘，紂用惡來，宋用唐鞅，齊用蘇秦，秦用趙高，而

---

① "奚居之隱也"的"隱"字，楊倞《注》："隱，謂窮約。"故知此詞和隱逸無關，但文字内容討論的卻是進退出處的問題。《荀子集解》，下册第526頁。

天下知其亡也；非其人而欲有功，譬其若夏至之日而欲夜之長也，射魚指天而欲發之當也；雖舜、禹猶亦困，而又況乎俗主哉！①

劉向這段話綜合地説明了"賢士"和國君之間的互相依存關係。對國家領導人而言，賢士固然是不可或缺的，但辨别賢愚忠奸可能更重要，因爲領導人對於人材的依賴，一旦用錯了人，最糟糕會導致亡國。所以文章題爲"尊賢"，困難的地方在於"尊"。若不能明辨賢否，"尊"了不應該"尊"的，會導致嚴重的後果。從這個角度觀察"士人"的心理，"士"想要遇到"明主"，智慧和能力以外，更重要的可能是德行。

五、道家的隱逸

"隱逸"是中國文化傳統中的一個特殊現象。但儒家有儒家的隱逸，道家也有道家的隱逸；前者多少抱著懷才不遇的落寞之情，後者則胸中多橫亘政治異議的不平之氣。二者的動機、行爲與理念都不相同，值得後人注意。

中國傳統，秦漢以前政治人材的來源，主要來自貴族。既是有政治立場的人，不免常因爲異議而隱退。隱逸的政治立場一趨激進，便常有駭人聽聞的言論。孔子説"隱居放言"，注家或釋"放言"爲不再評論時局②，其實從《莊子》所記衆多無名之士的驚世駭俗言論看來，"放言"亦可解釋爲恣意批評③。古今"隱居"而"放言"的也真不少，莊子就是其中之一。我們讀其書，不難注意到其中有許多避禍的言論，如"不夭斤斧，物無害者"(《逍遥遊》)；"緣督以爲經，可以保身，可以全生"(《養生主》)；"名也者，相軋也；知也者，爭之器也。二者凶器，非所以盡行也"，"菑人者，人必反菑之，若殆爲人菑夫"，"若殆以不信厚言，必死於暴人之前矣"，"事若不成，則必有人

---

① 劉向著，楊以漟校《説苑》，北京：中華書局1985年版，第71頁。
② 《論語·微子》"謂虞仲、夷逸，隱居放言"，包曰："放，置也。不復言世務。"《論語注疏》，第284頁。
③ 如《後漢書·孔融傳》："又前與白衣禰衡跌蕩放言，云：'父之於子，當有何親？論其本意，實爲情欲發耳。'"(范曄撰，李賢等注《後漢書》卷七〇，北京：中華書局1997年版，第2278頁。)此處記孔融言論，幾乎否定父子之倫，甚爲驚世駭俗，而"放言"一詞就是放肆發言之意，非指"不復言世務"。

道之患;事若成,則必有陰陽之患。若成若不成而後無患者,唯有德者能之"(人間世)。這些真是非常典型的政治異議者的語言,訴說了他們戒慎恐懼,深怕招惹殺身之禍的忐忑心情。因爲"避禍",出於保全性命,進而發展出"養生"、"長生"的思想。如果一時之間無法打敗敵人,至少要讓自己活得比敵人更長久,利用自然規律來戰勝敵人。《人間世》説:

> 散木也,以爲舟則沈,以爲棺槨則速腐,以爲器則速毁,以爲門户則液樠,以爲柱則蠹。是不材之木也,無所可用,故能若是之壽。①

樹猶如此,人又如何呢?《人間世》接著説:

> 支離疏者,頤隱於臍,肩高於頂,會撮指天,五管在上,兩髀爲脅。挫鍼治繲,足以餬口;鼓筴播精,足以食十人。上徵武士,則支離攘臂而遊於其間;上有大役,則支離以有常疾不受功;上與病者粟,則受三鍾與十束薪。夫支離其形者,猶足以養其身,終其天年,又況支離其德者乎!②

支離疏以支離而能養其身、終其天年,完全是楚狂接輿所説的"方今之時,僅免刑焉"的但求"無傷"的思想,以及《德充符》所申言的"全形"、"全才"、"全德"。在亂世之中,在政治糾紛永無寧日的時代,能全形全才全德,大概是一種奢望吧?歸根究柢,人生之所以要這樣戰戰兢兢,都是由於人類從"競爭"而至於"戰爭"的壓力與創傷所造成的心理。道家隱逸於此痛加譴責。《莊子·盜跖》所記:

> 古者禽獸多而人少,於是民皆巢居以避之,晝拾橡栗,暮栖木上,故命之曰有巢氏之民。古者民不知衣服,夏多積薪,冬則煬之,故命之曰知生之民。神農之世,卧則居居,起則于于,民知其母,不知其父,與麋鹿共處,耕而食,織而衣,無有相害之心,此至德之隆也。然而黄帝不能致德,與蚩尤戰於涿鹿之野,流血百里。堯、舜作,立群臣,湯放其

---

① 《莊子集釋》,第 1 册第 171 頁。
② 《莊子集釋》,第 1 册第 180 頁。

主,武王殺紂。自是之後,以強陵弱,以衆暴寡。湯、武以來,皆亂人之徒也。①

這是很具代表性的嚴厲批判三皇五帝禪讓革命之説的言論,"以強陵弱,以衆暴寡。湯武以來,皆亂人之徒"數語,將儒家建立的聖王譜系,一口駡盡。漢末三教互動漸增。政治與宗教交互激盪,遂産生《世説新語》"棲逸"一類的人物,隱逸的流品更爲多樣化了。不過,其中雖有從事"棲神導氣之術"的真人,卻仍保留了濃濃的政治意味,"好言老莊,而尚奇任俠"②的嵇康(223—262),與著名隱士孫登(209—241)從游,臨去時孫氏對嵇康説:

> 君才則高矣,保身之道不足。③

孫登準確地預言了嵇康被誅之事④,嵇康臨刑前亦爲詩説"今愧孫登"。以此看《莊子·養生主》所説:

> 爲善毋近名,爲惡毋近刑,緣督以爲經,可以保身,可以全生,可以養親,可以盡年。⑤

的一段話,更不難明白道家保身、長生之道,與遺民"避禍"思想的密切關

---

① 《莊子集釋》,第4册第994—995頁。
② 《三國志》:"時又有譙郡嵇康,文辭壯麗,好言老莊,而尚奇任俠。至景元中,坐事誅。"(第605頁)
③ 《三國志》嵇康本傳裴松之《注》就記載了嵇康與孫登的對話:"初,康採藥於汲郡共北山中,見隱者孫登。康欲與之言,登默然不對。踰時將去,康曰:'先生竟無言乎?'登乃曰:'子才多識寡,難乎免於今之世。'及遭吕安事,爲詩自責曰:'欲寡其過,謗議沸騰。性不傷物,頻致怨憎。昔慚柳下,今愧孫登。内負宿心,外敠良朋。'"陳壽撰,裴松之注《三國志》卷二一,北京:中華書局1997年版,第606頁。
④ 《晉書·嵇康傳》記鍾會"爲大將軍所昵",卻在鍾拜訪他時,"箕踞而鍛","不爲之禮",將鍾會氣走,會遂向晉文帝進言嵇康"非薄湯武",又説:"康、安等言論放蕩,非毀典謨,帝王者所不宜容。宜因釁除之,以淳風俗。"終於因此被譖殺。《晉書》卷四九,第1373頁。王應麟《困學紀聞》卷一三"考史"中説:"嵇康,魏人。司馬昭惡其非湯武,而死於非辜,未嘗一日事晉也。《晉史》有傳,康之羞也。後有良史,宜列之《魏書》。"認爲嵇康是屬於拒絶與新政權合作而隱退的知識分子。
⑤ 《莊子集釋》,第115頁。

係。《棲逸》另一故事記南陽翟道淵和汝南周子南"共隱于尋陽",其後周出仕,翟固志。周再訪翟,翟拒絕跟這位老朋友説話。這個故事也説明了"隱逸"作爲政治異議者的本質。這一類政治異議者,在改朝换代時最多,不一定是道家中人,儒家學者也不少。如明代陶宗儀(1329—1412)在《南村輟耕録》裏就記載了一個著名的故事,提及大儒許衡(1209—1281)入仕元朝受到蒙古人重用。在赴任的途中,許衡拜訪了堅不出仕的另一位大儒劉因(1249—1293),問他何以不出仕。劉因反問他何以出仕,許衡答"非如此,則道不行",意思是,如果我不接受蒙古人的延聘,真理就傳揚不了。許又反問劉因何以不出。劉因答:"非如此則道不尊。"意思是,如果我接受了蒙古人的條件,真理就失去價值了①。"行道"與"尊道"兩個立場的對比,十分鮮明。這使故事的意義非常深沉。歷史上數不清的知識分子,在許衡和劉因之間的這條界綫上徘徊著,有些人用傳揚真理(行道)作爲藉口,放棄了自己的立場和原則,獲得了名位利禄,爲世欽羨;也有些人用堅守原則,來印證真理的價值,最後寂寂無聞以終。説到底,中國傳統的士大夫並没有多少本錢去對抗威權,倒是政治威權有很多"本錢"(功名利禄)去收買士大夫。堅持志節的清流也没有什麽防綫,頂多就是走到"退隱"這一步而已,真的鼓起勇氣搞革命的人畢竟絶無僅有。畢竟中國歷史上的革命,大多出於草根而不是讀書人。

隱士大多"無名",卻有一位介乎於儒道之間的陶淵明,也許是中國歷史上最有名的隱士。(但話説回來,究竟他的名、字、號是什麽,至今仍是一個謎。)幾乎人人都記得《宋書·隱逸傳》記載他自嘆"不能爲五斗米折腰向鄉里小人"而立即"解印綬去職"。但《隱逸傳》下文接著説:

> 潛弱年薄宦,不潔去就之迹,自以曾祖晉世宰輔,恥復屈身後代,自高祖王業漸隆,不復肯仕。所著文章,皆題其年月。義熙以前,則書晉氏年號;自永初以來,唯云甲子而已。②

《宋書》作者稱陶淵明棄官不仕原因是因爲"恥復屈身異代"。此一解讀並非孤立。後來的學者有廣泛的解説。王應麟(1223—1296)《困學紀聞》:

---

① 陶宗儀《南村輟耕録》,瀋陽:遼寧教育出版社1998年版,第21頁。
② 沈約等著《宋書》卷九三,北京:中華書局2018年版,第2513頁。

> 陶淵明《讀史》述夷齊云："天人革命,絶景窮居。"述箕子云："矧伊代謝,觸物皆非。"先儒謂"食薇飲水"之言,"銜木填海"之喻,至深痛切,讀者不之察爾。顏延年《誄淵明》曰"有晉徵士",與《通鑑綱目》所書同一意。《南史》立傳,非也。①

王應麟認爲陶淵明的身份認同屬於晉朝而非宋朝,故批評《南史》不應爲陶淵明立傳。而翁元圻(1751—1826)《困學紀聞注》則引述錢大昕(1728—1804)説:

> 淵明卒於宋時,《晉中興書》必未立傳,《宋書》入之《隱逸》,著其不仕之節,深得微顯闡幽之意。若依後儒議論,則前史既未有傳,新史又不可傳,必終於湮没無稱,豈通論乎?
> 淵明立傳,昉於沈休文《宋書》。《南史》特因其舊耳。②

錢大昕持見與王應麟異,認爲《宋書》收錄淵明是因爲前史無傳,雖不得已而立傳,卻高揚了他的不仕之節,實已盡了史家微顯闡幽的責任。由此可見,歷代學者觀念中,陶淵明顯以晉朝人自居,目睹晉亡而不得不退隱,所謂"恥復屈身後代",説明了他選擇做政治異議者的理由。故全祖望(1705—1755)《移明史館帖子五》説:

> 少讀《世説》所載向長、禽慶之語,愛其高潔,以爲是冥飛之孤鳳也。及考其軼事,則皆不仕新室而逃者,然後知其所謂富不如貧、貴不如賤,蓋皆有所託以長往,而非遺世者流也。范史不知其旨,遂與逢萌俱歸逸民,於是後之作史者,凡遇陶潛、周續之、宗炳之徒,皆依其例,不知其判然兩途也。向使諸君子遭逢盛世,固不甘以土室繩床終老,而滄海揚塵,新王改步,獨以麻衣苴履,章皇草澤之間,則西臺之血,何必不與萇弘同碧?晞髮、白石之吟,何必不與《采薇》同哀?使必以一死一生,遂歧其人而二之,是論世者之無見也。……惟《宋史·忠義

---

① 王應麟著,翁元圻等注,欒保群、田松青、呂宗力校點《困學紀聞》,上海:上海古籍出版社2008年版,下册第1541—1542頁。校點本亦引朱熹《通鑑綱目》於宋元嘉四年十一月書"晉徵士陶潛卒"。
② 《困學紀聞》,下册第1542頁。

傳》《序》有云:"世變淪胥,晦迹冥遁,能以貞厲保厥初心,抑又其次,以類附從。"斯真發前人未發之蒙。然而列傳十卷,仍祇及死綏仗節諸君,未嘗載謝翱、鄭思肖隻字,如靖康時之褚承亮誓不仕金,祇列之"隱逸",則又何也?夫惟歐公以死節死事立傳,則不能及生者。若概以忠義之例言之,則凡不仕二姓者,皆其人也。①

祖望提醒我們,人世間也許有"冥飛之孤鳳",但隱士之中可能有更多是政治異議者。他們當中,殉節的固當流芳百世,最後沒有死掉而隱遯山林的也具有節操,殊堪禮敬。後人要看清楚他們的動機何在,不要只就生死論定功過。在《鮚埼亭集》中屢屢歌頌勝國遺民的全祖望,對於歷史上"隱逸"這一個流品的觀察,是相當精準而細微的。

六、唐甄論"貞隱"——清初的隱逸之論

進退出處對明末清初士大夫而言,更是一個難解的習題。因為對明代士大夫而言,滿洲不但覆亡了明朝,也銷亡了漢族衣冠②。明朝士大夫要不要出仕清廷,除了政治立場的是否"仕二姓"外,也牽涉到對於滿漢種族矛盾的大義。所以,我們考察清代儒學中的"隱"的思想,在追溯中國隱逸思想的源流之餘,還要加入種姓問題的元素。雍正帝《大義覺迷錄》説:

> 在逆賊等之意,徒謂本朝以滿洲之君,入為中國之主,妄生此疆彼界之私,遂故為訕謗詆譏之説耳。不知本朝之為滿洲,猶中國之有籍貫。舜為東夷之人,文王為西夷之人,曾何損於聖德乎?《詩》言"戎狄是膺,荊舒是懲"者,以其僭王猾夏,不知君臣之大義,故聲其罪而懲艾之,非以其為戎狄而外之也。若以戎狄而言,則孔子周遊,不當至楚應

---

① 全祖望《鮚埼亭集》外編卷四二,臺北:華世出版社1977年版,下册第1299—1300頁。
② 象徵民族與文化的髮飾與衣飾,為滿清入關對漢族士大夫最重大的衝擊。《清史列傳·貳臣傳》"陳名夏傳":"(順治)十一年,大學士寧完我列款奏劾名夏曰:'……(名夏)包藏禍心以倡亂,嘗謂臣曰:要天下太平,只依我兩事。臣問何事。名夏推帽摩其首云:'留髮復衣冠,天下即太平。'……"後陳名夏下獄,諸罪均不認,獨獨承認曾説此二語,遂賜自盡。見蔡冠洛編纂,王鍾翰點校:《清史列傳》,北京:中華書局1981年版,第6613—6614頁。薙髮與衣冠二者對漢族士大夫而言,是最難接受的兩項。

昭王之聘。而秦穆之霸西戎,孔子删定之時,不應以其誓列於周書之後矣。①

這段話前半論證上古聖王亦爲異族,後半申述孔子亦未嘗排斥異族。在《史記·五帝本紀》,黃帝、顓頊、帝嚳、堯、舜的確被縮合爲具血緣關係的宗族傳承②,似爲符合大一統思想而有此一設想,與先秦歷史未必符合。無論如何,清世宗這樣直指"舜"和"文王"是東、西夷,看似避開了中國上古帝王譜系的問題,但以漢族上古聖王比附滿洲異族血統,不論其理論上能否成立,仍然無法解決實質上滿漢種姓衝突與權力鬥爭的問題從清初至清末始終無法泯滅的事實③。

清初詩壇三大家中,龔鼎孳(1616—1673)曾投降李自成(1606—1645)任北城御史,入清官至禮部尚書;錢謙益(1582—1664)在順治二年(1645)於南京城外下跪迎降清兵並旋即赴京北上任禮部侍郎兼充修《明史》副總裁;吳偉業(1609—1672)在順治十年(1653)受薦出仕,官至國子監祭酒。錢、吳雖然都很快就申請致仕告歸,但因爲仕二姓的緣故,甚至被後人批評爲"身名交敗"④。曾仕明的士大夫固然有不少踴躍出仕爲貳臣,未曾仕明的漢族讀書人更加沒有顧慮。順治三年(1646)三月十八日,清政府在北京舉辦入關後第一次的會試、殿試,錄取及第進士以下三百七十三名士人,這件事上距甲申北京之變、崇禎帝自縊(1644)不過兩年,距離乙酉南京之變,南明福王政權敗亡(1645)不到一年。但士人爲了前程,爲了生計,紛紛踴躍應考,爭相進入新政府服務。因爲在中國士大夫傳統的標準中,只有曾在前朝仕宦、後又服務於新政府的官員被歸入"貳臣"行列,在新朝考取功名出仕的讀書人,在名教體系中是無可非議的。

---

① 收入中國社會科學院歷史研究所清史研究室編:《清史資料》第 4 輯,北京:中華書局 1983 年版,第 4 頁。
② 據《史記·五帝本紀》,黃帝"孫昌意之子高陽立,是爲帝顓頊",帝嚳"高辛者,黃帝之曾孫也",堯即"放勛"則是帝嚳之子,舜雖然起於民間,但也是顓頊父昌意七世的後人,且堯"妻之二女"。(《史記》,第 10—21 頁。)依《史記》的說法,五帝全部具有血緣關係。這樣的說法,引起了後世學者的熱烈討論。近代學者如王國維、章太炎、顧頡剛、錢鍾書等都有所討論。
③ 《清史稿》及《清史列傳·貳臣傳》等文獻記載,滿清自順治帝起即常常要求士大夫"滿漢一體",直至清中葉乾隆帝亦然。從史實考察,充分證明了滿漢的衝突與矛盾在清代的嚴重性。
④ 以上關於降清的明臣的行跡以及吳偉業仕清的問題,詳拙著《讀清史列傳對吳偉業仕清背景之擬測》,載於《臺大中文學報》第十期(1998 年),第 273—297 頁,又收入拙著《歷史、人物與思潮》,臺北:臺灣學生書局 2013 年版。

唐甄(1630—1704)①承心學之教,又推崇王守仁(1472—1529)事功,因此在《潛書》中常强調"功"字,有《性功》《良功》等篇。他生於明末,明亡前未嘗出仕,没有政治忠誠的問題。但滿漢種姓衝突,活生生在他的一生中不停上演。在這樣的環境下,他對君子之"遇"與"隱",有非常深刻的感悟。在《潛書·格定》篇中他討論了君子之"遇"。首先,他指出"心體"的重要性:

> 天地之大也,歷年之遠也,人生其中,飛塵隙景耳。其不讓於天地歷年者,以心體全、性功大也。②

《格定》又説:

> 憂患道心生,安樂道心亡;貧陋道心生,富豫道心亡。治國家亦然。其生,非得也;其亡,非失也。君子之志於道也,道由心致,不由外致。是以易處而不移。③

國家滅亡是事實,但唐甄認爲即使亡國也没有什麽大不了,更重要的是,君子要堅持"道心",也就是價值、理念,唯有這樣,真理纔能"亡"而不"失"。唐甄所謂"失",指的是失去其"道",也就是失去知識分子(君子)對國家民族的理想。只要這種理想存在,亡掉的國家也會有復興的一天。此所以個人在無限時空中,像飛塵隙景一樣瞬間消逝,抽象的理念卻可以代代相傳而不朽。在《貞隱》一文中,唐甄也對於"隱"的原則作了詳細的解釋。篇首首揭"凡物之生,必有其用"以申明君子欲得見用的常理。他説:

> 今夫弓之爲物,可以禦暴,可以定亂,物之可貴者也。然而良工爲之,必得善射者引而發之。苟不操于善射者之手,則亦筋弛角、撥弦絶

---

① 唐甄原名大陶,字鑄萬;後更名甄,號圃亭,四川達州人,《四庫全書總目》至將《衡書》著者"唐大陶"及《潛書》著者唐甄别爲二人。幼年隨父宦遊,歷吳江、北京、南京。順治二年南京城破,父子避難浙江紹興。順治十四年丁酉(1657)舉人,曾任山西長子縣知縣十月,遍遊河北、河南、湖北、浙江、江蘇等地二十餘年,後困於江蘇,仍志在天下,冀爲王者師,著述不輟。
② 唐甄《潛書》,北京:中華書局1963年版,第58頁。
③ 唐甄《潛書》,第56頁。

已耳。雖有良材,天下之棄材也;雖有良工,天下之棄工也。身,猶弓也;父,猶良工也;君,猶善射者也。故夫不得乎君,而居于林、觀于川者,心雖樂之,非所願也,不得已也。①

他承襲了傳統儒家的觀點,注入事功的思想,認爲物必有用,暗示讀書人理想上始終要"用"於天下。他引"弓"以喻人,認爲君子(弓)不見遇於明主(善射者),當非君子所願。所以他寧可相信許由是莊子處於戰國之世不得已虛構的寓言人物。他説:

> 至德之世,莫如堯舜。若遇其時,願爲夔龍之家奴,出則從輪,入則操幦;飽其食餘之食,煖其弊垢之衣,死則裂帷而葬之,榮莫大焉,尊莫甚焉。

這一節文字道盡士人内心深處亟欲得遇明主的渴望,難免讓人懷疑是否有流於偏激——難道只認定"至德之世",就没有"非如此則道不行"、"非如此則道不尊"的考慮嗎?他也批評了"以富貴爲陋,貧賤爲高,卿相爲污,野人爲潔,亂不出,治亦不出。桀紂招之不來,堯舜招之亦不來"的激烈而極端的、近乎"禽鹿之類"的退隱,認爲是另一種極端的選擇。讀者揣摩唐甄的用意,也許是藉由上述兩個極端,烘托出他想論證的"賢哲之隱",也就是全篇的主旨。他認爲賢哲之隱,首先在於能明辨天地的運數及其清濁啟蟄之理:

> 論于賢哲之隱,如龍與蚓,其辨遠矣。天地之氣,不能有解而無閉;日月之行,不能有盈而無虧;九淵之龍,不能有升而無潛;螟螣之族,不能有啟而無蟄;曆數之運,不能有清而無濁;聖人之道,不能有興而無廢。此際窮之厄,亦時極之常也。愚者反之,智者順之。反之者溺其身、墮其名,順之者藏其身,而毋喪其寶焉。②

如果前述"桀紂招之不來,堯舜招之亦不來"的隱士是"蚓",賢哲之隱就是

---

① 唐甄《潛書》,第93頁。
② 唐甄《潛書》,第94頁。

"龍"。唐甄認爲賢哲首先要具有明辨的能力,考察天地之氣是"解"抑或"閉",日月之行是"盈"抑或"虧",曆數之運是"清"抑或"濁",聖人之道是"興"抑或"廢"。換言之,"隱"的選擇,首要取決君子認清客觀條件,而非恃主觀意願。有智慧的君子必須順從形勢變化,來決定"出"抑或"處"。未遇明主時,君子不需要主動販售自己的長處,就像呂望八十歲遇文王以前,仍然在朝歌過著市井之徒的生活,未嘗"以其兵法奇計,出干諸侯"①。所以篇末他申論"爲學之道,制欲爲先",君子在未遇之時,也要"制欲"。《格定》中亦論到"遇":

> 遇猶生也。遇之不齊,猶生之不齊也。生安而遇不安,惑之甚也。生於皂則爲皂人,生於丐則爲丐人,生於蠻則爲蠻人,莫之恥也。奈何一朝賤焉,則恥之乎? 一朝貧焉,則恥之乎? 皂人可以爲聖人,丐人可以爲聖人,蠻人可以爲聖人,皆可以得志於所生。豈一朝貧賤而遂自薄乎? 是故君子於遇,如身在旅。風雨凍餓,不必於適。輕富貴,安貧賤,勿易言也。果能若此,爲聖之基也。②

人生下來都有某種身份和背景,這是改變不了的,沒有人需要爲出身引以爲恥;但在萬變的人生際遇中,人人又都不免偶遇貴賤加諸己身。作爲君子,不應該受制於這些偶然的際遇、貴賤的衝擊,激於羞恥感而作出輕率的抉擇,而應該恒常將人生看成逆旅,旅途之中,本來就不可能舒適。以此爲常心,自然不需要標榜"輕富貴,安貧賤"。《格定》篇中的"遇"字,講的是人生的際遇,並無關乎君子是否遇到聖君明主。在《貞隱》中他雖然看重至德之世的聖君,認爲賢哲不會盲目退隱,但同時考慮《潛書》其他篇章,他對於帝王恐怕保留較諸寄望更多。《潛書》有一篇題爲《鮮君》,説:

> 治天下者惟君,亂天下者惟君。治亂非他人所能爲也,君也。小

---

① 《史記·齊世家》記"呂尚蓋嘗窮困,年老矣,以漁釣奸周西伯",但接著又提出兩個"或曰",説:"或曰,太公博聞,嘗事紂。紂無道,去之。游説諸侯,無所遇,而卒西歸周西伯。或曰,呂尚處士,隱海濱。周西伯拘羑里,散宜生、閎夭素知而招呂尚。呂尚亦曰'吾聞西伯賢,又善養老,盍往焉'。三人者爲西伯求美女奇物,獻之於紂,以贖西伯。西伯得以出,反國。言呂尚所以事周雖異,然要之爲文武師。"在眾多記太公出仕文王的傳聞中,唐甄獨取其於朝歌之説,可能是用以説明其退隱喻意的手法。
② 《史記》,第 56 頁。

> 人亂天下,用小人者誰也?女子寺人亂天下,寵女子寺人者誰也?奸雄盜賊亂天下,致奸雄盜賊之亂者誰也?……君有明昏,世有治亂,學無廢興。善事父母,宜爾室家,學達於人倫;寒暑推遷,景新可悅,學達於四時;薄天而翔,騰山而遊,學達於鳥獸;山麓蔚如,海隅蒼生,學達於草木。吾於堯舜之道,未有毫釐之虧也,奚必得君行道,乃爲不廢所學乎?惟是賢君不易得,亂世無所逃,坐視百姓之疾苦而不能救,君子傷之矣。①

他批評君主制度,像一把兩面刃,可以致治,亦可以致亂。歷史現實就是"君有明昏,世有治亂",就像《貞隱》所講天地曆數的轉換一樣。在這種情況下,要明辨君主是昏是明,實在困難。所以他筆鋒一轉,鼓勵君子拓寬心胸,厚積學問、見聞,達於人倫、四時、鳥獸、草木,不必老是守株待兔,爲了"遇明主"膠固不變。能如此,自不愧於堯舜。換言之,君子處世,心胸眼界自可縱橫萬里,人倫、自然、草木、山川等,無不是積極踐行的領域,千萬不要過於執著,等不到賢君尋訪,棲棲皇皇,最後無法逃離亂世,又救不了百姓社會。如果我們將唐甄的思想向上與秦漢以前的隱逸思想作比較,很顯然地,飽看興亡的他,寧可鼓勵士君子貢獻自身於社會,千萬不要一成不變地待賢君之訪。這顯然是傳統中國隱逸思想所沒有注意到的。

從《貞隱》討論的內容看,唐甄觀點的特殊性在於:他指出進退出處的問題,最重要並非只是政治立場的表態,也不單單是身份認同的抉擇,而是士君子自身考慮作爲知識人的社會功能,同時考慮政治環境的各項條件,從一個積極的角度自勉,盡量貢獻所學,回饋社會。明末清初,固然有不少知識分子堅不出仕清廷而有種種可歌可泣之事②,唐甄必深知於此。但幸而未嘗在明朝出仕的他沒有"仕二姓"的壓力,他反而能夠保持距離,拓寬視野,客觀考慮進退出處的問題。在他的筆下,"隱逸"不再只是一種政治立場的選擇,不是爲了表達抗議、異議而逃世;也不是爲了等待有一天"遇"

---

① 《潛書》,第66—67頁。
② 康熙十七年戊午(1678)清帝開博學鴻詞科,李宗孔、劉沛先推薦時年七十四歲的傅山應試。傅山稱病,竟被官府擡入北京。距京師三十里處,傅山"以死拒不入城"。康熙皇帝以"中書舍人"的官銜給他封賜,以示尊崇。大學士馮溥硬是將他擡入紫禁城"謝恩"。當他望見午門時,"涕泗滂沱下"。馮溥"強掖之使謝",他寧可"仆於地"而不肯下跪,表達了最強硬的反抗。傅山返回山西後,拒絕接見前來拜賀的官吏,後隱居在太原東南的松莊。此事記於全祖望《鮚埼亭集》卷二六《陽曲傅先生事略》。

明主之訪而暫時退隱。"隱"其實發端於士君子人倫日用之常,平素人生的價值觀念。就像王夫之曾說:

> 君子之道,儲天下之用,而不求用於天下。①

這三句話,大約可以概括唐甄的意旨。不過能做到"儲天下之用"而"不求用於天下",對泰半盼望"利見大人"的儒生而言,境界實在太高。以唐甄在《貞隱》所舉的稽生之例,稽生在飲宴間因爲主人以"玉卮"來敬貴賓卻不敬他,引發了他恥於多次落第的自卑,終而選擇主動投靠李自成,雖被任命爲京兆尹,畢生名節卻從此而敗。一位士子在治世時心情的波動,最終在亂世中走上了不歸路。和稽生相對的一個例子是呂尚,懷著經天緯地之才,在朝歌市井過著販夫走卒的生活,不去干謁王侯。待他"遇"文王之尋訪,則以八十之年出而輔國安邦。換言之,"隱逸"不能被視爲特殊政治環境下的產物,也不應是士君子政治表態的捷徑,而應該只是人生境遇的選項之一。對於滿腦子經世濟民理想的士君子而言,人生在世原本就陷阱處處②。君子經緯之才,平日就應該有所抒發,"學"達於人倫、四時、鳥獸、草木,偶或遇到英明君主,也不妨像呂尚那樣出而做一番事業。像《窮達以時》所說士人要將遇不遇的心情放下,"敦於反己",在唐甄的觀念中,這反而是一種長期自礪的心情。

七、章太炎論"學隱"——清中葉的隱逸之論

乾嘉考據學向被視爲無用於世,但考據學家被稱爲"隱",章太炎所撰《學隱》可能是首創。"學隱"的觀念,爲中國隱逸思想注入了新的因素③。

---

① 王夫之《讀通鑑論》卷一"秦始皇"條第二,北京:中華書局 1975 年版,第 1 册第 3 頁。
② 《格定》:"生民以來,治之世少,亂之世多。君子之生,得志者少,不得志者多;畢生之內,樂恒少,憂恒多。治少亂多者,世也;無不治者,身也。得少失多者,志也;無不得者,心也。樂少憂多者,處也;無不樂者,學也。君子亦致其在己者而已矣。得乎己,則所生皆安矣,所處皆豫矣。"《潛書》,第 55 頁。
③ 本文審查人注意到龔自珍年代較章太炎爲早,故建議作者先講述龔氏"尊隱",後講太炎"學隱"。但筆者之考慮,"學隱"指乾嘉專門漢學學者,而"尊隱"則講朝代興替與革命,故依歷史發展的先後,先討論太炎"學隱",後討論定盦"尊隱",始合邏輯先後。

《學隱》篇共有三個版本，首附見於《訄書》初刻的再版本兩篇補佚之一，次見於《訄書》重訂本，後又收入《檢論》。根據《章太炎全集》朱維錚考證，《訄書》初刊或在 1900 年 2 月下旬，再版亦在當年夏秋間；重訂本完稿於 1903 年春天；《檢論》則定稿於 1915 年 3 月前。三個完稿付印的時間的重要性在於，所收錄的三個版本的《學隱》篇，內容略有出入①。論者或知《檢論》版《學隱》篇在原版的篇末增添"章炳麟曰"一大段文字，與《訄書》版不同，實則不止於此。例如在《訄書》兩個版本中，首段引魏源稱乾隆中葉惠棟、戴震等儒者"爭治漢學，錮天下智慧爲無用"，再引包世臣言"戴震終身任館職，然揣其必能從政"，末段皆歸結而言"繇今驗之，**魏源則信矣**"②。但在《檢論》的版本中，則稱"繇今驗之，**二家皆信矣**"，並附小字注腳一百零六字，爲漢學無用之論闢謠辯解③。其餘《訄書》版好幾處言"漢學"一辭，至《檢論》版多已更改，例如《訄書》版"**故教之漢學**，絕其恢譎異謀"④，《檢論》版改爲"**故教之古學**，絕其恢譎異謀"⑤；《訄書》版"東原方承流奔命不給，何至稿項自縶，**縛漢學之拙哉?**"⑥《檢論》版改爲"戴氏方承流奔命不給，何至稿項自縶，**縛無能之辭哉?**"⑦這樣的改易，很明顯地是配合太炎全文論辯策略的微調。因爲太炎原本在《訄書》版順著魏源"漢學無用"之論的講法，改訂版則重新解釋爲漢學受到清政治高壓的不得已，遂致無用，又進一步推衍爲"漢學之無用，實有'善'者三"的正面論述。

爲免混淆，以下討論，將以《檢論》的定本爲主。

《學隱》寫作的主旨，在於對清代學風的批判，尤其是對魏源批判"漢學"爲無用的反批判，用以闡發考據學之"用"。太炎的意旨，不在於回顧中國的隱逸思想，卻針對清代學術界眾多考據家甘於埋首整理古代文獻的奇

---

① 說詳《章太炎全集》第 3 冊朱維錚撰"本卷前言"，第 1—24 頁。
② 《訄書補佚》，《章太炎全集》，第 3 冊第 111 頁。
③ "源之言，有未合者。戴震精於輿地，錢大昕習於史事，孫星衍明於法律，非祇治漢學也。雖欲有用，亦寧能廢此三物？世臣之說，蓋謂治在力行，不在多言。郡縣良吏，悃愊無華，必不出於尚口者。戴氏少爲裨販，涉歷南朔，閭里姦邪，米鹽瑣細，盡知之矣。故獨許其能從政，亦非虛擬。"《訄書補佚》，《章太炎全集》，第 3 冊第 489 頁。
④ 《訄書補佚》，《章太炎全集》，第 3 冊第 112 頁。
⑤ 《訄書補佚》，《章太炎全集》，第 3 冊第 490 頁。
⑥ 《訄書補佚》，《章太炎全集》，第 3 冊第 112 頁。
⑦ 《訄書補佚》，《章太炎全集》，第 3 冊第 490 頁。

特現象,從政治和歷史的角度提出新解,賦予特殊意義。一般熟悉中國文化者都曾聽聞"大隱隱於朝,中隱隱於市,小隱隱於野"之說,而未曾聽聞有"學隱"之名。學隱者,即藏身於專門漢學研究,埋首於漢學名物訓詁考證,以遮掩自身身份、思想甚或政治立場之隱者。太炎首先指出"戴震精于輿地,錢大昕習于史事,孫星衍明于法律,非祇治漢學也",反駁魏源"漢學無用"論;而戴震"少爲稗販",熟悉世務,必擅長政事,因此包世臣"揣其必能從政"的講法也能成立①。接著太炎筆鋒再轉而反駁魏源:

> 吾特未知魏源所謂用者,爲何主用也!處無望之世,銜其術略,出則足以佐寇,反是,欲與寇競,即網羅周密,虞侯柅互,執羽籥除暴,終不可得;進退跋疐,能事無所寫,非施之訓詁,且安施邪?②

太炎點出了清代是一個由滿洲人主治的"無望之世",漢族身份的儒者若要展其經濟之才就等於"佐寇",要選擇抗逆卻無奈在滿洲政權網羅重重下不能有何作爲。在進退兩難的情形下,只好將自己隱藏在漢學研究中,用訓詁箋注的工作,掩藏自身的民族意識和政治立場,並藉由嚴謹的治學方法中明嚴謹的生命態度。太炎以爲,這種行爲與心情,和古代的隱逸並無二致。埋首於經典文獻,並不是真的對世務冷漠,而是因爲在強權壓抑下無可奈何的一種治世之方。就像唐甄強調"賢哲之隱"需要先明辨天子是否聖哲一樣,他批評了李光地(1642—1718)、湯斌(1627—1687)、張廷玉(1672—1755)等漢臣"其用則賢",品行風概則有愧於先哲。他追溯古代經師的際遇:

> 古者經師如伏生、鄭康成、陸元朗、窮老箋注,豈實泊然不爲生民哀樂?亦遭世則然也。③

而回顧近世樸學家則有可稱頌的"三善":

---

① 《學隱》原注評包世臣之觀點,說:"戴氏少爲裨販,涉歷南朔,閭里姦邪,米鹽瑣細,盡知之矣。故獨許其能從政,亦非虛擬。"(第489頁)
② 《訄書補佚》,《章太炎全集》,第3冊第489—490頁。
③ 《訄書補佚》,《章太炎全集》,第3冊第490頁。

> 明徵定保,遠於斯詐;先難後得,遠於徼幸;習勞思善,遠於媮惰。①

太炎對乾嘉經師們深致禮敬,認爲他們之所以值得尊敬,並不單單因爲在經典文獻的訓詁注釋上取得成就,而是以關懷生民哀樂的精神,隱身於學術研究之中,做到持正、踏實、不詐欺、不徼幸、習於勤勞、擇善固執。其中戴震胸次閎闊,不屑於媮愒禄仕,以古學訓飭士子,尤能砥礪士人的節操:

> 若戴氏者,觀其遺書,規摹閎遠,執志故可知。當是時,知中夏黝黯不可爲,爲之無魚子蟣蝨之勢足以藉手,士皆思媮愒禄仕久矣,則懼夫諧媚爲疏附,竊仁義於侯之門者。故教之古學,絕其恢譎異謀,使廢則中權,出則朝隱。②

而他筆鋒一轉,也批評了樸學家中也有若干"眛者""不識人事臧否,苟務博奧",以至於研究有害於世道的課題,傷風敗俗,惑亂政理,流風波及於清末朝野作亂者。太炎在此歸咎於吳派學者説:

> 諸此咎戻,皆漢學尸之。要之,造端吳學,而常州爲厲。③

最後則歸結到魏源與常州漢學同流合污,讓戴震等經學考據家未嘗用以自命的"漢學"更加衰敗,"三善悉亡,學隱之風絕矣"!

太炎所述説的學術"隱逸"雖藏身於專門漢學的圈子之中,政治意味雖受掩抑,内在動機依然不出民族氣節與身份認同。當然行爲上與傳統的隱逸又有所不同。事實上,太炎"學隱"的觀念,可謂前無古人,後無來者。筆者孤陋,似未見有任何學者提出近似的觀點。這也許可以追溯到明清易代之際,漢族士大夫普遍消極的心情,也就是王汎森所説的悔罪心態與消極行爲④。而錢穆先生(1895—1990)早已指出清初江浙間有一股導源於明遺

---

① 《訄書補佚》,《章太炎全集》,第3册第490—491頁。
② 《訄書補佚》,《章太炎全集》,第3册第490頁。
③ 《訄書補佚》,《章太炎全集》,第3册第491頁。
④ 詳參王汎森《清初士人的悔罪心態與消極行爲——不入城、不赴講會、不結社》,收入周質平、William J. Peterson 編《國史浮海開新録:余英時教授榮退論文集》,臺北:聯經出版事業公司2002年版,第367—418頁。

民的流風：

> 當時江浙學者間，有不應科舉以家傳經訓爲名高者。（原注：如吳學領袖惠棟，其家四世傳經，其第一代名有聲，字樸庵，明歲貢生，明亡，即足跡不入城市，與徐枋爲莫逆交。其子周惕，孫士奇，曾孫即棟，治經皆尊漢儒，遂有漢學之稱。）亦有一涉科第，稍經仕宦，即脱身而去，不再留戀者。（原注：如錢大昕、全祖望等，此輩已到乾隆時代，與遺民漸無交涉矣。）要之在清代這一輩學者間，實遠有其極濃厚的反朝廷、反功令的傳統風氣，導源於明遺民，而彼輩或不自知。①

惠有聲在明亡後"足不入城市"，真是不折不扣的"山中之民"（龔自珍語，詳下）。錢先生舉惠氏祖孫爲例，説明了清儒暗地裏"反朝廷反功令"的行爲，而當時學者尊崇漢學，也寖寖然與朝廷倡宋學對立。他甚至認爲，清初一直延續至清中葉全祖望、錢大昕等學者的"反朝廷反功令"的風氣，是"導源於明遺民"，間接透露了太炎所講的"學隱"的一個源頭。除了王汎森找到的各種不入城市、不赴講會、不結社的行爲現象外，我們試從另一角度看看幾位乾嘉學者致仕的年齡，或許可以更加了解太炎和錢穆先生的論述依據。樸學家除了絕意出仕的以外，其餘即使參與科舉進入仕途的，也往往急流勇退，在壯年即脱離仕宦生涯：

A. 姚鼐（1732—1815）成進士後選翰林院庶吉士，曾任乾隆三十六年（1771）會試同考官，並參與編纂《四庫全書總目》，於四十四歲辭官，翌年離京，此後絶意仕途。
B. 錢大昕屢受不次拔擢，曾任右春坊中允，上書房師傅，並主試各省，助修《熱河志》，於乾隆三十二年（1767，時四十歲）請病假告歸，撰《廿二史考異》，以後即以著書爲職志，四十八歲以後絶意仕途。②
C. 王鳴盛（1722—1798）於四十二歲（1763）母喪後辭官不復出。
D. 江聲（1721—1799）曾受孝廉方正之薦，獲賜六品白琉璃頂戴，但潛心學術，亦未嘗出仕。

---

① 氏著《國史大綱》，第八編第四十四章"狹義的部族政權下之士氣"，臺北：臺灣商務印書館 1988 年版，下册第 654 頁。
② 錢氏晚歲自題其像贊，有"因病得閑，因拙得安，亦仕亦隱，天之幸民"四句。其中"亦仕亦隱"一語，頗堪玩味。

E. 戴震的弟子段玉裁(1735—1815)會試不第,曾於四川、貴州任知縣,四十六歲辭官,訪錢大昕於鍾山書院,之後不復出仕。

F. 焦循(1763—1820)於四十歲以後亦棄絕仕途,居於揚州郊外,著書讀書,不入城市十餘年。

回來看太炎所述的清中葉的"學隱"們,相對於傳統的隱士逸民,他們既不顯示強烈的政治異議,亦不暴露鮮明的政治立場,不是爲了求"遇"而"隱",亦非爲了"達"而暫安於"窮"。他們樸學家的身份,爲中國隱逸的流品,添加了一個嶄新的精神與內涵。

八、龔自珍論"尊隱"——晚清的隱逸之論

晚清時期中國受到內憂與外患的雙重壓迫,邁入了沉重而悲愴的年代。繼洋務運動、維新運動相繼失敗後,仁人志士終於走上革命一途。由清議而至於革命的歷史機運,似乎早經龔自珍(1792—1841)《尊隱》一文道出。這又是接受儒學教養,縈繞入世用世信仰的清代儒者,藉由對"隱"的新詮釋,表達出無限苦惱與虛想。歷史上,儒家和道家各有隱逸,其反抗意識和批判精神大異其趣。龔自珍的"尊隱"思想難以用儒、道思想界定,但肯定是本於一種對於政治強權的批判精神,也是中國士傳統的核心精神。

龔自珍是十九世紀中國思潮轉變期間的關鍵人物,生當乾隆末年。父親龔麗正,曾任軍機章京、江蘇按察使等職。自珍二十一歲充武英殿校錄,填詞《湘月》:"屠狗功名,雕龍文卷,豈是平生意。"①《金縷曲》:"縱使文章驚海內,紙上蒼生而已。"②二十三歲著《明良論》,批評時政,外祖父段玉裁稱許:"晚見此材,死不恨。"③五試不第,六試三甲十九名賜同進士出身,辭縣官職,在內閣冷官閑曹,聯合黃爵滋、林則徐等,與大學士穆彰阿抗衡,對中央政府的政策和體制大加撻伐。清代中葉,專門漢學以保守、古典爲尚,知識分子以整理研究古代文獻爲務,由於文網嚴密,對政治噤若寒蟬。自

---

① 《龔定盦全集類編》,臺北:世界書局1960年版,第432頁。
② 《龔定盦全集類編》,第433頁。
③ 吳昌綬《定盦先生年譜》嘉慶十九年甲戌條。一本作"吾且髦,猶見此才而死,吾不恨矣。"《龔定盦全集類編》,第468頁。

珍率先大膽地直接呼籲改革,大聲疾呼,對當時國家社會的積弊,諸如缺乏人才、官僚習氣、貪污盛行、獄政紊亂、貧富不均等展開全面而深入的批判。《尊隱》一文,是他具有代表性的一篇作品。郭延禮《龔定盦年譜》將撰著時間繫於嘉慶十九年甲戌(1814),時自珍年二十三歲①,在該文中,自珍稱"隱"爲"山中之民":

> 將與汝枕高林、藉豐草、去沮洳、即举碻,第四時之榮木,矚九州之神皋,而從我嬉其間,則可謂山中之傲民也已矣。仁心爲幹,古義爲根,九流爲華實,百氏爲杙藩,枝葉昌洋,不可殫論,而從我嬉其間,則可謂山中之悴民也已矣。②

自珍以瀟灑、沉鬱、閎肆之筆調,渾融一體,將縱覽經史百子而疏離政治的人士之心曲,寫得絲絲入扣。隱士逸民陶融於自然,有自得的一面,那就是"傲";從隱士逸民被服仁義,學貫九流百家來看,有憂傷的一面,那就是"悴"。這是傳統士大夫家國身世之感的抒發。"山中"儼然與"京師"遥遥相對,兩者的氣運適爲相反。此所以《尊隱》篇是典型具有革命思想的文章,只是自珍文義佶屈,不易誦讀③。自珍首先將每一個朝代區分爲"三時":

> 是故歲有三時:一曰發時,二曰怒時,三曰威時;日有三時,一曰蚤時,二曰午時,三曰昏時。

這所謂"三時"講的正是朝代初盛、中興、衰亡的三個階段。在第一個階段中,國家朝氣蓬勃,典章制度發揮了重大的功能,人材也匯聚在京師。他説:

---

① 郭延禮《龔自珍年譜》,濟南:齊魯書社 1987 年版,第 38—39 頁。但諦審内容,該文撰著似不早,尤其内容經修改,可見此文之寫定,至早亦當在 32 歲(道光三年癸未,1823)首次編定《定盦初集》十九卷之後。樊克政《龔自珍年譜考略》(北京:商務印書館 2004 年版)未進一步考覈《尊隱》撰著時間。
② 《龔定盦全集類編》,第 96 頁。"神皋",一本作"靈皋"。
③ 同治七年(1868)曹籀《序》稱:"其雄辭偉論,縱橫而馳驟也,則似孟似莊;其奥義深文,佶屈而聱牙也,則似墨似鬻。其義理精微,辭采豐偉,或守正道之純粹,或尚權謀之詭譎,則又似荀似列。"《龔定盦全集類編》,第 4—5 頁。

> 夫日胎於溟涬,浴於東海,徘徊於華林,軒轅於高閎,照曜人之新沐濯,滄滄涼涼,不炎其光,吸引清氣,宜君宜王,丁此也以有國,而君子適生之,入境而問之,天下法宗禮,族歸心,鬼歸祀,大川歸道,百寶萬貨,人功精英,不翼而飛,府於京師,山林冥冥,但有鄙夫、皂隸所家,虎豹食之,曾不足悲。①

其時山林之中尚未有什麼傲民、悴民,只有鄙夫、皂隸。到了中興時期開始起了變化:

> 日之亭午,乃炎炎其光,五色文明,吸飲和氣,宜君宜王,丁此也以有國,而君子適生之,入境而問之,天下法宗禮,族修心,鬼修祀,大川修道,百寶萬貨,奔命喘塞,汗車牛如京師,山林冥冥,但有窒士,天命不猶,俱草木死。②

其時國家仍然充滿朝氣,經濟繁榮。京師仍吸引了全國各地的優秀人材,山林之中只有才疏學淺而不得飛騰的窒士,與前者皂隸等相同,與草木鳥獸同枯共榮。但一旦國家邁向衰亡時就不同了。《尊隱》說:

> 日之將夕,悲風驟至,人思燈燭,慘慘目光,吸飲莫氣,與夢爲鄰,未即於牀,丁此也以有國,而君子適生之;不生王家,不生其元妃、嬪嬙之家,不生所世絫之家,從山川來,止於郊而問之曰:何哉?古先冊書,聖智心肝,人功精英,百工魁桀所成,如京師,京師弗受也,非但不受,又裂而磔之。醜類岨峿,詐偽不材,是辇是任,是以爲生資,則百寶咸怨。怨,則反其野矣。貴人故家蒸嘗磐石之宗爐,則不暇問先之所予重器。不暇問先之所予重器,則竁者纂之去,則京師貧;京師貧,則四山實矣。京師之氣洩,洩則府於野。古先冊書,聖智心肝,不留京師,蒸嘗之宗之子孫,見聞婥婥,則京師賤;賤,則山中之民,有自公侯者矣。如是則豪傑輕量京師;輕量京師,則山中之勢重矣。如是則京師如鼠壤;如鼠壤,則山中之壁壘堅矣。京師苦日短,山中之日長矣。風

---

① 《龔定盦全集類編》,第96頁。
② 《龔定盦全集類編》,第96—97頁。

惡,水泉惡,塵霾惡,山中泊然而和,洌然而清矣。人攘臂失度,啾啾如蠅虻,則山中戒而相與修嫻靡矣。朝士寡助失親,則山中之民,一嘯百吟,一呻百問疾矣。朝士僝焉偸息,簡焉偸活,側焉徨徨商去留,則山中之歲月定矣。①

自珍此段頗爲艱澀的文字,細述京師(即今語所謂"政府"或"官方")與"山中"(即反政府勢力)形勢的消長,隨著政府體制的僵化,人才與資源必流向民間,而逐漸積累成爲推倒僵化政府體制的新興力量。大略分析:體制上政府持續的反淘汰,劣幣驅逐良幣(古先册書,聖智心肝,人功精英,百工魁桀所成,如京師,京師弗受也),迫使傑出人才與珍貴文物匯聚於"野"而非"朝",而形成"京師貧"而"山中實、重"的消長之勢,金字塔式的權力結構也就逐步邁向崩解。終將至於革命浪潮的席捲:

俄焉寂然,燈燭無光,不聞餘言,但聞鼾聲,夜之漫漫,鶡旦不鳴,則山中之民,有大音聲起,天地爲之鐘鼓,神人爲之波濤矣。②

"山中之民"就是由京師流散至於民間,暫時隱藏起來、即將推動時代變遷的英雄豪傑。自珍進一步將"隱"分爲"橫"、"縱"二類。又說:

是故民之醜生,一縱一橫。旦暮爲縱,居處爲橫;百世爲縱,一世爲橫;橫收其實,縱收其名。之民也,窒者歟?邱者歟?垤者歟?避其

---

① 《龔定盫全集類編》。"四部備要"本《定盦文集》(臺北:臺灣中華書局 1965 年版)此段文字内容略有不同:"貴人故家烝嘗之宗,不樂守先人之所予重器。不樂守先人之所予重器,則寠人子簒之,則京師之氣泄;京師之氣泄,則府爲野矣。如是則京師貧;京師貧,則四山實矣。古先册書,聖智心肝,不留京師,烝嘗之宗之子孫,見聞弇婀,則京師賤;賤,則山中之民,有自公侯者矣。如是則豪傑輕量京師;輕量京師,則山中之勢重矣。如是則京師如鼠壤;如鼠壤,則山中之壁壘堅矣。京師之日苦短,山中之日長矣。"(第 15 頁)(陰影部分爲異文。)雄按:《全集類編》付梓於民國二十四年(1935),主要依據同治七年戊辰(1868)吳煦(1809—1872)原刻本。吳《序》稱"亂後事書流閩中",又說"惟是書經數千傳鈔,又潦草寫定,舛訛知必不免,且無善本可校"。《全集類編》編者王文濡《序》,自珍辭世後,"遺集流傳,經若干名家之評跋……又於集外搜得詩文之遺佚者,輯而補之"。從文義考察,《類編》本文筆簡捷,編者王文濡在題目下特注明"據真跡本改正",文義似較"四部備要"本爲佳。但"不暇問先之所予重器""之"字當作"人"字,形近而誤。

② 《龔定盫全集類編》,第 97—98 頁。

實者歟？能大其生以察三時,以寵靈史氏,將不謂之橫天地之隱歟？①

這是"橫天地之隱",指的是革命者。他又說:

> 其聲無聲,其行無名。大憂無蹊轍,大患無畔涯,大傲若折,大瘁若息。居之無形,光景煜爚,捕之杳冥。後史氏欲求之,七反而無所睹也。悲夫悲夫！夫是以又謂之縱之隱。②

"縱之隱"不是實質參與革命的烈士,而是將追求真理的批判精神——也就是革命思想的種子——埋藏在典册裏、口語間的知識分子。他們具有的憂患意識,甚至於是超越時代的。他們高瞻遠矚,蹤躍於超越時空的人類知識之境,將革命的智慧火種暗中流傳予後人。也許在典册之中,自珍隱然汲取了二千餘年改革的聲音,讓他在虛空中聆聽到革命的無聲呼喚,使他道出了"縱之隱"這樣的隱逸之境。

《尊隱》所謂"大音聲",和《長短言自序》中的"情孰爲暢？暢於聲音"③的"聲音"一樣,指的是知識分子的言論。《續溪胡戶部大集序》説"古之民莫或強之言也,忽然而自言,或言情焉,或言悟焉,或言事焉,既皆畢所欲言而去矣,後有文章家,強尊爲文章祖"④;《尊任》説"言之感慨盡如是"⑤;《尊史》説"言尊"⑥;《上大學士書》説"探吾之是非,昌昌大言之"⑦,這些"言"都是指的"言論","聲音"即其代稱,實即指政論而言。自珍看重"言",與韓愈《送孟東野序》所謂"大凡物不得其平則鳴"的"鳴",取義相同。言論出自群體在野的士大夫的口中,就成了"清議"。知識人將心中的真感情,暢發而爲言論,爲"大音聲"或"清議"。

龔自珍《尊隱》將"隱"的議題推擴到朝代興亡的規律,並將隱逸突破了"政治遺民"和"政治異議者"兩種身份,引申到歷史形勢發展中一批又一批

---

① 《龔定盦全集類編》,第98頁。"醜"即"疇",類也。一本又作"避其實者歟？能大其生以寵靈史氏者歟？能大其生以察三時"。
② 《龔定盦全集類編》,第98頁。一本作"夫如是者以是又謂之縱之隱"。
③ 《龔定盦全集類編》,第18頁。
④ 《龔定盦全集類編》,第36頁。
⑤ 《龔定盦全集類編》,第96頁。
⑥ 《龔定盦全集類編》,第93頁。
⑦ 《龔定盦全集類編》,第189頁。

遠離政治權力中心的豪傑之士，集體散居民間，在流散中凝聚，成爲鼎革大潮中的主要力量。中國最後一個封建王朝——清——以龔自珍"尊隱"觀念爲中國隱士逸民的思潮劃下句點，不但出人意表，亦值得當代知識人反思。

九、結　　論

中國隱士逸民，無論是作爲一個特殊族群，抑或作爲一種文化思想，都是源遠流長，其主脈不離政治。儒家教養的士大夫因受經世濟民思想的薰染，畢生理想總離不開仕進一途，以佐王致治、得位行道爲目標。因爲有遇有不遇，士大夫的心情也就在進與退、出與處之間擺盪，發爲言論，或自我期許，或自我安慰，或自我排解，總不免患得患失。道家的隱逸，則可溯源至改朝換代時的政治遺民，同時也代表了不同時代的政治異議者，藉由老、莊出世的言論，寄託不能或不便宣之於口的動機，遠離政治，寧與麋鹿共處，草木同枯。中國歷代隱逸主流，充滿了入世意識。這一特殊標誌，尤其可以從清朝儒者的言論中獲得印證——由反映明末清初歷史陳述（discourse）的"貞隱"、到清中葉寄託於經學考據思潮的"學隱"，到預示晚清步入衰世而至於革命的"尊隱"，處處不離政治論述和世俗價值的糾纏。其中唐甄"貞隱"竟未觸及種族矛盾問題，算是將隱逸的政治意味稍稍減輕了，鼓勵士君子積極投身經世致用之餘，亦須隨時冷看世局，貢獻一己於人倫、社會、自然，爲清代儒學植根於社會的力量，添上一筆。生於晚清、以反滿爲職志的章太炎則以民族文化自覺作爲隱逸思想的底色，將經學考證執著於真理的理想視爲政治抗逆的精神資源，由是而歌頌了乾嘉時期的樸學家爲學術之隱逸。至於生當清代中晚期的龔自珍則以"尊隱"描繪了"隱"實爲遠離腐敗的政治權力中心的新階層，自然凝聚，厚積力量於社會、民間，並終將成爲促使朝代滅亡、革故鼎新的國家機遇。

中國的"士"傳統可歌可泣的光譜下，深埋了多少難以言詮的隱衷。傳統中國社會的知識人不免受古老封建禮教倫常思想的膠固，考慮進退出處時常常出於世俗的考慮，既要得位行道，又要考慮名節。時至今天，傳統隱逸思想已式微，人類文明的演進，需要多方面的人材，自然科學、醫學、社會學、工藝技術等等，不一而足。中國隱逸思想的悠遠與豐富，主要因爲數千年來最具智慧的士階層都將"出仕"看成是人生的終極標準和唯一前途,由是而形成了許許多多跨越時代與地域,難以爲後人了解的集體心理。充滿世俗意味的隱逸思想,也是其一。今天我們重新反思,此一現象究竟正面效應較多? 抑或負面效應較大? 這值得深思。

(作者單位:香港教育大學人文學院文學及文化學系)

Recluses and Considerations of Involvement and Withdrawal: Some Qing Literati's Disquisitions on *Yin* (Withdrawal)

Cheng Kat Hung

This paper reexamines the rationale of eremitism in the Chinese political tradition and argues that the recluses' considerations were highly pragmatic rather than idealistic. Ever since ancient times, *jingshi* (ordering the world), the pursuit of a career in the officialdom so as to ameliorate the state and society, had been the ultimate goal of the literati. Before they entered government service, their speculations and thoughts on *yin* (withdrawal) were often the results of their anxieties over the emperors' potential actions concerning official selections and appointments. When facing a new regime, the literati's original identity with the fallen dynasty motivated them to stay away from the new political order's recruitments. Therefore, for most Chinese literati, *yin* was not merely a philosophical and existential quest for freedom from mundane everyday life. In fact, more often than not, it represented a political declaration or ethical manifesto. After offering some historical contexts and backgrounds of the phenomenon of eremitism, the paper examines three Qing scholars' views of *yin*: Tang Zhen's idea of *zhenyin* (eremitism of faith), Zhang Taiyan's notion of *xueyin* (eremitism of scholarship), and Gong Zizhen's *zunyin* (eremitism of honor). These three archetypal arguments and conceptions not only revealed their inspirations by earlier examples of thoughts on reclusion but also expressed new formulations of the justifications and patterns of *yin*.

Keywords: recluse, withdrawal, Chinese literati, political identity, ordering the world

徵引書目

1. James Robert Hightower trans. & ed., *The poetry of T'ao Ch'ien*, Oxford: Clarenton, 1970.
2. Peter C. Sturman, Susan S. Tai ed., *The Artful Recluse: Painting, Poetry, and Politics in Seventeenth-century China*, California: Santa Barbara Museum of Art; Munich: Delmonico Books/Prestel, 2012.
3. 中國社會科學院歷史研究所清史研究室編:《清史資料》第4輯,北京:中華書局,1983年版。
4. 毛亨傳,鄭玄箋,孔穎達疏:《毛詩注疏》,李學勤主編《十三經注疏》整理本,北京:北京大學出版社,2000年版。
5. 王夫之:《讀通鑑論》,北京:中華書局,1975年版。
6. 王先謙著:《荀子集解》,北京:中華書局,1988年版。
7. 周質平、William J. Peterson編:《國史浮海開新錄:余英時教授榮退論文集》,臺北:聯經出版事業公司,2002年版。
8. 王國瓔:《古今隱逸詩人之宗:陶淵明論析》,臺北:允晨出版社,2009年版。
9. 王弼、韓康伯:《周易王韓注》,臺北:大安出版社,1999年版。
10. 王弼、韓康伯注,孔穎達疏:《周易注疏》,李學勤主編《十三經注疏》整理本,北京:北京大學出版社,2000年版。
11. 王應麟著,翁元圻等注,欒保群、田松青、呂宗力校點:《困學紀聞》,上海:上海古籍出版社,2008年版。
12. 司馬遷:《史記》,北京:中華書局,1960年版。
13. 全祖望:《鮚埼亭集》,臺北:華世出版社,1977年版。
14. 朱熹:《易學啟蒙》,臺北:廣學社印書館,1975年版。
15. 何晏注,邢昺疏:《論語注疏》,李學勤主編《十三經注疏》整理本,北京:北京大學出版社,2000年版。
16. 何晏集解,邢昺疏:《論語注疏》,李學勤主編《十三經注疏》整理本,北京大學出版社,2000年版。
17. 李生龍:《隱士與中國古代文學》,長沙:湖南出版社,2003年版。
18. 李零:《郭店楚簡校讀記》,增訂本,北京:中國人民大學出版社,2007年版。
19. 沈約等著:《宋書》,北京:中華書局,2018年版。
20. 房玄齡等撰:《晉書》,北京:中華書局,1997年版。
21. 范曄撰,李賢等注:《後漢書》,北京:中華書局,1997年版。
22. 唐甄:《潛書》,北京:中華書局,1963年版。
23. 章太炎:《章太炎全集》,上海:上海人民出版社,2014年版。
24. 郭延禮:《龔自珍年譜》,濟南:齊魯書社,1987年版。
25. 郭慶藩:《莊子集釋》,北京:中華書局,1982年版。
26. 陳壽撰,裴松之注:《三國志》,北京:中華書局,1997年版。
27. 陶宗儀:《南村輟耕錄》,瀋陽:遼寧教育出版社,1998年版。

28. 陶潛著,楊勇校箋:《陶淵明集校箋》,上海:上海古籍出版社,2007 年版。
29. 劉向著,楊以漊校:《説苑》,北京:中華書局,1985 年版。
30. 劉忠國:《中國古代隱士與山水畫》,北京:中國書籍出版社,2014 年版。
31. 劉義慶撰,劉孝標注,楊勇校箋:《世説新語校箋》,北京:中華書局,2006 年版。
32. 樊克政:《龔自珍年譜考略》,北京:商務印書館,2004 年版。
33. 蔡冠洛編纂,王鍾翰點校:《清史列傳》,北京:中華書局,1981 年版。
34. 鄭吉雄、楊秀芳、朱岐祥、劉承慧合著:《先秦經典"行"字字義的原始與變遷——兼論"五行"》,《中國文哲研究集刊》第 35 期(2009 年 9 月),頁 89—127。
35. 鄭吉雄:《從遺民到隱逸:道家思想溯源——兼論孔子的身分認同》,《東海人文學報》第 22 期(2010 年 7 月),頁 125—156。
36. 鄭吉雄:《論乾坤之德與"一致而百慮"》,《清華學報》第 32 卷第 1 期(2002 年 6 月),頁 145—166。
37. 鄭吉雄:《讀清史列傳對吳偉業仕清背景之擬測》,《臺大中文學報》第 10 期(1998 年),頁 273—297。
38. 鄭吉雄:《歷史、人物與思潮》,臺北:臺灣學生書局,2013 年版。
39. 鄭吉雄:《〈歸藏〉平議》,《文與哲》第 29 期(2016 年 12 月),頁 64—66。
40. 錢穆:《國史大綱》,臺北:臺灣商務印書館,1988 年版。
41. 龔自珍:《定盦文集》,《四部備要》本,臺北:臺灣中華書局,1965 年版。
42. 龔自珍:《龔定盦全集類編》,臺北:世界書局,1960 年版。

《詞韻選雋》與乾隆時代詞韻編纂思想*

倪博洋

【摘　要】乾隆朝是詞韻編纂的轉捩期,對於沈謙開創的詞韻編纂範式多有揚棄。應澧所作《詞韻選雋》是體現該時期詞韻韻書編纂思想的重要成果,但尚未爲人關注。今南京圖書館藏《詞韻選雋》抄本或爲應澧原稿本,具有重要的研究價值。在詞韻分部上該書將入聲分爲四部,與今人利用統計學得到的結果只在一個《廣韻》韻部上有出入,體現出作者高超的審音功力。在創作觀念上該書強調詞韻要獨立於詩韻之外;韻目以《廣韻》爲主;不能將詞韻與古詩韻相混淆;審音應以宋人的雅音爲依據,不能兼採鄉音。這些觀念一方面糾正了沈謙的偏失,一方面開戈載之先聲,能夠與《學宋齋詞韻》《榕園詞韻》一起代表乾隆時代詞韻家的編纂思想。

【關鍵詞】《詞韻選雋》　"尊體"　《學宋齋詞韻》　《榕園詞韻》　詞韻

　　當代學者於清代詞韻之學,主要做了兩方面的梳理工作,一是從資料角度對詞韻韻書文獻做了整理與介紹;二是對於仲恒、戈載等學者及其著作從詞學角度進行專人專書的開拓性梳理。但因爲現代學術意義上的詞韻學剛剛興起,一些工作還有未備之處:從語音史看,一方面詞韻韻書屬於

---

* 本文受"南開大學文科發展基金項目資助(項目批准號 ZB21BZ0329)""中央高校基本科研業務費專項資金(項目批准號 63212024)"資助。審稿專家對本文提出了中肯翔實的意見,臺灣政治大學的曹姮女史亦曾對本文悉心指正,這裏一併深致謝意,並自負文責。

韻書之一種,這就決定其體例、特點要從屬韻書,而學者從音韻學角度對清代詞韻韻書的探討尚爲少見;另一方面,詞韻韻書注重對於現實填詞的指導性,目的在於規範清人詞韻之用,而非如當代音韻學家排比統計,量化標準,以俾指明宋代詞韻之真,兩者道既不同,自然也有"不相爲謀"之處。就文獻來説,當代學者由於人力有限,對於詞韻的搜求與研究難免有遺珠之憾,而這些未被人寓目或較少論及的詞韻往往自有價值。回到詞學而言,學者目光之焦點多只集中於沈謙、戈載兩人,二者之間這二百年,詞韻發展有何特點尚缺整體觀照。比如鮑恒先生將清代詞韻分成三個階段:清初至康熙時期、乾隆時期、道光時期,洵爲有見①。但在具體論述時只就詞韻的編纂方式將詞韻分爲三派,與詞韻的歷時發展無涉。實際上這三個階段自有內在的發展邏輯與傳承理路,不可偏於一端。詞韻文獻的搜求、考索與詞學史研究的豐滿、立體,其間存在一種交互關係:需要豐富的文獻來支撐起理論的抽象建構;需要多元的理論來釋讀出文獻的本體價值。這樣一些爲人冷落的詞韻單書還有搜求研討的必要。

一、《詞韻選雋》概説

《詞韻選雋》(下隨文簡稱爲《選雋》)凡一卷,清人應澧編,南京圖書館藏抄本一部(索書號 GJ/95037),目題"飛鴻館詞韻選雋"。書前序言末題"乾隆庚戌上巳日錢塘應澧叔雅甫書"②,知其爲乾隆庚戌年(1790)或略早的產物,早於《詞林正韻》。當代一些具有敘錄性質的著作多未提及,只有一些簡要的書目如《宋詞書目》③《唐宋詞書目》④《唐宋詞書錄》作了簡明著錄,僅説明"《詞韻選雋》一卷,清道光二十年刊《闇然室遺稿》本",《唐宋詞書錄》另在"備考"欄中著明"《清吟閣書目》:《詞韻選雋》,應叔雅手稿。《八千卷樓書目》:《詞韻選雋》一卷,抄本"⑤。按,清吟閣藏書經戰火後多

---

① 鮑恒《清代詞體學論稿》,北京:人民文學出版社 2007 年版,第 331 頁。
② 本文所引該書材料皆爲筆者於南京圖書館手抄。
③ 夏承燾等《宋詞鑒賞辭典》(新一版),上海:上海辭書出版社 2013 年版,第 2378 頁。
④ 唐圭璋等《唐宋詞鑒賞辭典》(兩宋·遼·金卷),上海:上海辭書出版社 1988 年版,第 2529 頁。
⑤ 蔣哲倫、楊萬里編著《唐宋詞書錄》,長沙:岳麓書社 2007 年版,第 625—626 頁。另《詞徵》有記載"湯氏《詞韻選雋》未刻本",(唐圭璋《詞話叢編》,北京:中華書局 1986 年版,第 4122 頁。)撰人有異,未知是否爲異書同名,俟考。

歸丁氏八千卷樓，而八千卷樓的藏書今又多存於南京圖書館内，故今天可見的這一抄本或爲《清吟閣書目》著録的應氏原稿本，洵爲珍貴。

應澧身世不彰，文獻記載亦有參差。《國朝書人輯略》卷六謂"字仔傳，號藕莊，浙江海寧人，官訓導"①，爲今人《中國書學史》②所採。《揚州畫舫録》云"澧字叔雅。仁和人。工詩善畫。杭堇浦之婿也"③，與《國朝書人輯略》記載的表字、籍貫均不同。《兩浙輶軒續録》於作者名下小字注作"字仔傳，號叔雅，一號藕泉，仁和歲貢，官安吉教諭，著《闇然室詩存》十二卷"④，驛騎於二説之間。《皇清經解》則作："應澧，字好傳，號叔雅，一號藕泉一作莊，仁和一作海寧歲貢，官新昌訓導一作安吉教諭。"⑤兼採諸説，看似客觀，實乏確見。另文中"好"當爲"仔"訛，袁枚《隨園詩話》有"杭州應仔傳秀才《過弋陽》云：'沙清魚上晚，春冷燕來稀'"⑥諸語可證。至於籍貫與仕宦，錢仲聯《清詩紀事》即採"仁和""安吉教諭"説⑦。而民國十一年《杭州府志》卻記載"應澧，字叔雅，仁和人，乾隆四十五年歲貢生，官安吉教諭，杭世駿婿也"，指出叔雅是字不是號。以上諸説之是非可從《選雋》序中定奪。按"澧"可通"醴"，爲美酒之義，與"叔雅"意義相關。根據題名"應澧叔雅甫書"的文氣，可推斷"叔雅"是字的可能性更大。而其序在後面又言"近海寧徐氏有《榕園詞韻》"⑧，若其真爲海寧人，當會逕稱"吾鄉"，可見應澧當以仁和人爲是。《武林坊巷志》録有應澧所作《應氏先世墓碣》，其叙祖、父輩身世甚詳，中有"應氏先世慈溪，自吾高祖太室公諱朝玉始籍仁和"⑨諸語，可證實我們對《選雋》的分析。

應澧自稱"架有菉斐軒、學宋齋、沈韻、徐韻四種書，因討究之，別訂一編，將以質之宗匠，義旨載系例言，述昔聞，温古文，學於是乎在"，可見其目的是對諸家詞韻進行總結。可喜的是，一方面在分韻上並非如當時

---

① 震鈞輯《國朝書人輯略》，清光緒三十四年(1908)刻本。
② 祝嘉《中國書學史》，北京：中國文史出版社2015年版，第331頁。
③ 李斗撰，汪北平、涂雨公點校《揚州畫舫録》，北京：中華書局1960年版，第236頁。
④ 潘衍桐編纂，夏勇、熊湘整理《兩浙輶軒續録》，杭州：浙江古籍出版社2014年版，第742頁。
⑤ 阮元編《皇清經解》，清光緒十七年(1891)刻本。
⑥ 袁枚《隨園詩話》，揚州：江蘇廣陵古籍刻印社1998年版，中冊第106頁。
⑦ 錢仲聯編《清詩紀事》，南京：江蘇古籍出版社1989年版，第7097頁。
⑧ 按，今本《榕園詞韻》作者題爲海鹽吳寧，是否爲異書同名，俟考。
⑨ 丁丙《武林坊巷志》，杭州：浙江人民出版社1987年版，第4冊第543頁。

大多數詞韻"韻部分合還是編纂方法,都與《詞韻略》如出一轍"①,顯示出作者獨具之匠心;另一方面應澧在"載系例言"的"義旨"中對詞韻編纂多有討論,具有一定的理論意義。要言之,《詞韻選雋》的價值應引起重視。

二、《詞韻選雋》所分韻部及其得失

從《選雋》的分韻看,其與今存分韻具自家特色的幾本詞韻均不同。該書的編纂體例是:一是以《菉斐軒詞韻》《學宋齋詞韻》《詞韻略》《榕園詞韻》四部著作爲參考資料,已見前引。二是選字以平易爲主,標準是"人所共見也"。三是在序言中稱"《學宋齋》分部依廣韻次第,不用平水韻,今從之"。四是在韻部中,凡《廣韻》不同韻間以"○"標識,如第一部下始以《廣韻》一東韻,韻下諸字與《廣韻》二冬韻之間以"○"分隔,而東韻內部諸小韻不作區分,這種體例也與《學宋齋》相同,只不過《學宋齋》的分隔標識是首字識以"[ ]"。

趙誠列出了沈謙《詞韻略》、戈載《詞林正韻》、吳烺等《學宋齋詞韻》、李漁《笠翁詞韻》四部韻書的對比表②。我們仿其體例增列《榕園詞韻》《菉斐軒詞韻》(《詞林韻釋》)於下:

詞韻略	詞林正韻	學宋齋詞韻	笠翁詞韻	榕園詞韻	菉斐軒詞韻	詞韻選雋
東董韻	第一部	第一部	東董棟	第一部	東紅	第一部
江講韻	第二部	第二部	江講絳	第二部	邦陽	第二部
支紙韻	第三部	第三部	支紙寘	第三部	支時	第三部
			圍委未		齊微	
			奇起氣			

---

① 江合友《明清詞譜史》,上海:上海古籍出版社 2008 年版,第 244 頁。
② 趙誠《中國古代韻書》,北京:中華書局 2003 年新一版,第 138—142 頁。《詞韻略》代表字我們據《詞苑萃編》(唐圭璋《詞話叢編》,北京:中華書局 1986 年版,第 2152—2155 頁)所載改訂。《笠翁詞韻》韻目"質陌錫職緝""厥月褐缺",趙書省作"質陌""厥月",本文從之。

續 表

詞韻略	詞林正韻	學宋齋詞韻	笠翁詞韻	榕園詞韻	菉斐軒詞韻	詞韻選雋
魚語韻	第四部	第四部	魚雨御	第四部	車夫	第四部
			夫甫父			
佳蟹韻	第五部	第五部	皆解戒	第五部	皆來	第五部
真軫韻	第六部	第六部	真軫震	第六部	真文	第六部
庚梗韻	第十一部		經景敬	第十一部	清明	第十三部
侵寢韻	第十三部		深審甚	第十三部	金音	第十五部
元阮韻	第七部	第七部	寒罕旱	第七部	寒間	第七部
					鸞端	第八部
					先元	第九部
覃感韻	第十四部		甘感紺	第十四部	南三	第十六部
			兼檢劍		占炎	第十七部
蕭篠韻	第八部	第八部	蕭小笑	第八部	簫韶	第十四部
歌哿韻	第九部	第九部	哥果個	第九部	和何	第十一部
佳馬韻	第十部	第十部	家假駕	第十部	嘉華	第十二部
			嗟姐借		車邪	
尤有韻	第十二部	第十一部	尤有又	第十二部	幽游	第十四部
屋沃韻	第十五部	第十二部	屋沃	第二十九部	無	第十八部
覺藥韻	第十六部	第十三部	覺藥	第三十部		第十九部
質陌韻	第十七部	第十四部	質陌	第三十一部		第二十部
				第三十三部		
				第三十四部		
物月韻	第十八部		屑葉	第三十二部		第二十一部
			厥月			
合洽韻	第十九部	第十五部	物北	第三十五部		
			撻伐			
			合洽			

由於《菉斐軒詞韻》(《詞林韻釋》)實際是明人創作的曲韻①,所以其入聲不獨立。《榕園詞韻》則因爲上去二聲繼平聲之後單獨成韻部(類似《切韻》體例),所以平入之間諸部序號不連貫。

節省篇幅起見,表中省去了每部下轄的各個《廣韻》韻目,所以《選雋》第二十部的物、迄兩韻在《詞林正韻》中屬第十八部,上表未能顯示。除此之外,《選雋》分部與其他詞韻的異同已經體現於表中。從分部數量來看,李漁《笠翁詞韻》似乎最嚴,但實際上李漁以今律古,部分韻部依據了清代口語音。比如無論是宋詞還是元曲,都未如《笠翁詞韻》將支紙寘、圍委未、奇起氣三韻分立②。此數部宋詞通押者多見,不必備舉。故由於與實際用韻情況不符,李漁自己也不得不妥協,承認此三韻"原屬一韻,分合由人"③。類似的還有"魚雨御""夫甫父"兩部,這種游移就使其缺乏正音規範價值。去掉該書與《菉斐軒詞韻》來看,《榕園詞韻》與《詞韻選雋》最晚出④,而分部最嚴,都是二十一部。《選雋》的特點是如著者所言,綜合各家,自出機杼。其陽聲韻分部最嚴,第七、第八、第九韻三分,其他詞韻書均合爲一韻。應書分部依據是《菉斐軒詞韻》,見下文。同樣第十六、第十七部也是如此。《笠翁詞韻》只分出"甘感紺""兼檢劍"而沒有離析"寒罕旱",前兩部是咸攝洪(一、二等⑤)細(三、四等)之別,"寒罕旱"則兼賅山攝洪音及細音 an、ian、iɛn,在音系格局上很不平衡,審音不及《選雋》。而《學宋齋詞韻》被戈載詬病"乃所學者皆宋人誤處"⑥,就是因爲陽聲韻-m、-n、-ŋ 失去邊界任意通轉。此數部韻書各有不足,《選雋》則有糾正之意,應灃在"例言"中明言:"學宋齋本併真、文、元、庚、青、蒸、侵爲一部,元、寒、刪、先、覃、鹽、咸爲一部,因襲前人,實失泛濫,今分上平真、文爲第六部,即菉斐軒之真文部;元、寒、刪、山爲第七部,即菉斐軒之寒間部;桓爲第八部,即菉斐軒之鸞端部;

---

① 趙蔭棠認爲其是明人陳鐸創作的一部曲韻,倪博洋《〈詞林韻釋〉版本考述及創作時代新論》(載於《新世紀圖書館》,2016 年第 8 期)作了進一步研究,基本肯定了趙氏説法。這一問題後文還要提及。

② 宋詞此三部同用,見魯國堯《論宋詞韻及其與金元詞韻的比較》(載於《魯國堯自選集》,鄭州:河南教育出版社 1994 年版)。元曲分爲兩韻"支思""齊微",見《中原音韻》。

③ 李漁《李漁全集》第十八卷,杭州:浙江古籍出版社 1991 年版,第 383 頁。

④ 《詞林正韻》分部因襲之狀,具見倪博洋《〈詞林正韻〉的文獻來源及語音史價值》,載於《詞學》2019 年第 2 輯。

⑤ 含近代顎化的二等牙喉音字 iam。

⑥ 戈載《詞林正韻·發凡》,上海:上海古籍出版社 1981 年版,第 40 頁。

元、仙、先爲第九部,即箓斐軒之先元部。"可見應澧早在戈載之前就已經看出《學宋齋詞韻》問題之所在,並且專門對之作矯正。

與陽聲韻之嚴形成鮮明對比,《選雋》入聲韻是諸家分部最寬的。表面上看要遜色於《榕園詞韻》之嚴格,然而值得重視的是,當代學者如魯國堯、魏慧斌等人對宋詞押韻作了窮盡的分析,其結果恰好也是四部,而且每部所轄韻字幾與《選雋》全同,唯在一部有異。《選雋》所分韻部具體如下:(用《廣韻》韻目)

第十八部:屋、沃、燭

第十九部:覺、藥、鐸

第二十部:質、術、櫛、物、迄、陌、麥、昔、錫、職、德、緝

第二十一部:月、没、曷、末、黠、鎋、屑、薛、合、盍、葉、怗、洽、狎、業、乏

魯國堯先生所分四部與之相比,則除了將《廣韻》的没韻歸入《選雋》第二十部,其他完全一致①。應澧活動於乾隆時代,文獻條件要遠遠落後於《全宋詞》編迄的今天。而應澧對詞韻入聲部的研究結論竟與今人窮盡式的統計成果只在一個没韻上有出入,這是應該肯定的一項重要成就,甚至堪稱清人詞韻之學的最高成就。作者雖然明言"從《學宋齋》分入聲爲四部",但是在最後兩部並不相同,應是其親自調查了宋人用韻而進行的改動,不徒是因襲前人。這一點能體現出應氏超過一般詞韻學家的審音功力,而這種功力則有家學淵源。應澧《應氏先世墓碣》稱其父應際升"於經書、音釋、訓詁尤所確審",並"享年八十有六"②,有足夠的時間對應澧耳提面命。

綜上所述,應澧在陽聲韻上吸收了《箓斐軒詞韻》的分部來糾正《學宋齋詞韻》的偏失;在入聲韻上精湛審音使之基本契合宋人的用韻實際,故而使其書成爲一部與《詞韻略》《學宋齋詞韻》都不同的體現自家面目的詞韻專書。如果他的陽聲韻以《詞韻略》爲準,就會得到一個與魯國堯先生大致相同的,能夠反映宋詞實際用韻狀況的十八部系統。這一失誤也是事出有因,由於應澧不承認《箓斐軒詞韻》是曲韻韻書,甚至爲之辯護:"或曰此曲韻也,其言非是。"吸收了只見於曲韻的山攝三分、咸攝兩分的格局,這就使其不能如實地反映宋代詞韻的真正面貌了。這裏有必要對《詞林韻釋》的

---

① 魯國堯《論宋詞韻及其與金元詞韻的比較》,《魯國堯自選集》,第140頁。
② 丁丙《武林坊巷志》,第4册第544頁。

曲韻性質稍作簡介。該書原藏小玲瓏山館，自屬鶚始爲扇揚而顯名於詞學界。實際上該書既無原序言，自然也未明言是詞韻。清初學界雖信之不疑，但後來隨著詞韻研究的展開，詞家逐漸認識到《詞林韻釋》的分部與《中原音韻》一致，實爲曲韻。如秦恩復在《詞林韻釋》"跋"中稱："十九韻與周德清《中原音韻》略同……此書出於元明之際，謬托南宋……專爲北曲而設。"①戈載在《詞林正韻》序中則下定論云："觀其所分十九韻，且無入聲，則斷爲曲韻無疑。"②都是從《詞林韻釋》韻部與《中原音韻》一致這一要害入手，發現其與宋詞實際用韻不符，故基本窺破該書真面目。至於當代學界進一步發現《詞林韻釋》小字注來自《洪武正韻》，與《中州音韻》取徑一致，在明代甚至曾被視爲周德清的《中原音韻》③，則更進一步坐實了其曲韻面貌。

然而應澧作爲"詞韻説"的支持派，自然會注意到這一所謂"宋代詞韻"在分部上採取山攝三分這一極特殊的處理方式。一方面出於對宋代"詞韻"之祖的尊重，一方面符合應澧自身從嚴從雅的分韻方針，故其完全採取了這一曲家韻式。應澧此舉自稱是爲了使"音之開口、閉口，不致淆混"，雖有審音的理據，但犯了以今律古的錯誤。他的心目中，分清"開口、閉口"的權威標準還是元明以來成爲曲韻規範的《中原音韻》，"使無戾於《中原音韻》，庶幾完整"。

三、《詞韻選雋》與乾隆時期詞韻理論的發展

前文以今人對宋詞的統計研究與應澧詞韻並觀，似乎使人認爲，只有完全符合統計學結果的詞韻才是詞家的論。實則不然，前文已指出，清人詞韻之用與宋人詞韻之真本自不同，從清人對於詞韻的評論來看，其對宋人用韻態度亦非盲從。故而問題焦點就回到清人詞韻諸學説之上。

除了在詞韻分部上取得了突破性的成就，應澧在詞韻理論上也有一定建樹。詞韻自清初以來，其發展就多有授受關係。有學者指出："在詞韻製

---

① 秦恩復《〈新增詞林要韻〉跋》，載於秦恩復輯《詞學叢書》，嘉慶十五年（1810）江都秦氏享帚精舍刊本。
② 戈載《詞林正韻》，第 37 頁。
③ 筆者有專文論證，待刊。

作史上，清初沈謙開創了依附於詩韻，結合對唐宋名家詞作韻脚的抽樣調查，而折衷取用的詞韻編纂方法。其《詞韻略》經順康詞壇詞學名家肯定之後，深入人心，後世詞韻編纂者在韻部編排和製作方法上均難以脱離其影響。"①實際上不僅是詞韻分部如此，就編韻思想而言，諸家也在沈韻之上發展。應澧《詞韻選雋》的編韻思想也體現了這種特徵，它既受了前人的影響，也有自出心裁之處，綜言之，《詞韻選雋》是乾隆時期詞韻編纂思想的典型代表，而要深入理解《選雋》的編韻思想，還得將其置於清代詞韻思想發展的大背景下。

詞之尊體是清代詞學發展的一條主綫。要而言之，爲了使詞擺脱"詩餘"的附庸地位，清代詞學家在創作與研究兩方面做了努力。創作上作者避免了香艷僞薄的内容書寫，而樹立了以雅爲尚、援詩入詞等創作追求，其寫作的對象與描摹的意境甚至比宋詞還要宏富多元。而在學理上清人則將詞追溯至樂府甚至《詩經》等文學經典，指出其淵源有自，非鄭衛新聲。以上已爲學界言及，然而詞還有另一條尊體綫索，就是規範詞體。鮑恒指出清初詞人"雖然大量創作詞，但對詞體這一特殊藝術形式的基本特徵卻無從把握，運用起來，自然是十分混亂，問題很多"②。這種亂象顯然不利於詞體的推尊，故而對於詞樂、詞律、詞韻的研究自清初以來就不斷興盛。詞韻編纂最明顯的傾向是越來越嚴格。這種嚴格不僅反映在詞韻分部的越來越多，也反映在對於詞韻性質的認識、編韻時所採取的體例等多個角度。即如《笠翁詞韻》分韻最多，也可據此了解明末清初語音特徵③，然而在詞韻史上基本没有起到什麽影響，其原因正是以時音入韻，甚至出現"分合由人"的遊移之説，淆亂古今之分野。出於尊體的需要，詞韻如何編纂在乾隆時期的詞韻學家中有了一些共識。

宋人是否有詞韻專書，是一個首先需要討論的問題。清代前中期有一些學者認爲宋詞本無韻書。如毛奇齡《西河詞話》"沈去矜詞韻失古意"條稱："詞本無韻，故宋人不製韻，任意取押，雖與詩韻相通不遠，然要是無限度者。"④《四庫全書總目》在仲恒《詞韻》提要中則云："考填詞莫勝於宋，而

---

① 江合友《沈謙〈詞韻略〉的韻部形製及其詞韻史意義》，載於《河北師範大學學報（哲學社會科學版）》2009 年第 2 期。
② 鮑恒《清代詞體學論稿》，第 58 頁。
③ 麥耘《〈笠翁詞韻〉音系研究》，載於《中山大學學報（哲學社會科學版）》1987 年第 1 期。
④ 毛奇齡《西河詞話》，載於唐圭璋編《詞話叢編》，第 568 頁。

二百餘載,作者雲興,但有製調之文,絕無撰韻之事。核其所作,或竟用詩韻,或各雜方言,亦絕無一定之律。"①今天來看,這些説法雖然略有不嚴謹,但大體符合宋詞實際情況②。然而對於詞韻學家來説,詞無定韻之説無疑動摇了詞韻學這一學科能够存在的學理基礎:既然宋詞無韻,又何必强生製韻之學? 故而詞韻學家幾乎都坐實宋詞有專門韻書。應澧在這一問題上的觀點,一是批評"展轉雜通,無有定紀"之弊,先是質疑"開口閉口,詩韻猶嚴,詞以音律爲主,乞得無辨",然後又言"宋人填詞,韻漸疏而放,斯言有理,然兩毛似未見菉斐軒本"。應澧從兩個角度爲詞韻之學進行辯護,一是音理上 -n 尾與 -m 尾音節不能不嚴格分辨;二是文獻上確實存在一部宋代詞韻專書《菉斐軒詞韻》。儘管這兩點理由並不充分:"開口閉口"是否需"辨"還可以討論,本文文末將以個案形式略一爲"辨",而應氏對《菉斐軒詞韻》性質也認識有誤。但是應氏的這一觀點深刻地影響了其韻部的劃分。上節指出其陽聲韻的分部問題就基於對《菉斐軒詞韻》的盲從,而這種盲從的更深層的心理原因是對於權威範式——宋代詞韻韻書的追隨。比較來看,後來戈載《詞林正韻》也繼承了這一編韻傳統。《詞林正韻》收所謂"入聲作三聲之字",即曲韻書中入聲歸入陰聲韻者,周德清《中原音韻》首創其例,而戈氏仍之,使《詞林正韻》成爲兼顧曲韻入聲分部之書。然而戈載又明確指出其書爲填詞而作,和曲並没有關係,詞韻的入聲一定要獨立:"詞韻與曲韻亦不同製,曲用韻可以平上去通叶,且無入聲。……而詞則明明有必須用入之調,斷不能缺。故曲韻不可爲詞韻也。"③這種詞曲兩收之體例也來自對宋代韻書之追隨。《詞林正韻》"發凡"云:"實則宋時已有中州韻之書,載《嘯餘譜》中,不著撰人姓氏,而凡例謂爲宋太祖時所編,毛馳黄亦從其説,是高安已有所本。"④所謂"宋時已有中州韻之書"是程明善的誤讀,實際上此書乃明吴興人王文璧的《中州音韻》。戈載既誤信程書,

---

① 永瑢等撰《四庫全書總目》,北京:中華書局 1965 年版,第 1835 頁。
② 除了《菉斐軒詞韻》,清人認定的宋代詞韻還有朱敦儒《詞韻》。前者曲韻面貌已被逐漸識破,而後者多爲人深信不疑。倪博洋《沈雄"朱敦儒擬韻説"辨僞》(載於《文獻》2019 年第 2 期)重新對該説作了檢討,要言之,此説首見於沈雄《古今詞話》,前此無所承。沈説涉及朱敦儒、陶宗儀諸情狀,跡近傳奇,而今天可考見的諸人著述、身世,全不能坐實。沈説所記"十九部""國朝頒韻"諸説亦與朱氏詞韻、元朝制度不符。最堪證其僞者,是凡《古今詞話》引用的宋代詞韻材料均爲沈雄僞造。
③ 戈載《詞林正韻》,第 45 頁。
④ 戈載《詞林正韻》,第 46 頁。

故亦參考爲宋代韻書之一種,納入其"入聲作三聲"的體例,且該部分之切語基本來自對《中州音韻》的照録或稍爲改竄,亦可見戈氏對"宋"書之遵從①。

至於對詞韻性質的認識,詞韻學家也在討論中逐漸得到共識。最早的詞韻專書《文會堂詞韻》作者胡文焕認爲"樂府與詞同其韻也"②,這種觀點爲清人所不取。清人遵循的還是李漁提出的"務使嚴不似詩,而寬不類曲"③的編韻方針。《學宋齋詞韻》開頭便説"詞韻非詩韻也"④,體現出極强的獨立意識。詞韻與詩韻有兩處不同:一是詩韻所遵循的平水韻系統不能直接施用於詞,對於詩韻要"復分其所併,併其所分,亂其部,改其音,以爲詞韻,離則雙美,合則兩傷"⑤。二是就詞韻的收字上,應澧引《學宋齋詞韻》序言認爲"古詩所押韻脚,生澀怪僻,愈出愈奇,詞則不然,凡不經見之字,嵌入其中,便覺刺目,正以好處不在怪僻"。詩韻是否要追求生澀怪僻固然可以商討,但對於詞韻,則要韻字平易。强調詩詞曲韻脚之别,是對於詞韻的一種身份體認。清代詞韻學家的中心思想就是要將詞韻獨立於詩、曲之外,詞韻不能是詩韻的附庸,"合則兩傷"。清代詞韻學家在這一點的認識上是一致的。而這種詞韻的身份體認,背後反映的當然也是詞的尊體意識。"詞别是一家",不僅體現在内容,也體現在詞韻上。要與詩並峙,韻脚就不能依附於詩韻。

然而有趣的是,儘管從文體上刻意强調詞韻分部要獨立於詩韻,但在具體的編纂體例上,乾隆時代的詞韻家們卻又呈現出一種向詩韻回歸的傾向。這種回歸並非是回歸到平水韻,而是直承《廣韻》。應澧説明"學宋齋本分部依《廣韻》次第,不用平水韻,今從之"。檢《學宋齋詞韻》原文,編者認爲:"今人習見時夫(指反映平水韻系統的陰時夫《韻府群玉》,引者注)之次第,且不知《廣韻》之次第矣。事貴從朔,本書所用之次第,仍照《廣韻》不依平水也。"⑥所謂"次第",並非是韻部的順序,而是指《廣韻》二百零六

---

① 詳論見倪博洋《〈詞林正韻〉的文獻來源及語音史價值》,載於《詞學》2019 年第 2 期。
② 胡文焕編《文會堂詞韻》,南京圖書館藏明《格致叢書》本。今未見明前詞韻專書存世。
③ 李漁《李漁全集》第十八卷,第 362 頁。
④ 吴烺等《學宋齋詞韻》,載於《續修四庫全書》第 1737 册影印乾隆刻本,上海:上海古籍出版社 2002 年版,第 620 頁。
⑤ 吴寧《榕園詞韻》發凡,載於《續修四庫全書》第 1737 册影印乾隆刻本,上海:上海古籍出版社 2002 年版,第 660 頁。
⑥ 吴烺等《學宋齋詞韻》,載於《續修四庫全書》第 1737 册影印乾隆刻本,第 620 頁。

韻的韻部單位。平水韻在《廣韻》二百零六韻的基礎上歸納爲一百零六韻,但依《廣韻》韻目下"同用""獨用"之例,而絕不做跨韻合併,故韻序不改①。乾隆時期的詞韻學家要重新啓用二百零六韻作爲其分合依據。《榕園詞韻》也指出"(平水韻)一百有六部,今時詩韻因之,去矜假之編詞韻,非也。二百六部之韻,韻之祖禰,後人編詩韻、曲韻皆從此出,詞韻何獨不然"②。可見用《廣韻》韻目就是因爲《廣韻》最早,被視爲"韻之祖禰"。所謂"照《廣韻》不依平水",意思就是在每一部下屬諸韻,依《廣韻》韻目爲單位,如《選雋》第一部下轄"東第一、冬第二、鍾第三",東、冬、鍾就是《廣韻》韻目。而之前的沈謙、仲恒及約略同時的許昂霄等人用的是平水韻,如沈謙《詞韻略》"東董韻"是平水韻的"一東二冬通用","江講韻"則是"三江七陽通用"③,至於李漁的《笠翁詞韻》則根本放棄詩韻單位而徑用口語。可見乾隆時期,以《廣韻》取代平水韻成爲大多數詞學家的共識。吳衡照《蓮子居詞話》稱:"錢塘沈謙取劉淵、陰時夫,而參之周德清韻,併其所分,分其所併,甚至割裂數字,并失《廣韻》二百六部所屬,誠多可議。……近日海鹽吳應和榕園韻,遵廣韻部目,斟酌分併,平聲從沈氏,上、去以平爲準,入以平、上、去爲準,最確。"④能見出乾隆時詞韻家重啓《廣韻》韻目的工作得到了其他詞學家的認可。這種取向的一致,其深層原因還要追溯到《廣韻》的經典地位。正如有些詞學家將詞追溯到樂府一樣,將詞韻與《廣韻》聯繫起來,更能凸顯其"從古(從宋)"與正統。後來戈載在乾隆朝詞韻家的基礎上,進一步將遵從《廣韻》更改爲遵從《集韻》,主要理由就是詞之正宗在宋,而《集韻》又"纂輯較後",更能代表宋代官韻面貌,進而達到戈載"不過求合於古(宋)"⑤的編纂宗旨。要之,乾隆時期的詞韻學家一方面堅持詞韻獨立地位,一方面又關注詩韻與詞韻的聯繫,這種依違被戈載總結爲"詞韻與詩韻有別,然其源即出於詩韻,乃以詩韻分合之耳"⑥。其情狀與創作上

---

① 如《廣韻》東、冬、鍾三韻相次,平水韻合爲東、冬兩韻;而《廣韻》江陽懸隔,平水韻亦未加合併。
② 吳寧《榕園詞韻·發凡》,載於《續修四庫全書》第 1737 册影印乾隆刻本,第 659—660 頁。
③ 馮金伯《詞苑萃編》,載於唐圭璋編《詞話叢編》,第 2152 頁。與《選雋》相比,不難看出兩者直接區别是"三鍾"還是"三江"。
④ 吳衡照《蓮子居詞話》,載於唐圭璋編《詞話叢編》,第 2401 頁。
⑤ 戈載《詞林正韻·發凡》,第 42 頁。對清代詞學家來說,詞韻之"古"("從朔")是宋代,幾乎沒有學者會總結唐五代詞用韻以爲押韻規範。戈載認爲《集韻》比《廣韻》更能反映宋韻面貌,故而改用晚出的《集韻》反而更能"求合於古"。
⑥ 戈載《詞林正韻·發凡》,第 42 頁。

詩詞之關係恰相關聯，詞手既要以詩家手段袪除詞天生的香奩氣，又要避免沾上以詩爲詞粗豪過甚的叫囂氣。"詩"既然是詞"尊體"歷程中的一個參照系，那麽如何處理二者關係就成爲清代詞學家不得不面對的一個問題。那麽如何處理二者關係，就成爲清代詞學家不得不面對的一個問題，而對於這一問題的不同解答也促成不同詞派之形成。

以上所言只就詞韻編纂體例而言，而在詞韻編纂方法上，乾隆時期的詞韻學家對康熙詞家的理論也有發展。

有學者指出，"沈謙分析詞韻通叶往往以古詩押韻爲參照，如古韻通叶而詞中絕無例證，即指正之；若古韻通叶且可與詞韻相互印證，則依從之並立爲程序"①。乾隆時代的詞韻學家雖都對古韻作了探討，但卻没有遵守，或者説抛棄了這一編纂程序。如應澧即謂：

> 古韻六麻一韻，讀入魚、虞、歌三韻。皮、儀、爲、猗，讀入歌韻。一先中如年、天、田、顛之類讀入真。蕭、肴、豪中如蕭、膠、漕、袍之類讀入尤。八庚中如明、京、衡、英之類讀入陽。十一尤中如尤、謀、裘、丘之類讀入支。上聲如好、飽讀入有，野、寫讀入語，有、久讀入紙。去聲如皓、道讀入宥，夜、柘讀入御。詞韻無遵之者。惟天與元、寒、删通，不與真通，如東坡《醉翁操》、呂渭老《滿路花》等詞是也。

應澧討論了《廣韻》的麻、先、蕭肴豪、庚、尤在上古的歸部情況，所言大體無誤，舉出的例字與古音學家的歸部也幾皆一致。可見應氏確曾留意過古音之學，故能截然指出諸韻字的上古韻部關係不能直接施用於詞韻——"詞韻無遵之者"，一破前人之説。對清人來説，將詞韻與古韻比附是有理論基礎的。"詩三百皆可被之管弦，漢京之樂府，唐人之絶句，下逮宋詞，并風雅流裔，雖世殊事異，體製攸分，其協律則一也。"②既然將詞視爲歌詩的一種，那麽其在"被諸管弦"——合律上與古代歌詩是一樣的，其韻脚自然也與古詩聯繫緊密。許昂霄認爲"詞韻通轉，當仿古韻之例"③，能代表清初一部分人的觀點。而一方面由於乾嘉韻學大明，古音尤其是古韻面貌逐漸

---

① 江合友《明清詞譜史》，第 234 頁。
② 吳寧《榕園詞韻·發凡》，《續修四庫全書》第 1737 册影印乾隆刻本，第 664 頁。
③ 許昂霄《詞韻考略叙》，載於張思巖(宗橚)輯《詞林紀事》，上海：古典文學出版社 1957 年版，第 623 頁。

清晰,人們以詞與古韻相對比會發現兩者並不契合。簡單來説,上古漢語音節類型分爲三類,收元音尾或無韻尾的陰聲韻、收塞音尾的入聲韻、收鼻音尾的陽聲韻,在語音演變中,陽聲韻與入聲韻由於有韻尾保護,主元音從上古到中古變化較小,而陰聲韻變化更快。故而像"魚、鐸、陽"在上古陰、陽、入三聲相承,到了中古鐸、陽兩韻還能相配,魚部(除了麻韻)則早已從 a 高化爲 o/u 了。而從中古到近代,入聲丟失了塞音尾,而陽聲依然保持鼻音尾,故而入聲變化比陽聲更快,鐸主元音隨歌韻後高化爲 o,陽依然是 a。所以單看鼻音尾的陽聲韻,詞韻與古詩韻出入不大,但兼及陰聲韻,則可看出二者分界。江合友比較了《詞韻略》與《古韻通略》的分部,認爲兩書"相近之處甚多,其中真軫、元阮、蕭篠、侵寢、覃感五個韻部幾乎一致"[①],繼而認爲《詞韻略》或許對《古韻通略》有所借鑒。綜觀其舉出的五個韻部有四個都是陽聲韻,蕭篠雖爲陰聲韻,也有 u 韻尾,實不足爲憑。如果看陰聲韻,兩書差距是極大的,正如應澧所謂"無遵之者"。另一方面詞脱胎於三百篇或者漢魏樂府的觀點也有不少爭議,並不符合詞發展之史實。這樣無論是在實踐還是理論上,詞與古韻就需劃清界限。應澧即舉了部分韻例以作説明。同時期的其他詞韻專書如《學宋齋詞韻》《榕園詞韻》等基本也不在詞與古韻這個問題上多做糾纏,可見其取向較之清初發生了轉變。後來戈載斷言"若謂詞韻之合用,即本古韻之通轉,則非也",其書鋪敍吳棫、鄭庠等人的古韻分部,特意聲明"所論皆古韻,與詞韻之分合絶不相蒙,勿謂吳、鄭皆宋人可據爲則"[②],大力破除當時唯"古韻"、唯"宋人"的迷思。這種縱論古韻與詞韻不合之處的論證方式也與應澧脗合。

有學者批評"沈謙對宋詞韻脚字的調查具有很大局限",並且看出其"調查對象限於'名手',已淪爲抽樣調查;又限於'雅篇',則其範圍進一步縮小"[③]。從今天的語音史視角來看,這種批評是中肯的,因爲抽樣調查無法反映宋詞詞韻全貌。但是詞韻研究不完全等於音韻研究。現代採用"大數據"手段得到的宋人韻部,一來有可能忽視更微觀的方言、個體、風格之别;二來與清人的詞韻觀也不契合。如果重新在清人的詞韻觀下考量宋詞用韻問題,則會發現清人在以宋詞爲歸納對象時,有意求嚴求雅,他們所謂

[①] 江合友《明清詞譜史》,第 242 頁。
[②] 戈載《詞韻正韻·發凡》,第 82、83 頁。
[③] 江合友《明清詞譜史》,第 234 頁。

的"學宋"是有條件的"學宋"。對於承認宋詞有韻的清代詞韻家來説,有兩種觀點要極力批判。一是如毛奇齡所言"詞本無韻,故宋人不置韻,任意取押,雖與詩韻不遠,然要是無限度者"①的詞韻任意通轉的觀點。這種觀點取消了詞韻編訂的學理基礎,使詞人可以以隨意的態度進行押韻,而既然合律押韻允許隨意,那麽抒情狀物就也不一定要端莊,這明顯不利於詞之尊體。應澧尚且委婉地點出詞韻"豈得無辨",到了後來的戈載則更激烈地批評道:"毛奇齡之言曰:詞韻可任意取押,支可通魚,魚可通尤,真、文、元、庚、青、蒸、侵無不可通。其他歌之與麻,寒之與鹽,無不可轉,入聲則一十七韻,輾轉雜通,無有定紀。毛氏論韻,穿鑿附會,本多自我作古,不料喪心病狂,敗壞詞學至於此極。"②這種上升到人身攻擊的態度正與乾隆以來詞韻求嚴的傾向有關。而另一要批評的觀點則是宋詞之用韻。前文説過沈謙對於詞韻的取材範圍是大家名篇。而到了乾隆時期,應澧對於大家名篇也有不滿之處,其引《學宋齋詞韻》序云:

> 吴音不能辨支魚,白石詞"不會得、青青如此",誤押"此"字入"語"韻,由夫"但暗憶、江南江北"誤押"北"字入"屋"韻。又如"打"字押入"馬"韻,"母""牡""畝""否"等字押入"語"韻,"婦""負""富"等字押入"御"韻,皆非正規,《廣韻》所不收者,不致承僞襲謬也。

姜夔是清初浙西派"家白石而户玉田"③的追摹偶像,而且其詞以清雅著稱,符合沈謙要求,但是卻被應澧(吴烺)批評。沈謙之所以要以名家雅製爲依歸,是因爲其注重這一對象帶來的經典效應:取材於周、吴、姜、張經典之作的詞韻,對後人來説具有不可動搖的地位。而吴烺、應澧等人則在沈謙的基礎上進一步注意到,詞人、詞作與詞韻是三個層面的概念:大詞人難免庸作,而名篇也未必盡和音韻。這樣吴烺、應澧心中的取韻範圍就是以《廣韻》所載爲依據,摒棄了以"吴音"④爲代表的各地方言成分的讀書音或者"雅音"。即便是熟諳音律者如姜夔亦難免受譏,其所取徑就更狹窄了。然而這一觀點卻深爲後人所贊同。即使是宋詞,如果押韻摻入方音,亦不可

---

① 毛奇齡《西河詞話》,載於唐圭璋編《詞話叢編》,第568頁。
② 戈載《詞韻正韻·發凡》,第86頁。
③ 朱彝尊《靜惕堂詞序》,載於馮乾編校《清詞序跋彙編》,南京:鳳凰出版社2013年版,第279頁。
④ "吴音不能辨支魚"即語音史上所謂的"支微入魚",實際不只"吴音"如此,此不贅述。

爲法。張德瀛《詞徵》曰:"張芸窗《水龍吟》詞……陳君衡《長相思》詞……米友仁《訴衷情》詞……用韻不免錯亂,蓋前所舉者爲諸家所通用,此乃方音之誤也。"①又李佳《左庵詞話》云:"宋人詞有以方音爲叶者,如黃魯直《惜餘歡》,閣、合通押。……皆以土音叶韻,不可爲法。"②其理論觀點與乾隆時詞韻學家一脉相承。戈載不僅點明"以土音叶韻,究屬不可爲法"③,還進一步指出"《學宋齋詞韻》以學宋爲名,宜其是矣,乃所學者皆宋人誤處"④。戈載標出"宋人誤處"這一概念,指明宋人方音入韻是不可學習的範圍,就明確地將詞韻的路徑從"學宋"改爲"學雅"。這種對宋詞的超越,其本質還是摒棄俗作以尊詞體的要求。由此可見,乾隆以來的詞韻學家的編韻原則一是崇正、一是合古、一是求嚴。其實質反映的是詞韻學家更重視"雅音"的經典性,而非宋詞實際用韻的口語性。至於杜文瀾在《憩園詞話》中説:"宋詞用韻有三病:一則通轉太寬;二則雜用方音;三則率意借協。故今之作詞者,不可以宋詞爲定。"⑤甚至將"宋詞"否定,獨尊清代詞韻。其用意依然是推尊"正韻"以摒棄方言俗語,以詞韻之嚴達成詞體之尊。故而清代詞韻家不對宋詞進行窮盡式梳理,既有"文獻不足徵"之客觀條件限制,也是尊體目的之要求之使然。

舉個案來説,若依音韻學的統計結果而論,宋詞實際用韻中-m尾與-n尾字聯繫密切,多可通押,也有學者根據統計結果將咸山兩攝合併爲一部⑥。甚至具體到個人如"知音見説無雙"的周邦彥,其用韻仍不辨 am、an (山咸合用)⑦。清代詞人對於這一情況,採取的態度並不相同。《學宋齋詞韻》謂鼻音無界限,自可通押,應瀓則嚴守二者之別,並援《茗斐軒詞韻》以做規範。戈載在處理起這一矛盾時較爲巧妙,一方面他批評"寒之與鹽,無不可轉"的觀點,一方面則將宋人用韻的實例歸納爲:"夫古人所作,豈無偶誤?然名家雅製,正復不少,誤者居其一,不誤者居其九。不解學古之

---

① 張德瀛《詞徵》,載於唐圭璋編《詞話叢編》,第 4124—4124 頁。
② 李佳《左庵詞話》,載於唐圭璋編《詞話叢編》,第 3127 頁。
③ 戈載《詞韻正韻·發凡》,第 72 頁。
④ 戈載《詞韻正韻·發凡》,第 40 頁。
⑤ 杜文瀾《憩園詞話》,載於唐圭璋編《詞話叢編》,第 2858 頁。
⑥ 如魏慧斌《宋詞用韻研究》,西安:陝西人民教育出版社 2009 年版,第 71 頁。然亦未成定論,其間或有時地之移易。
⑦ 朱珠《周邦彥詞用韻考》,載於張渭毅主編《漢聲:漢語音韻學的繼承與創新》,北京:中國文史出版社 2011 年版,第 387—389 頁。

人,何以不學其多者,而必學其少者;且不學其是者,而學其非者乎?"[1]通過設立"宋人誤處"的概念,就將詞韻的解釋權由宋詞實例重新掌控到清代詞學家的手中。從這一個案不難看出宋人實操的"詞韻"、統計學得到的"詞韻"與清代詞家眼中的"詞韻"實際是不同層面的概念,其間依違之情狀恰可見出彼此的學術理念、闡釋話語、施用目的之不同。

四、傳播失敗的個案

依上節所述,似乎後來的《詞林正韻》完全從《詞韻選儁》而來,《詞韻選儁》是在詞韻史上具有承前啟後意義的重要著作。但事實上,該書不僅未如《詞林正韻》般廣爲士林扇揚,成爲與《詞綜》《詞律》並稱的一代之作;反而今天未見鋟版,恐怕只有抄本(稿本)存世。應澧自然也聲名不顯,甚至籍貫、表字也多有異説。如此一來,《選儁》的遭遇似與其内容之成就遠遠不符,而如何在學術史上對其做定位也成了重要問題。

實際上,這種由於傳播失敗導致著作不顯、理論不彰的例子並不少見。即以詞體學而言,秦巘《詞繋》直至當代纔公行於世,而其在詞律學上甚或超越《詞律》《詞譜》的成就也纔爲學界所知。至於《樂府補題》風尚一時,《山中白雲》成爲浙西不祧之祖,也都依賴於文獻的重新發現。這些已爲學界熟知的文學傳播與經典化的個案都説明,文本自身價值與傳播成功與否的關係格外複雜,大體來説,學術/文學文本本身代表著當時的學術/文學理論水平與治學/審美風尚,傳播狀況則更多依賴於政治氣候、出版狀況、學人交際等外部因素,後代的重新發掘自然也代表著後代的士林趨尚。回到《詞韻選儁》,《選儁》誕生於乾隆時代,自有其學脈發展之理路,該書代表著乾隆時代詞韻之學的成就高峰,體現了詞學發展的新變,儘管《詞林正韻》没有直接參考該書,但乾隆以來的詞韻學家的學理思考與治學成就卻成爲《詞林正韻》的重要思想淵源,從而兩書産生了間接的理論聯繫。這也再次證明詞韻之學仍宜注意不同階段之轉捩。《詞韻選儁》生當其時,卻未逢其會,不曾進入傳播領域便已蒙塵一隅,是因應澧家匱資財、文名不顯,還是別有所慮,仍需進一步研究;至於是否還有其他詞韻如《選儁》一般未

---

[1] 戈載《詞韻正韻·發凡》,第86頁。

得到充分挖掘，也值得繼續尋求。

五、結　語

　　從詞學史縱向視角來看，乾隆時期是詞韻學承上啓下的一個重要時期。以《學宋齋詞韻》《榕園詞韻》《詞韻選雋》爲代表的乾隆時期的韻書，主要在體例與方法兩個環節抒發己見，從而鞏固了"詞韻別是一家"的獨立地位；確立了以《廣韻》分部爲準，摒棄平水韻目的編纂體例；使詞韻擺脱與古詩用韻的糾纏；並進一步從理論上將沈謙的名家雅篇的取材範圍改造爲通語雅音。這些具體措施與觀點都是爲詞韻"雅化"而服務，而又使詞韻學理論更爲細密，並爲後來的戈載等人所吸收。從清初至道光這二百年間的詞韻發展尚不至於原地蹭蹬蹉跎，其所藴涵的理論光彩仍需後來人予以總結，《詞韻選雋》就恰好成爲窺其一斑的窗口。

　　　　　　　　　　　　　　（作者單位：南開大學文學院中文系）

Ciyun Xuanjuan and the compilation thought of CI rhyme in Qianlong Era

Boyang Ni

The reign of Emperor Qianlong of the Qing dynasty is a pivotal time for the compilation of *ci* rhymes and the compilers at the time deserted the methods of compilation initiated by Shen Qian. Ying Li's *Ciyun xuanjuan* (Selected *Ci* Rhymes) is an important embodiment of the thoughts of the compilation of *ci* rhymes at the time, but it has not attracted sufficient scholarly treatments. Of great research value is the copy collected in the Nanjing Library, which is probably Ying Li's original manuscript. *Ciyun xuanjuan*'s rhyme section is divided into four parts according to the entering tone. There is only a slight difference between *Ciyun xuanjuan* and modern statistical results in the rhyme division of *Guangyun* (Broad Rimes), which reflects the author's superb ability to distinguish sounds. The author's emphases include: (1) *ci* rhymes must be treated independently from poetic rhymes; (2) *Guangyun* should occupy the central position; (3) *Ci* rhymes must not be confused with poetic rhymes; (4) The examination of sounds must be based on the elegant sounds of the Song dynasty and should not adopt regional sounds. *Ciyun xuanjuan* not only corrects Shen Qian's mistakes, but also parallels with *Xuesongzhai ciyun* (Ci Rhymes Compiled in the Xuesong Studio) and *Rongyuan ciyun* (Ci Rhymes Compiled in the Banyan Studio) in representing the *ci* rhyme scholars' thoughts of compilation during the reign of Emperor Qianlong of the Qing dynasty.

Keywords: *Ciyun xuanjuan* (Selected *Ci* Rhymes), zunti (esteemed characters), *Xuesongzhai ciyun* (Ci Rhymes Compiled in the Xuesong Studio), *Rongyuan ciyun* (Ci Rhymes Compiled in the Banyan Studio), *ci* rhyme

徵引書目

1. 丁丙：《武林坊巷志》，杭州：浙江人民出版社，1987年版。
2. 戈載：《詞林正韻》，上海：上海古籍出版社，1981年版。
3. 永瑢等撰：《四庫全書總目》，北京：中華書局，1965年版。
4. 江合友：《沈謙〈詞韻略〉的韻部形製及其詞韻史意義》，《河北師範大學學報（哲學社會科學版）》2009年第2期。
5. 江合友：《明清詞譜史》，上海：上海古籍出版社，2008年版。
6. 吳烺等：《學宋齋詞韻》，《續修四庫全書》第1737册，上海：上海古籍出版社，2002年版。
7. 吳寧：《榕園詞韻》，《續修四庫全書》第1737册，上海：上海古籍出版社，2002年版。
8. 李斗撰，汪北平、涂雨公點校：《揚州畫舫錄》，北京：中華書局，1960年版。
9. 李漁：《李漁全集》，杭州：浙江古籍出版社，1991年版。
10. 阮元編：《皇清經解》，清光緒十七年（1891）刻本。
11. 胡文焕編：《文會堂詞韻》，南京圖書館藏明《格致叢書》本。
12. 倪博洋：《〈詞林正韻〉的文獻來源及語音史價值》，《詞學》2019年第2輯。
13. 倪博洋：《沈雄"朱敦儒擬韻説"辨僞》，《文獻》2019年第2期。
14. 倪博洋《〈詞林韻釋〉版本考述及創作時代新論》，《新世紀圖書館》2016年第8期。
15. 唐圭璋：《詞話叢編》，北京：中華書局，1986年版。
16. 唐圭璋等：《唐宋詞鑒賞辭典》（兩宋·遼·金卷），上海：上海辭書出版社，1988年版。
17. 夏承燾等：《宋詞鑒賞辭典》（新一版），上海：上海辭書出版社，2013年版。
18. 祝嘉：《中國書學史》，北京：中國文史出版社，2015年版。
19. 袁枚：《隨園詩話》，揚州：江蘇廣陵古籍刻印社，1998年版。
20. 張思嚴（宗橚）輯：《詞林紀事》，上海：古典文學出版社，1957年版。
21. 麥耘：《〈笠翁詞韻〉音系研究》，《中山大學學報（哲學社會科學版）》1987年第1期。
22. 馮乾編校：《清詞序跋彙編》，南京：鳳凰出版社，2013年版。
23. 趙誠：《中國古代韻書》（新一版），北京：中華書局，2003年版。
24. 潘衍桐編纂，夏勇、熊湘整理：《兩浙輶軒續錄》，杭州：浙江古籍出版社，2014年版。
25. 蔣哲倫、楊萬里編著：《唐宋詞書錄》，長沙：嶽麓書社，2007年版。
26. 震鈞輯：《國朝書人輯略》，清光緒三十四年（1908）刻本。
27. 魯國堯：《論宋詞韻及其與金元詞韻的比較》，載於《魯國堯自選集》，鄭州：河南教育出版社，1994年版。
28. 錢仲聯編：《清詩紀事》，南京：江蘇古籍出版社，1989年版。
29. 鮑恒：《清代詞體學論稿》，北京：人民文學出版社，2007年版。
30. 魏慧斌：《宋詞用韻研究》，西安：陝西人民教育出版社，2009年版。

抒情自我・玄思自我・詩性自我
——以"淡思"爲主導的抒情模式在晉宋詩歌的發生與展開

曹 舟

【摘 要】東漢末年社會動蕩,魏晉政治鬥爭激烈,士人面對生存危機,開始反思與内省,個體生命意識覺醒。《古詩十九首》以來,個體經驗的書寫與情感的抒發,取代"詩言志"而成詩歌創作之核心,並直接影響了詩學觀念。與此同時,"情"被抒發以後如何安頓成爲新的議題,於是一方面出現了觀物方式的改變;另一方面,在魏晉玄學影響之下,老莊滌除玄鑒的人生態度及其背後的内省精神開始影響詩歌創作,"情"之消釋成爲詩歌書寫的内容。當内在哲思介入詩歌創作,是如何與抒情傳統相融,又如何發展出中國詩歌之"淡"風?基於此,本文將從鍾嶸"淡乎寡味"與劉勰"淡思濃采"辨析開始,確認"淡思"在詩歌研究中的位置;進而分析晉宋四種題材的詩歌,不同於傳統闡釋感物動情的做法,本文將反向研究"情"如何被消釋的問題,爬梳"淡思"進入詩歌創作,形成特有的抒情模式,與山水自然相融,與詩歌語言相合的過程;探討此間"抒情自我"(Lyrical self)與"玄思自我"(Metaphysics-probing self)磨合而成"詩性自我"(Poetic self)的書寫進程。

【關鍵詞】淡思 淡 玄學 抒情傳統 晉宋詩歌

一、"淡思"辨析

自《詩品》貶永嘉之辭"淡乎寡味",詩學論"淡"多基於"味"而與"情"相悖。到了當代,不少學者亦認爲永嘉詩風的"平淡"乃"枯虛平典"之意,未得老莊哲學"淡"之真意①。本文以爲,鍾嶸以來的說法其實是以"詩味"審視玄言詩之"淡",可若永嘉之人並不以"詩味"作爲創作指歸呢?老莊之"淡"本非針對文藝而言,詩歌"淡味"(言外之味)乃後人在文藝形式的層面發展道家論說的結果,而以玄言詩爲代表的晉宋詩歌,其"淡"的真正意義或在於,將老莊哲學轉向内在精神,並發展出中國詩歌獨特的抒情方式,此即劉勰所謂"淡思濃采"之"淡思"。

(一) 鍾嶸"淡乎寡味":"淡"於抒情理論的介入

《詩品》中兩處以"淡"評價玄言詩,奠定了詩學否定玄言之"淡"的基調②:

> 永嘉時,貴黄、老,稍尚虛談。于時篇什,<u>理過其辭,淡乎寡味</u>。爰及江表,微波尚傳:孫綽、許詢、桓、庾諸公詩,皆平典似《道德論》。建安風力盡矣。
>
> 晉弘農太守郭璞,<u>憲章潘岳,文體相煇,彪炳可玩。始變中原平淡之體</u>,故稱中興第一。③

此處第一段出自《詩品》序言,第二段是對郭璞的評價,從中可見鍾嶸對玄言詩的歷史敘述:西晉永嘉年間,道家學說進入詩歌,玄言詩興起;過江以後玄風尚傳,以孫、許等人爲代表的一衆詩人,他們的作品旨在說理,"理"的追求壓制了文辭的表現,所以"淡乎寡味",建安詩風至此而殆;其中唯有

---

① 參見汪湧豪《範疇論》,上海:復旦大學出版社1999年版,第125頁。
② 《詩品》涉及玄言之"淡",亦有"世稱孫、許,善恬淡之詞",此"恬淡之詞"代指前文"道家之言""玄風尚備",雖是概括了玄言詩内容之特點,但不涉藝術價值評價,亦不涉抒情或辭藻的問題,故與"淡乎寡味""平淡之體"不在同一語境。
③ 鍾嶸著,曹旭集注《詩品集注》,上海:上海古籍出版社1996年版,第24、247頁。

郭璞詩風近似潘岳,一改玄言淡風,故爲中興之冠。

由此歷史敘述來看,鍾嶸認爲郭璞改革玄言"平淡之體"且爲"中興第一",乃以"情兼雅怨,體被文質"的建安詩風爲參照,與之對比,玄言詩"淡乎寡味",此"淡"應就文辭而言。《詩品》認爲郭景純"憲章潘岳",而"潘詩爛若舒錦,無處不佳"、"益壽輕華",可見郭詩"彪炳可玩"指的就是文采焕發、文風艷麗。

然而在玄言詩中,其實有很大一部分辭藻繁雜、頗有文采,《宋書·謝靈運傳》謂"自建武暨乎義熙,歷載將百,雖綴響聯辭,波屬雲委,莫不寄言上德,託意玄珠,遒麗之辭,無聞焉爾"①,指出了玄言文辭並非平淡寡味;許文雨認爲"孫、許之詞,未盡平典,亦間有研練之詞",而諸如孫綽"疏林積涼風,虛岫凝結霄",許詢"青松凝素髓,秋菊落芳英",確實都是造狀之作②;因此,單從文辭角度將郭璞與其他玄言詩人區別,其實難以成立,鍾嶸抨擊"平淡之體"的"味"應有其他指涉。

實際上,在鍾嶸的評論體系裏,"文辭"指向"味","味"又指向詩歌的本質——"情怨",三者是一脈相連的關係,正是在此語境中,玄言之"淡"被排除在詩歌美學之外了。從《詩品》來看,這樣的邏輯關係十分明顯,首先,"文辭之要"即爲"味":

> 夫四言,文約意廣,取效《風》《騷》,便可多得。每苦文繁而意少,故世罕習焉。<u>五言居文詞之要,是眾作之有滋味者也,故云會於流俗。</u>豈不以指事造形,窮情寫物,最爲詳切者邪?③

在這裏五言被認爲最有滋味而"居文辭之要","指事造形、窮情寫物"指的是藝術形式,"會於流俗"揭示了五言"能夠把詩歌從廟堂山林引向凡俗人世,表達人間真情實感"④,所以形式只是其表,内裏而言鍾嶸所貴乃是"人情",故後文謂:

---

① 參見沈約《宋書》,北京:中華書局1974年版,第1778頁。
② 參見許文雨《鍾嶸詩品講疏》,載於《文論講疏》,南京:正中書局1937年版,第167頁。
③ 鍾嶸著,曹旭集注《詩品集注》,第36頁。
④ 參見汪春泓《鍾嶸〈詩品〉關於郭璞條疏證——兼論鍾嶸詩歌審美理想之形成》,載於《文學遺產》第六期(1998年),第18頁。

> 宏斯三義，酌而用之，幹之以風力，潤之以丹彩，使味之者無極，聞之者動心，是詩之至也。……嘉會寄詩以親，離羣託詩以怨。……凡斯種種，感蕩心靈，非陳詩何以展其義，非長歌何以騁其情？①

可見只有"感蕩心靈"之情，纔能令讀者"味無極"，"味"的根本在於"情"。《詩品序》以"氣之動物，物之感人，故搖蕩性情，形諸詠物"開篇，在鍾嶸的詩學觀念中，"情"之動是創作的前提，也是詩歌審美的核心要素，郭璞之詩雖表面有玄味，實則"辭多慷慨"，情感激越而有建安之風，其詩性也就更符合《詩品》的定義，自然變創了"平淡之體"。因此，鍾嶸看似從文辭批評玄言"淡"味，實際是從抒情的角度抨擊玄言詩乏情。

從美學史來看，"淡"味是從樂論過渡到詩學的概念。《樂記》推崇的"大羹不和"之味，是不加雕琢的雅樂之美，然而這一概念移植到詩學時發生了變化。陸機《文賦》謂：

> 闕大羹之遺味，同朱絃之清汜。②

李善注道"言作文之體，必須文質相半，雅艷相資。今文少而質多，故既雅而不艷，比之大羹而闕其餘味，方之古樂而同清汜，言質之甚也"③，《樂記》雖講"音"乃"心之感於物"，但聲音最重要的是以"和"爲尺度，"和聲"乃是治世雅音，形式簡單、聽之和樂，和樂而韻味無窮，所以《樂記》論樂實則重於"和"而非"遺味"，《文賦》取"遺味"一詞代表"文質"之"文"，顯然改變了《樂記》之意。《文賦》又謂：

> 言寡情而鮮愛，辭浮漂而不歸。猶絃么而徽急，雖和而不悲。④

直接否定了"和而不悲"，可見在陸機的理論中，詩歌之"味"與"和"是對立的。鍾嶸繼承了"緣情而綺靡"的詩學觀，強調文學中的情感應當是鮮明的，譬如五味須能言明爲何味，而非調和之"淡味"，然而玄學所追求的"玄

---

① 鍾嶸著，曹旭集注《詩品集注》，第39—47頁。
② 金濤聲點校《陸機集》，北京：中華書局1982年版，第4頁。
③ 蕭統撰，李善注《文選》，上海：上海古籍出版社1992年版，第770頁。
④ 金濤聲點校《陸機集》，第4頁。

淡"是尚理抑情的,自然被其排除出詩歌美學之外。所以,從陸機以來的詩學觀念來看,"淡"進入以抒情爲本的詩歌先天難以適應,對此錢志熙先生評價"在理與情之間,取消了情,取消了現實生活的種種關係,也在一定程度上偏離了詩歌藝術原則",指出了以"淡"爲宗的玄言詩與一般詩歌藝術的抒情性互相抵觸的本質①。《詩品》否定詩歌之"淡",不過也將"平淡"的問題引入抒情傳統的論述,爲後人進一步思考"淡"之本質及其與"抒情"的關係提供了空間。

(二) 劉勰"淡思濃采":"淡思"乃抒情的方式

鍾嶸的"淡乎寡味",是以陸機"緣情而綺靡"爲標準而作的判斷,此"淡"既指涉藻繪,更重要的是以寄興言志的抒情性爲衡量;然而,若是從玄言詩的發生及其背後更爲宏大的歷史背景來看,"淡"其實指向了一種全新的抒情方式,不僅暗含了抒情的在場,亦將文字之"綺靡"納入其中。檀道鸞、劉勰對玄言詩的歷史敘述,其內在線索則基於此。與鍾嶸不同,檀道鸞以爲郭璞乃玄言詩的開導者而非變創者:

> 正始中,王弼、何晏好莊、老玄勝之談,而世遂貴焉。至過江,佛理尤盛,故郭璞五言始會合道家之言而韻之,詢及太原孫綽轉相祖尚。又加以三世之辭,而詩騷之體盡矣。詢、綽並爲一時文宗,自此作者悉體之。至義熙中,謝混始改。②

在郭璞之前雖玄言已盛,但玄言詩未成風尚,郭璞開啟了道家、陰陽神仙之辭入詩之先河,而孫、許等人又在其基礎上增加了佛理,所以檀道鸞以何、王爲玄言詩的孕育,郭璞五言爲玄言詩的開創,是就哲理滲入詩歌創作的程度而論,亦是以詩歌創作偏離《詩》《騷》傳統而言,與鍾嶸的路徑完全相反。

劉勰對於玄言詩的興起和發展,基本繼承了檀道鸞的看法③,《文心雕龍》謂:

---

① 參見錢志熙《魏晉詩歌藝術原論》,北京:北京大學出版社1993年版,第385頁。
② 劉孝標注《世說新語》(文學第85)引檀道鸞《續晉陽秋》之言,參見徐震堮校箋《世說新語校箋》,北京:中華書局1984年版,第143頁。
③ 但是對於玄言詩的衰退,劉勰謂"宋初文詠,體有因革。莊、老告退,而山水方滋",定義在宋初,與檀道鸞不完全相同。

> 正始明道,詩雜仙心,何晏之徒,率多浮淺……江左篇製,溺乎玄
> 風……袁孫以下,雖各有雕采,而辭趣一揆,莫與爭雄,所以景純仙篇,
> 挺拔而爲俊矣。(《明詩》)
>
> 自中朝貴玄,江左稱盛,因談餘氣,流成文體。(《時序》)①

"正始明道",同是將何、王作爲玄言詩的孕育;"江左稱盛"、"流成文體"亦是將玄言文學的發展放在玄學歷史中所作的描繪,與檀道鸞對玄言詩的勾勒屬於同一路徑。在這樣的歷史敘述中,劉勰同樣提出了玄言詩"淡"的問題,"淡"之含義卻不同於鍾嶸,並非針對"文"與"情",而是指向"意",《時序》謂:

> 正始餘風,<u>篇體輕澹</u>。而嵇阮應繆,並馳文路矣。②

劉師培先生曾對此"輕澹"提出質疑:

> 彦和此論,蓋兼王、何諸家之文言,故言篇體輕澹。其兼及嵇、阮
> 者,以嵇、阮同爲當時文士,<u>非以輕澹目嵇、阮之文也</u>。即以詩言,嵇詩
> 可以輕澹相目,豈可移以目阮詩哉?③

"篇體"本是對體裁的描述,《頌讚》有道"所以古來篇體,促而不廣,必結言於四字之句,盤桓乎數韻之辭",所以劉師培質疑嵇、阮之文,尤其阮詩不可納入"輕澹",是就抒情性與表現方式而言,亦即鍾嶸"文辭之要"的路徑。然而劉勰《時序》所謂的"輕澹",其實並非指向表現形式,如果比較《明詩》和《時序》的不同説法④則能夠發現:《明詩》是針對詩歌的專論,故將何、王與嵇、阮分開來;而《時序》則不然,劉永濟先生注"篇體輕澹"謂"魏明以後,玄學漸盛,慷慨之氣,至此稍衰"⑤,指出了"輕澹"乃玄風對文壇的影響,建安時期詩歌由風衰俗怨引發的會於流俗、志深筆長的慷慨之氣,在玄

---

① 參見范文瀾《文心雕龍注》,北京:人民文學出版社1962年版,第67、675頁。
② 范文瀾《文心雕龍注》,第674—675頁。
③ 劉師培《中國中古文學史》,北京:人民文學出版社1959年版,第44頁。
④ "正始明道,詩雜仙心,何晏之徒,率多浮淺。唯嵇志清峻,阮旨遥深,故能標焉。"(《明詩》)"正始餘風,篇體輕澹,而嵇阮應繆,並馳文路矣。"(《時序》)(出處同前)
⑤ 劉永濟著《文心雕龍校釋》,北京:中華書局1962年版,第158頁。

學興盛以後,逐漸被"理"消釋了,所以"至此稍衰"。由此可見,劉勰所謂玄言詩之"淡",並非指涉文風辭藻,而是就"意"來說的:

> 簡文勃興,淵乎清峻,微言精理,函滿玄席,<u>澹思濃采</u>,時灑文囿。……是以世極迍邅,而<u>辭意夷泰</u>,詩必柱下之旨歸,賦乃漆園之義疏。①

"夷泰"是就"辭意"而言,也就是"輕澹";所謂"澹思濃采"(下文統一爲"淡思"),"淡思"與"濃采"不僅不相違,反而可能存在因果關係;而此亦表明"緣情而綺靡"的觀念,其實並不能作爲解讀玄言文學的唯一標準。在這裏,劉勰指出了歷史性的問題——"淡思"是世態困頓的產物,其本質仍在於解決"情"的問題。由此回到歷史語境中,當如何定義"淡思"的理論源流,又當如何看待其與抒情的關係呢?

漢代末年,"清議"成爲文人品藻人物、評議時政的行爲方式,黨錮之禍後,這種清議之風由具體轉向抽象,至正始而成以《老》《莊》《易》爲內容的"虛談"。從時代背景來看,這樣的轉變源於政治鬥爭,士人迫於生存危機而改變表達自我的方式,並以莊老恬淡思想爲安身立命之處;而此已然預示新的處事態度與内省方式即將影響士人,並刺激文藝領域產生偏離傳統的抒情模式。整體而言,正始玄談至少從三方面鋪墊了晉宋以"淡思"爲主導的詩歌抒情模式的產生:

第一,"聖人有無情"的討論引發士人對"情"的正視以及對"情"如何安頓的關注。王弼的"聖人有情"論在肯定俗情的前提下,以會通儒道的方式提出"去累"的問題。彼時文人面對愴痛,已不限於"自我生命的醒悟與自覺"②,而開始藉助内在反思情感安頓的問題。此在正始文學其實已經露出端倪,如阮籍的《詠懷》在以間斷、回環等結構層層傳達情緒的同時,亦表達了對莊老所描述的心無所累境界的渴望(諸如七十六首)③。再如嵇康的

---

① 范文瀾《文心雕龍注》,第 674—675 頁。
② 借用蔡英俊先生對漢魏之際士人生命意識覺醒的概述,參見《"抒情自我"的發現與情景要素的確立》,載於柯慶明、蕭馳主編《中國抒情傳統的再發現》,臺北:臺大出版中心 2011 年版,第 323 頁。
③ 參見蔡宗齊《漢魏晉五言詩的演變》,北京:北京大學出版社 2012 年版,第 172—195 頁。書中還指出了,《古詩十九首》其實已經出現了一種跳脱的結構,"說話人在詩中完成了内省的過程,且找到了情感緩解的方式。因此,他通常在結尾部分跳出自己的情感經驗的世界,從哲學層次上深刻思考人生、命運、未來",這種方式其實也就是"淡思"的過程,只是還未依託較爲系統的哲學思維。

作品中,"政不由己"(《幽憤詩》)與"遊心大象"(《四言詩其三》)是前後相繼的,或者說,始終以"與道逍遥"(《四言詩其十》)滌蕩、消釋"世變多白羅"(《五言詩其一》)的苦悶與"人生壽促"(《四言贈兄秀才入軍詩其七》)的感歎;而叔夜之性亦由激烈與平淡兩端調和而成①,陳祚明謂"叔夜情至之人,托於老、莊忘情,此憤激之懷,非其本也",羅宗强先生認爲其乃"第一位把莊子返回自然的精神境界變爲人間境界的人"②,道出了莊老"淡思"旨在於消釋坎壈之懷,乃抒情的一種方式。

"淡"與"情"之張力塑造了魏晉士人的生命情調,一直到東晉清談家們一方面繼續"淡思"之理論建構,另一方面仍以激越的方式踐行情感表達,如《世説新語》劉尹臨殯王濛,竟痛苦而亡,法虔喪後,支道林精神質喪、一年而絶,都是情感豐富甚至超出邊界,以至行爲違常;再如顔之推於《顔氏家訓》所列玄學家,無一不追名逐利於塵世之中,而以老莊"不以物累"之論尋求解脱。由此可見,推溯"淡思"之源流,不得不視其爲抒情方式的轉變。

第二,老莊之言影響詩人的理想自我,使"淡思"由抒情而發,至"平淡"人格而止。《人物誌》以"平淡"爲聖人之質,奠定了道家之言對士人立身行己的重要影響③;兩晉之時,道家沖虛淡遠普遍成爲理想人格(如"與自然並體"的庾敳,"邁達沖虛、玄鑒劭邈"的王導)。時代風氣必然影響文藝創作,《蘭亭詩》由生死之殤而起,詩中盡數呈現逍遥形象,即是集體創作對此風之回應。郭象提出"自性"、"獨化"的理論,山水詩興起,平淡自我成爲詩人的普遍追求,傳統言志、抒情之外開闢出了新的創作議題——自足、自適的内在經驗的書寫。

第三,言意之辯進一步推動内省精神對抒情方式的改造。言意之辯對詩歌乃至整個文藝理論的影響極其廣泛,此處且以其對"淡思"的塑造爲論。湯用彤先生曾指出玄學乃"略與具體事物而究心抽象原理","以言意之辯,普遍推之,而使之爲一切論理之準量,則實爲玄學家所發現之新眼光

---

① 嵇喜謂"好老莊之業,恬靜無欲"(《全晉文·嵇康傳》);向秀謂"志遠而疏"(《思舊賦》);王戎謂"與嵇康居二十年,未嘗見其喜愠色"(《世説新語·德行》);江淹《擬嵇中散言志》描繪了一個大雅平淡、遊心世外的形象。然而,又有孫登謂其"性烈"(《晉書·嵇康傳》);鍾嶸評其詩歌"過爲峻切,訐直露才,傷淵雅之致"(《詩品》);陳祚明謂其"多抒感憤"(《采菽堂古詩選》)。
② 參見羅宗强《玄學與魏晉人士心態》,杭州:浙江人民出版社1991年版,第101頁。
③ 如《魏志·王昶傳》"欲使汝曹立身行己,遵儒者之教,履道家之言,故以玄默沖虛爲名,欲使汝曹顧名思義,不敢違越也"。

新方法"①,這種思辨方式推動了理性精神對生命情感的内省與反思。如對於人世之短暫,漢代古詩大多由具體現象(如"棄婦與遊子")發展爲主題而興感;晉宋詩人則開始從哲學層面反思人生短暫背後的終極問題與出路②,並將這種内省過程書寫在詩歌中。就此,傳統抒情模式的敘事、抒情成分被弱化,甚至成爲作品的潛在背景。

有見及此,"淡思"之"淡"應指向澄懷味象、歸宗玄淡,是老莊思想經歷魏晉玄學以後,向内在精神轉移的結果。它是"不淡"而"淡"的動態過程,是將道家之無爲聚焦於主觀境界的理論建設,也是體用融一的形而上學,是時代思潮影響下抒情方式的發展,從内在經驗與智慧改變了傳統的抒情書寫。

二、以"淡思"爲主導的抒情模式之演變:抒情自我、内省自我、詩性自我

在比較鍾嶸"淡乎寡味"與劉勰"淡思濃采"之後,我們能夠發現"淡思"實乃"意"的一種,是偏離詩、騷的抒情方式,而若以之重新審視晉宋新變,或許可從創作論的角度勾勒一條全然不同的内在線索。

以下將由"抒情自我"(Lyrical Self)、"玄思自我"(Metaphysics-probing self)、"詩性自我"(Poetic Self)探討魏晉玄學對詩歌書寫的影響,同時觀照情采、藻繪如何與新的抒情模式相適。"抒情自我"是對應"經驗自我"提出的概念,在瑪格麗特·蘇斯曼(Margarete Susman)的"*The nature of modern German lyrical poetry*"中,"抒情自我"從"自我"中分離並指涉更加廣泛與抽象的"説話者";這一概念後來經過被反對、再塑造,又產生了不同的内容③。

---

① 參見湯用彤《魏晉玄學論稿》,上海:上海古籍出版社2001年版,第25頁。
② 對此臺灣有學者進行過討論,認爲如《蘭亭集序》所強調之情,是指向興感之"由"與興懷之"致"。與傳統"言志"、"興懷"個別面向之情不同,是作爲生命内容與本質之情,是一種對生命存在的整體意識,是"抒情傳統的本體意識"。參見張淑香《抒情傳統的審思與探索》,臺北:大安出版社1992年版,第51頁。
③ 參見 O. Walzel, *Leben, Erleben und Dichten*(Leipzig: Haessel, 1992), p.42. K. Pestalozzi, *Die Entstehung des lyrischen Ich*(Berlin: de Gruytel,1970), pp.342–347.相關綜述參見 Zoltán Kulcsár-Szabó, *Reading the Lyrical "Self"*, in Transcultural Studies, vol.15(2019), edited by Slobodanka Vladiv-Glover(Leiden: Brill Publishers), pp.45–71.

當"抒情自我"進入中國古代詩歌研究時,首先被用以區分敘事詩,相較敘事對因果律的強調,抒情文學表現爲詩人非連貫性內在經驗(interior experience)的象徵。高友工先生曾由此提出"自省詩"(reflective poetry)的概念,"自省"乃是當下自我與過去片段之間的交互作用,並由繪畫理論推演出詩歌中潛在著一個"内觀者";高先生認爲《古詩十九首》開創了不同《詩經》以敘事、描寫爲主的抒情模式,而增加了明顯的主觀色彩,更多地關注内在的個人世界,這一抒情模式是對"情"與"志"的一種反思性表達,乃"自然、自足、自得、自在"精神的實現,故以唐代律詩爲抒情傳統發展的"一個高潮"。而後蔡宗齊先生根據傅漢思(Hans Frankel)等人對曹植詩的研究,提出當"經驗自我"與詩歌中虛擬的"説話人"完美相融時,"詩性自我"得以呈現出來的觀點。前輩學者通過一系列的研究向我們揭示了:漢末至魏初是古代詩歌抒情方式發生變化的重要轉折點,且鋪墊了唐詩藝術的發展。若沿此研究軌跡繼續推進,值得深入討論的問題或許首先是:晉宋詩歌在這一過程中扮演了什麼角色,起著怎樣的作用?如果説《古詩十九首》標誌著内在精神的呈現逐漸覆蓋外在世界的描寫,那麼這種自省的抒情方式在唐代以前是否再次經歷過裂變?故此,本文將以"抒情自我"、"玄思自我"、"詩性自我"爲理論依託研究晉宋詩歌,首先將"抒情自我"定義爲詩騷寄興傳統的發展,是詩人通過"自省"將内在主體性以詩歌語言呈現出來進行"言志"的結果。其次,如果唐代律詩是"詩性自我"和諧、自足的最佳呈現,那麼在表達這種"和諧"之前,大抵需要經歷一個"超然"的階段,在這一階段,詩人開始以旁觀者的態度去看待人生所面對的種種坎壈之懷,並逐漸將旁觀者的心態表現爲"和諧"或"圓滿"的詩歌形式;而歷史語境中,魏晉玄學對這種旁觀者心態的產生起了重大的作用,"平淡"又是晉宋文人普遍的理想人格,故在此基礎上本文提出"玄思自我"的概念,用以指涉這一時期玄學對詩人自我表達的影響,它是"淡思"具體化到詩人"自我"的表現,是高友工先生所謂"自省"兩極端("思"與"感")之"思"的發展。當"玄思自我"與"抒情自我"同時出現在詩歌文本中,必然有一個衝突、割裂與磨合的過程,在此過程中"玄思自我"過分彰顯,則會影響"抒情自我"的表達,且令詩歌美感削弱,形成一味説理的局面;反之,"玄言自我"與"抒情自我"融合,則開始造就"淡思濃采"的文本,促使詩人以超然的態度進行深層的自省,通過文字符號進行藝術提煉,最終發展出司空圖所謂"澄淡精緻"的風格。所以最後,本文將以"平淡"詩風的鼻祖陶潛爲"詩性自我"的完美代表,完美的"詩性自我"以自足的內在經驗爲基礎,是詩人自我人格的圓滿體現,通過"形式結構美"在詩中折射出穩定的心象,兼容了抒情、理性以及語言結構,形成具有言外之韻的境界美①。

若以陶潛"淡"風視爲"抒情自我"與"玄言自我"相融的成功書寫,那麽在此之前,玄理如何介入抒情自我的表達,經歷了怎樣的探索過程,二者如何磨合,玄思體悟在其間發揮了怎樣的作用,又如何與語言結構相融,或許都是值得進一步研究的問題。故此,下文將以傳統抒情方式與"淡思"的關係爲經,以郭璞遊仙詩、蘭亭玄言詩、大謝山水詩、陶潛田園詩四種前後相繼的典型題材爲緯,從創作論的角度總結其中抒情自我、玄思自我、詩性自我三種書寫方式的交互關係與演變②。

(一) 郭璞五言遊仙詩之"淡思": 寄興遊仙的傳統結構

本文以郭璞遊仙詩爲發端,基於其以傳統抒情模式爲主、以"道家之言"爲輔的特質,能够見得文學傳統中抒情自我的表達方式,以及"淡思"滲透詩歌書寫的起點。

首先,郭璞遊仙詩中的抒情自我,繼承了楚辭寄興的寫作方式。鍾嶸上溯至楚辭,以"辭多慷慨"指出了郭璞作品的抒情性,如果推及《離騷》,則能很清楚地看到一種以"遊"澄懷的書寫結構。《離騷》中屈子陳辭重華、上叩帝閽、下尋宓妃,駕八龍、載雲旗、欲遠遊,而終未能離開故土。在他的書

---

① 高友工先生的相關討論,見"aesthetics of self-reflection", in *The power of culture: Studies in chinese culture history*, eds. Willard J. Peterson, Andrew Plaks.《古詩十九首的自省美典》以及《中國抒情美學》,載於柯慶明、蕭馳主編《中國抒情傳統的再發現》,第 223—246、587—638 頁。以及《中國美典與文學研究論集》,臺北:臺大出版中心 2004 年版,第 104—121 頁。蔡宗齊先生的相關論述參見《經驗自我與詩性自我: 曹植詩新論》,載於陳致主編《中國詩歌傳統及文本研究》,北京: 中華書局 2013 年版,第 226—273 頁。此外,關於抒情自我的討論,亦有張淑香《抒情自我的原型——屈原與〈離騷〉》,蔡英俊《"抒情自我"的發現與情景要素的確立》,呂正惠《"內斂"的生命形態與"孤絶"的生命境界——從古典詩詞看傳統文士的内心世界》,龔鵬程《從〈吕氏春秋〉到〈文心雕龍〉——自然氣感與抒情自我》,分別載於《中國抒情傳統的再發現》,第 275—302、303—372、373—382、679—708 頁。關於"詩性自我"的研究,可參見 Alexander, Meena, *The poetic self: towards a phenomenology of romanticism*, Atlantic Highlands, N.J.: Humanities Press, 1980.
② 需要對"交互關係"加以説明的是,這四類詩歌雖然有着線性的關係,但玄理、情感、詩歌創作之間的互動是錯綜複雜的,無論抒情自我、玄思自我、詩性自我,都難以完全代表某一位詩人或一個派别抑或時期,所以本文並不試圖以三種自我代表文學史的某一階段,而嘗試在百餘年甚至更爲廣闊的歷史中梳理其交互影響的進程。

寫中,"遊"至少牽扯了三個面向:其一,大量意象堆砌了色彩斑斕、波譎雲詭的仙境世界,構成了"遊"的内容;其二,詩人不斷重複以"遊"超脱的企圖,如"乘騏驥以馳騁"、"忽反顧以遊目兮,將觀往乎四荒"、"吾將遠逝以自疏";其三,周遊求索背後,坎壈之情一直作爲主旋律存在著,"遊"其實並不能真正幫助詩人澄懷。此外,屈子所嚮往的仙境,帶有一定的道家色彩,《遠遊》結尾寫道:"經營四荒兮,周流六漠。上至列缺兮,降望大壑。下崢嶸而無地兮,上寥廓而無天。視儵忽而無見兮,聽惝怳而無聞。超無爲以至清兮,與泰初而爲鄰。"① 遠遊的終極之地,是四海八荒的元初之處,在此視聽全部失去了俗世的意義,進入了超然的境界,與莊周的太虚之境十分相似。

綜合現存的郭璞遊仙詩來看,基本承襲了屈原這種以"遊"澄懷的書寫結構。首先,仙境的描寫方式與楚辭頗爲接近,如"吞舟湧海底,高浪駕蓬萊。神仙排雲出,但見金銀臺"(《遊仙》十九其六);"登仙撫龍駰,迅駕乘奔雷。鱗裳逐電曜,雲蓋隨風迴"(其九);"璇臺冠崑嶺,西海濱招摇。瓊林籠藻映,碧樹疏英翹"(其十),以瑰麗的色彩、神化的意象、縹緲的意境構成宏大的視覺空間。其次,詩中仍有以"遊"超脱的暗示,"高蹈風塵外"(其一);"去來山林客"(其七);"採藥遊名山,將以救年頹"(其九);"永偕帝鄉侣,千齡共逍遥"(其十);"尋我青雲友,永與時人絶"(其十三),詩人不斷强調即將離開俗世到達仙境,並且能夠由此長生不老。最後,如第九首在描繪羽化登仙後筆鋒突轉,歎道"俯視令人哀",與《離騷》"陟升皇之赫戲兮,忽臨睨夫舊鄉"十分相似,可見對現世的悲鳴,對生命短促的慨歎,是貫穿眾多詩作的主旋律,並没有因"遊"而得到心緒的蕩滌,與此類似還有"臨川哀年邁,撫心獨悲吒"(其四);"悲來惻丹心,零淚緣纓流"(其五);"逖邈冥茫中,俯視令人哀"(其九);"静歎亦何念,悲此妙齡逝"(其十四)等②。

在這種抒情傳統中,"淡思"初步表現爲:詩歌内部"情"無法安置的問題與以"遊"澄懷的意圖的並存,以《遊仙》第四來看:

> 逸翮思拂霄,迅足羨遠遊。清源無增瀾,安得運吞舟?珪璋雖特

---

① 王逸注,黄靈庚點校《楚辭章句》,上海:上海古籍出版社 2017 年版,第 160—161 頁。
② 郭璞遊仙詩參見逯欽立《先秦漢魏晉南北朝詩》,北京:中華書局 1983 年版,第 865—867 頁。

達,明月難闇投。潛穎怨青陽,陵苕哀素秋。悲來惻丹心,零淚緣纓流。

首句以"逸翮"、"迅足"爲例表達了才能對理想環境的渴求,第二句以"清源"、"吞舟"表達了現實環境與才能的對立;《孟子》有"吞舟之魚,不居潛澤;度量之士,不居污世",景純意在感歎"逸翮"、"迅足"應在廣闊的空間中遨遊,毫無波瀾的清泉無法容納吞舟之魚。於是,第三句轉入了"士"與"世"的話題,以明月之珠的典故直喻動蕩政局中個人的處境;"明月之珠,夜光之璧,以闇投人於道,眾莫不按劍相眄者"是鄒陽上書之語,《晉書》載"璞既好卜筮,晉紳多笑之""自以才高位卑",可見此句乃郭璞對己身的暗喻。

值得注意的是,以上三層逐漸遞增的不遇之憤,與高蹈世外的"淡思",是並存於文字中的。李善意識到了這一問題,故首句注謂"逸、迅、思拂霄及遠遊,以喻仙者願輕舉而高蹈",次句謂"以喻塵俗不足容乎仙者",而後又謂"以喻仙者雖有超俗之譽,非無捕影之譏"。可見郭璞是以觀察者的身份,對仙境進行了一次想象之"遊",而成仙之意從強烈走向踟躕,當意識到仙人亦有"捕影之譏"的時候,轉入了傷春哀秋之歎:"潛穎"是幽暗之處的植物埋怨春光來遲,"陵苕"是高處的植物哀歎素秋早至,李善謂"言世俗不娛求仙,而怨天施之偏",故"歎浮生之促"而"悲俗遷謝,惻心流涕"①,這樣的悲歎與屈子"日月忽其不淹兮,春與秋其代序。惟草木之零落兮,恐美人之遲暮"異曲同工,都是在困頓之世、懷才不遇的境況下,面對時光消逝的焦灼感,而焦灼的背後是詩人明知難以實現卻仍然堅守的,致力挽救世人的赤誠之心。葉嘉瑩先生評價這首詩時聯繫郭璞的方士身份,認爲其中體現了占卜可知家國命數,卻仍然無能爲力的悲歎,以及"知其不可爲而爲之"的儒家精神②。范文瀾先生認爲郭璞是"有肝膽、有憂識的志士",當他看到東晉建國時內心是沉鬱的,而冒死斥責王敦叛逆又彰顯了剛毅的性格,所以"遊仙詩寓意慷慨"③,指出了郭璞儒士性情對詩歌書寫的決定作用,也從側面說明了在傳統遊仙詩的抒情模式中,"淡思"大抵只是詩中以

---

① 李善注參見《文選》,第1021—1022頁。
② 參見葉嘉瑩《漢魏六朝詩講錄》,石家莊:河北教育出版社2001年版,第443—445頁。
③ 參見范文瀾《中國通史(第二冊)》,轉引自王鍾陵《中國中古詩歌史》,北京:人民出版社2005年版,第324頁。

"遊"書寫的願景。

其次,郭詩對《離騷》澄懷方式的發展,應在於"道家之言"對"情"的滲入,以一定數量的作品初步形成穩定的寫作範式,並由此開啓了玄言詩的歷史篇章①。

"道家之言"首先表現爲陰陽神仙家的成分②,相比屈子筆下隱約的太虛之境,郭詩中以道教元素、列仙之趣抒情的意圖要更爲明顯。如"吐納致真和,一朝忽靈蛻"(其十一),"吐納"即方士所謂食氣,"食氣可以輕身,輕身可以靈蛻而飄然凌於太清之中"③;再如"左顧攬方目,右眷極朱髮"(其十二),"方目"、"朱髮"都是道教長生之辭;而諸如第六首極寫仙境之貌:

> 雜縣寓魯門,風暖將爲災。吞舟涌海底,高浪駕蓬萊。神仙排雲出,但見金銀臺。陵陽把丹溜,容成揮玉杯。姮娥揚妙音,洪崖領其頤。升降隨長煙,飄飄戲九垓。奇齡邁五龍,千歲方嬰孩。燕昭無靈氣,漢武非仙才。

這首詩"遊"顯得非常明顯,開首引典拉開了海鳥至、海風起、翻雲覆海、激流勇進的壯闊畫面,在這樣的背景下,蓬萊仙境浮現而出,在黄金白銀構成的宫殿裏,群仙成排而出,詩人看到了陵陽子明、黄帝師榮成公、嫦娥、洪崖先生、甯封子、盧敖以及人面龍身的五龍,連用《列仙傳》《神仙傳》《淮南子》等古籍中的七個典故細繪了他們的形象,將每一位特寫的鏡頭拉向遠古的時空,强調他們"千歲方嬰孩"的面容。

不過,雖然道家之言得到了發展,但是這些詩作中的抒情模式仍與傳統相似,詩人線性敘述了遊仙的歷程,重點依舊在表達坎壈之懷的内容。例如以上第六首以第一視角記録了暢遊仙境的所見之景,而其中仙人不少都由凡人羽化而成,行文間透露了成仙之思,詩人嚮往仙人的閒適生活,似乎已將自己融於其中,可是依舊無法擺脱與俗世的對比,末句諷刺燕昭使人入蓬萊求仙卻不得,以及漢武帝好道然非仙才,又回到了現實的語境。

---

① 王瑶、王鍾陵、葛曉音等也都將遊仙詩納入玄言詩,參見王瑶《中古文學史論》,第 274 頁;王鍾陵《中國中古詩歌史》,第 317—322 頁;葛曉音《東晉玄學自然觀向山水審美觀的轉化——兼探支遁注〈逍遥遊〉新義》,載於《中國社會科學》第 1 期(1992),第 151—161 頁。
② 參見汪春泓《鍾嶸〈詩品〉關於郭璞條疏證——兼論鍾嶸詩歌審美理想之形成》,第 20 頁。
③ 參見王鍾陵《中國中古詩歌史》,第 330 頁。

王鍾陵先生指出宏大的神仙世界"其實是郭璞塑造的一個理想境界,仙人生活的自由舒展,流洩著他對現實生活拘限、壓抑的不滿;仙人的奇齡高壽,寄託了他對於延長生存時間的渴求",這樣的理想境界郭璞既以"吞舟""高浪"訴説了它難以接近,又對比燕昭、劉徹,表明並非不能進入①。所謂難以接近,又非不能進入,其實是郭璞與現世若即若離的關係,一方面想要擺脱,一方面又無法割捨,正似屈子情懷。遊仙第二首靈妃、蹇修兩個仙人形象也都見於《離騷》,此詩記述了隨方外超然之士神遊仙境而見"靈妃顧我笑",其中"雲生梁棟間,風出窗户裏"、"閶闔西南來,潛波渙鱗起"已然是玄思之境,但詩人卻以"蹇修時不存,要之將誰使"作結,蹇修是屈原想要尋覓靈妃的媒人,媒人不存意味著靈妃之笑乃幻象,於是"雲生梁棟間,風出窗户裏"似又成了黄粱一夢。這樣的結構是對淡思的否定,詩人有玄冥的企圖,卻以仙夢的形式,將玄思之遊又變回了理想仙境與現實世界的對比,重歸屈子的抒情模式,坎壈之懷依舊在。

"道家之言"真正開始表現"玄思自我"的成分,是郭詩中的三玄之思。如"漆園有傲吏,萊氏有逸妻"(其一),是對莊子、老萊子的隱逸指涉;"進則保龍見,退爲觸藩羝"(《遊仙》其一),源自《周易·乾卦》"飛龍在天,利見大人";"明道雖若昧,其中有妙象"(其八),則是《老子》"玄之又玄""惚兮恍兮,其中有象"的玄悟②。但遊仙詩中這類内容並未真正成爲思想的主體。

劉勰認爲"景純仙篇,挺拔而爲俊矣"③,劉熙載謂"郭景純亮潔之士,遊仙詩假棲遯之言,而激烈悲憤,自在言外"④,説明了詩人塑造塵囂之外的仙境,是爲了排遣才高不遇、命途多舛的俗世困頓。這種"寄興"式書寫,代表了文學傳統抒情自我的表現方式,也反映了其中"淡思"的困境:"道家之言"進入以"遊"澄懷的書寫結構,事實上無法解決"情"如何安頓的問題,只是將"澄懷"的渴望寄託在虛擬的外在世界之中,詩人對假想世界的書寫遠大於内在精神的反思,因此濃墨描繪的仙境幻象、花草蟲魚多爲堆砌的工具,整體並没有褪去書寫的刻意,對實景的描寫雖有一些山水的成分(如"翡翠戲蘭苕,容色更相鮮"),但比例較少;"遊仙"澄懷

---

① 參見王鍾陵《中國中古詩歌史》,第 329 頁。
② 遊仙詩參見《先秦漢魏晉南北朝詩》,第 865—867 頁。
③ 參見范文瀾《文心雕龍注》,第 67 頁。
④ 劉熙載《藝概》,上海:上海古籍出版社 1978 年版,第 54 頁。

的意圖,始終輔助於無法平息的激越之情,詩人難以真正從想象之遊中獲得超越。

從郭璞自己的詩歌創作來看,也確實是過江之後內在哲思發展①,"情"如何消釋的話題纔真正擁有自己的詩歌語言。如《客傲》"不物物我我,不是是非非。忘意非我意,意得非我懷。寄群籟乎無象,域萬殊於一歸",這樣不累外物的玄理之辭,是從哲學精神的層面,對現世生活進行的反思;再如《幽思》的"林無靜樹,川無停留"②,已然具有靜觀山水的特點,《世説》引阮孚語"每讀此文,輒覺神超形越",指出了此句之精髓。但目前只剩下殘篇而難以看到全貌。

(二) 蘭亭玄言詩之"淡思":冥會自然的理想人格

過江以後,隨著政局趨於穩定,文人的心態日臻平和,"心不累於物"的思想在玄學中蔚然成風,曠淡的人格境界逐漸成爲門閥士族的理想,"名教與自然合一"③的人格模式在士族名臣中倍加推崇。以王導爲例,《晉書·王導傳》有"惟公邁達沖虛,玄鑒勁邈;夷淡以約其心,體仁以流其惠";孫綽評價其"柔盒乎春風,溫而倖於冬日"、"逍遥放意"④,可見時人對儒、玄相融的人格魅力之歆慕。這樣的人格形象在展露才性、建立盟友的清談中成爲主流,並在後江時期演變爲自矜門第的簡淡謙退之風⑤。

---

① 過江後不少作品都有所反應,《山海經注》中道家思想更爲明顯,可參見連鎮標《郭璞研究》,上海:三聯書店 2002 年版,第 117—145 頁。該節以七個維度,對《山海經注》中的道家思想一一進行了梳理:"'物稟異氣,出於自然'的宇宙觀"、"崇尚虛無的哲學觀"、"泯滅是非、萬物齊一的認識論"、"變化萬方,難以理測的不可知論"、"逍遥盡興、樂天傲世的理想人生"、"重己貴生的養生之道"。同時可參考游信利《郭璞年譜初稿》,載於《中華學苑》第 10 期(1972 年),第 79—110 頁。
② 參見逯欽立《先秦漢魏晉南北朝詩》,北京:中華書局 1983 年版,第 867 頁。
③ 參見錢志熙《魏晉詩歌藝術原論》,第 245—258 頁。書中用了一節的篇幅提出東晉"名教與自然合一"的人格模式,比較西晉寒素之士,並闡述"名教與自然合一"人格模式的形成原由。這一概念既與當時興起的人物品評之風相近,也反映出自嵇康以來文人開始熱衷在詩歌中表現超越的人格形象,所以本文在此基礎上研究以蘭亭詩爲代表的玄言詩,並提煉出"冥會自然理想人格"。
④ 見於孫綽《丞相王導碑》,收錄於《全晉文》。
⑤ 同錢志熙一樣,王鍾陵也認爲此時"淡"成爲一種儒、玄結合的理想人格,其以王述、王湛、王承譽爲"中興第一"爲例,説明了曠淡人格乃當時門閥士族的追求;並認爲這樣的理想是跨越晉、宋的,是門閥家業的維持者所標美的人格,所以彼時形成了"簡而不失,淡而不流"的士族風氣。參見《中國中古詩歌史》,第 334—336 頁。

於是,玄淡的理想人格在詩歌中得以書寫,呈現出不同以往的説話者——"玄思自我",不同於郭璞以"遊"澄懷的寄興抒情,東晉的諸多玄言詩人都選擇在玄理辨言、山水體悟中澄懷,並以詩歌作爲載體,書寫完成體玄悟道後遇見的這種内在"自我"。永和九年三月三的蘭亭修禊,即是如此。對於《蘭亭集》和以"蘭亭"、"三月三日"爲題的玄言詩,王鍾陵先生認爲:詩人胸中感蕩的意氣和撕心的悲痛被"淡"盡了,詩作表現出一種怡暢的情調,甚至透露欣欣向榮的生意,"無論豁朗欣暢,還是玄遠疏淡,其核心都是一個'淡'字,情累盡則有淡然出塵之思"①。可見其大多只呈現了澄懷的結果,或更傾向於傳達滌除玄鑒的"玄思自我"形象。

蘭亭聚會留下了三十七首詩,本文認爲其"淡思"的方式在於主體内在的"冥會自然":一方面,這裏的"自然"已經指向了山水,自郭象將"道"之"自然"移向山水,山水體悟就進入了玄學活動與文藝創作,消釋情感的方式開始由"外"向"内",玄學家們並非在具體時空的山水中,而是在代表宇宙的概念式的山水中,完成内在的各種精神體悟活動;另一方面,"冥會"是郭象提出的心物一體、匯通宇宙之玄思,它没有審美的主客之分,強調"與物冥而循大變",從自然山水中體味大道,由此澄淡俗世情累,進入超然逍遥的人格境界。因此,在這種觀念下,作品中的"玄思自我"與審美對象往往是重合的,宇宙大化成爲折射自我形象的媒介。

具體而言,王羲之的《蘭亭序》已經説明修禊活動的主要方式和目的:

> 仰觀宇宙之大,俯察品類之盛,所以遊目騁懷,足以極視聽之娱,信可樂也。

孫綽後序補充道:

> 乃席芳草,鏡清流,覽卉木,觀魚鳥,具物同榮,資生咸暢。於是和以醇醪,齊以達觀,決然兀矣,焉復覺鵬鷃之二物哉!②

前後序指出了修禊旨在通過玄覽山水澄淡俗情,以"遊目"的活動"騁懷",

---

① 參見王鍾陵《玄言詩研究》,《中國社會科學》第 5 期(1988 年),第 204—205 頁。
② 參見嚴可均《全上古三代秦漢六朝文》,北京:中華書局 1986 年版,第 1609、1808 頁。

達到和樂的狀態,也就是支遁所謂"足於所足,快然有似天真"。在此,郭璞的"遊仙"轉變爲了"遊目",通過"仰觀""俯察""鑒""覽"與自然芳草花卉、魚鳥江河、山川高嶺互動;互動不限於視覺的馳騁,是"極視聽之娛"的感官體驗:

> 仰望碧天際,俯磐綠水濱。……雖無絲與竹,玄泉有清聲。(王羲之)
> 流風拂枉渚,停雲蔭九皋。鶯語吟脩竹,遊鱗戲瀾濤。(孫綽)
> 肆眺崇阿,寓目高林。青蘿翳岫,修竹冠岑。谷流清響,條鼓鳴音。玄崿吐潤,霏霧成陰。(謝萬)
> 地主觀山水,仰尋幽人踪。回沼激中逵,疏竹間修桐。回流轉輕觴,冷風飄落松。時禽吟長澗,萬籟吹連峯。(孫統)
> 四眺華林茂,俯仰晴川澳。(袁嶠之)①

這些詩作"遊目"的對象既包括宏觀格局的高林修竹、華林晴川、碧水藍天;也有微觀動態的"冷風飄落松""游鱗戲瀾濤";而自然之聲伴隨著遊目高低起伏,"谷流清響"、"鶯語吟脩竹"、"萬籟吹連峰"都是仰觀俯察的世界裏流動的音樂,耳目相交呈現了"粲如揮錦,琅若叩瓊"的情境。孫綽《答許詢詩》謂"仰觀大造,俯覽時物"②,"遊目"其實是一種身體感官浸入宇宙自然的互動方式,梅洛·龐蒂在討論繪畫時,提出身體的神秘之處在於同時是能看的和可見的,它的正面與背面、過去與將來被容納到萬物之中,進而感知到"看"的行爲,在這個過程裏,事物環繞在身體的運動之中,感覺者與被感覺者持續保持著不可分割的關係③。這種身體與對象的渾然一體,其實是形成主客劃分的審美意識之前的階段,而在山水詩正式出現之前,玄言詩中玄覽山水的描寫,或正是該階段的呈現。

如此物我一體的玄覽(而非狹義的審美)方式,很大程度上源自《莊子》"齊一"的思想,是"淡思"從内在精神改變詩歌書寫方式之表現。"萬物齊一歡"(魏滂)、"茫茫大造,萬化齊軌"(孫統)、"萬殊渾一象,安復覺彭殤"(謝安)等,都是蘭亭詩人對物我齊一觀念的直接陳述。葛曉音先生認爲這

---

① 參見逯欽立《先秦漢魏晉南北朝詩》,第 895—896、901、906、907、911 頁。
② 參見逯欽立《先秦漢魏晉南北朝詩》,第 900 頁。
③ 參見莫里斯·梅洛·龐蒂著,楊大春譯《眼與心》,北京:商務印書館 2007 年版,第 36—37 頁。

些詩人"並非站在山水的對立面進行純客觀的審視,而是'渾萬象以冥觀,兀同體於自然'",指出了物我相融的特點;葛先生亦認爲"玄言詩中,詩人對景物的觀照,不是從興喻出發,不是簡單的忘憂娱情,而是'靜照在忘求'",此處的"靜照"即"玄覽",其根本目的在於"心靈化入宇宙的最深處,達到忘己的超然境界",這樣的宗旨顯然禀於莊學,也就是通過山水澄懷進入《莊子》所謂"恬淡"的狀態①。由此也說明了郭象對玄言山水詩的直接影響並非山水獨立於老莊的"自性",而是應物而動、返玄味淡的物我澄照觀;同時,這種物我相融與後來的情景交融亦不相同,是道家心物觀念的表現,心物觀念界入詩歌創作,也就帶來内省對情感的消釋;所以作爲"遊目"主體的説話者,詩人始終以"自我"與"對象"的重叠、互映與融合,展開表達的過程。

如果説身體融於自然山水的"遊目"行爲,只是"淡思"的方式,那麽心入宇宙、超然忘己、"冥會"大道,方爲"淡思"的彼岸。庾友"馳心域表,寥寥遠邁。理感則一,冥然元會",虞説"神散宇宙内,形浪濠梁津。寄暢須臾歡,尚想味古人"②,都直言不諱地表達了馳騁宇宙、冥會大道纔是終極渴求。可見在一眾玄言詩中,詩人都致力於將超越山水、體任自然的"自我"書寫出來,而這樣的結果或是超然的人格境界,或是袪情見性的玄悟境界:

> 散懷山水,蕭然忘羈。秀薄粲穎,疏松籠崖。遊羽扇霄,鱗躍清池。歸目寄歡,心冥二奇。③

此乃《蘭亭集》中王徽之的詩作,可以看到詩人首句就奠定了"蕭然忘羈"的基調,並説明這樣的境界是通過山水淡思完成的。之後的兩句對"散懷"之山水進行了具體的描寫,記録了詩人即目的四個畫面,它們都是寫意式的,我們很難從字詞中讀取花、松、鳥、魚同其各自背景確切的關係,只能從較爲隨意的語言結構中領會詩人對山水的感受。而最後詩人也道出其意並不在山水究竟是什麽,而在於遊目後和暢的心境、冥會玄理的成就。因此,這首詩整體呈現著閒適暢快、生機盎然的氛圍,完全没有透露任何的世俗

---

① 葛曉音《東晉玄學自然觀向山水審美觀的轉化——兼探支遁注〈逍遥遊〉新義》,第159—160頁。
② 兩首詩分别參見《先秦漢魏晉南北朝詩》,第908、916頁。
③ 參見逯欽立《先秦漢魏晉南北朝詩》,第914頁。

之情,並且,詩人是以融於並超越山水的姿態出現的。再看謝安之作:

> 相與欣佳節,率爾同褰裳。薄雲羅陽景,微風翼輕航。醇醪陶丹府,兀若遊羲唐。萬殊混一理,安復覺彭殤。①

相較王徽之,這首詩較爲重視詩歌語言的呈現,但全詩欣然的基調與王氏是相同的。首句鋪墊了修禊的時間、人物、心情,並直接將山水轉向宇宙時空,《抱朴子·廣譬》"猶褰裳以越滄海,企佇而躍九玄"②,"褰裳"可謂打開了玄冥體悟的大門。結合"褰裳"與"遊羲唐",以及謝安《與王胡之詩》"投綸同詠,褰褐俱翔"來看,"薄雲羅陽景,微風翼輕航"的"翼"應是詩人對自身溶入山水中的譬喻,即以"越滄海"的姿態進入山水,馳騁於微風之中,俯察薄雲之下的春景;而當酒入丹田,心已遊於伏羲、唐堯盛世;最後,詩人道出了玄思,"萬殊混一理,安復覺彭殤",彭祖長壽、殤子夭折,在萬物一理的宇宙時空中,其實並沒有分別。謝安爲什麼這麼說呢? 這涉及蘭亭詩人淡化的俗情是什麼的問題,王羲之序言道:

> <u>每覽昔人興感之由</u>,若合一契,未嘗不臨文嗟悼,不能喻之於懷。<u>固知一死生爲虛誕,齊彭殤爲妄作</u>。後之視今,亦猶今之視昔。悲夫! 故列敘時人,録其所述,雖世殊事異,所以興懷,其致一也。後之覽者,亦將有感於斯文。③

可見生死是《蘭亭詩》的重要話題,而對時間的焦慮一直以來都是文人的敏感之處。謝安的"萬殊混一理,安復覺彭殤"正是對王羲之"死生亦大矣"的回應,所以在詩中以暢遊古今表明了精神本體之存在,並且透露出精神凌駕於山水之上,能夠"躍九玄"而觸及宇宙真理,由此將玄理境界與超越的人格境界相互融合了。孫綽將這兩種境界歸爲"忘味":

> 流風拂枉渚,停雲蔭九皋。鶯語吟脩竹,遊鱗戲瀾濤。攜筆落雲

---

① 參見逯欽立《先秦漢魏晉南北朝詩》,第 906 頁。
② 葛洪《抱朴子》,上海:上海古籍出版社 1990 年版,第 193 頁。
③ 參見嚴可均《全上古三代秦漢六朝文》,第 1609 頁。

藻,微言剖纖毫。時珍豈不甘,忘味在聞韶。①

前文所引葛曉音評蘭亭詩之"忘己",也就是這裏的"忘味",是玄冥境界的具體表現,亦即"平淡"的境界。詩中的"聞韶"雖然用了孔子聽樂的典故,但是所指並非音樂,而是上句的"微言",孫綽曾評價庾亮"微言散乎秋毫,玄風暢乎德音","微言"也就是玄冥之理。《人物誌》有"精微所以入神妙"之説,有精微之思纔能入神妙之境,説明了思心玄微的宗旨是體悟"回復變通"之道,盧湛《贈劉琨詩》謂"纖質實微,衝颻斯値。誰謂言精,致在賞意。不見得魚,亦忘厥餌。遺其形骸,寄之深識"②,亦是強調"微言"獲自體味的過程。由此回到以上孫綽的詩作,可以看到其中勾勒了當時清談的三個階段,前兩句乃山水遊目,第三句寫微言之談,末句描述了超越俗世之味,進入玄冥境界的"平淡"之感。"時珍豈不甘",實際上從側面説明詩人們已然超越了首兩句所描寫的現世山水。

以上分析的三首詩,自始至終都沒有任何俗累之情的滲透,一直以閒適逍遥的基調書寫詩人如何冥會大道、抵達眾人皆嚮往的玄覽的彼岸。錢志熙先生將這樣的創作歸於"求玄的衝動",並對照"情感"將其命名爲"理感"③,指出了玄言詩的創作過程中,書寫僅爲澄懷結果的記録。或可認爲,"情"並非不存在,而是在下筆歌詠之前,就已經被"玄思自我"消釋了。王羲之和孫綽的序言對觸物興懷的情感都予以了肯定:

或取諸懷抱,悟言一室之内;或因寄所託,放浪形骸之外。……及其所之既倦,情隨事遷,感慨係之矣。向之所欣,俯仰之間,已爲陳跡,猶不能不以之興懷,況修短隨化,終期於盡!(王羲之)

情因所習而遷移,物觸所遇而興感……閑步於林野,則遼落之志興。(孫綽)④

---

① 參見逯欽立《先秦漢魏晉南北朝詩》,第 901 頁。
② 參見逯欽立《先秦漢魏晉南北朝詩》,第 882 頁。
③ 參見錢志熙《魏晉詩歌藝術原論》,第 382—385 頁。"理感"後來引起了玄言詩研究的討論,如錢剛據此將"理感"的訴求歸爲"微言",認爲"微言"即聖人之言,是玄談的終極追求。參見錢剛《東晉玄言詩審美三題》,載於《上海大學學報》第 1 期(1997 年),第 36 頁。
④ 參見嚴可均《全上古三代秦漢六朝文》,第 1609、1808 頁。

大部分的玄言詩人,爲了彰顯超越的人格境界,只書寫"神明貌"、"體沖和"、"通於無"的部分,而將感興的階段、俗情的內容省略,所以在詩中看到的更多是:

> 時來誰不懷,寄散山林間。(曹茂之)
> 今我歡斯遊,慍情亦蹔暢。(桓偉)
> 激水流芳醪,豁爾累心散。(袁嶠之)
> 消散肆情志,酣暢豁滯憂。(王玄之)
> 今我斯遊,神怡心靜。
> 嘉會欣時游。豁爾暢心神。(王肅之)
> 散豁情志暢,塵纓忽已捐。(王蘊之)①

這些詩作中的"累心散""慍情暢""心神靜""豁滯憂""寄散懷",其實暗示了"累心"、"慍情"的在場,只是詩人有何累情、又如何通過山水玄言澄懷的過程被壓縮了,僅書寫了遊目的體悟、情緒的暢通、俗情的超越、無累的境界。此外,"靜""暢""散""豁"即羲之、孫綽所謂的"和以醇醪""快然""信可樂",這種"和樂"的情致也就是嵇康的"至樂",它並非不是情感的一種,應當說它是超越世俗之情的"高情"②。

蘭亭詩人這種直面情感,以"淡思"來抒"高情"的方式,與"寄興"抒情傳統完全不同。以《離騷》爲代表的抒情傳統,"情"很多時候並沒有被正面且理性地對待;蘭亭詩中,詩人則沒有逃避或否定"情",而是通過有目的活動,進入"內省自我"的書寫。從理論背景來看,這樣的改變不僅由於內在哲思參與文學創作的成分大大增加,應當還和玄學情性論的影響密不可分,第一部分已作論述,此不贅言。

有見及此,本文更傾向於將詩人"累心散"的意圖定義爲"淡思",它以莊老哲思爲主導,觸發了"玄思自我"的呈現,是還原大部分玄言詩創作過程的關鍵——它是"情感"(俗世之情)與"高情"(超越之情)的中間階段,是理性與情感互動的呈現,也是玄學心物、情性觀念以第一人稱實踐於詩

---

① 參見逯欽立《先秦漢魏晉南北朝詩》,第 909、910、911、911、913、915 頁。
② 錢剛認爲玄言詩所抒之情從理念層面而非形象層面進行,乃由實入虛的"高情""至情",參見錢剛《東晉玄言詩審美三題》,第 34 頁。

歌的立足點。詩人書寫了藉由玄覽冥會超越情累的心理過程,演繹了玄學理論向生活實踐的轉變(蘭亭詩實際上就是玄學理論變爲修禊活動,再轉成的詩歌語言),立足於詩中這些隱性的"淡思",讀者所能倒帶進入的,應當是有著廣大而豐富想象空間的情感世界。不過,隨著内省之"感"的淡隱,"内省"之"思"的極致,審美對象被普遍化、概念化,"玄思自我"覆蓋了個體生命,詩歌也就失去了具體時空中的美感表達,辭藻形式顯得隨意而缺少組織,故雖符合劉勰所謂"淡思",但並不在"濃采"之列。直到情景交融的山水田園詩走上歷史舞台,將具體的特殊的情感世界在詩歌語言中還原出來,抒情與玄思開始磨合,"淡思"纔逐漸與"濃采"走向並置。

(三) 謝靈韻山水詩之"淡"：情景互應的創作機制

劉勰謂"莊、老告退,而山水方滋",歷來習慣以之分界玄言詩與山水詩,王瑶先生曾對此提出質疑"並不是人們底思想對宇宙人生認識的變遷,而是一種導體,一種題材的變遷"[①]。本文認爲,這種變遷或正是"理"逐漸與"抒情"相融並向"詩性"的過渡,而"導體"乃"淡思"方式的再度變化。以蘭亭詩來看,大部分詩人致力於彰顯"玄思自我",對於詩歌的文學性並没有太多的關注;莊、老告退,乃"淡思"方式由文化活動轉向文學創作,其背後是清談交際之風的衰落,門閥士族的閉門謙退;而當"淡思"的重心由玄冥轉向文學,玄言家的身份隱退,詩人的身份走向幕前,莊老"物我一體"的宇宙觀念也就逐漸裂變爲主客二分的審美模式,詩人們開始在書寫中還原俗情的内容,嘗試用不同的美學方式將其投射到山水之中,並致力詩歌結構形式的平衡以令内心趨向"平淡",由此形成了情景互應的創作機制。事實上,蘭亭玄言詩人(如孫綽)的部分作品已具有這樣的成分,只是尚未以一定的創作機制予以呈現。

具體而言,情景互應的創作機制是"抒情自我"與"玄思自我"磨合的嘗試,以山水描寫爲依託,有著明確的書寫動機。從文學觀來看,作爲山水詩的開山鼻祖,謝靈運直言不諱地傳達了這樣的創作理念：

首先,《山居賦》序言"順從性情,敢率所樂,而以作賦",正文"懷秋成章,含笑奏理",指出了書寫與抒情的關係,其《感時賦》謂"夫逝物之感,有

---

① 王瑶《中古文學史論》,第284頁。

生所同……乃作斯賦",《佛影銘》序言謂"摹擬遺量,寄託情采""援筆興言,情百其慨",都表達了藉文學以抒情的觀念①。

其次,謝氏以爲"理"是詩歌書寫的核心價值,《山居賦》謂"詩以言志,賦以敷陳。箴銘誄頌,咸各有倫",道明了"詩言志"本位的文學觀,《宋書·謝靈運傳》開篇"夫志動於中,則歌詠外發"佐證了這一點;謝詩中的"志"到了後期即爲佛理與玄理,故其謂:"謝子卧疾山頂,覽古人遺書,與其意合,悠然而笑曰:夫道可重,故物爲輕;理宜存,故事斯忘。古今不能革,質文咸其常。"因此在《山居賦》的自注中引用了大量的老莊之言、佛經之語;"理"的推崇下自然强調文學旨在"會性通神",所以同一衆玄學家一樣,在其詩文中始終以"理"釋"情",追求玄淡的人格,例如《山居賦》道"欣見素以抱朴,果甘露於道場",自注謂"不以麗爲美"、"然清虚寂漠,實是得道之所也",就是滌除玄鑒的典型。

不過,謝氏强調"會性通神"是山水玄覽、文學創作之後的狀態,不同於大部分玄言詩人在詩歌書寫前已冥會大道,他認爲玄通是經由文學創作之後達到的境界,所以在他的文學觀中,文字表達"不淡"而"淡"過程的功能性十分明顯,對文學形式普遍進行了"研精靜慮,貞觀厥美"的精雕細琢,尤其在返鄉退守之後,靜照山水成爲其澄懷的主要方式,尋求山水與個體精神的内省互映的文學形式,亦成爲寫作追求。例如《山居賦》談到自己歷覽山野草木而"心放俗外",就希望通過"文體兼宜"的美感形式將所見所感歌詠出來,傳達了書寫基於清晰創作渴望的觀念。

謝靈運落實於文學創作的這種"淡思",在其山水詩中得到了確切的實踐。以其《登池上樓》來看:

> 潛虬媚幽姿,飛鴻響遠音。薄霄愧雲浮,棲川怍淵沉。進德智所拙,退耕力不任。徇禄反窮海,卧痾對空林。衾枕昧節候,褰開暫窺臨。傾耳聆波瀾,舉目眺嶇嶔。初景革緒風,新陽改故陰。池塘生春草,園柳變鳴禽。祁祁傷豳歌,萋萋感楚吟。索居易永久,離羣難處心。持操豈獨古,無悶徵在今。②

---

① 《山居賦》《感時賦》《佛影銘》分别參見顧紹伯校注《謝靈運集校注》,臺北:里仁書局2004年版,第449—465、512、359頁,以下引《山居賦》出處相同。
② 參見顧紹伯校注《謝靈運集校注》,第95頁。

在這首作品中,詩人將自己的情累直言出來,"進德智所拙,退耕力不任"謂智力短拙、不能匡時濟世,退隱躬耕又力不從心。根據胡刻本《文選》,此詩寫於景平元年初春①,當時劉裕長子劉義符即位,謝靈運因挑撥大臣而被排擠,外放至永嘉做太守,永嘉臨近東海,故謂"徇祿反窮海",而不久就臥病在床,許久未出門,已不知季候節氣,於是打開窗戶,看到了戶外的自然景致,可見詩人是在啟窗以後,從高處觀臨山水感發了進退不得力的積鬱之情。由此開首第一句寫道潛虬與飛鴻,它們一個深隱、一個高飛,擁有保存美好的自由;第二句謂靠近雲霄但不及高浮之雲,棲息川谷又無法真正沉入淵底,雖然沒有主語,但是詩人自己"進德智所拙,退耕力不任"的慨歎,故李善注謂"虬以深潛而保真,鴻以高飛而遠害,今以嬰俗網,故有愧虬鴻",葉嘉瑩認爲"媚""響""愧""怍"都是人的情感在景物上的投射,並且形成了呼應和對比②,說明詩人是面對高低自然空間引發了感興之情。

前四句是詩歌情感活動的第一個階段,第二階段則進入了"淡思"的書寫,詩人啟窗遊目崇山峻嶺、聆聽海浪翻滾,纔發現冬去春來時節已變,此時已經耳目遊於山水,置身自然之中,感受萬物大化了。接下來的名句"池塘生春草,園柳變鳴禽",則進一步說明詩人的情感有所澄淡,此句與開首兩句都運用了倒裝,但方式並不一樣。開首的句法結構非常複雜:第一句是工整的對偶,本來的語序應當是"潛虬幽姿媚,飛鴻遠音響",當形容詞"媚"、"響"變成動詞,"媚"與"幽姿"從主謂關係變成不符合語言習慣的動賓關係,顯然拉開了兩者之間的距離,從第二句的"愧""怍"方知詩人匠心如此,源於自身無法企及潛虬、飛鴻的心理距離。從句法上來看,第二句要更爲複雜,首先明確的反對"沉""浮"將首句潛在的進退之意揭示了出來;其次一、三、五字連用動詞,明顯加快了語言的節奏。蔡宗齊先生指出"對節奏的控制是大謝換用簡單和複雜對偶聯的一個重要考慮","短短一行中有兩個遞進的動詞詞組,敘述、言情或寫物的節奏自然就大大加快了"③,"薄霄愧雲浮,棲川怍淵沉"三個動詞重疊了兩個動賓、一個主謂短語,複雜的句法形成了纏繞糾葛的情境,背後顯然是愁腸百結心理的加劇。相比這兩句,"池塘生春草"的結構要鬆散很多,雖然也是倒裝,但並不是工整的對

---

① 參見顧紹伯校注《謝靈運集校注》,第 95 頁。
② 參見葉嘉瑩《漢魏六朝詩講錄》,第 455—458 頁。
③ 參見蔡宗齊《六朝五言使句法、節奏、詩境新論》,載於《上海師範大學學報》第 5 期(2018 年),第 113—114 頁。

偶,僅以虛實相生的方式描繪了閒適輕快的景致,可見詩人置身山水以後心境已然有所澄蕩。

這首詩的第三階段可以說是郭璞遊仙與蘭亭玄言的結合,是"抒情自我"與"玄思自我"的疊加。從最後一句"持操豈獨古,無悶徵在今"來看,詩人意在彰顯自己的超越人格,"無悶"本於《周易》乾卦,兩者結合,清高避世而無悶、情累盡散的人格形象浮現了出來,如果緊接著"池塘生春草",這樣的形象或許更爲貼切,然而出現於"祁祁傷豳歌,萋萋感楚吟。索居易永久,離群難處心"之後,則意味深長。"豳歌"用典《七月》,"楚吟"用典《招隱士》,兩者都是歸思之情,即"索居易永久,離群難處心"表達的離群體獨居、時光漫長之意。從"持操豈獨古,無悶徵在今"來看,"祁祁傷豳歌"與"索居易永久"似乎是爲了襯托自己,但若以整首詩而言,則又似詩人永嘉孤獨生活之抒發,末句的超越人格也就變得刻意了。

雖然謝靈運的詩作常被批評情景割裂,但從這首詩來看,詩人的情感投射到了山水物象之上,王夫之認爲謝詩"情不虛情,情皆可景;景非滯景,景總含情",道出了情景交融的特點,這種"心與物的相諧"反映了"心理隨著環境而調適情緒,與環境獲得一致節律的一般結果"[①],在蘭亭超越人格、閒適境界之外,謝詩以內在創作機制成爲"淡思"的表現形式。《登池上樓》的三個部分從時間上來看並不是線性的,因爲詩人啓窗的動作發生在詩歌的中段;但是情感的變化卻是線性的,從感興到淡思,又迴旋往復,再玄理澄淡,完全貼合詩歌的書寫順序;而這樣的感情變化,在詩歌中很大程度上依賴語言結構的轉換實現;無論詩人最後是否完全達到無悶的狀態,玄言的尾巴都沒有以工整的對偶呈現,已經說明了謝氏意在通過句法強調俗情的疏散;此即本文所謂"情景互應的創作機制","創作機制"也就是詩歌的書寫形式。

當然,謝詩被批評情景割裂不是沒有原因的,他的不少山水詩都呈現"三段式"的結構——敘事、寫景、說理(或直抒胸臆),並且以凌跨的態度對待自然[②]。事實上,這樣的現象可能是蘭亭以後"淡思"逐漸文學化的結果,一方面,玄學追求的冥會大道超越人格在謝詩中得到了保留,所以他的山

---

① 參見蔣寅《情景交融與古典詩歌意象化表現範式的成立》,載於《嶺南學報》第 11 輯(2019 年),第 6 頁。文中同時認爲謝靈運的遊覽詩呈現情景交敘的狀態,"山水景物都出於作者的觀照,呈現出與觀賞主體的心境相契合的色彩"。
② 參見周勛初《論謝靈運山水文學的創作經驗》,載於《文學遺產》第 5 期(1989 年),第 53 頁。

水描寫仍具有"神理流於兩間,天地共其一目"的特點,以人格形象超越現實山水的意圖,給人以凌跨之感;另一方面,由於謝靈運持有"情景交融"的創作意圖,所以玄言士人追求的物我渾茫一體的境界,必定裂變爲主客二分的審美判斷,從詩題的改變就已經可以看出,玄言詩很少明確遊覽山水的時間、地點,而謝詩則不然,可見在現實山水與概念山水(即前文所謂玄言家所熱衷的概念式山水)之間,謝靈運更傾向於以文字再現前者,這也符合其"研精靜慮,貞觀厥美"的創作觀。過去我們將"研精靜慮"理解爲"才高詞盛,富艷難蹤",謝詩由此代表了"淡思濃采"的寫作風格;而若從"淡思"文學化的進程來看,"濃采"或許正是玄思始融於抒情模式的結果。當自然意象尚未完全進入深化的個人世界,詩人尚未抵達自適的精神境界,仍在"當下"與"過去"之間糾葛徘徊,企圖憑藉文學書寫到達"心放俗外"的自我,則必然需要經歷一個刻意的階段;因此若從詩歌內在的"平衡"機制來看,結構上的割裂、辭藻用典之"繁蕪爲累"、山水意象的凌跨感,或許正反映了"淡思"在平衡"情"與文本結構的過程中,所留下的磨合的痕跡。

(四) 陶淵明田園詩之"淡思": 自足自適的精神世界

到了陶詩可謂"淡"風終成,莊、老之言內化爲精神風貌,並與儒學佛理相融,共同塑造了陶潛的"詩性自我"——調和"抒情自我"與"玄思自我"的自足自適的精神世界。高友工先生曾指出,美學經驗可在三個層次上達到內在的滿足感:經驗本身可賦予愉悅;有些經驗可通過反思與創作行爲營造完整與完美的感覺;充分地體驗生活、依靠直覺,並從中取得存在的意義①。陶淵明的田園詩應當説基於以上三個層次,尤其第三層次,形成了完美的"詩性自我":

首先,玄言中的超越人格模式在田園詩中退居幕後,轉換爲了農耕隱士的形象,身體成爲"淡思"的核心元素。《五柳先生傳》謂"著文章以自娛"、"銜觴賦詩,以樂其志",道出了與謝氏"托此不朽"不同的寫作意圖。這與陶淵明的身份有著很大的關係,"弱年逢家乏"(《有會而作》);"幼稚盈室,缾無儲粟,生生所資,未見其術"(《歸去來兮辭》);"饑來驅我去,不知竟何之。行行至斯里,叩門拙言辭"(《乞食》);"竟抱固窮節,饑寒飽所

---

① 參見高友工《中國抒情美學》,載於《中國抒情傳統的再發現》,第593頁。

更"(《飲酒》第十六)①,都反映出生計的問題,所以相對康樂凌駕山水的門閥士族姿態,他面對"躬耕自資"(蕭統《陶淵明傳》)的田園自然,則以謙順的態度出現。農田耕作生活中,身體與田園的互動爲情緒的澄淡提供了條件。以《庚戌歲九月中於西田穫早稻》爲例:

> 人生歸有道,衣食固其端。孰是都不營,而以求自安!開春理常業,歲功聊可觀。晨出肆微勤,日入負禾還。山中饒霜露,風氣亦先寒。田家豈不苦?弗穫辭此難。四體誠乃疲,庶無異患干。盥濯息簷下,斗酒散襟顔。遥遥沮溺心,千載乃相關。但願長如此,躬耕非所歎。②

在這首詩中,詩人以"晨出肆微勤,日入負耒還"的形象出現,與山水的互動已不限於觀賞和體悟,而是參與了自然的變遷,所以對於"山中饒霜露,風氣亦先寒"有著切身的體會。楊玉成先生認爲"中國文學中四季意識最清楚的莫過於陶詩,甚至形成'四季原型'的結構模式"③,之所以對季節的變化有超乎尋常的感知度,是由於農耕生活與土地的互動。"晨興理荒穢,帶月荷鋤歸"的生活必然是艱辛的,所以詩人發出了"田家豈不苦"的感歎,而確實是在"四體誠乃疲"的農作後,"盥濯息簷下,斗酒散襟顔"的休憩之時,感受到了田園生活"庶無異患干"的怡然境界。陶澍注謂"龐德公率妻子躬耕隴畝,而曰'世人皆貽以危,我獨貽以安也'"④,指出"患"在田園生活中的消釋;同時也説明"遥遥沮溺心,千載乃相關"是將安怡的歸隱生活,放入歷史空間與古之隱士進行的對話,從這個角度來看,玄言詩人冥會大道的超越人格還是存在的,只是已没有自詡的意味而退居幕後了。

其次,玄言中冥會大道的澄懷追求變成了返回自己精神樂園的内省模式,"淡思"的過程被真正展開,"玄思自我"變成了穩定的心象,而不再是玄理的鋪陳。在過去的玄言詩中,由於詩人著力塑造自己的玄遠人格,玄理

---

① 《有會而作》《歸去來兮辭》《乞食》《飲酒》(第十六)分别參見袁行霈《陶淵明集箋注》,北京:中華書局2003年版,第306、460、103、271頁。
② 參見袁行霈《陶淵明集箋注》,第227頁。
③ 參見楊玉成《田園組曲:論陶淵明〈歸園田居〉五首》,載於《國文學誌》第5期(2000年),第226頁。
④ 參見龔斌《陶淵明集校箋》,上海:上海古籍出版社1999年版,第206頁。

的鋪陳乃詩歌的主要内容,康樂山水詩亦是如此;而對於陶淵明,當其以農夫的身份,與山水世界進行對話時,體"淡"的過程被身體實踐了,故以文學形式書寫田園生活之時,呈現了自然天成的情景交融、平易閑適的境界,以《歸園田居(其二)》爲例:

> 野外罕人事,窮巷寡輪鞅。白日掩荊扉,虛室絶塵想。時復墟曲中,披草共來往。相見無雜言,但道桑麻長。桑麻日已長,我土日已廣。常恐霜霰至,零落同草莽。①

雖然這首詩曾有興喻之説,但整體來看仍是"真意實在田園"之作②。詩中展現的田園生活是少有人跡的自然空間,而世俗之累在此被消釋在了日常的農耕瑣事之中,故謂"虛室絶塵想"。在詩人的生活中,與農夫一起撥草而行、討論農事乃主要内容,所喜往往是"桑麻日已長,我土日已廣",所憂則"常恐霜霰至,零落同草莽",在氣候變幻中體會了自然植物的生長變化,遠離了俗世塵雜。《歸園田居》之三③則進一步描繪了農耕生活的日常,"晨興理荒穢,帶月荷鋤歸"是日月轉換中詩人在農田的身影,"道狹草木長,夕露沾我衣"是農田中的詩人與自然互動的細節感受,通過這樣的互動,詩人體會到的是"但使願無違"的平静與祥和。《歸園田居》之四④、五⑤兩首則將生死的慨歎與消釋,溶解在了日常的田園生活之中。其四記述了帶領子侄遊走山林曠野,偶遇墓地,看見逝者居住之痕跡依舊在,而桑竹只留殘株,進而感歎"人生似幻化,終將當空無",結合第二首"桑麻日已長"可知,詩人在此是聯想到自己生命而發出的悲歎。但是,這樣的悲情很快又在田園生活中消解了,最後一首雖以"悵恨"起,但在山澗之中洗去塵穢,濾

---

① 參見袁行霈《陶淵明集箋注》,第83頁。
② 興喻之説乃劉履《選詩補注》"蓋是時朝廷將由傾危之禍,故是有喻";方東樹則認爲"真意實在田園,非喻己也"。參見袁行霈《陶淵明集箋注》,第84頁。
③ 種豆南山下,草盛豆苗稀。晨興理荒穢,帶月荷鋤歸。道狹草木長,夕露沾我衣。衣沾不足惜,但使願無違。
④ 久去山澤遊,浪莽林野娱。試攜子侄輩,披榛步荒墟。徘徊丘壠間,依依昔人居。井竈有遺處,桑竹殘朽株。借問采薪者,此人皆焉如?薪者向我言,死没無復餘。一世異朝市,此語真不虚。人生似幻化,終當歸空無。
⑤ "悵恨獨策還,崎嶇歷榛曲。山澗清且淺,可以濯吾足。漉我新熟酒,隻雞招近局。日入室中闇,荊薪代明燭。歡來苦夕短,已復至天旭。"《歸園田居》其三、四、五參見袁行霈《陶淵明集箋注》,第85—87頁。

酒殺雞招待鄰居之後，轉入了"歡來苦夕短"的情緒，在閒適快樂之中迎來了新的農耕之日。邱嘉穗《東山草堂陶詩箋》謂"前首悲死者，此首念生者，以死者不復還，而生者可共樂也。故耕種而還，濯足纔罷，即以斗酒隻雞，招客爲長夜飲也"①，指出了詩人的心緒變化，而這樣的變化是在具體的山村生活中興發、感歎與消解的。如果説抒情反省的過程表現爲當下自我與過去片段的交互作用，那麽詩人追溯的"歷榛曲"、"濯足"、"濾酒"、"隻雞"等片段，都是身體融於自然的行爲，所有心緒早已消散於祥和的田園，當下的自我亦不再沉湎糾葛，自然呈現了一個自足平和的"靜觀的空間世界"。

由此再回到總起五首的《歸園田居》其一：

> 少無適俗願，性本愛丘山。<u>誤落塵網中</u>，一去三十年。羈鳥戀舊林，池魚思故淵。<u>開荒南野際</u>，守拙歸園田。方宅十餘畝，草屋八九間。榆柳蔭後園，桃李羅堂前。曖曖遠人村，依依墟里煙。狗吠深巷中，雞鳴桑樹巔。<u>户庭無塵雜，虛室有餘閒</u>。久在樊籠裏，復得返自然。②

在這首詩中，交待了詩人過去的經歷，並對之進行了評價，"誤落塵網"將俗世與丘山對立了起來，勾畫了"去"與"返"的路徑，明確了自己的歸屬在田園之中，而這"舊林""故淵"也就是陶潛的精神家園。陳寅恪先生曾指出陶淵明的精神是"外儒内道"③的，"返"的追尋即是"内道"之表現，"反者道之動""抱樸守真"在其詩作中都得到了很好的表現，"曖曖遠人村，依依墟裏煙。狗吠深巷中，雞鳴桑樹巔"顯然就是《桃花源記》中"阡陌交通，雞犬相聞"的景象，是陶淵明心中的"本真"世界面貌的具體呈現。其次，值得注意的是，"開荒南野際"正如田園組詩反復出現的"披草"、"披榛"、"榛曲"一般，預示著詩人從樊籠復得自然之路，必定經歷了"初極狹"再"豁然開朗"的過程，"猛志逸四海，騫翮思遠翥"的豪情在身體通過榛曲的過程中淡化，正如"濯足"的行爲一般，詩人有著明確的意識，以身體與自然的互動，消釋

---

① 邱嘉穗《東山草堂陶詩箋》，收入四庫全書存目叢書編撰委員會編撰：《四庫全書存目叢書》（集部第三册），濟南：齊魯書社1997年版，第234—235頁。
② 參見袁行霈《陶淵明集箋注》，第76頁。
③ 參見陳寅恪《陶淵明之思想與清談之關係》，載於《金明館叢稿初編》，北京：三聯書店2001年版，第229頁。

塵世之累。末句"户庭無塵雜"顯然對應了"誤入塵網中",從組詩的以下幾首來看,詩人的田園生活十分辛苦與忙碌,"虚室有餘閒"之"餘閒"或非閒暇時間,而是"但使願無違"所指的心境之閒適。蕭馳先生認爲"'遊仙'與大謝的山水是爲解脱而盡量遠離自身而極力向外拓展的《伊利亞特》,而淵明的歸返田園則是回到自身的《奥德修斯》"①,指出了陶詩"向内"修煉的特質,通過身體與自然的互動"復得返自然",復返自給自足的農耕生活,回歸自我澄照的精神世界,也就由内而發"平淡"的特質,王夫之評其"平淡"謂"淡者,遣意不煩"②,即是此意。同時,正如"返"的本身已經包含了"猛志逸四海"之起點,"塵網"與"田園"之間的張力存在於返回的路徑之中,並通過"奥德修斯"式的田園修煉,在身體勞碌於日常一草一木實實在在的農耕場景裏逐漸消釋,造就了陶詩深遠的意旨,即後來宋人所謂的"淡而有味"③。

此外,王夫之定義"平淡"之"平"爲"取勢不雜",指出了陶詩的表現方式並不華麗的特點。相較當時的詩風,陶詩的結構形式較爲簡單。以《歸園》之一來看,蔡宗齊先生提出"迭加結構"——"每一聯爲一個片段,迭加結構各部分之間並没有按照時間順序來排列,而是每一個片段都從一個不同的角度來反映詩人對田園生活的熱切嚮往"④,各個片段以較爲鬆散的結構組織起來,並不意在强調它們之間的線性或因果關係,源自詩人"取勢不雜"的創作方式,當俗世情累已在田園生活中澄淡,當平淡已成日常心境,詩歌並不意在寄興,亦非試圖從文字的内在機制(或文字遊戲)中獲得意足與無累,而是通過文學書寫將田園生活的種種片段還原出來,且在田園生

---

① 參見蕭馳《玄智與詩興》,第 294 頁。
② 參見王夫之著,李利明校點《古詩評選》,上海:上海古籍 2011 年版,第 198 頁。
③ 王鍾陵以"'淡'與'不淡'交織的陶淵明詩"爲題,概述了一整章對陶詩的闡釋,指出了"淡"與"不淡"的張力,始終隱隱存在的本質。在此摘録其中一段評論如下:"虚遠的推拓,使得平淡切實的生活獲得一種理性的詩意的遠神,而不同于士族文人的是,徵士又以其真實的生活依託,使虚遠流化的玄學理論和對生活審美的感受不失於空洞和浮乏。由此,陶潛得到了一種具體而遠的思想的、藝術的境界,不僅安頓了疲憊的身心,慰藉了憂愁的靈魂,而且他的詩文也正因表現了這樣一種境界,而放射出淡中有厚的清俊色彩。"參見王鍾陵:《中國中古詩歌史》,第 362 頁。本文認爲,在陶詩中,與此在的田園生活一直參差對照的,是塵網三十年的塵世時空,以及冥會大道的玄理世界。但是,陶詩並不刻意書寫"此"與"彼"的牽扯,而是以"返"的方式不經意流露出身後的"彼在",在輕描淡寫中,將玄覽之悟融匯於田園之中,以感歎的方式表達出來而具有了抒情的特點,於是"新自然說"與詩歌融合了,"平淡"也就告別了與抒情相違的歷史階段。
④ 蔡宗齊《六朝五言詩句法、結構、詩境新論》,第 119—120 頁。

活中自然意象已然深入個人的精神世界,所以陶詩也就達到了情景有機交融的平淡境界。如果説玄言詩人是物我合一的理念下勾勒概念式的山水,康樂的書寫存在明顯的主客二分的審美判斷,那麽本文認爲陶詩是經歷主客二分之後,身體通過個體行爲浸入自然,再於書寫中重現這種沉浸式記憶的創作;身體與自然的互動塑造了靜觀的内心世界,超然的玄思提供了深層反省的前提,穩定的心象爲語言結構的自然、平衡與圓融奠定了基礎,於是形成了陶詩的完美"詩性",而"淡思"至此也真正在文學當中獲得了安身之處,並成爲中國古典詩歌創作的一種底色。

結　　論

曹魏以降,隨著政治鬥爭激烈,士人的精神追求與内心安頓成了顯著的話題,在這樣的局面下,以何、王爲開創,玄學清談蔚然成風,《老》《莊》《易》成爲通辨的主要對象,滌除玄鑒的道家坐忘方式開始走向審美與山水,塑造了晉宋詩人有別傳統的抒情方式。本文從鍾嶸"淡乎寡味"與劉勰"淡思濃采"的辨析切入,提出"淡思"是世態困頓的産物、本質仍是抒情方式的觀點,並以"淡思"爲線索分析其於晉宋詩歌的産生與展開。

郭璞遊仙詩繼承了《離騷》以來"抒情自我"的表達,體現了傳統書寫中"淡思"的存在形式,亦反映了此"淡思"無法解決"情"如何安頓問題的困境,雖然詩中發展了"道家之言",但大抵只是書寫工具,"寄興遊仙的書寫結構"仍是主體。蘭亭玄言詩則是玄風思潮於文藝的直接表現,"淡思"成爲主要的抒情方式,"玄思自我"取代"抒情自我",並在老莊思想的影響下藉以"遊目"冥會自然,以表達詩人的理想人格形象;而另一方面,詩人們秉持莊老物我一體的自然觀,書寫的是心無塵累、通與自然的結果,所以並没有主客二分的審美意識,對文辭藻繪的關注也就少之又少。到了謝靈運的山水詩,"淡思"的抒情方式由玄冥轉向文學,玄言家的身份隱退,詩人的身份走向幕前,莊老"物我一體"的宇宙觀念也就逐漸裂變爲主客二分的審美模式,概念式的山水落實到了具體的時空之中,詩人試圖融合"玄思自我"與"抒情自我",以語言結構形式呈現"不淡"而"淡"的歷程,既造就了"情景交融"的創作機制,也形成了"三段式"的問題,通過"研精靜慮"抵達"心放俗外"的意圖亦落入了辭藻"繁蕪爲累"的樊籠。至陶潛田園詩,"淡思"

終於内化爲穩定的抒情模式,以田園生活的記述將山水呈現於身體與自然的互動之中,糅合詩歌於其"新自然説"(陳寅恪語),令"淡思"與文學形式相融,令"抒情自我"與"玄思自我"調和,呈現出自足自適的"詩性自我"。這四個階段呈現了玄學"淡思"介入文學書寫的過程,自屈子《離騷》開始,已初步可見辭藻繁縟的背面其實是澄淡的意圖,因此《古詩十九首》以後,文人的内省意識進一步發展,玄學澄淡情累、追尋解脱的思想又予以催動,情采藻繪最終與滌除玄鑒的淡思形成張力,這種張力從郭詩到玄言詩、謝詩,表現爲此消彼長而至互相割裂的過程,最終在陶詩中通過身體與自然真實的互動,獲得了彼此交融的方式,"淡思"由此演化爲自然圓滿的抒情方式,並開啓了中國古典詩歌"澄淡精緻"的創作脈絡。

(作者單位:香港嶺南大學中文系博士生)

Lyrical self · Metaphysics-probing self · Poetic self
— A study on the development of lyricism in Jin and Song dynasties based on "transcendent thinking" of metaphysics

Cao Zhou

From the end of the Eastern Han dynasty to Wei and Jin dynasties, social turmoil and political conflicts had forced scholars to confront survival crises. They began to reflect on the awakening of individual life consciousness. Since "Gus hi shijiu" (Nineteen Ancient Poems), the writing of individual experience and the expression of emotions had replaced "poetry expresses the heart's intent" as the core of poetics and exerted direct influence on the notion of poetry itself. In the meantime, how to settle the expressed "emotions" had become an emerging topic. The influence from Laozi's and Zhuangzi's philosophies of life had changed the way of observing poetic composition and dissolving "emotion" had become a subject of writing. How did philosophical self-reflection blend with lyrical tradition in poetry writing? How did the poets develop the dan (bland) style of Chinese poetry? This article begins with a discussion of Zhogn Rong's dan hu gua wei (transcendent thinking couched in brocaded expressions) and Liu Xie's dan si nong cai (transcendent thinking couched in brocaded expressions) in order to position dan si (transcendent thinking) in poetics. This article examines four types of poems on different themes in the Jin and Song Dynasties. Differing from the traditional way of interpreting the poet's emotion as an internal response to the external stir, this article studies how emotion is dissolved in poetry. In addition, this article explores dan si's impact on poetics and explains how a new lyricism blended with natural landscapes and poetic language in the process of the "poetic self" and the "lyrical self" fusing into the "Metaphysics-probing self."

Keywords: dan (bland), dan si (transcendent thinking), metaphysics, lyrical tradition, poetry of the Jin and Song dynasties

徵引書目

1. Alexander, Meena, *The poetic self: towards a phenomenology of romanticism*, Atlantic Highlands, N.J.: Humanities Press, 1980.
2. Zoltán Kulcsár-Szabó, *Reading the Lyrical "Self"*, in Transcultural Studies, vol. 15 (2019), edited by Slobodanka Vladiv-Glover (Leiden: Brill Publishers).
3. 王夫之著,李利明校點:《古詩評選》,上海:上海古籍出版社,2011年版。
4. 王逸注,黃靈庚點校:《楚辭章句》,上海:上海古籍出版社,2017年版。
5. 王鍾陵:《玄言詩研究》,《中國社會科學》第5期(1988年),第204—205頁。
6. 王鍾陵:《中國中古詩歌史》,北京:人民出版社,2005年版。
7. 汪春泓:《鍾嶸〈詩品〉關於郭璞條疏證——兼論鍾嶸詩歌審美理想之形成》,《文學遺產》第6期(1998年),第13—20頁。
8. 汪湧豪:《範疇論》,上海:復旦大學出版社,1999年版。
9. 沈約:《宋書》,北京:中華書局,1974年版。
10. 范文瀾:《文心雕龍注》,北京:人民文學出版社,1962年版。
11. 金濤聲點校:《陸機集》,北京:中華書局,1982年版。
12. 周勛初:《論謝靈運山水文學的創作經驗》,《文學遺產》第5期(1989年),第46—55頁。
13. 柯慶明、蕭馳主編:《中國抒情傳統的再發現》,臺北:臺大出版中心,2011年版。
14. 袁行霈:《陶淵明集箋注》,北京:中華書局,2003年版。
15. 莫里斯·梅洛·龐蒂著,楊大春譯:《眼與心》,北京:商務印書館,2007年版。
16. 連鎮標:《郭璞研究》,上海:三聯書店,2002年版。
17. 陳致主編:《中國詩歌傳統及文本研究》,北京:中華書局,2013年版。
18. 陳寅恪:《金明館叢稿初編》,北京:三聯書店,2001年版。
19. 逯欽立:《先秦漢魏晉南北朝詩》,北京:中華書局,1983年版。
20. 張淑香:《抒情傳統的審思與探索》,臺北:大安出版社,1992年版。
21. 葉嘉瑩:《漢魏六朝詩講錄》,石家莊:河北教育出版社,2001年版。
22. 葛洪:《抱朴子》,上海:上海古籍出版社,1990年版。
23. 游信利:《郭璞年譜初稿》,《中華學苑》第10期(1972年),第79—110頁。
24. 湯用彤:《魏晉玄學論稿》,上海:上海古籍出版社,2001年版。
25. 楊玉成:《田園組曲:論陶淵明〈歸園田居〉五首》,《國文學誌》第4期(2000年),第193—231頁。
26. 蔡宗齊:《六朝五言詩句法、節奏、詩境新論》,《上海師範大學學報》第5期(2018年),第108—123頁。
27. 蔡宗齊:《漢魏晉五言詩的演變》,北京:北京大學出版社,2012年版。
28. 蔣寅:《情景交融與古典詩歌意象化表現範式的成立》,《嶺南學報》第11輯(2019年),第1—31頁。
29. 劉永濟:《文心雕龍校釋》,北京:中華書局,1962年版。
30. 徐震堮校箋:《世說新語校箋》,北京:中華書局,1984年版。

31. 劉師培:《中國中古文學史》,北京:人民文學出版社,1959年版。
32. 劉熙載:《藝概》,上海:上海古籍出版社,1978年版。
33. 蕭統撰,李善注:《文選》,上海:上海古籍出版社,1992年版。
34. 錢志熙:《魏晉詩歌藝術原論》,北京:北京大學出版社,1993年版。
35. 錢剛:《東晉玄言詩審美三題》,《上海大學學報》第1期(1997年),第32—38頁。
36. 鍾嶸著,曹旭集注:《詩品集注》,上海:上海古籍出版社,1996年版。
37. 嚴可均:《全上古三代秦漢六朝文》,北京:中華書局,1986年版。
38. 羅宗强:《玄學與魏晉人士心態》,杭州:浙江人民出版社,1991年版。
39. 顧紹伯:《謝靈運集校注》,臺北:里仁書局,2004年版。
40. 龔斌:《陶淵明集校箋》,上海:上海古籍出版社,1999年版。

《嶺南學報》徵稿啟事

　　本刊是人文學科綜合類學術刊物,由香港嶺南大學中文系主辦,上海古籍出版社出版,每年出版兩期。徵稿不拘一格,國學文史哲諸科不限。學報嚴格遵循雙向匿名審稿的制度,以確保刊物的質量水準。學報的英文名爲 *Lingnan Journal of Chinese Studies*。

　　《嶺南學報》曾是中外聞名的雜誌,於 1929 年創辦,1952 年因嶺南大學解散而閉刊。在這二十多年間,學報刊載了陳寅恪、吳宓、楊樹達、王力、容庚等 20 世紀最著名學者的許多重要文章,成爲他們叱咤風雲、引領學術潮流的論壇。

　　嶺南大學中文系復辦《嶺南學報》,旨在繼承發揚先輩嶺南學者的優秀學術傳統,爲 21 世紀中國學的發展作出貢獻。本刊不僅秉承原《嶺南學報》"賞奇析疑"、追求學問的辦刊宗旨,而且充分利用香港中西文化交流的地緣優勢,努力把先輩"賞奇析疑"的論壇拓展爲中外學者切磋學問的平臺。爲此,本刊與杜克大學出版社出版、由北京大學袁行霈教授和本系蔡宗齊教授共同創辦的英文期刊《中國文學與文化》(*Journal of Chinese Literature and Culture*,簡稱 *JCLC*)結爲姐妹雜誌。本刊不僅刊載來自漢語世界的學術論文,還發表 *JCLC* 所接受英文論文的中文版,力争做到同步或接近同步刊行。經過這些努力,本刊冀求不久能成爲展現全球主流中國學研究成果的知名期刊。

　　徵稿具體事項如下:

　　一、懇切歡迎學界同道來稿。本刊發表中文稿件,通常一萬五千字左右。較長篇幅的稿件亦會考慮發表。

　　二、本刊將開闢"青年學者研究成果"專欄,歡迎青年學者踴躍投稿。

　　三、本刊不接受已經發表的稿件,本刊所發論文,重視原創,若涉及知識產權諸問題,應由作者本人負責。

　　四、來稿請使用繁體字,並提供 Word 和 PDF 兩種文檔。

　　五、本刊採用規範的匿名評審制度,聘請相關領域之資深專家進行評審。來稿是否採用,會在兩個月之内作出答覆。

　　六、來稿請注明作者中英文姓名、工作單位,並附通信和電郵地址。來稿刊出之後,即付予稿酬及樣刊。

　　七、來稿請用電郵附件形式發送至:Ljcs@ln.edu.hk。

　　編輯部地址:香港新界屯門　嶺南大學中文系(電話:[852]2616-7881)

撰 稿 格 式

一、文稿包括：中英文標題、本文、中文提要、英文提要（限350個單詞之內）及中英文關鍵詞各5個。

二、請提供繁體字文本，自左至右橫排。正文、注釋使用宋體字，獨立引文使用仿宋體字，全文1.5倍行距。

三、獨立引文每行向右移入二格，上下各空一行。

四、請用新式標點。引號用" "，書名、報刊名用《》，論文名及篇名亦用《》。書名與篇（章、卷）名連用時，用間隔號表示分界，例如：《史記·孔子世家》。

五、注釋請一律用腳注，每面重新編號。注號使用帶圈字符格式，如①、②、③等。

六、如引用非排印本古籍，須注明朝代、版本。

七、各章節使用序號，依一、（一）、1.、（1）等順序表示，文中舉例的數字標號統一用（1）、（2）、（3）等。

八、引用專書或論文，請依下列格式：

（一）專書和專書章節

甲、一般圖書

1. 楊伯峻《春秋左傳注》，北京：中華書局1990年修訂版，第60頁。
2. 蔣寅《王夫之詩學的學理依據》，《清代詩學史》第一卷，北京：中國社會科學出版社2012年版，第416—419頁。

乙、非排印本古籍

1.《韓詩外傳》，清乾隆五十六年（1791）金谿王氏刊《增訂漢魏叢書》本,卷八,第四頁下。
2.《玉臺新詠》,明崇禎三年(1630)寒山趙均小宛堂覆宋陳玉父刻本,卷第六,第四頁(總頁12)。

(二) 文集論文

1. 裘錫圭《以郭店〈老子〉爲例談談古文字》,載於《中國哲學》(郭店簡與儒學研究專輯)第二十一輯,瀋陽:遼寧教育出版社2000年版,第180—188頁。
2. 余嘉錫《宋江三十六人考實》,載於《余嘉錫論學雜著》,北京:中華書局1963年版,第386—388頁。
3. Ray Jackendoff, "A Comparison of Rhythmic Structures in Music and Language", in *Rhythm and Meter*, eds. Paul Kiparsky and Gilbert Youmans (San Diego, California: Academic Press, 1998), pp.15–44.

(三) 期刊論文

1. 李方桂《上古音研究》,載於《清華學報》新九卷一、二合刊(1971年),第43—48頁。
2. 陳寅恪《梁譯大乘起信論僞智愷序中之真史料》,載於《燕京學報》第三十五期(1948年12月),第95—99頁。
3. Patrick Hanan, "The Chinese Vernacular Story", *The Journal of Asian Studies* 40.4 (Aug. 1981): pp.764–765.

(四) 學位論文

1. 吕亭淵《魏晉南北朝文論之物感說》,北京:北京大學學位論文,2013年,第65頁。
2. Hwang Ming-chorng, "Ming-tang: Cosmology, Political Order and Monument in Early China" (Ph.D. diss., Harvard University, 1996), p. 20.

(五) 再次徵引

再次徵引時可僅列出文獻名稱及相關頁碼信息,如:
　　注① 楊伯峻譯注《論語譯注》,第13頁。

九、注解名詞,注腳號請置於名詞之後;注解整句,則應置於句末標點符號之前;若獨立引文,則應置於標點符號之後。

十、徵引書目，請依以下格式附於文末：

(一) 中文書目，按姓氏筆劃順序排列

1. 王力：《漢語詩律學》，增訂本，上海：上海教育出版社，1979年版。
2. 胡幼峰：《沈德潛對歷代詩體的批評》，《幼獅學誌》第18卷第4期(1985年10月)，頁110—540。
3. 顧炎武著，黃汝成集釋，秦克誠點校：《日知錄集釋》，長沙：岳麓書社，1994年版。

(二) 英文書目，按英文順序排列

1. Chao Yuen Ren, *A Grammar of Spoken Chinese*, Berkeley: University of California Press, 1968.
2. Showalter, Elaine, ed. *The New Feminist Criticism Essays on Women Literature and Theory.* New York: Pantheon Books, 1985.

十一、中英文標題、署名及作者單位(包括服務機構及子機構)格式舉例如下(中英文提要均按同樣格式署名)：

南北朝詩人用韻考

王　力

北京大學中國語言文學系教授